中国低碳经济年度发展报告
（2014）

中国人民大学气候变化与低碳经济研究所　编著

石油工业出版社

内 容 提 要

本报告梳理了2013年中国低碳经济发展面临的关键机遇与挑战,以及中国低碳经济顶层设计与各项工作的推进情况,总结了关于低碳经济的国内、国外研究情况,并综述了国内和国际的低碳经济指标体系研究进展。本报告继续了低碳经济竞争力的数据积累与分析工作,对2013年国内和国际的低碳竞争力进行了排名与细致的比较分析,分别对低碳效率、低碳引导和低碳社会进行研究,重新审视各个低碳竞争力指标的内涵、外延。结合相关的实际经验,对我国的低碳效率、低碳引导和低碳社会现状进行SWOT分析,从而为中国的低碳发展提出对策建议,同时也反过来改进低碳经济竞争力评价指标体系。最后,本报告将研究落实到低碳经济发展本身,对低碳经济发现的顶层设计、政策框架、实践效果、法律保障和治理体系进行了梳理总结与探讨,从而完成了从事实上升到理论,又返回事实的总体研究过程。

本书可供低碳经济的研究、决策和实施者以及相关专业的师生参考使用。

图书在版编目(CIP)数据

中国低碳经济年度发展报告.2014/中国人民大学气候变化与低碳经济研究所编著.—北京:石油工业出版社,2015.12
ISBN 978-7-5183-0972-6

Ⅰ.中…

Ⅱ.中…

Ⅲ.气候变化-影响-经济发展-研究报告-中国-2014

Ⅳ.F124

中国版本图书馆CIP数据核字(2015)第274210号

出版发行:石油工业出版社
    (北京安定门外安华里2区1号 100011)
    网 址:www.petropub.com
    编辑部:(010)64523738
    图书营销中心:(010)64523633
经 销:全国新华书店
印 刷:北京中石油彩色印刷有限责任公司

2015年12月第1版 2015年12月第1次印刷
787×1092毫米 开本:1/16 印张:23.5
字数:454千字

定价:79.00元
(如出现印装质量问题,我社图书营销中心负责调换)
版权所有,翻印必究

《中国低碳经济年度发展报告（2014）》编委会

主 任：程天权　山红红

副主任：朱信凯　赵彦云　周　珂　杨　志

主 编：杨　志

编 委（除国外人士，按姓氏笔画排名）：

马　艳　马玉琪　王　汶　王　岩　王雪妮

田　鑫　冯瑞玲　朱蓉蓉　刘　铮　刘叶青

刘映月　刘海龙　李明奎　杨　志　邱海平

张建超　陈　跃　陈忠阳　赵秋莉　赵彦云

郝　璐　秦　臻　郭兆晖　程媛媛

齐家国（美国）

周　游　Constantin Holzer（奥地利）

Preface 序言

低碳经济作为一种新的生产方式，内生于应对气候变化危机与化石能源危机的活动之中，兴起于应对金融危机、经济危机、粮食危机、环境危机、生态危机的行动之中。低碳经济本质上是一种具有可持续发展性质的经济形态。因此，它不属于传统工业化经济范畴，不是为了资本增值而生产，也不是为了刺激市场需求、拉动市场消费而发展的资本经济范畴，而是一种为了应对或治理全球性的资源短缺、环境污染、生态失衡，为了全人类能够永续生存和发展的新经济。

发展低碳经济已经成为 21 世纪全球的共同话题。21 世纪是充满"复杂性"的世纪。我们几乎在所有问题上都遇到了复杂性。在应对气候变化和推动低碳经济问题上尤其如此，它既要涉及对总体经济地理格局的重构，又要涉及生产方式革命，还要涉及一个国家自然禀赋的特点。发展低碳经济对当前中国是一项具有紧迫性的战略选择，它不仅是世界能源"低碳化"发展趋势的客观要求，也是中国建设生态文明的客观要求。

2012 年，党的"十八大"报告中指出，要在"十六大"、"十七大"确立的全面建设小康社会目标的基础上努力实现新的要求：经济持续健康发展，转变经济发展方式取得重大进展，在发展平衡性、协调性、可持续性明显增强的基础上，实现国内生产总值和城乡居民人均收入比 2010 年翻一番；人民民主不断扩大；文化软实力显著增强；人民生活水平全面提高；资源节约型、环境友好型社会建设取得重大进展。报告特别强调："面对资源约束趋紧、环境污染严重、生态系统退化的严峻形势，必须树立尊重自然、顺应自然、保护自然的生态文明理念，把生态文明建设放在突出地位，融入经济建设、政治建设、文化建设、社会建设各方面和全过程，努力建设美丽中国，实现中华民族永续发展。"

在资源有限、环境污染、自然条件恶化的条件下，中国要落实党的"十八大"关于经济、政治、文化、社会、生态"五位一体"整体建设的系统设计，唯有把方方面面的"创新活动"落实在中国人对自然环境的"适应性"上方可大有前途，否则事与愿违。以低能耗、低排放、低污染和高效能、高效率、高效益为基础的低碳经济，以应对碳基能源对于气候变暖的影响为基本要求，以实现经济社会的可持续发展为基本目的，实质是提升能源的利用效率，推行清洁能源发展，促进低碳技术开发，从而维持全球的生态平衡。低碳经济是从高碳能源时代向低碳能源时代演化的一种经济发展模式，是一场涉及生产方式、生活方式和价值观念的全球性革命。

我们必须从自然与社会交错运动的视角，考察应对气候变化与发展低碳经济问题，而绝不能把这两个问题仅仅定位于解决人与自然之间的矛盾与冲突，应对气候变化、发展低碳经济，在本质上都可以被理解为是创造一种绿色经济以构建一种能够改变气候变化的时间框架。

中国发展史表明，文明不仅具有矛盾性、斗争性、顽强性，而且具有交融性、包容性、再生性。中国文明，不仅包含了中国人嵌入自然界的"适应性"或与自然和谐相处的"适应能力"，而且包含中国人以礼相待和谐相处的"包容性"或"亲和力"。如果说前者是"天人合一"的世界观，那么后者就是"己所不欲，勿施于人"的处事哲学。

无数事实证明：一定要把资源消耗、环境损害、生态效益纳入经济社会发展评价体系中去，必须通过制度化措施来解决生态文明建设和美丽中国建设问题，从而把科学发展观、走新工业化道路、新农村建设更深入地落到实处，同时更好地应对气候变化、转变经济发展方式。因此，必须支持节能低碳产业和新能源、可再生能源的发展，确保国家能源安全。要坚持节约资源和保护环境的基本国策，坚持节约优先、保护优先、自然恢复为主的方针，着力推进绿色发展、循环发展、低碳发展，形成节约资源和保护环境的空间格局、产业结构、生产方式、生活方式。因此我们必须坚持低碳发展与低碳经济竞争力评价指标体系研究，对事实和理论进行反复的总结与推进，从而为低碳经济发展和生态文明建设作出不竭的贡献！

Preface 前言

本报告是《中国低碳经济年度发展报告》的第三个年度报告,是在杨志、赵彦云和王岩等人的艰辛思考与不懈研究的基础上,对低碳研究的继续。2011年与2012年的报告不仅界定了低碳经济研究的基本概念和思想,确定了科学的低碳经济竞争力评价指标体系,并利用国内统计年鉴、世界银行—世界发展指数数据库(World Bank-World Development Indicator)及瑞士洛桑国际管理发展学院的世界竞争力年度报告(IMD World Competitiveness Yearbook)对国内和国际的低碳竞争力进行了排名与分析。在此基础上,本书将数据扩展到了2012年,将低碳发展情况更新到了2013年,并且围绕低碳经济竞争力评价指标体系,进行了深入的理论和案例研究。

报告从我国低碳经济政策与时事的发展概况入手,梳理了2013年中国低碳经济发展面临的关键机遇与挑战,以及中国低碳经济顶层设计与各项工作的推进情况。接下来,本报告总结了关于低碳经济的国内、国外研究情况,并综述了国内和国外的低碳经济指标体系研究进展。从而在进入数据分析之前,完成了经验和理论两个方面的报告。本报告继续了低碳经济竞争力的数据积累与分析工作,对2013年的低碳竞争力国内和国际排名进行了排名与细致的比较分析,进而在总结过往经验的同时,从中发现研究的"蓝海"。因此,依据数据的分析过程的讨论,本报告分别对低碳效率、低碳引导和低碳社会进行研究,重新审视各个低碳竞争力指标的内涵、外延,以及相关的国际国内经验,同时对我国的低碳效率、低碳引导和低碳社会现状进行SWOT分析,从而为中国的低碳发展提出对策建议,同时也反过来改进低碳经济竞争力评价指标体系。最后,本报告将研究落实到低碳经济发展本身,对低碳经济发展的顶层设计、政策框架、实践效果、法律保障和治理体系进行了梳理总结与探讨,从而完成了从事实上升到理论,又返回事实的总体研究过程。

为了完成报告的写作目标,由郭兆晖主持,刘映月协助坚持了每周一次的写作团队例会,每次例会上,成员分享文献收获、并汇报写作进展。在此过程中,每位成员用PPT详细介绍每周的进展,并接受其他成员的质疑与建议,从而获得新材料,改善逻辑与叙述，从而为下周的进步做好准备。如此循环往复，团队成员在独立努力的前提下，又吸取了团队的智慧，不断提高报告的学术水平，而且自身的学术工作能力也得到充分的挖掘。因此，《中国低碳经济年度发展报告》的写作是整书推进的，所有成员均了解每一章的进展情况。

具体而言，本报告分工如下：第一章由张建超、朱蓉蓉撰写；第二章由刘叶青、冯瑞玲、马玉琪撰写；第三章由马玉琪撰写；第四章由王雪妮撰写；第五章由刘叶青撰写；第六章由郝璐、刘映月撰写；第七章由程媛媛、陈跃撰写；第八章由秦臻、赵秋莉撰写；第九章由赵秋莉、秦臻撰写；第十章至第十二章的内容由朱蓉蓉根据团队的研究主笔完成。

本报告是团队的工作成果，同时也塑造了团队的工作能力与学术友谊。然而，每次写作的推进并非想象中的那般顺利与友好，苛刻的指责与过高的期望经常相伴而来。因此，在每位成员为本报告做出巨大贡献的同时，也表现出来坦诚沟通与不屈不挠的学术素养以迎接新的挑战。正是不休不止的"挑战—应战"进程中，本报告得以完成。

感谢石油工业出版社的大力帮助。感谢本书参考文献的众多作者。

低碳竞争力指标体系说明

低碳竞争力指标体系分为国内省域低碳经济竞争力指标体系和国际低碳经济竞争力指标体系两个部分。

本书第三章根据《中国低碳经济年度发展报告（2011）》推出的省域低碳经济竞争力指标体系，对2005—2011年全国各省、直辖市、自治区的低碳经济发展情况进行了分析，将全国划分为低碳地区、中碳地区、高碳地区，并进行综合比较评估。由于数据公布周期的影响，本章的大部分数据更新到2013年公布的数据，其中大部分数据所采集的是2011年的情况。2014年及2015年公布的最新数据，将统一在以后的报告当中进行分析和比较。本报告将在将来的写作中，积极跟进统计及数据公开的新进展，进一步调整数据公布年和报告年之间的差距，争取尽可能公正且全面地反映全国低碳经济发展概况。

本书第四章沿用了《中国低碳经济年度发展报告（2011）》和《中国低碳经济年度发展报告（2012）》发布的低碳经济国际竞争力评价指标体系，采用的数据同样来自于世界银行—世界发展指数数据库（World Bank-World Development Indicator）及瑞士洛桑国际管理发展学院的世界竞争力年度发展报告（IMD World Competitiveness Yearbook）。依据国际惯例，硬指标数据的收集存在2~3年的滞后性，因此本报告中涉及的硬指标数据采用的WDI及IMD最新数据为2003—2010年数据；软指标数据（调查数据）时效性较强，采用的是2006—2013年数据。根据对硬指标数据的年度趋势分析可知，在2~3年范围内，各国之间的相对水平变化不大，总体结构差异不会发生根本性变化，因此在研究过程中，部分指标采用滞后3年的数据仍可以对目前国家间的相对地位做出准确定位。基于以上分析，本报告对包括中国、中国香港、美国、英国等在内的50个国家及地区计算了2006—2013年低碳经济国际竞争力指数，并基于此指数对中国的低碳经济竞争力变动情况进行具体分析。同样，在以后的报告中，将同时对2014年及2015年所公布的数据加以整理和分析。

目录 | Contents

第一部分　中国低碳经济实践与理论进展

> 作为世界上最大的发展中国家，推动经济社会发展是第一要务，资源环境矛盾在发展中产生，也注定要在发展中解决。而发展是全方位的，既包括生产力水平的提升，也包括生产关系的调整，以及观念的引领。因此，梳理了本年度产业发展低碳化、市场体系完善化、政策制定系统化和国际合作常规化过程中的时事热点，以及国内外学者的研究，并加以概括。以真实世界的肖像和理论世界的动态打开低碳经济年度报告的画卷。

第一章　2013年中国低碳经济发展概况 3
第一节　低碳经济发展关键之年 3
一、低碳经济发展机遇与挑战并存 3
二、中国低碳经济顶层设计加强 5
第二节　低碳经济发展各项工作稳步推进 13
一、市场机制向系统化方向发展 13
二、产业结构调整取得重大成果 16
三、能源低碳发展进入新阶段 20
四、低碳试点成效显著 24
五、国际合作水平不断加强 29
参考文献 31

第二章　国内外低碳经济研究综述 35
第一节　低碳经济的理论基础 35
一、发展低碳经济的必要性理论 35
二、发展低碳经济的可行性理论 36
三、低碳经济发展途径的理论基础 37
第二节　国内低碳经济研究综述 38
一、低碳经济的基本概念及内涵 38

二、发展低碳经济的必要性 ······ 38
　　三、低碳效率及碳排放影响因素分析 ······ 39
　　四、低碳经济的发展方式选择 ······ 42
　第三节　国外低碳经济研究综述 ······ 43
　　一、碳排放的影响因素分析和情景预测分析 ······ 43
　　二、低碳发展政策机制研究 ······ 45
　第四节　低碳经济指标体系最新研究概况 ······ 47
　　一、国内相关研究综述 ······ 47
　　二、国外相关研究进展 ······ 50
　参考文献 ······ 51

第二部分　低碳经济统计体系和竞争力分析

> 中国低碳经济发展是一项系统工程，通过指标体系对中国各区域之间发展的差异性和共通性进行评估与调整，以实现系统升级。低碳效率、低碳引导和低碳社会分别代表了低碳发展过程中最重要的元素。对全国各省、自治区、直辖市的低碳经济发展情况进行分析，对各省、自治区、直辖市三个指标的变动趋势进行了总结和原因分析，并根据分析结果将全国划分为低碳地区、中碳地区、高碳地区，综合评估其低碳经济发展水平。同时，国家低碳经济发展能力的提升，离不开世界的发展，也需要对世界经验的借鉴。世界上主要国家的发展情况和我国低碳发展国情将以丰富的图表直观地展示。

第三章　中国省域低碳经济竞争力分析 ······ 59
　第一节　2005—2011年全国省域低碳竞争力分析 ······ 59
　　一、低碳竞争力排名 ······ 59
　　二、低碳竞争力区域划分 ······ 61
　第二节　2005—2011年中国低碳竞争力地区排名比较 ······ 62
　　一、低碳地区竞争力分析 ······ 62
　　二、中碳地区竞争力分析 ······ 67
　　三、高碳地区竞争力分析 ······ 70

第四章　中国低碳经济国际竞争力评价 ······ 74
　第一节　低碳经济国际竞争力综合排名 ······ 74
　　一、低碳经济国际竞争力指标体系说明 ······ 74
　　二、2013年50个国家或地区低碳经济国际竞争力得分及排名 ······ 74
　　三、2006—2013年50个国家或地区低碳经济国际竞争力格局变化趋势 ······ 75

四、2013年主要国家或地区低碳经济国际竞争力 …………………… 77
第二节　中国低碳经济国际竞争力综合水平评价 ……………………… 78
第三节　2013年中国低碳经济国际竞争力评价 ………………………… 79
　　一、低碳效率提高缓慢 …………………………………………………… 79
　　二、能耗效率小幅下降 …………………………………………………… 83
　　三、低碳社会构建缓慢 …………………………………………………… 89
　　四、低碳引导能力有待提高 ……………………………………………… 94
第四节　国内外低碳经济国际竞争力指标体系比较 …………………… 98
　　一、不同的低碳经济国际竞争力指标体系设计比较 …………………… 98
　　二、不同的低碳经济国际竞争力指标体系排名结果比较 ……………… 99
第五节　低碳经济国际竞争力与国际综合竞争力比较 ………………… 100
　　一、WEF和IMD全球竞争力与低碳经济竞争力排名比较 …………… 100
　　二、造成全球竞争力与低碳经济国际竞争力排名差异的因素 ……… 104
　　三、50个国家及地区低碳经济国际竞争力指数与WEF竞争力指数排名
　　　　的综合分析 …………………………………………………………… 105
　　四、50个国家及地区ILCC低碳经济国际竞争力指数与IMD国际竞争力
　　　　排名综合分析 ………………………………………………………… 106
　参考文献 ……………………………………………………………………… 107

第三部分　低碳经济发展系统：
市场、政府与社会

> 通过运用各种节能减排技术和市场机制手段，实现低能耗、低污染、低排放的发展模式，同时依靠政府在由高碳技术、基础设施体系、经济结构和社会结构所组成的经济体系中的引导作用，发展低碳产业、进行基础建设、开展环境保护、鼓励低碳生活，并倡导民众由传统的生活方式向低碳的生活方式转型的"社会运动"，和一场渗透到各个社会主体深层次的价值观的"革命"。我国东、中、西部地区的低碳经济发展各有特点，世界各国由于工业化和城镇化进程不一，总结值得学习的经验和教训，也可以从多个维度启发中国低碳经济发展的思路。

第五章　低碳效率 …………………………………………………………… 111
第一节　低碳效率的内涵和内容 ………………………………………… 111
　　一、低碳效率的内涵 ……………………………………………………… 111
　　二、低碳效率的内容 ……………………………………………………… 112

第二节　我国低碳效率发展分析 ······ 113
一、东部地区 ······ 114
二、中部地区 ······ 116
三、西部地区 ······ 117
四、我国低碳效率发展的主要问题与原因 ······ 120

第三节　低碳效率之国内与国际经验 ······ 122
一、低碳效率之国内案例研究：深圳 ······ 122
二、低碳效率之国际案例研究：巴西 ······ 125
三、碳交易之国际案例研究：欧盟碳排放交易体系（EU-ETS） ······ 128

第四节　我国低碳效率发展之对策建议 ······ 130
一、分地区、分阶段制定不同的提高低碳效率的政策规划 ······ 130
二、着力提高能耗效率 ······ 131
三、发展碳交易市场，用好市场手段提高低碳效率 ······ 131

参考文献 ······ 132

第六章　低碳引导 ······ 135

第一节　低碳引导的研究概况 ······ 135
一、文献综述 ······ 135
二、低碳引导的概念和特征 ······ 137
三、低碳引导的基本构成 ······ 138

第二节　低碳引导的现状与不足 ······ 139
一、法律法规体系建设 ······ 139
二、产业、能源转型推动 ······ 142
三、低碳政府建设 ······ 143
四、CCS 技术研发与推广应用 ······ 146
五、合同能源管理的推动 ······ 147
六、生活消费引导 ······ 150

第三节　低碳引导的国内外经验 ······ 151
一、低碳引导在世界 ······ 151
二、低碳引导在中国 ······ 161

第四节　对我国低碳引导的对策建议 ······ 166
一、完善法律法规体系 ······ 166
二、加快产业、能源结构的低碳化调整 ······ 169
三、建设低碳政府 ······ 171

四、发展以 CCS 为代表的清洁煤技术 173
　　五、大力推广合同能源管理 176
　　六、动员全民参与，践行低碳生活 178
　　参考文献 181

第七章　低碳社会 185
第一节　低碳社会的内涵及构成 185
　　一、低碳社会的提出及研究现状 185
　　二、低碳社会的内涵 186
　　三、低碳社会建设主体作用分析 188
第二节　低碳社会建设的国际、国内经验 192
　　一、低碳社会建设的国际经验之日本 192
　　二、低碳社会建设的国际经验之巴西 197
　　三、低碳社会建设的国内经验之上海 199
第三节　我国建设低碳社会的现状 202
　　一、我国建设低碳社会的劣势和优势 202
　　二、我国建设低碳社会的机遇与挑战 207
　　三、本节总结 211
第四节　我国建设低碳社会的对策建议 211
　　一、促进低碳社会运行效率，充分发挥市场的决定性作用 212
　　二、发挥政府的宏观调控作用，弥补市场失灵的缺陷 213
　　三、引导低碳社会意识和行为，构建市场型低碳社会 215
　参考文献 217

第四部分　低碳经济发展的政策体系

中国的低碳经济发展尚处于起步阶段，各方面发展都不成熟，更需要政策先行、政策引领、政策支撑和政策保障。从整体层面做出科学而可操作性强的总体规划，所以低碳经济发展的顶层设计又显得尤为重要。促进低碳经济发展的顶层设计既要做到统筹考虑整体中的各要素，又要做到统领全局，从最高层次上寻求低碳经济科学发展的道路。

第八章　促进低碳经济发展的顶层设计 223
第一节　低碳经济发展顶层设计的总体思路 223

第二节　颁布和完善促进低碳经济发展的法律法规 …………………… 224
 一、中央颁布的法律法规 ……………………………………………… 224
 二、地方颁布的法律法规——以江苏省为例 ………………………… 225
 三、不足与思考 ………………………………………………………… 226
第三节　研究促进低碳经济发展的整体战略和整体规划 ………………… 226
 一、发展方向 …………………………………………………………… 227
 二、发展方式 …………………………………………………………… 228
 三、发展方法 …………………………………………………………… 228
第四节　逐步完善促进低碳经济发展的管理职能机构 …………………… 229
 一、中央管理机构设置 ………………………………………………… 229
 二、地方管理机构设置——以四川省广元市为例 …………………… 230
第五节　逐步推进碳排放总量控制及其分解落实 ………………………… 232
 一、碳排放总量由中央到地方的分解 ………………………………… 232
 二、地方在不同方面的落实 …………………………………………… 234
第六节　出台促进低碳经济发展的专项规划 ……………………………… 236
参考文献 ……………………………………………………………………… 238

第九章　低碳经济发展政策框架 240

第一节　促进低碳经济发展政策框架概述 ………………………………… 240
第二节　促进低碳经济发展的强制命令型政策 …………………………… 242
 一、相关法律法规 ……………………………………………………… 242
 二、行业标准 …………………………………………………………… 243
 三、相关规划指南 ……………………………………………………… 245
第三节　促进低碳经济发展的经济激励型政策 …………………………… 246
 一、财政补贴政策 ……………………………………………………… 246
 二、税收优惠与管制政策 ……………………………………………… 247
 三、投融资政策 ………………………………………………………… 249
 四、碳交易政策 ………………………………………………………… 251
第四节　促进低碳经济发展的劝说鼓励型政策 …………………………… 253
 一、低碳出行引鼓励政策 ……………………………………………… 253
 二、低碳消费引导政策 ………………………………………………… 255
 三、低碳生活指导政策：以上海市为例 ……………………………… 256
第五节　低碳经济发展政策总结与建议 …………………………………… 259
参考文献 ……………………………………………………………………… 260

第五部分　低碳经济发展的实际与展望

> 党的十八届三中全会把"推进国家治理体系和治理能力现代化"作为了全面深化改革的总目标之一。政府与市场作为两种资源配置的方式，在低碳经济发展中各自发挥着不同的作用，共同为低碳经济发展提供一个有序竞争的环境。在低碳发展的顶层设计下，总结政策执行与试点进展的经验，构建一整套既能使市场在低碳发展中起决定性作用，又能更好发挥政府对低碳发展作用的管理、激励、监督及惩罚机制的现代化治理体系，成为未来低碳经济发展的关键任务。

第十章　低碳经济发展相关实践效果 ………………………………………… 265
第一节　政府与市场在低碳经济发展中的关系 …………………………… 265
　一、政府与市场的关系 …………………………………………………… 265
　二、政府在低碳经济发展中的作用 ……………………………………… 266
　三、市场在低碳经济发展中的作用 ……………………………………… 267
第二节　低碳试点相关情况 ………………………………………………… 268
　一、低碳经济发展的试点省市总体情况 ………………………………… 268
　二、低碳经济发展的试点省市工作扎实推进 …………………………… 270
　三、低碳交通试点发展现状 ……………………………………………… 276
第三节　碳交易市场试点的现状与发展 …………………………………… 279
　一、我国碳交易市场的发展 ……………………………………………… 279
　二、碳交易市场面临的问题 ……………………………………………… 286
　三、我国发展碳交易市场的政策建议 …………………………………… 288
参考文献 ……………………………………………………………………… 289

第十一章　低碳经济发展的法律保障 ………………………………………… 290
第一节　低碳经济立法的必要性 …………………………………………… 290
　一、低碳经济立法是顺应世界低碳经济发展的必然趋势 ……………… 290
　二、低碳经济立法是增强应对全球气候变化能力的必要条件 ………… 292
　三、低碳经济立法是提高公民法制观念、减碳意识的现实需要 ……… 294
　四、低碳经济立法是实现社会可持续发展的必然要求 ………………… 295
　五、低碳经济立法是发展低碳经济的坚实保障 ………………………… 296
第二节　我国现行低碳经济法律体系现状及存在问题 …………………… 297
　一、我国低碳经济法律体系的现状 ……………………………………… 297
　二、我国低碳经济法律体系存在的问题 ………………………………… 300

第三节　低碳经济法律体系的国际经验 ……………………………………… 303
　　一、英国的低碳法律概况 ……………………………………………………… 303
　　二、美国的低碳经济法律概况 ………………………………………………… 305
　　三、日本的低碳经济法律概况 ………………………………………………… 307
　　四、澳大利亚的低碳经济法律概况 …………………………………………… 309
　　五、其他国家的低碳经济法律概况 …………………………………………… 311
第四节　对我国低碳经济立法的启示 …………………………………………… 314
　　一、市场规制法方面的法律建构 ……………………………………………… 315
　　二、宏观引导调控法方面的法律建构 ………………………………………… 315
　　三、国家投资经营法方面的法律建构 ………………………………………… 317
参考文献 ……………………………………………………………………………… 318

第十二章　低碳经济发展的治理体系探析 … 319

第一节　政府存在的合法性 ……………………………………………………… 319
　　一、政府与社会的关系 ………………………………………………………… 319
　　二、政府存在的合法性的来源 ………………………………………………… 320
第二节　政府在低碳经济发展中的作用 ………………………………………… 321
第三节　低碳经济发展的治理机制 ……………………………………………… 326
　　一、低碳经济发展的管理机制 ………………………………………………… 326
　　二、低碳经济发展的激励机制 ………………………………………………… 335
　　三、低碳经济发展的监督机制 ………………………………………………… 344
　　四、低碳经济发展的惩罚机制 ………………………………………………… 349
参考文献 ……………………………………………………………………………… 357

第一部分
中国低碳经济实践与理论进展

> 作为世界上最大的发展中国家,推动经济社会发展是第一要务,资源环境矛盾在发展中产生,也注定要在发展中解决。而发展是全方位的,既包括生产力水平的提升,也包括生产关系的调整以及观念的引领。因此,梳理了本年度产业发展低碳化、市场体系完善化、政策制定系统化和国际合作常规化过程中的时事热点以及国内外学者的研究,并加以概括。以真实世界的肖像和理论世界的动态打开低碳经济年度报告的画卷。

第一章 2013年中国低碳经济发展概况

2013年是我国低碳经济发展的关键之年。低碳经济发展不仅是党的十八大确定的国家战略，也是化解以雾霾为代表的生态危机的有力措施。我国低碳经济发展逐步走出"摸着石头过河"的阶段，走向稳扎稳打、步步为营的新阶段，加快推进低碳经济发展的重大战略研究，加强顶层设计，逐步完善各项规划的制定，稳步落实低碳经济发展的各项实践工作。

第一节 低碳经济发展关键之年

2013年我国发展低碳经济不仅成为国家战略的客观要求，也成为应对以雾霾为代表的生态危机的必然选择，低碳经济面临前所未有的机遇。低碳经济所承载的转型发展、惠及民生、扩大内需、深化改革，对外合作的重任也给低碳经济的发展带来诸多挑战。为了应对这样的局面，我国加强了低碳经济的顶层设计，开始加快推进重大战略的研究和规划的制定。

一、低碳经济发展机遇与挑战并存

在2011年以来的严峻经济形势下，我国经济发展的深层次结构矛盾逐步暴露，中国经济的质量和效益还有待提高，增长方式也亟待转变。原有经济增长方式一方面有力地支持了我国的快速工业化过程，在短短几十年间走完了发达国家耗费几百年时间才走完的工业化道路，另一方面也造成了以资源相对不足、环境容量有限为主要特点的严峻生态环境成为我国新的基本国情，成为发展的"短板"和瓶颈。作为世界上最大的发展中国家，推动经济社会发展是第一要务，资源环境矛盾在发展中产生，也注定要在发展中解决。2012年11月党的十八大报告首次将生态文明建设纳入中国特色社会主义事业"五位一体"的总体布局，明确提出大力推进生态文明建设，努力建设美丽中国，实现中华民族永续发展，并着力推进绿色发展、循环发展、低碳发展的三大发展理念。发展低碳经济不仅成为我国经济社会可持续发展的基本路径，也是建设美丽中国的重要理念的落脚之处。

2013年多次大范围的雾霾与重污染天气波及我国1/4的国土面积，影响约6亿人，雾霾天数为1961年以来历史同期最多。涉及每个人的直接切身利益的雾霾也直接倒逼了经济发展方式的转型。主要大气污染物与温室气体的排放同源性导致这场以《大气污染防治行动计划》为标志的治霾攻坚战成为低碳经济发展的重要契机和有利推手，这场雾霾攻坚战包含了污染减排、结构调整、科技创新、调整能源结构、优化布局、完善政策、健全法规、区域统筹、公众参与等多个方面。

低碳经济的能否步入快车道，成为关系到国民经济发展、人民群众切身利益的重大挑战。挑战也是机遇。抓住和用好我国经济发展的重要战略转型期，超前谋划，把握发展的主动权，就会为中国经济赢得更大的发展空间。

发展低碳经济是我国转型发展的重要思路。习近平同志形象地指出，我们既要绿水青山，也要金山银山。宁要绿水青山，不要金山银山，而且绿水青山就是金山银山。这体现了我国发展思路的重要转变，从不顾及生态环境的粗放增长，到就生态论生态的简单二元论，再到变生态优势为经济优势、发展优势的辩证观。低碳经济作为可持续的、科学的发展，体现了人与自然的和谐、经济与社会的和谐。我国将推进重大生态工程、环保工程、节能工程建设，"十二五"期间中国生态环保投入将达到3.4万亿元；我国以节能减排作为结构调整和创新转型的重要突破口，到2015年使单位国内生产总值二氧化碳排放比2010年降低17%。

发展低碳经济是我国惠及民生的重要保障。习近平同志在天津考察工作时强调，良好的生态环境是最公平的公共产品，是最普惠的民生福祉。随着生活水平的提高，人们对良好生态环境的需求更加迫切。环境问题也成为重要的民生问题。李克强同志指出作为政府，有责任调动各方面力量加大污染防治力度，不欠新账、多还旧账，在充分提供物质产品、文化产品的同时，更多提供生态产品。我国低碳经济发展越来越在微观上把目标明确地引向最大惠及公众生活的层面，如发展低碳交通，改善交通出行状况；开展低碳城镇试点，提升城镇居住环境；开始低碳社区试点，提高生活环境质量；开展低碳产品认证，从消费端倒逼生产方式变革。

发展低碳经济是我国扩大内需的重要抓手。扩大国内需求是中国发展的战略基点，发展低碳经济催生了规模庞大的低碳产业，也孕育了前景无限的市场空间。无论是传统产业的优化升级所催生的节能环保产业，还是战略性新兴产业发展创造的高附加值、低污染的全新市场；无论是化石能源清洁发展衍生的产业链，还是非化石能源推广开辟的国内外市场都会形成新的经济增长点，拉动低碳消费增长，容纳大量低碳就业。

发展低碳经济是我国深化改革的重要载体。改革开放是发展特别是转型发展的必由之路，进一步深化改革也是十八届三中全会提出的伟大号召和英明决定。推进低碳经济发展本身就是生产生活方式的深刻变革，涉及发展理念的提升和社会利益的调整，更需要改革和制度创新。我国发展低碳经济越来越依赖于加快价格、财税、金融、行政管理以及企业等改革，通过完善资源有偿使用、环境损害赔偿等制度，健全评价考核、行为奖惩、责任追究等机制，加强资源环境领域法制建设，使低碳经济发展成为我国进一步深化改革的重要载体。

发展低碳经济是我国对外合作的重要途径。气候变化问题是全球面临的共同挑战，促进低碳经济发展是各国利益汇合点。中国作为负责任的大国，坚持不懈推动低碳经济发展，这是对全人类的贡献。我国把低碳经济发展作为对外开放的重要领域，加强同其他国家、国际组织的环境合作，引进并吸收先进理念、治理技术、管理模式和有益经验；开放公平竞争的市场，鼓励国外企业在华发展低碳产业。我国积极参与并推进国际环境公约的履约工作，按照共同但有区别的责任原则、公平原则、各自能力原则，承担应尽的国际义务，与世界各国共同推动人类环境与发展事业。

二、中国低碳经济顶层设计加强

"顶层设计"作为中国政治领域的新名词首次出现在《中共中央关于制定国民经济和社会发展第十二个五年规划的建议》中，指的是主体结构和主要模式。因为原有发展模式不可持续且面临重大改革议题的现状要求发展方式的改革，为了实现经济、社会、政治体制改革的稳步协调推进需要明确主要目标和先后顺序。我国发展低碳经济促进整个社会从高碳向低碳的整体转型，同样要求在"摸着石头过河"、积累经验的同时对转型进行总体谋划。2013年中国政府加快推进重大战略研究和规划制定，加强了低碳经济的顶层设计。

（一）中央层面与地方层面相关法律法规大量颁布

2012年至2013年我国与低碳相关的法律法规大量颁布。在国家层面主要以部门规章为主，主要发布单位是国务院各个机构。在内容方面，与能源相关的在数量上占据了首位，其次涉及科技、机关工作、环境保护、建筑业、交通运输、标准化管理和认证认可等多个方面（图1-1、图1-2、图1-3）。

总体而言，中央层面颁布的与低碳相关的法律法规立法层次比较低，以部门规章为主，既是国家最高行政机关所属的各部门、委员会在自己的职权范围内发布的调整部门管理事项的规范性文件，也仅在部门的职权范围内有效，因此缺乏最高级别的强制力；目前尚不成体系，内容零散混杂，既缺乏石油、天然气等重要领域的单行法律，也缺乏类似《低碳经济法》之类的能够协调和统领其他低碳经济法律法规的基本法，只有在内容上比较接近的《中华人民共和国循环经济促进法》（2008）以及已经初步形成立法框架的《中华人民共和国应对气候变化法》，因此对低碳经济的发展难以进行有效的统筹安排；多以低碳作为诸多原则要求中的一种，但是缺乏直接针对低碳经济发展如何展开的法律法规。

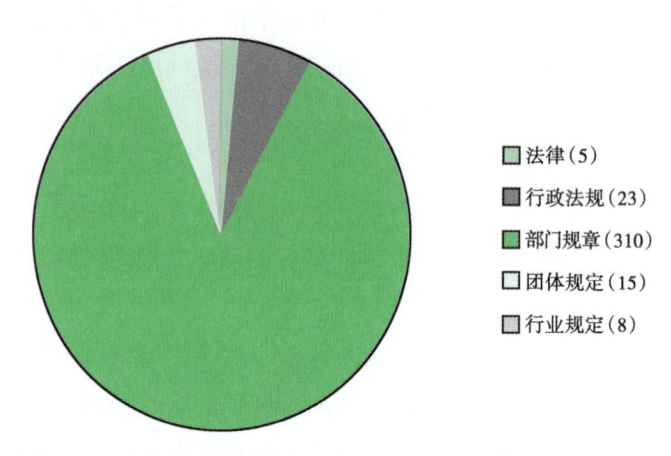

图 1-1　中央层面低碳相关法律法规效力级别❶（2012—2013）

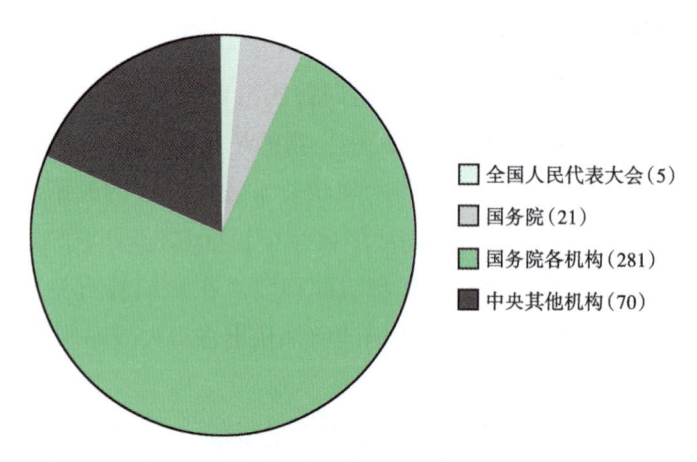

- 法律（5）
- 行政法规（23）
- 部门规章（310）
- 团体规定（15）
- 行业规定（8）

图 1-2　中央层面低碳相关法律法规发布部门（2012—2013）

- 全国人民代表大会（5）
- 国务院（21）
- 国务院各机构（281）
- 中央其他机构（70）

在地方层面，与低碳相关的法律法规同样绝大部分集中在地方规范性文件，以广东、江苏、上海、河南、浙江、山东、湖北、四川为代表的全国各个省市自治区（不包括香港、澳门和台湾地区）都或多或少地出台了相关规范性文件。在内容上主要集中于机关工作、建筑业、环境保护、能源和计划等方面（图1-4、图1-5、图1-6）。

总体而言，地方层面与低碳相关的法律法规的效力级别也比较低，地方人大和政府立法比例非常低，绝大多数是由地方政府部门发布的准立法行为的规范性文件，因此仅在部门职权范围的领域内具有一定的效力，没有对整个地方的低碳发展的强制力；立法内容比较分散零碎，距离形成体系还很遥远，相较于中央在重要领域的立法

---

❶ 一项规范性文件在全部规范性文件体系中所处的地位。立法效力等级的差别表现为较低等级的立法不能与较高级别的立法在内容或基本原则上相抵触。一项规范性文件的效力等级取决于其制定机关在全部国家机关体系中的地位以及创制该文件的方式。——《中华法学大辞典》

来源：http://xuewen.cnki.net/r2006050410001336.html.

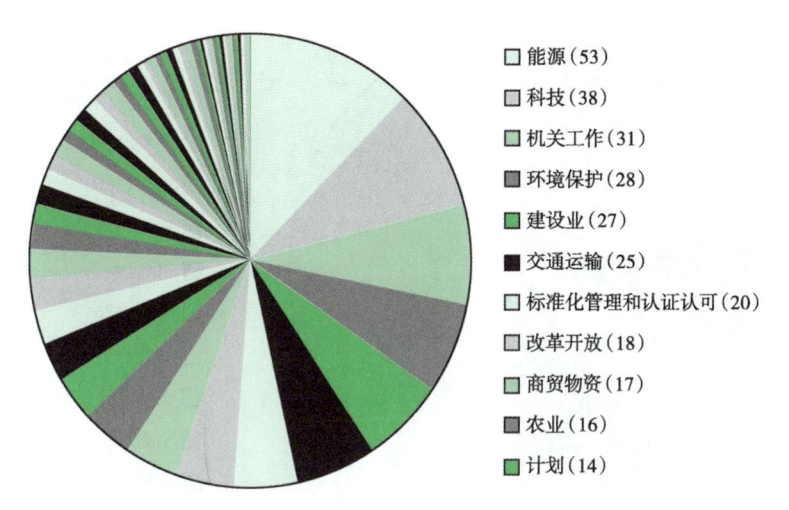

图1-3 中央层面低碳相关法律法规类别（2012—2013）

（资料来源：根据北京大学法宝数据库相关内容进行整理）

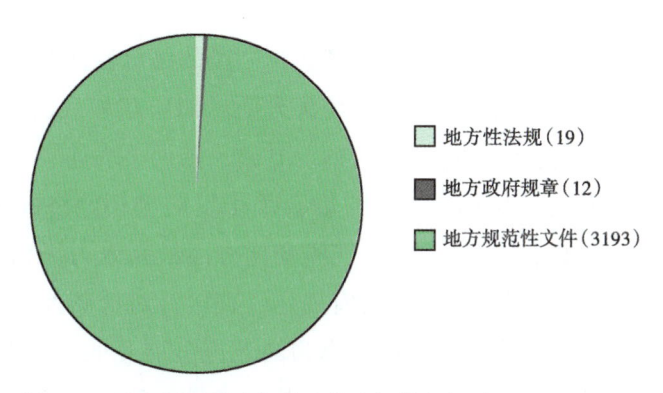

- 能源(53)
- 科技(38)
- 机关工作(31)
- 环境保护(28)
- 建设业(27)
- 交通运输(25)
- 标准化管理和认证认可(20)
- 改革开放(18)
- 商贸物资(17)
- 农业(16)
- 计划(14)

图1-4 地方层面低碳相关法律法规效力级别（2012—2013）

- 地方性法规(19)
- 地方政府规章(12)
- 地方规范性文件(3193)

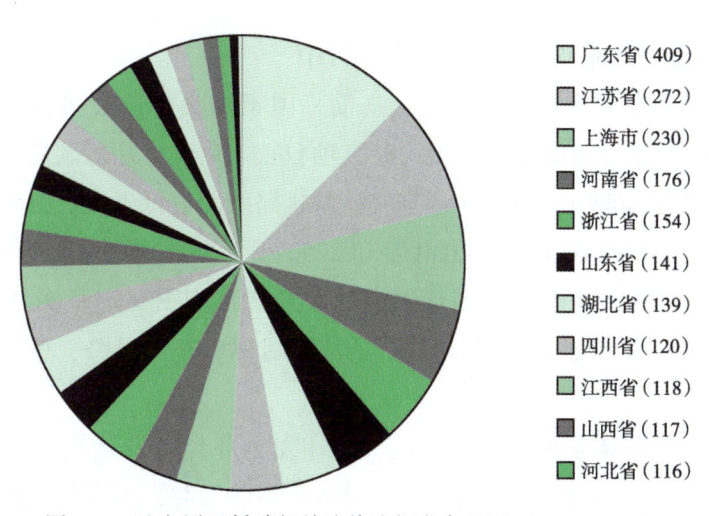

图1-5 地方层面低碳相关法律法规发布地区（2012—2013）

- 广东省(409)
- 江苏省(272)
- 上海市(230)
- 河南省(176)
- 浙江省(154)
- 山东省(141)
- 湖北省(139)
- 四川省(120)
- 江西省(118)
- 山西省(117)
- 河北省(116)

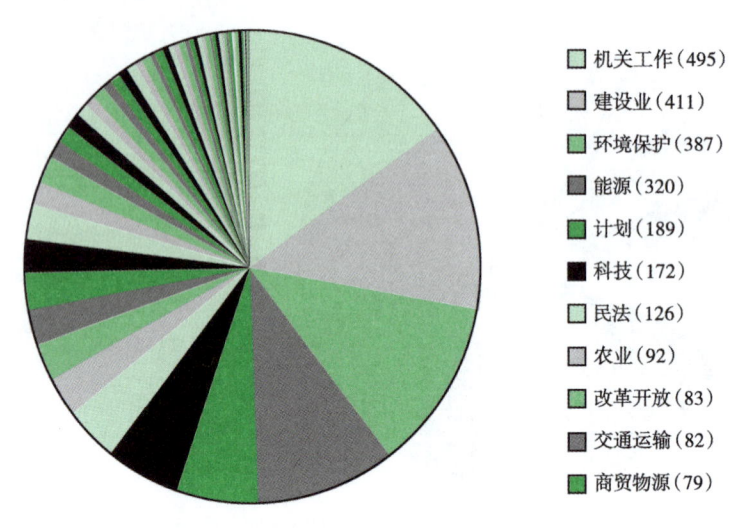

图 1-6 地方层面低碳相关法律法规类别（2012—2013）

（资料来源：根据北京大学法宝数据库相关内容整理）

缺位更加严重，也同样欠缺类似《低碳经济法》之类的综合性法规进行有效的统筹安排，现有的近似的地方性法规主要是循环经济方面，如广东和武汉出台的《实施<中华人民共和国循环经济促进法>办法》，山西、甘肃、陕西、大连、深圳经济特区出台的《循环经济促进条例》，《厦门市人大常委会关于发展循环经济的决定》以及《贵阳市建设循环经济生态城市条例》，应对气候变化方面最高效力级别只有青海省出台的《应对气候变化办法》，属于地方性政府规章；直接针对低碳经济发展进行规范的法律法规依然比较少，大多数还是将低碳作为缺乏充分展开的空泛要求；相对而言，沿海省市、南方省市以及较为发达的省市对于发展低碳经济的热情更高，而且执行力也更强。

（二）整体发展战略及规划研究正在制订中

2012 年 6 月国家发展和改革委员会（简称国家发改委）会同有关部门组织国内研究机构开展的"中国低碳发展宏观战略"项目正式启动，从低碳发展宏观战略总体思路、能源低碳发展战略、2050 年温室气体减排路线图、低碳发展财税政策等多个方面系统分析和研究中国 2020 年、2030 年和 2050 年低碳发展的总体目标、阶段任务、实现途径和保障措施，为下一步制订中国低碳发展路线图奠定坚实基础。截至 2013 年底，研究已经初步形成了我国低碳发展的战略目标、基本思路、重点领域和主要任务等内容。

2013 年初，国务院颁布了《国务院关于印发循环经济发展战略及近期行动计划的通知》（以下简称《通知》），《通知》历时两年多的编制，内容与低碳经济发展战略相近，是我国首部国家级循环经济发展战略及专项规划。规划以建设循环型社会为总目标，并进一步细化了建设的中长期目标以及近期的具体指标，提出 18 项主要目标和涉及第一、第二、第三产业的 80 个量化的循环经济具体指标，从实践角度对推进循环发展做出总体部署和安排，是实现循环发展的具体行动。地方层面上也有重大进展。重庆市于 2013 年 9 月发布了《人民政府关于印发重庆市循环经济发展战略及近期行动计划的通知》，提出 2015 年的发展目标，以十大循环经济的示范工程为抓手，抓好资源开采、资源消耗、废弃物产生、可再生资源产生、社会消费 5 个环节，构建工业、农业、服务业、社会层面、循环经济产业五大循环经济产业体系，最终促进覆盖社会各个层面的循环经济可持续发展。

此外，2011 年初启动的由国家发改委组织开展的《国家应对气候变化规划（2014—2020 年）》于 2013 年起草完成，并已上报国务院。规划在充分分析中国气候变化趋势及影响、应对气候变化工作现状、应对气候变化面临形势的基础上，提出中国到 2020 年前应对气候变化主要目标、重点任务及保障措施，对中国开展应对气候变化工作进行了整体部署。在地方层面，国家发改委下发了《地方应对气候变化规划编制指导意见》，要求各地编制地方应对气候变化规划。目前上海、江西、天津、陕西等地已经率先发布相关规划，四川、云南、广西、安徽、重庆、甘肃、宁夏、新疆、青海、辽宁等省（自治区、直辖市）已经完成了规划编制工作，拟于 2013 年正式发布实施。2013 年底，国家发改委等 9 部委联合发布《国家适应气候变化战略》，相较于以往我国应对气候变化的战略更加侧重于减缓气候变化，这是我国首次制订的适应气候变化的战略，但是从目标和任务整体来看，过于宏观，操作性比较弱。

在落实生态文明建设方面，虽然国家还没有相应的规划出台，但是地方上个别省市先行一步，已经颁布了相应的规范性文件。2012 年 12 月国家发改委批复了《贵阳建设全国生态文明示范城市规划（2012—2020）》，这是国家发改委审批的全国第一个生态文明城市规划。江苏率先启动省一级生态文明建设规划编制工作，并于 2013 年 7 月发布《江苏省人民政府关于印发江苏省生态文明建设规划（2013—2022）的通知》（以下简称《规划》）。《规划》提出经过 10 年实现生态省建设目标，率先建成全国生态文明建设示范区，并采取"两步走"的战略：到 2017 年，80% 的省辖市建成国家级生态市。为把生态文明建设落到实处，《规划》结合中央部署和江苏实际，坚持"可获取、可监测、可考核"的原则设置了 6 大类 19 项 45 个监测指标，再加上 1 个评判指标，共计 7 大类 20 项 46 个指标的指标体系，涵盖了生态空间、生态经济、生态文化、生态生活、生态科技、生态制度等 7 个方面。此外，《规划》还针对能源结构过重的特点提出控制煤炭消费总量；针对人口产业密度较大的省情提出生态红线管控以及生态补偿制度和绿色发展的评价体系等。其他现行的生态文明规划还有《南京市人民政府关于印发南京市生态文明建设规划（2013—2020）的通知》、《佛山市人民政府关于印发佛山生态市建设规划（2012—2020）的通知》以及《贵港市人民政府关于印发<贵港生态市建设规划（2010-2020）>的通知》等。

（三）管理职能机构逐步完善

目前中央还没有负责低碳经济的专门机构，相关职能分散在不同的职能部门，其中比较突出的是国家发改委以及2007年成立的国家应对气候变化及节能减排工作领导小组。领导小组由时任国务院总理的温家宝担任组长，对外视工作需要称国家应对气候变化领导小组或国务院节能减排工作领导小组（一个机构、两块牌子），作为国家应对气候变化和节能减排工作的议事协调机构。领导小组的主要任务是：研究制订国家应对气候变化的重大战略、方针和对策，统一部署应对气候变化工作，研究审议国际合作和谈判方案，协调解决应对气候变化工作中的重大问题；组织贯彻落实国务院有关节能减排工作的方针政策，统一部署节能减排工作，研究审议重大政策建议，协调解决工作中的重大问题。2013年7月，国务院对国家应对气候变化工作领导小组组成单位和人员进行了调整，由国务院总理李克强任领导小组组长，并增加了部分职能部门。目前中国已经初步建立了由国家应对气候变化领导小组统一领导、国家发改委归口管理、有关部门和地方分工负责应对气候变化管理体制和工作机制。全国各省自治区直辖市均成立了以政府行政首长为组长的应对气候变化领导机构，建立了部门分工协调机制，明确了应对气候变化职能机构，部分城市也成立了应对气候变化办公室。

地方上与中央的设置类似，首批低碳省市均成立了低碳工作领导小组，主要包括两种：一是在原有应对气候变化与节能减排领导小组的基础上成立的低碳领导小组，采取这种方式的主要有广东、湖北、辽宁、陕西、重庆、深圳、南昌、天津和保定；二是低碳试点工作领导小组由原来的主管某方面的部门改设在省（市）发改委。第二批低碳省市试点也都先后成立了低碳领导小组，统筹指导低碳试点建设工作。除此之外，辽宁、湖北、陕西、四川、广东发改委成立了专门的应对气候变化处，深圳市成立了碳交易监管办公室，广元市成立了低碳发展局。

（四）碳排放总量控制及其分解落实逐步推进

2009年11月，中国首次公布控制温室气体排放的行动目标：到2020年单位国内生产总值二氧化碳排放比2005年下降40%~45%，我国开始进入碳总量控制时代。2011年12月，《"十二五"控制温室气体排放工作方案》（以下简称《方案》）正式印发，控制温室气体排放首次进入社会经济发展规划。《方案》提出到2015年实现单位国内生产总值二氧化碳排放比2010年下降17%的总目标，并在各省市自治区节能目标分解的基础上，综合考虑各地"十二五"时期能源消费结构变化、可再生能源发展状况和森林碳汇潜力等因素，以及个别地区的特殊情况和地区间的平衡，提出了

"十二五"时期各地区的单位生产总值二氧化碳排放下降指标,并在加强组织领导和评价考核方面提出了明确要求。这是首次把单位生产总值二氧化碳排放下降指标作为约束性指标分解到地方,对于推动我国低碳经济发展有标志性意义。进而,北京、广东、山东等省市地区也提出各自的"十二五"控制温室气体排放工作实施方案,并将单位生产总值二氧化碳排放下降指标分解到企业、行业等排放大户。

虽然我国目前主要通过碳排放强度对温室气体排放进行控制,但也同时尝试对碳排放峰值进行控制为最终的总量控制奠定基础。在2012年12月召开的哥本哈根气候大会上,中国官方首次公开预估中国温室气体排放的峰值预期出现在2030年到2040年之间。中央政府也要求低碳试点省市率先公布碳排放峰值,通过峰值来倒逼低碳发展,倒逼企业加快转型升级,努力在更高层次上推进生态文明建设,引导人们加快转变生活模式和消费观念。国家发改委开展的低碳省区和低碳城市试点进展展览❶显示,北京、上海、广东、深圳、宁波、青岛、广州、武汉、苏州、镇江、温州、吉林、石家庄、南平、济源等15个试点省市有望在2020年前达到峰值。同时各试点省市均提前完成2005年温室气体排放清单编制工作,部分还安排专项资金,加强统计核算体系建设和能力培训。多数试点的地级城市也在积极编制本地温室气体排放清单。

温室气体的排放主要来源于化石能源的燃烧,所以对于能源的控制是控制温室气体排放的根本。为此,我国逐步在规划中明确能源控制的根本地位。"十二五"规划中提出"推动能源生产和利用方式变革"和"合理控制能源消费总量",十八大报告进一步提出"推动能源生产和消费革命,控制能源消费总量"。在"十一五"节能减排目标基本完成,扭转了"十五"后期单位国内生产总值能耗大幅上升的趋势基础上,2012年国务院印发了《节能减排"十二五"规划》等进一步明确了各地区、各领域节能目标任务,细化了政策措施,并继续定期发布各地区节能目标完成情况晴雨表。2013年,国家发改委会同有关部门组织对省级人民政府进行节能目标责任评价考核,将考核结果作为对地方领导班子和领导干部综合考核评价的参考内容,纳入政府绩效管理。

(五)专项规划纷纷出台

2012年,中央在2011年《"十二五"节能减排综合性工作方案》基础上,发布了《"十二五"节能减排规划》,对"十二五"单位国内生产总值能耗下降16%、主要污染物排放总量下降8%~10%的总体目标进行了分解,提出各行业、重点领域和主要耗能设备的具体目标。相配套地中央发布了一系列具有针对性的"十二五"规划,包括全国城镇污水处理及再生利用设施建设、特种设备安全与节能发展、工业节能、

---

❶ 15个低碳试点有望2020年前达到二氧化碳排放峰值。
http://www.cenews.com.cn/xwzx2013/dt/201401/t20140121_763919.html.

公路水路交通运输节能减排、建筑节能、绿色建筑和绿色生态城区发展等，从调整优化产业结构，推动能效水平提高和强化主要污染物减排三大方面保障规划落实。

发展战略性新兴产业，是我国转变经济发展方式，实现低碳发展，引领未来经济社会可持续发展的重大战略选择。2012年7月，为加快培育和发展节能环保、新能源、新能源汽车等战略性新兴产业，国务院发布了《国务院关于印发"十二五"国家战略性新兴产业发展规划的通知》，明确了中国节能环保、新一代信息技术、生物、高端装备制造、新能源、新材料、新能源汽车等7个战略性新兴产业重点领域。相配套地，有关部门陆续制定并发布了7个重点产业专项规划以及现代生物制造等20多个专项科技发展规划。这既是推进重点细分领域产业化发展的集中体现，也有助于明晰我国战略性新兴产业领域的专项技术发展路线图，加快了我国战略性新兴产业成为国民经济的先导性产业和支柱性产业的步伐。

"十二五"规划提出"优化能源结构，合理控制能源消费总量"，十八大进而提出"推动能源生产和消费革命，控制能源消费总量"的要求。2013年第一天，国务院正式印发《能源发展"十二五"规划》，通过实施能源消费强度和消费总量双控制对能源消费总量进行控制，从源头上把住温室气体排放的脉；大力调整能源结构，加快发展新能源，将煤层气、页岩气等非常规油气资源的开发利用放在更加突出重要的位置；首次专辟一节提出推动能源供应方式变革，鼓励发展分布式能源、智能电网、新能源汽车供能设施；以社会主义市场经济为导向，抓紧制订和实施深化能源体制改革的指导意见，涉及煤炭、电力、石化和可再生能源等能源的全领域改革。相配合地，2012年2月中华人民共和国工业和信息化部（简称工信部）发布《石化和化学工业"十二五"发展规划》，同时配套发布了《烯烃工业"十二五"发展规划》、《危险化学品"十二五"发展布局规划》、《化肥工业"十二五"发展规划》和《农药工业"十二五"发展规划》4个子规划。2012年3月22日国家能源局发布《煤炭工业发展"十二五"规划》。这一系列规划对"十二五"期间传统化石能源领域的低碳发展，制定了目标并作出具体部署。2013年8月6日国家能源局组织制订的《可再生能源发展"十二五"规划》和水电、风电、太阳能、生物质能4个专题规划正式发布，我国可再生能源进入更大规模发展的新阶段。《可再生能源发展"十二五"规划》提出"十二五"时期可再生能源的总体发展目标以及各可再生能源的发展指标，并确定了基本发展原则——市场机制与政策扶持相结合、集中开发与分散利用相结合、规模开发与产业升级相结合、国内发展与国际合作相结合。在《可再生能源发展"十二五"规划》的基础上，国家海洋局和国家林业局还分别发布了《海洋可再生能源发展纲要（2013—2016）和《全国林业生物质能源发展规划（2011—2020）》，充分发挥海洋和林业在调整能源结构，发展低碳经济，应对气候变化中的贡献。

第二节 低碳经济发展各项工作稳步推进

发展低碳经济的战略最终要在各项具体工作中得到落实。2013年我国低碳经济发展从以政府为主导向市场机制起决定性作用开始转化，以碳市场发展元年为标志，低碳经济发展的市场机制系统初现；面对产能过剩的危机，我国坚持推动传统产业的优化升级和战略性新兴产业的发展，产业结构调整取得历史性成就，第三产业（服务业）增加值占国内生产总值的比重提高到46.1%，首次超过第二产业；《能源发展"十二五"规划》描绘了"十二五"期间我国各主要能源的发展路径，高效、清洁、低碳成为我国能源发展的方向；国家发改委及其他主要职能部门持续推进低碳发展试点并逐渐扩大范围和类别，对低碳经济进行了有益的探索，总结出了一些有效的机制和体制。

一、市场机制向系统化方向发展

我国低碳经济发展目前主要以政府作用为主，以市场机制为辅。十八大报告提出"更大程度更广范围发挥市场在资源配置中的基础性作用"，十八届三中全会进而提出"紧紧围绕使市场在资源配置中起决定性作用深化经济体制改革"。在发展低碳经济的过程中也要进一步转变政府职能，激发市场主体发展活力和创造力。在不断巩固和推进原有的市场机制的基础上，我国碳市场也在2013年进入了发展元年，低碳经济发展的市场机制系统初现。

（一）核心市场机制——碳市场开始建立

2011年10月，国家发改委在北京、广东等2省5市启动了碳交易试点工作。2013年6月18日深圳正式启动碳交易，开启我国第一个正式运行的强制碳交易市场。上海、北京、广州、天津也相继启动碳交易。2013年成为中国碳交易市场元年。

可测量（Measurement）、可报告（Reporting）、可核查（Verification）制度（简称MRV）是碳交易市场建设的基础，直接影响到配额的分配以及企业交易的成本。2013年底，国家发改委公布了发电、电网、钢铁等10个行业企业温室气体排放核算方法与报告指南。早在国家出台MRV相关政策之前，各试点省市已经积极行动制订了适合本省市的MRV制度。深圳作为中国应对气候变化的领跑者，第一个试水建立MRV机制。深圳市在建立MRV机制中的主要工作包括：建立与国际接轨的MRV法规和标准，最终形成了2个通用的指南、2个特殊行业的方法学、2个通用的技术文件，并单独制订了针对特定行业的温室气体排放量化和报告方法；确定核查对象，这是由碳交易主管部门根据交易市场以及管理辖区的实际情况决定的，深圳选择的是以法人为单位的组织；在充分考虑组织和核查机构在开展碳排放活动时的可操作性的基础上，为组织和核查机构分别提供了一套齐备的量化工具表单与报告模板和标准文件，明确了技术要求。❶

自深圳碳交易启动以来，配额如何分配始终是各方关注的焦点，也是活跃中国碳交易市场的关键环节。虽然北京、深圳、上海、广东4个省市均在碳排放交易管理方案中提出了将开展配额的有偿发放，但截至2014年6月，广东省是唯一正式开展有偿配额发放的试点。因此，广东的配额分配不仅具有鲜明的市场化特色，即实行部分免费发放和部分有偿发放，同时也为其他省市实行拍卖配额提供了经验和教训。从广东省3次配额拍卖过程中可以看出，一级配额拍卖进展并不是很顺利，只有在首次拍卖过程中申报量超过了发放量。这说明现在我国的碳交易市场供给充足，但是相对缺乏有效需求，主要原因是企业对国家实施的低碳发展政策存有侥幸心理，认为低碳发展可能是短期的政策，同时参与碳配额拍卖的收益不足以吸引企业。为了促进控排企业和新建项目参与拍卖以解冻免费配额，必须采取更为有力的激励约束政策，如行业准入制度等。

碳交易支撑体系主要包括碳交易平台、交易规则、管理部门及职责等的建立，支撑体系的建立为企业和个人参与碳排放提供了较为便利的方式和公正的渠道。2012年6月，国家发改委印发了《温室气体自愿减排交易管理暂行办法》，引导和规范国内开展的自愿交易活动。10月24日，国家发改委主办的中国清洁发展机制网右侧的相关链接中出现了"自愿减排交易信息平台"。在此平台上，自愿减排项目可以完成审定、注册、签发的公示，而签发后的减排量即可进入交易所交易。这标志着中国的核证自愿减排量（CCER）的交易迈出了实质性的一步。

除此之外，各试点碳交易所也致力于改善交易平台。2010年6月3日，我国首个温室气体自愿减排电子公示查询系统——天津排放权交易所自愿减排服务平台——上线试运行，为各类机构和公众参与温室气体自愿减排活动提供便利。2012年3月28日，北京市碳交易电子平台系统启动，这是自国家发改委确定北京等7省市开展碳交易试点以来推出的首个碳交易电子平台系统，标志着北京市碳交易试点工作进入了一个新阶段。

为了促进全国统一的碳交易市场的构建，2013年11月29日，北京、天津、河北、内蒙古、山西、山东6省、市、自治区共同签署了《关于开展跨区域碳交易合作研究的框架协议》，该协议谋求通过区域联动来治理大气污染，区域联动将是我国碳交易市场从单个省市扩展到全国的过渡阶段。按照协议约定，6省、市、自治区将合作开展企业（单位）二氧化碳排放核算方法、核查方法、配额核定方法、市场监管等

---

❶ 深圳MRV的建立与应用．认证技术．2013，09．

方面的研究。另外，6省、市、自治区还约定，建立日常联络与协调机制，不定期沟通、交流探讨合作重要事项。全国统一有序的碳交易市场的建立，能够有效调动各类市场主体的积极性，引导碳排放交易市场有序发展，同时为我国碳交易市场与国际碳交易市场接轨做好了准备。❶

（二）其他市场机制的继续与深化

合同能源管理作为我国节能市场机制的主要代表发展迅速。自2010年4月，国家发改委等部门出台《关于加快推进合同能源管理促进节能服务产业发展的意见》基本消除了制约合同能源管理推广的政策和体制障碍以来，截至2013年12月，国家发改委、财政部备案节能服务公司已公布5批名单，工信部推荐节能服务公司已公布3批名单。全国从事节能服务业务的企业从2012年底的4175家增长到2013年底的4852家，增幅为16.22%。合同能源管理投资超过700亿元，形成年节能能力2500多万吨标准煤，年减排二氧化碳6400万吨。就投资量、项目量和节能量而言，中国是合同能源管理领域最大的国家之一，主要业务领域均集中于工业节能市场。2011年由国务院机关事务管理局印发的《公共机构节能"十二五"规划》中称，要积极推广合同能源管理等方式，广泛引入市场化手段，为公共机构节能提供有力支持和保障。这对于推动在回款稳定的公共机构中推广合同能源管理，为能源服务公司的不断壮大提供良好的基础。此外，中央从投资、财政、税收、金融等方面对合同能源管理项目和节能服务公司进行了持续加大的支持。2013年中央安排财政奖励资金3.02亿元，支持合同能源管理项目495个。全国多个地方也相继出台合同能源管理项目专项扶持政策。合同能源管理涉及的领域从以工业为主，发展到覆盖工业、建筑、交通和公共机构等多个领域。

从节能产品到低碳产品，标准、标识和认证❷作为以产品为链条，以需求为导向引导企业向低碳生产转型的重要市场手段出现突破。自2007年以来，以能效标识以及节能产品认证系统为基础，中央财政对符合标准的高效终端节能产品进行补贴的"节能产品惠民工程"陆续发展到包含了家电、汽车、工业产品3大类15个品种，数十万种型号，累计安排中央财政资金超过400亿元，出台实施细则20多项，形成政策补贴、强制标准和市场机制相结合的节能产品生产、消费体系。由于政策实施以来推广成效明显，节能家电市场份额大幅提升，基本达到政策预期的现状，2013年5月中央决定暂停空调、平板电视、电冰箱、洗衣机、热水器5类高效节能家电的推广期一年。2013年11月起，洗衣机、变频空调、平板电视、空气能热水器和吸油烟机5类家电产品开始执行新的能效标准，大幅提升能效等级。政府也身体力行，自2011

---

❶ 齐晔. 中国低碳发展报告（2014）. 北京：社会科学文献出版社，2014.
❷ http://www.zjdpc.gov.cn/art/2013/3/16/art_10_511319.html.

年建立节能产品优先采购制度,制定了节能产品政府采购清单,对空调、计算机、照明等9类节能产品实行强制采购以来,财政部和国家发改委不断推进节能产品的政府采购,截至2013年底调整公布了共14期节能产品政府采购清单,此外,2013年3月国家发改委和国家认证认可监督管理委员会印发了《低碳产品认证管理暂行办法》,明确了认证机构与人员资质、认证的实施、认证证书和认证标志以及监督管理等内容,并指出国家将组建低碳认证技术委员会,标志着在广东、重庆、湖北3省市试点的基础上我国将建立统一的低碳产品认证制度。

2012年和2013年我国资源环境价格改革从"探路"走向了"提速",利用价格杠杆资源性产品使用效率和结构,实现低碳发展是我国运用市场机制的重要手段。特别是2013年,我国抓住物价水平总体稳定的有利时机,市场取向的资源性产品价格改革动作频繁:年初煤炭价格由过去的双轨制完全并轨,实现了煤炭价格的市场化,煤炭价格从此走向了完全由市场供求决定的格局;进一步完善了成品油的价格形成机制,缩短调价周期,取消调价幅度的限制,调整挂靠油种;调整了非居民天然气价格机制,建立天然气价格和可替代能源挂钩的联动机制;对核电上网的电价实行了标杆电价。此外我国还陆续出台有利于低碳发展的电价政策,提高电厂脱硫、脱硝、除尘价格,推出支持可再生能源和光伏产业发展的电价政策;出台成品油质量升级的价格政策,实行优质优价、污染者付费这样的原则;2012年7月在全国范围内对居民用电实施阶梯电价,2013年12月国家发改委出台政策进行完善,并要求2015年底前全面推行峰谷电价;2013年1月起部分地区实施部分金属和非金属矿资源税从价计征改革试点。

二、产业结构调整取得重大成果

产业结构调整是解决碳排放问题的主要手段,解决产能过剩问题,实现产业升级也是我国当前发展阶段的客观要求。当前我国一方面着力通过化解产能过剩推动传统产业的优化升级,一方面大力发展战略性新兴产业以及服务业,推动整个产业结构低碳化。2013年中国产业结构调整取得历史性变化,第三产业(服务业)增加值占国内生产总值(GDP)的比重提高到46.1%,首次超过第二产业。

(一)化解产能过剩,推进传统产业优化升级

产能严重过剩,特别是落后产能的存在是导致我国能源资源浪费,污染加剧的重要原因,2013年底❶,我国钢铁、水泥、电解铝、平板玻璃、船舶等行业的产能利用率分别仅为74.9%,75.8%,73.5%,76%和75%,明显低于80%以上的正常水平。2012年6月,工信部下达了关于19个工业行业淘汰落后产能目标任务,并公布了第

---

❶ http://xwzx.ndrc.gov.cn/wszb/201403/t20140307_590382.html.

一批淘汰落后产能的企业名单，要求各地及时将目标任务分解到市、县，落实到企业。经考核，2012年共淘汰炼铁落后产能1078万吨、炼钢937万吨、焦炭2493万吨、水泥（熟料及磨机）25829万吨、平板玻璃5856万重量箱、造纸1057万吨、印染32.6亿米、铅蓄电池2971万千伏安时。2013年5月，国家发改委和工信部下发《关于坚决遏制产能严重过剩行业盲目扩张的通知》，要求严禁核准产能严重过剩行业新增产能项目，坚决停建违规在建项目。9月国务院出台《化解产能严重过剩矛盾指导意见》（以下简称《意见》），将改革重点锁定在钢铁、水泥、电解铝、平板玻璃、船舶等五大严重产能过剩行业，提出化解产能过剩的8项任务和工作路线图。这是我国首份以国务院名义发布的化解产能过剩的总体方案，成为新一届政府统筹稳增长、调结构、促转型的工作重点，打造中国经济升级版的重大举措。《意见》一改以往制止、抑制过剩产能的理念为化解过剩产能，把化解产能过剩矛盾与调结构、转方式结合起来；通过加大问责、列入地方政府政绩考核指标体系的方式更加突出地方政府在遏制产能严重过剩行业盲目扩张的作用；依靠加强环保准入管理、收紧信贷政策、完善差别电价政策等更加依靠市场力量的调整方式和优化存量的手段，更加突出建立和完善以市场为主导的化解产能过剩矛盾长效机制。各地方和相关部门也出台了相关的政策文件，希望通过未来5年的努力来实现化解产能严重过剩的矛盾，实现产能规模基本合理、长效机制初步建立、发展质量明显改善的目标。

工业是我国能源消耗及温室气体排放主要领域，也是重点优化升级的传统产业。2010年，我国工业能源消耗达到21亿吨标准煤，占全社会总能源消耗的65%，占全国化石能源燃烧排放二氧化碳的65%左右，钢铁、有色金属、建材、石化、化工和电力六大高耗能行业占工业化石能源燃烧二氧化碳的71%左右。针对这一现状，2012年、2013年工业领域重要政策密集出台。2012年2月，工信部正式发布《工业节能"十二五"规划》（以下简称《规划》）。作为我国第一个工业节能规划，《规划》确定了"十二五"时期工业节能目标，同时分解制定了20个单位产品的能耗指标，提出九大行业节能的基础途径和路线、任务以及九大重点节能工程等，这是国家首次明确行业的节能目标，提出的20种主要产品单位能耗下降的目标相较于国际先进水平差距也逐步缩小；节能重点从技术节能转向结构节能和工程节能；提出分步推进国家、省、市（县）3级工业节能监测体系建设，提高节能预测预警能力，并进行及时调控；将建立并健全新上项目管理部门联动机制和项目审批问责制，对未完成年度节能目标的地方的新上高耗能项目采取区域限批措施。3月工信部等部门密集发布了3项工业专项规划——《大宗工业固体废物综合利用"十二五"规划》、《环保装备"十二五"发展规划》以及《工业清洁生产推行"十二五"规划》，分别明确了"十二五"期间各自的总体目标、主要任务和重点工程。12月，工信部又会同国家发改委、中华人民共和国科学技术部（简称科技部）、中华人民共和国财政部（简称财政部）制定了《工业领域应对气候变化行动方案（2012—2020年）》（以下简称《方案》）。《方案》勾勒了我国"工业碳减排路线图"，明确了工业领域应对气候变化的目标和任务，全面提升应对气候变化能力，推动工业低碳发展。此外，国家还从试点示范、技术支撑、标准制定等方面推动包括建筑、交通等其他传统产业在内的低碳发展。国家发改委启动的"国家低碳技术创新及产业化示范工程"在煤炭、电力、建筑、建材等4个行业实施了34个示范工程；科技部在全国25个试点城市组织开展"十城千辆"节能新能源汽车示范推广应用工程；财政部等部委发布通知，确认28个城市或区域为第一批新能源汽车推广应用城市。工信部等联合发布了《关于加强工业节能减排先进适用技术遴选评估与推广工作的通知》，筛选出钢铁、化工、建材等11个重点行业首批600余项节能减排先进适用技术，完成了工业节能减排技术信息平台建设；工信部先后印发《2013年工业节能与绿色发展专项行动实施方案》、《关于组织实施电机能效提升计划（2013—2015年）的通知》、《关于加强内燃机工业节能减排的意见》，大力推进了重点行业电机系统节能改造及内燃机节能减排技术、新产品推广应用。2012年以来，国家发改委和国家标准化管理委员会联合实施了"百项能效标准推进工程"，发布了包括高耗能行业单位产品能耗限额、终端用能产品能效、节能基础类标准在内的60多项节能标准；中华人民共和国住房和城乡建设部（简称住建部）批准发布了《建筑能效标识技术标准》、《城镇供热系统节能技术规范》等10个行业标准；工信部等部门累计发布60多项新能源汽车相关标准，交通运输部累计发布21批营运车辆燃料消耗量限值标准达标车型。

（二）扶持战略性新兴产业，推动服务业大发展

发展战略性新兴产业是我国的重要战略任务。大力培育发展战略性新兴产业成为支撑经济社会可持续发展的支柱性和先导性产业不仅有助于优化升级产业结构，提高发展质量和效益，在我国当前经济运行下行压力较大的情况下，对于保持经济长期平稳较快发展也具有重要意义。"十二五"时期是我国战略性新兴产业夯实发展基础、提升核心竞争力的关键时期。2012年7月国务院印发了国家发改委牵头编制的《"十二五"国家战略性新兴产业发展规划》（以下简称《规划》），对2010年出台的《国务院关于加快培育和发展战略性新兴产业的决定》（以下简称《决定》）和"十二五"规划相关部分进行了完善和细化。《规划》对战略性新兴产业的"十二五"目标进一步具体，提出了产业创新能力、创新创业环境、对经济发展的引领带动作用等方面的具体目标，骨干企业研发强度要力争达到5%以上，以及七大领域的行业发展目标。《规划》还对《决定》中明确的七大产业和24个领域进一步明确了产业发展路线图；为了落实目标，《规划》提出了更加明确的具体任务，我国在"十二五"期间将重点实施宽带中国、关键材料升级换代等20项重大工程，回答了"十二五"期间重点"做什么"的问题。有关部门相配套的陆续制订并发布了7个重点产业专项规划以及现代生物制造等20多个专项科技发展规划，北京、上海等26个省市也相继发布战略性新兴产业发展的规划或指导意见。2013年3月国家发改委公布的《战略性新兴产业重点产品和服务指导目录》（以下简称《目录》）进一步将《决定》确定的7个产业、24个发展方向细化到近3100项细分的产品和服务，成为政府管理投资项目，制定和实施财税、信贷、土地、进出口等政策的重要依据。同时，中华人民共和国国家统计局（简称国家统计局）正在会同国家发改委等部门依据2012年发布的《战略性新兴产业分类（2012）（试行）》研究建立战略性新兴产业统计监测体系，并发布了，目前正在开展试统计，并争取尽快发布战略性新兴产业统计数据。

服务业总体能耗低，也是低碳发展的关键环节。2012年1月国家科技部发布了我国首部服务业专项规划——《现代服务业科技发展"十二五"专项规划》，指出我国现代服务业及其科技发展还存在生产性服务业规模偏小、新兴服务业引领作用不强、科技服务业支撑能力薄弱等问题。2012年5月，国家发改委会同有关部门制定了《关于加快培育国际合作和竞争新优势的指导意见》，提出大力发展服务贸易的目标任务，建立健全服务贸易体系，提高服务业国际化发展水平。12月，国务院印发了首部服务业发展规划《服务业发展"十二五"规划》，明确了"十二五"时期是推动服务业大发展的重要时期，努力实现提高服务业比重、提升服务业水平、推进服务业改革开放、提高服务业吸纳就业能力等发展目标，构建结构优化、水平先进、开放共赢、优势互补的服务业发展格局；提出到2015年，我国服务业增加值占国内生产总值的比重较2010年提高4个百分点、成为三次产业中比重最高的产业的总目标；"十二五"期间我国优先发展生产性服务业，推动生产性服务业向中、高端发展，深化产业融合，细化专业分工。相配套地，2013年1月国家财政部、商务部出台《中央财政促进服务业发展专项资金管理办法》，专门支持促进服务业发展；7月国家质量监督检验检疫总局（简称国家质检总局）下发《关于加强服务业质量管理工作的通知》，首次就服务业质量管理工作进行全面部署，明确其作为服务业质量宏观管理部门的职能定位，实现将服务质量作为实现服务业大发展的关键支撑的作用，7月30日中国共产党中央委员会政治局（简称中央政治局）会议把"推动新兴服务业和生活性服务业发展"列入下半年经济工作，次日，国家发改委立即就促进新兴服务业发展公开征集政策建议，同一天，中国银行业监督管理委员会（简称银监会）主席尚福林也在全国银行业监管工作半年度会议上表示，2013年银行贷款将向包括新兴服务业和生活性服务业在内的多个具有示范引导作用的行业倾斜。

三、能源低碳发展进入新阶段

《能源发展"十二五"规划》指出,高效、清洁、低碳已经成为世界能源发展的主流方向,非化石能源和天然气在能源结构中的比重越来越大,世界能源将逐步跨入石油、天然气、煤炭、可再生能源和核能并驾齐驱的新时代。《能源发展"十二五"规划》描绘了"十二五"期间我国各主要能源的发展路径,提出安全高效开发煤炭、加快常规油气勘探开发、大力开发非常规天然气资源、积极有序发展水电、安全高效发展核电、加快发展风能等其他可再生能源的发展方向;提出2015年我国要实现能源消费总量40亿吨标煤,单位国内生产总值能耗比2010年下降16%,非化石能源消费比重提高到11.4%三项约束性指标。2013年我国大量出台能源政策,力图继续从化石能源清洁发展和大力发展非化石能源两个方面推动我国能源的低碳发展。

(一) 推动化石能源清洁发展

煤炭是我国的主体能源,2013年煤炭产量36.8亿吨,占一次能源生产的76%,煤炭消费量38亿吨,占一次能源消费的66.6%。我国富煤贫油少气的能源资源禀赋特点,决定了今后相当长一段时期内煤炭作为主体能源的地位难以改变。与煤炭使用有关的排放是我国温室气体排放的主要来源之一。高效、清洁地利用煤炭资源是我国低碳发展的重要战略。国家能源局2012年3月发布《煤炭工业发展"十二五"规划》,计划到2015年煤炭生产能力为41亿吨,产量和消费总量39亿吨。2013年9月颁布的《大气污染防治行动计划》进而提出控制煤炭消费总量要求,要求到2017年煤炭占能源消费总量比重降低到65%以下,而且责任逐步下放到政府。《能源发展"十二五"规划》提出,到2015年煤炭消费比重降低到65%左右。《煤炭工业发展"十二五"规划》将煤炭高效清洁利用作为"十二五"煤炭工业发展重点,指出在整个"十二五"时期,煤炭工业以转变发展方式为主线,重点做好转变发展方式工作。一是煤炭本身结构的调整,重点是煤炭的产业组织结构或者是企业组织结构调整,发展大集团,并与相关产业,如电力、建材、化工等更好地衔接;二是转变发展方式的主要动力和支撑必须依靠科技进步,如发展洁净煤技术;三是更加注重安全、资源综合利用和环境保护的问题。2013年6月,全国人大常务委员会对《中华人民共和国煤炭法》进行了修改,取消煤炭生产许可证和煤炭经营许可证,从而简化了审批手段,减少了重复监管,利于煤企发展,促进煤炭行业的市场化进程。此外,2012年12月中国自主研发、自主设计、自主制造、自主建设、自主运营的华能天津IGCC电站示范工程投产,标志着中国洁净煤发电技术取得了重大突破。2013年3月世界首套万吨级甲醇制芳烃工业试验装置通过鉴定,我国成为全球首个以煤为原料生产石油化工产业链全部产品的国家,在新型煤化工产业的技术应用和创新方面走在了世界前列。

2013年12月中国首个煤制天然气示范项目大唐内蒙古克什克腾旗煤制天然气示范项目一系列装置投运成功，正式并入管网输送清洁的煤制天然气产品。该项目以劣质褐煤作为原料为世界首例，也为我国大规模开发利用褐煤找到了现实的新途径，解决了制约煤制气发展的环保瓶颈问题。

2012年2月工信部发布《石化和化学工业"十二五"发展规划》，主要思路是石化和化学工业既要坚持转变增长方式，注重产业转型升级，又要坚持自主创新，处理好产业发展与生态环保、安全生产之间的关系，并提出了石化和化学工业"十二"节能减排目标。节能减排主要从源头上控制高耗能、高耗水、高排放等行业发展，淘汰高耗能的黄磷、电石、氮肥、烧碱等行业的落后产能，从严布局高耗水、高耗能、高排放的煤化工项目；利用技术进步推动节能减排，包括油品质量升级、推广清洁生产与节能节水工艺、探寻温室气体减排路径，开发二氧化碳捕捉、封存、综合利用技术和装备，并推广应用等；通过完善管理促进节能减排，包括建立和完善石化化工行业节能减排指标体系、检测体系和考核体系，推动化工园区按照产业集聚、能源梯次利用、排放集中治理的标准规范进行建设等。为突出重点，强化引导作用，工信部同时配套发布了《烯烃工业"十二五"发展规划》、《危险化学品"十二五"发展布局规划》、《化肥工业"十二五"发展规划》和《农药工业"十二五"发展规划》4个子规划。2013年12月，工信部又会同国家发改委、科技部、财政部制定了《工业领域应对气候变化行动方案（2012—2020年）》，要求2015年，石化、化工行业单位工业增加值二氧化碳排放量比2010年分别下降18%和17%，比之前确定的"十二五"碳减排目标提高了2个百分点以上；此外，针对我国近两年日益严重的雾霾现象，2013年9月国家发改委印发《关于油品质量升级价格政策有关意见的通知》，决定对油品质量升级实行优质优价政策，今明两年各地车用汽、柴油质量升级至第四阶段，2017年底后，升级至第五阶段。使用符合第五阶段标准的汽油和柴油，汽车尾气中的有关污染物排放将减少10%，减排效果更加明显。

天然气是我国实现节能减排最现实的能源，《能源发展"十二五"规划》提出2015年天然气占一次能源消费比重提高到7.5%。我国天然气消费需求的增长速度已经超过煤炭和石油，天然气供需缺口逐年加大，2013年全国天然气供需缺口达220亿立方米。2012年10月，国家发改委印发《天然气发展"十二五"规划》，明确规定了发展目标和六大任务，涵盖煤层气、页岩气和煤制气等内容，明确提出要加大常规和非常规天然气的勘察开发力度，增加国内资源供给，完善管网和储气设施的建设，进一步理顺天然气价格机制。页岩气在非常规天然气中异军突起，已成为全球油气资源勘探开发的新亮点，加快开发页岩气对中国具有战略性意义。2012年3月，国家发改委、能源局等部门联合发布我国第一部页岩气专项规划——《页岩气发展规划

（2011—2015 年）》，提出将在未来的 5~10 年大力推进我国页岩气的开发利用，并在"十二五"时期探明储量，掌握勘探开发技术，为"十三五"、"十四五"期间的飞跃打基础。2012 年 11 月中华人民共和国财政部、国家能源局联合发布《关于出台页岩气开发利用补贴政策的通知》，安排专项财政资金支持页岩气开发。2013 年 10 月国家能源局公布《页岩气产业政策》，首次将《页岩气发展规划（2011—2015 年）》落实到操作层面，提出将页岩气开发纳入国家战略性新兴产业，鼓励各种投资主体进入页岩气销售市场；提出多项产业支持政策，如按照开发量对页岩气生产企业直接进行补贴，鼓励地方财政对生产企业进行补贴，开采企业减免矿产资源补偿费、矿权使用费等。

（二）大力发展非化石能源

"十一五"是我国可再生能源规模化快速增长和能力迅速形成的时期，进入"十二五"，我国可再生能源要在规模化和基本产业链形成的基础上，实现质和量的双重飞跃，建立有竞争力的产业体系。2012 年 8 月国家能源局发布《可再生能源发展"十二五"规划》，提出"十二五"时期可再生能源发展的总体目标，2015 年可再生能源年利用量达到 4.78 亿吨标准煤，商品化年利用量达到 4 亿吨标准煤，在能源消费中的比重达到 9.5%以上。水电装机容量将达到 2.9 亿千瓦，累计并网运行风电 1 亿千瓦，太阳能发电 2100 万千瓦，太阳能热利用累计集热面积 4 亿平方米，生物质能利用量 5000 万吨标准煤；基本原则是将市场机制与政策扶持相结合、集中开发与分散利用相结合、规模开发与产业升级相结合；推行八大重点工程，包括大型水电基地建设、大型风电基地建设、海上风电建设、太阳能电站基地建设、生物质替代燃料、绿色能源示范县建设、新能源示范城市建设、新能源微电网示范建设等；组织 100 个新能源示范城市、200 个绿色能源县、30 个新能源微网示范工程建设，创建可再生能源利用综合示范区；分布式可再生能源被提上议程，将建立适应太阳能等分布式发电的电网技术支撑体系和管理体积极推进地热能、海洋能等新的可再生能源的技术进步和产业化发展。2012 年 3 月，财政部、国家发改委、国家能源局联合印发了《可再生能源电价附加补助资金管理暂行办法》，对可再生能源电价进行全面的资金补助；6 月，国家能源局印发了《关于成立国家可再生能源信息管理中心的复函》，批准建设国家可再生能源信息管理中心，监测和评价全国可再生能源开发建设、并网运行和设备制造的实际情况及发展规划、年度实施方案的完成情况，为政府管理提供基础数据和技术支持，为企业和科研单位等提供技术指导和服务；8 月，国家发改委印发《分布式发电管理暂行办法》，发布了对风能、太阳能、生物质能、海洋能、地热能等新能源分布式发电的扶持政策，并发布通知进一步完善可再生能源和环保电价政策，提高可再生能源电价附加征收标准，进一步完善脱硝等环保电价政策，调整和完善光伏发电价格及补贴政策的文件，提高可再生能源的成本竞争力。

2013年，中国新增风电并网装机容量1449万千瓦，同比增长23%。风电年发电量1349亿千瓦时，同比增长34%。风电已超过核电成为我国仅次于煤电和水电的第三大电源。风电在我国是政策导向性的产业，在2011年结束高速度、高利润的快速生长阶段进入调整期之后，我国出台诸多利好政策，推动风电产业有序发展，《关于规范风电开发建设管理有关要求》《风电发展"十二五"规划》《加强风电产业监测和评价体系建设的通知》《关于完善风力发电上网电价政策的通知》《关于促进风电产业健康发展若干意见》等从税收优惠、补贴机制、技术支持等多个方面对风电行业进行了支持。"弃风限电"是制约我国风电发展的瓶颈，解决这一关键困境也是政府的重要着力点。2013年2月，国家能源局印发《关于做好2013年风电并网和消纳相关工作的通知》，要求全国更加高度重视风电的消纳和利用，认真分析风电限电原因，尽快消除"弃风"限电；加强资源丰富区域的消纳方案研究，加强风电配套电网建设，做好风电并网服务工作。加之诸多输电通道的先后打开以及"三北"地区风电容量增加暂缓，中国风电的弃风率在2013年实现了逆转。作为战略性新兴产业的重要内容和风电产业发展的技术制高点，中国海上风电进入示范性项目向规模化发展的关键阶段，停滞了3年的海上风电项目正式重启，国家一期海上风电特许权4个项目中3个得到开工许可。

2013年是光伏扶持政策密集发布的一年，不仅为了促进了光伏产业的复苏也培育扩大了国内市场，全年中国并网光伏发电装机容量达14.79吉瓦，同比增长3.4倍。7月15日，国务院召开常务会议，将光伏产业发展提升到国家层面进行讨论，出台了《关于促进光伏产业健康发展的若干意见》，提出光伏产业是全球能源科技和产业的重要发展方向，是具有巨大发展潜力的朝阳产业，也是我国具有国际竞争优势的战略性新兴产业，对装机目标、行业相关规范做出具体指导，在扩大国内市场、抑制产能过剩、优化产业布局、推动产业升级等方面做出详尽、操作性强的部署，被业内称为"国八条"。相配套的国家能源局、财政部、工信部、国家电网、国家开发银行出台了各类方案细则，特别是针对之前行业发展遭遇的各类瓶颈提出解决途径，包含电价、补贴、监管、服务等诸多方面。中国2013年新增光伏装机量达历史最高水平，主要来自第四季度光伏并网量的暴增，中国国有的几大电力公司成为世界上拥有光伏装机最多的企业。分布式光伏被《关于促进光伏产业健康发展的若干意见》列为发展重心，提出2013—2015年，年均新增光伏发电装机容量1000万千瓦左右，到2015年总装机容量达到3500万千瓦以上，其中分布式的比例要占到60%。国家发改委在8月发布《关于发挥价格杠杆作用促进光伏产业健康发展的通知》明确了"分布式光伏发电项目的电价补贴标准被定为每千瓦时0.42元"；国家能源局11月份发布了《关于分布式光伏发电项目管理暂行办法的通知》。这些规定在实质上启动了国内的分布式市场。

我国在建核电机组数量位居世界第一，核电事业已经进入体系化、规模化的快速发展阶段。"福岛核事故"后我国核电发展进入政策调整期，2011年国务院决定，在核安全规划批准前，暂停审批核电项目，包括在做前期工作的项目；2012年10月24日国务院常务会议讨论并通过《核电安全规划（2011—2020年）》和《核电中长期发展规划（2011—2020年）》，并明确"十二五"时期只在沿海安排少数经过充分论证的核电项目厂址，不安排内陆核电项目。2013年我国谨慎重启核电，并陆续明确了建设目标与上网电价等政策。6月国家发改委通知将核电上网电价由个别定价改为对新建核电机组实施统一标杆上网电价政策，据测算❶，自2013年起3年内建成的2900万千瓦新核电站的平均运营收入有望能增加50亿元至100亿元；9月，国务院发布的大气"国十条"强调加快清洁能源替代利用，计划到2017年，中国运行核电机组装机容量达到5000万千瓦。此外，2013年6月7日，辽宁红沿河核电站1号机组正式投入商业运营，这是我国第5个核电基地，标志着"中国工程"具备了在高寒地区建设核电站的能力，中国大陆在运核电机组数量增加到17台，总装机容量1477万千瓦；中国核工业集团公司6月21日宣布，我国核工业关键技术——铀浓缩技术完全实现自主化，标志着我国成为继俄罗斯等少数国家之后，自主掌握铀浓缩技术并成功实现工业化应用的国家；10月31日，中国实验快堆工程顺利通过科技部组织的专家验收，标志着我国核能发展"压力堆—快堆—聚变堆"3步走发展战略取得重大突破，也标志着我国在四代核电技术研发方面进入国际先进行列，成为世界上少数几个拥有快堆技术的国家之一。

四、低碳试点成效显著

"先试点、后推广"是我国制度创新的常见途径，低碳经济的发展也突出表现了这个特点。从2010年7月起，国家发改委联合其他部门开始推行低碳发展试点，并逐渐扩大范围和类别，进行了有益的探索，在政策制定和执行中出现了不少有效的创新体制和机制。截至2013年底，中国已经确定了6个低碳试点省区、36个低碳试点城市、26个低碳交通运输试点城市、7个绿色低碳重点小城镇、2个低碳产业园和绿色中心商务区、两省五市碳交易试点。国家发改委联合其他部门还将继续加快推进低碳发展示范，研究开展低碳工业试验园区试点工作，推进碳捕集、利用与封存（CCUS）试验示范，大力推进低碳社区试点工作。

（一）国家低碳省市试点

首批低碳试点省市经过3年多的实践、第二批试点省市经过1年多的实践，低碳

---

❶ http://www.cenews.com.cn/xwzx2013/dt/201401/t20140121_763919.html.

发展的工作都取得了显著的成果。根据国家发改委开展的低碳省区和低碳城市试点进展展览显示❶，试点省市温室气体排放成绩显著。在2012年碳强度排放评级考核中，列入试点的10个省（包含直辖市）2012年碳强度比2010年平均下降约9.2%，显著高于全国6.6%的平均降幅水平。

编制温室气体排放清单是促进低碳发展的基础性工作，能够为进一步实施温室气体排放统计、分解碳减排指标、开展考核工作提供依据。为了加强升级温室气体清单编制能力，国家发改委应对气候变化司组织其他单位的专家编制了《省级温室气体清单编制指南（试行）》，又于2013年10月编写完成了《低碳发展及省级温室气体清单培训教材》，主要介绍了省级温室气体清单编写过程中存在的主要问题和解决方案。在试点省市中，广东、湖北、辽宁、云南、陕西、天津6个省市以及杭州、宁波、温州所在的浙江是编制2005年温室气体排放清单试点省市，已于2011年底完成清单报告并通过验收。重庆、厦门、深圳等其他城市也在积极研究编制2005年和2010年温室气体清单。温室气体监测工作得到进一步发展。2010年1月中华人民共和国环境保护部（简称环保部）提出在天津、重庆等31个城市市开展温室气体试点监测。同年4月，长沙市完成了首个温室气体试点监测站的验收，海口、贵阳、杭州、南昌、西安、成都、银川、南宁、武汉等城市的温室气体监测站也相继通过验收并投入使用，实现对甲烷、二氧化碳等指标进行连续自动监测。❷ 试点省市积极根据国务院发布的《"十二五"控制温室气体排放工作方案》对各地区控制二氧化碳排放的要求，落实指标分解方案和考核体系❸。截至2013年底，广东省、重庆市已将碳排放的指标分解到下一级行政单位，其他省市也正在积极制订指标分解方案。

国家要求第二批低碳试点省市首先公布碳排放峰值，对二氧化碳的最大排放量进行预测，这是进行温室气体总量控制和国家制订长期发展战略的前提。提出碳排放峰值的到达时间，一方面是履行试点城市应尽的义务和责任，另一方面也是自我加压、加快实现现代化建设的必然要求。截至2014年1月，上海、苏州、镇江、宁波、温州、淮安和广元7个试点城市，初步确定了达到峰值的年份，分别为2030年、2020年、2019年、2015年、2019年、2025年、2030年。同时，国家发改委开展的低碳省区和低碳城市试点进展展览也显示，北京、广东、深圳、青岛、广州、武汉、吉林、石家庄、

---

❶ 15个低碳试点有望2020年前达到二氧化碳排放峰值。http：//biz.21cbh.com/2014/1-21/zNM-DA0MTdfMTA0OTYzNA.html。

❷ 海南省首个温室气体监测站建成并投入运行。

❸ http：//www.hinews.cn/news/system/2011/04/28/012403995.shtml。

南昌首个温室气体自动监测站投入使用.http：//www.instrument.com.cn/news/20101203/052278.shtml。

陕西省首个温室气体监测站昨日西安通过验收.http：//www.hxchem.net/newsdetail44642.html。

长沙市温室气体监测站验收合格.http：//news.xinmin.cn/domestic/gnkb/2010/09/07/6684789.html。

南平、济源等试点省市有望在2020年前达到峰值。[1] 具体峰值是怎么确定的，每个城市采取的方法不同，但总体来说，都是根据今年来能源消费结构、产业结构以及人口等的变动趋势，结合未来一个时期产业结构调整、经济转型升级的目标，对碳排放峰值进行分析和预测。其中，镇江在综合考虑人口、GDP、产业结构、能源结构等因素的基础上，运用环境经济学模型进行回归分析，建立了市碳排放变化趋势模型。

目前，试点城市在低碳实践中主要在3个方面发展工作。在工业领域，主要是通过产业结构调整以及能源结构调整来促进工业生产领域的节能减排。在产业结构调整上，一方面通过技术创新及推广，实现传统产业升级改造、高碳产业低碳化；另一方面制订和完善产业扶持政策，加快先进制造业、高新技术产业、现代服务业、低碳农业等新兴低碳产业的发展。在能源结构调整上，提高煤炭等传统能源的利用效率，并逐步减少其使用比例；大力发展风能、水能、太阳能、地热能、潮汐能、生物质能等非化石能源和可再生能源，形成多种能源相互补充的能源格局。在交通领域，主要规划包括优先发展公共交通；发展"自行车/步行+公交/地铁"的慢行系统；推广新能源汽车，一方面是发展新能源产业，另一方面是在交通领域推广清洁能源；发展智能交通等。在建筑领域，主要规划包括既有建筑节能改造、出台或严格执行新建建筑节能标准、针对公共机构的节能改造和用能监测、在建筑领域应用可再生能源及节能材料和技术。

此外，为推进低碳建设工作，各省市基本都采取在内部开展试点建设，总结推广经验，采取以点带面的发展模式。试点示范工作主要包括以下两个方面（表1-1）：在省（自治区、直辖市）内部积极推进城市（县、区）、园区、企业、社区"四级试点示范"；通过技术、能源、建筑、交通等重点工程和项目带动全面发展。

表1-1 省市级低碳试点

省/市	低 碳 试 点
江西省	10个市县：贵溪市、浮梁县、共青城、婺源县、分宜县、袁州区、芦溪县、吉安市吉州区、大余县、资溪县
江苏省	4个市：无锡市、淮安市、如皋市、溧阳市
	10个企业：江苏高淳陶瓷股份有限公司、江苏花厅酒业有限公司、常州天合光能有限公司、江苏恒盛化肥有限公司、江苏沙钢集团有限公司、江苏九九久科技股份有限公司、连云港三吉利化学工业有限公司、江苏淮河化工有限公司、江苏丹阳富丽华有限公司、江苏绿陵润发化工有限公司
	10个园区：南京江宁经济技术开发区、江苏宜兴经济开发区、徐州经济技术开发区、新沂—无锡工业园、金坛光伏产业园、苏州工业园区、昆山国家高新技术产业开发区、江苏盐城环保产业园、扬州经济技术开发区、泰州医药高科技术产业开发区

---

[1] 国家发展和改革委员会应对气候变化司. 低碳试点工作展览. http：//www.ndrc.gov.cn/rdzt-new/dtsd/201403/P020140401488155824746.jpg.

续表

省/市	低碳试点
广东省	12个市县：广州市、珠海市、河源市、江门市、珠海市横琴新区、佛山市禅城区、佛山市顺德区、韶关市乳源县、河源市和平县、梅州兴宁市和大埔县、云浮市云安县
湖北省	2个市：襄阳市、咸宁市
	2个园区：湖北东湖新技术开发区、黄石经济开发区黄金山工业园
	社区：武汉市百步亭社区、鄂州市长港镇峒山社区
海南省	2个市：海口市、三亚市
	社区：澄迈老城经济开发区、三亚创意产业园
陕西省	7个市县：渭南市、凤县、彬县、安塞县、靖边县、西乡县、镇安县
	15个企业：陕西重型汽车有限责任公司、青岛啤酒西安汉斯集团有限公司、陕西交运运输集团有限公司、西安市宝润实业发展有限公司、陕西东岭集团股份有限公司、宝鸡市海浪锅炉设备有限公司、陕西宝鸡第二发电有限责任公司、彬长新生能源有限公司、榆林云化绿能有限公司、神木晶元清洁发展有限公司、陕西奥维加能焦电化工有限公司、府谷镁业集团、延长油田股份有限公司、汉川机床集团有限公司、陕西春光生物质能源开发有限公司
	5个园区：西安浐灞生态区、榆横工业园区等
	社区：西安浐灞生态区、西安市大兴新区、商丹循环工业经济园区、宝鸡高新技术产业开发区、榆横工业园区
天津市	5个园区：天津经济技术开发区、中新天津生态城、于家堡中心商务区、滨海高新区、空港经济区
	CCUS技术示范：联合临港经济区、南港工业区绿色煤电IGCC项目和大港油田
	社区：天津经济技术开发区西区、南港生活区
厦门市	城区：集美新城、翔安新城等
	园区：厦门科技创新园、翔安低碳产业示范园等
重庆市	园区：两江新区、涪陵、巴南
上海市	园区：花园坊节能环保产业园、宝山上海国际节能环保产业园、杨浦区环保科技园区

资料来源：作者根据中国低碳年鉴编委会《中国低碳年鉴2012》（冶金工业出版社，2013）整理。

（二）其他领域试点

为建设低碳交通基础设施，推广应用低碳型交通运输装备，建立健全交通运输碳排放管理体系，国家发改委和中华人民共和国交通运输部（简称交通运输部）共同推动了低碳交通建设。2011年3月，交通运输部启动低碳交通运输体系建设试点工作，以公路、水路交通运输和城市客运为主，先后选定天津、重庆、深圳等26个城市开展低碳交通运输体系建设城市试点工作。同时，交通运输部组织选取了10个"低碳交通城市"作为区域性试点，组织开展"低碳港口"建设、"低碳公路"建设等主题性试点。首批10个试点城市按照交通部确定的六大重点领域，结合各自城市的特点，选择1~2个有特色的方面作为重点内容推进。例如，深圳的特点是综合交通运输管理体系和运行机制的建设，为低碳交通运输城市发展奠定了组织架构、体制架构和工作架构；

杭州的特点是"五位一体"公共交通方式的融合，推进了交通运输组织方式、用能方式和行为方式的转变；无锡的特点是智能交通的探索和尝试；另外，贵阳和保定在清洁能源推广和应用，优化城市公交发展战略方面具有一定特色；武汉的特色是从区域和地理位置的角度，发展和推进多种运输方式在中心节点的连接作用，实现运输结构调整和用能结构优化。因此，明确试点内容和突出自身特点是发展低碳交通的基本要求。

随着新农村建设和城镇化的不断推进，小城镇中经济发展与保护环境的矛盾不断突出，在小城镇建设中实施低碳发展道路是实现可持续发展的必然选择。2011年，财政部、住建部和国家发改委启动绿色低碳重点小城镇试点示范工作，选定北京市密云县古北口镇、天津市静海县大邱庄镇等7个镇为第一批试点示范绿色低碳重点小城镇。各试点示范镇根据本地，分类探索小城镇建设发展模式。根据三部委提出的结合当地经济社会发展水平、区位特点、资源和环境基础编制可再生能源与新能源专项实施方案、建筑节能及发展绿色建筑专项实施方案、城镇污水管网建设专项实施方案、环境污染防治专项实施方案、商贸流通服务专项5类专项实施方案的要求，各试点示范镇积极行动，取得了很大的进展和成效，同时也发现了一些问题。在可再生能源应用领域，大邱庄镇、海虞镇等都积极推进太阳能、浅层地能、生物质能等的应用。在建筑领域，主要工作包括既有建筑供热计量及节能改造、新建建筑强制性节能监管。在城镇污水管网建设领域，一方面是针对污水处理厂的建设及改造，另一方面是污水再生利用设施的建设。在环境污染防治领域，主要工作包括饮用水水源地保护、生活垃圾分类收集与处理、环境监管设施设备、环境管理创新体制机制等。各试点还实施了其他绿色低碳项目建设，例如，大邱庄镇实施了绿色通道项目，绿色通道主要针对镇区主要公路进行绿化，道路绿化包括行道树、分隔带、中心环岛、人行道和林荫带5个组成部分。截至2013年8月，新增绿地7500亩。

碳捕集、利用和封存（简称CCUS）不仅是大规模控制温室气体排放的有潜力技术，也是适应气候变化战略的必然选择。近年来，中国对CCUS技术的发展给予了积极的关注，在相关技术政策、研发示范、能力建设、国际合作等方面开展了一系列工作推动该技术的发展。《国家中长期科学和技术发展规划纲要（2006—2020年）》《中国应对气候变化科技专项行动》《国家"十二五"科学与技术发展规划》等科技政策文件中均明确提出要将CCUS技术开发作为温室气体排放和减缓气候变化的重要任务。为了明确我国发展CCUS技术的定位、发展目标、研究重点和技术示范部署策略，国家科技部社会发展科技司和中国21世纪议程管理中心联合其他专家，完成了《中国碳捕集、利用与封存技术发展路线图》的研究报告。该路线图提出了我国CCUS技术发展的愿景和未来20年的技术发展目标，识别出各阶段应优先开展的研发与示范行动。国家发改委于2013年印发了《关于推动碳捕集、利用和封存试验示范的通知》,明确了近期推动 CCUS 的试验示范工作;成立了有国内 40 多家相关企业、高校、科研院所参加的 CCUS 产业技术创新联盟。

低碳产业园区是现阶段促进产业结构调整的重要方式。我国低碳产业园区的建设主要集中在 2009 年下半年以后,主要采取的低碳产业园区模式包括:低碳产业园、低碳科技园、低碳工业园、低碳物流园、低碳技术应用示范园、低碳生态园、低碳 CBD、低碳社区等。2013 年 9 月,国家工信部联合国家发改委发布了《关于组织国家低碳工业园区试点工作的通知》,要求地方工业和信息化、发展和改革委主管部门联合组织研究提出试点园区推荐名单。中国节能投资公司(苏州)环保科技产业园是国内首个明确提出低碳概念并开工建设的产业园区,主要按照资源循环利用的目标合理构建产业链;营口低碳生态科技产业园的建设是针对建筑低碳而设立的;江苏以沿海风能作为优势申报低碳经济示范区;海南则以红树林等生态环境保护为依托申报低碳经济示范区;广东则以核电发展来申报低碳试点。2010 年 7 月 15 日,国家商务部确定杭州和南京为低碳产业园和绿色中心商务区(CBD)试点城市。杭州低碳产业园将设在杭州经济技术开发区,绿色中心商务区设在奥体博览城及周边区域。

低碳城市建设不仅体现在工业领域,还体现在居民生活中。低碳社区、低碳产品认证就是通过生活方式的改变来促进低碳发展的良好途径。2014 年 3 月,国家发改委发布了《关于开展低碳社区试点工作的通知》,计划到"十二五"末,全国开展的低碳社区试点争取达到 1000 个左右,择优建设一批国家级低碳示范社区。广州作为低碳社区建设的典型,制订了《广州市低碳示范社区建设内容指引》,确定了创建低碳示范社区的总体目标。同时还安排了相应的资金支持,组织编写《低碳生活三字金》。2013 年 2 月,国家发改委和中国国家认证认可监督管理委员会(简称认监委)印发《低碳产品认证管理暂行办法》。根据该办法,我国将建立统一的低碳产品认证制度,以规范低碳产品认证活动,引导低碳生产和消费,促进我国低碳产业发展,提升我国在国际碳排放领域的话语权。同时,低碳产品认证的试点工作在广东、重庆、湖北 3 省市全面展开。在实施过程中也存在着一定的问题,低碳产品认证虽然能从消费端促进企业技术升级,但随着而来的企业成本也增加,政府应采取采购清单、补贴等方式进行扶持,一方面提高低碳产品的市场占有率,另一方面降低企业生产低碳产品的成本。同年 8 月,公布了《低碳产品认证目录(第一批)》,认证目录包括通用硅酸盐水泥、平板玻璃、铝合金建筑型材、中小型三相异步电动机 4 种产品。❶

五、国际合作水平不断加强

中国作为一个发展中大国,一直以高度负责任的态度,在气候变化国际谈判中发

---

❶ 中认网专题. http://www.cait.cn/cpnew_1/rdht/dtcprz/.

挥积极的建设性作用，推动各方就气候变化问题达成更有利的合作，积极推动建立公平合理的国际气候制度（表1-2）。同时，中国本着"互利共赢、务实有效"的原则积极参加和推动应对气候变化南南合作以及与发达国家、各国际组织的务实合作，积极促进全球合作应对气候变化。

表1-2　2012—2013年气候谈判及其成果

时间	会议	内容
2012年6月	联合国里约+20会	签署了"我们期望的未来"；决定扩展联合国环境署；所有国家将共同讨论由危地马拉和哥伦比亚两国提出的可持续发展目标；联合国成员国强调领海以外海域的保护和可持续利用
2012年12月	联合国气候变化多哈会议	中国推动大会取得积极成果，确立京都议定书第二承诺期和议定书后续修正案，通过"多哈气候关口"这一平衡成果
2013年2月	第14次"基础四国"气候变化部长级会议	强调和确定多哈会议的一些工作；强调当前国际民航组织下关于国际航空排放和国际海事组织关于海运排放的讨论应遵循公约的原则；强调对"基础四国"、"77国集团+中国"团结的承诺
2013年10月	第三届金砖国家农业部长会议	主题是"气候变化对粮食安全不利影响"，共同签署了《第三届金砖国家农业部长会议联合宣言》
2013年10月	联合国南南发展博览会	主题是：建设包容性绿色经济；讨论石油和天然气在绿色经济转型中的作用
2013年12月	联合国气候变化华沙会议	决定建立《REDD+华沙框架》；建立一个"华沙损失损害国际机制"

近年来，一些国际机构和国家主动要求和中国加强区域和双边的合作，明确表示希望与中国低碳试点和碳交易试点省市开展合作。低碳试点省市已经成为我国应对气候变化国际交流和合作的重要平台。目前，广东与英国建立了低碳发展合作机制，共同成立了广东国际碳捕集利用封存产业与学术交流促进中心；广东省和深圳市与美国加州就碳交易和低碳发展签署了合作备忘录，开展了多项交流合作；保定市与世界自然基金会签署了全面合作框架协议，与瑞士发展合作署签订了《应对气候变化对话与合作备忘录》。除了技术上的合作和交流，世界银行等国际机构还为中国各省市、项目的低碳发展积极提供资金支持。在碳汇方面，2013年1月23日，世界银行执行董事会批准向中国提供8000万美元贷款，用于湖南森林恢复和发展项目，帮助湖南省恢复和重建遭受冰雪灾害毁损的生态人工林，加强森林生态系统的环境功能和稳定性，使其能够抵御未来的自然灾害和气候变化影响。在生活领域，2013年5月31日，世界银行执董会批准向宁波市生活垃圾分类和循环利用示范项目提供贷款8000万美元，用于改善宁波市的城镇生活废弃物管理，着重推广垃圾源头分类和回收利用。在

交通领域，世界银行执董会先后向中国提供用于福建湄洲湾航道改善项目的贷款 5000 万美元、用于江西省上饶市三清山机场建设项目的赠款 5000 万美元、用于江西省南昌市轨道交通项目的贷款 2.5 亿美元等，为中国低碳交通的发展提供了大量的资金支持。在建筑领域，世界银行执董会于 2013 年 3 月 20 日批准给中国五笔贷款共计 6.2 亿美元，用于支持北京校园屋顶太阳能光伏发电、上海发展绿色能源建设低碳城区、江西景德镇提升城市综合防洪能力以及江西和辽宁部分县市区城市基础设施建设和环境治理。这些国际机构支持的低碳经济的相关项目相互配合，对于促进中国低碳经济的发展起到积极的作用。

参 考 文 献

[1] 中国人民大学气候变化与低碳经济研究所. 低碳经济——中国用行动告诉哥本哈根 [M]. 北京：石油工业出版社，2010.

[2] 杨志，刘丹萍. 低碳经济与经济社会发展 [M]. 北京：中国人事出版社，2011.

[3] 王伟光，郑国光. 应对气候变化报告（2013）聚焦低碳城镇化 [M]. 北京：社会科学文献出版社，2013.

[4] 齐晔. 中国低碳发展报告（2013）政策执行与制度创新 [M]. 北京：社会科学文献出版社，2013.

[5] 齐晔. 中国低碳发展报告（2014）[M]. 北京：社会科学文献出版社，2014.

[6] 国家发展和改革委员会应对气候变化司. 联合国气候变化华沙会议主要成果文件汇编. 2013.

[7] 第十四次"基础四国"气候变化部长级会议联合声明 [C]. 2013.

[8] 陈玲，陈继军. 大邱庄镇绿色低碳重点小城镇考察报告 [J]. 小城镇建设，2013（08）：31-35.

[9] 陈玲，陈继军. 海虞镇绿色低碳重点小城镇考察报告 [J]. 小城镇建设，2013（08）：36-39.

[10] 陈玲，陈继军. 三河镇绿色低碳重点小城镇考察报告 [J]. 小城镇建设，2013（08）：40-43.

[11] 孙颖. 关于组织开展中国低碳发展宏观战略研究项目 2013 年度课题申报工作的通知 [OL]. http：//www.cufe.cn/xyxx/zcggtz/37573.htm.

[12] 南方低碳 2013 年度十大绿色进步 [OL]. http：//epaper.nfdaily.cn/html/2014-01/24/content_7270152.htm.

[13] 习近平在哈萨克斯坦纳扎尔巴耶夫大学发表重要演讲［OL］. http：//politics. people. com. cn/n/2013/0908/c1024-22842900. html.

[14] 关于停止节能家电补贴推广政策的通知［OL］. http：//jjs. mof. gov. cn/zhengwuxinxi/tongzhigonggao/201305/t20130529_892299. html.

[15] 工业节能十二五规划将颁布，明晰九大行业路线图［OL］. http：//news. xinhuanet. com/fortune/2012-02/20/c_122723252. htm.

[16] 惠及民生最重要——英国地方政府的低碳实践经验［OL］. http：//www. qstheory. cn/st/xhjj/201202/t20120228_141519. htm.

[17] 发改委解读循环经济发展战略及行动计划：抵制过度包装［OL］. http：//news. xinhuanet. com/fortune/2013-02/16/c_124350564. htm.

[18] 《重庆市循环经济发展战略及近期行动计划》政策解读［OL］. http：//www. cq. gov. cn/publicinfo/web/views/Show! detail. action? sid=3646385.

[19] "节能产品惠民工程"累计安排中央财政资金超400亿［OL］. http：//www. chinanews. com/gn/2013/07-12/5034247. shtml.

[20] 楼继伟：促进能源安全的财税政策［OL］. http：//wjb. mof. gov. cn/pindaoliebiao/ldjh/201307/t20130716_966670. html.

[21] 林春挺. "内陆第一核电站"再引争议［OL］. http：//www. 21so. com/HTML/firstdaily/2014/04-08-106142. html.

[22] 发改委：2015年底前全面推行峰谷电价［OL］. http：//finance. people. com. cn/n/2013/1226/c364101-23949122. html.

[23] 国务院发布《大气污染防治行动计划》专家解读［OL］. http：//www. scopsr. gov. cn/zxdd/zdxw/201309/t20130913_239808. html.

[24] 国务院通过核电规划，明确十二五不安排内陆项目［OL］. http：//finance. chinanews. com/ny/2012/10-24/4274037. shtml.

[25] 应对气候变化顶层设计成型，拟开展6项适应试点工程［OL］. http：//www. 21so. com/HTML/21cbhnews/2013/08-06-260184. html.

[26] 发展改革委解读"十二五"国家战略性新兴产业发展规划［OL］. http：//www. gov. cn/jrzg/2012-05/31/content_2150077. htm.

[27] 新闻分析：中国光伏业历尽艰难将迎来春天. http：//www. 21so. com/HTML/xinhua/2014/03-21-49685. html.

[28] 国务院通过战略新兴产业"十二五"规划［OL］. http：//www. 21cbh. com/HTML/2012-5-31/zOMDY5XzQ0MzkzOQ. html.

[29] 改造提升制造业，推动服务业大发展加快推进产业结构调整和转型升级［OL］.

http：//xwzx.ndrc.gov.cn/xwfb/201402/t20140207_578264.html.

［30］战略性新兴产业发展报告会举行［OL］.http：//www.gmw.cn/xueshu/2013-11/21/content_9558620.htm.

［31］财政部、国家发展改革委关于调整公布第十四期节能产品政府采购清单的通知［OL］.http：//www.ccgp.gov.cn/zcfg/gjfg/201307/t20130726_2895357.shtml.

［32］风电寒冬：中国式成长［OL］.http：//www.21so.com/HTML/21cbhnews/2012/6-04-154746.html.

［33］发展改革委高技术司负责人解读《"十二五"国家战略性新兴产业发展规划》［OL］.http：//news.xinhuanet.com/politics/2012-05/31/c_112086693_2.htm.

［34］推进生态文明建设新闻发布会［OL］.http：//www.jshb.gov.cn/jshbw/zxft/201307/t20130725_240489.html.

［35］总量控制、结构调整、市场改革——点击能源发展"十二五"规划三大亮点［OL］.http：//www.21so.com/HTML/xinhua/2013/4-02-10350.html.

［36］能源消费总量设限，分布式能源加码［OL］.http：//jjckb.xinhuanet.com/2013-01/28/content_426097.htm.

［37］改造提升制造业、推动服务业大发展加快推进产业结构调整和转型升级［OL］.http：//xwzx.ndrc.gov.cn/xwfb/201402/t20140207_578264.html.

［38］中国温室气体排放将在2030—2040年间达到顶峰［OL］.http：//www.china.com.cn/news/txt/2009-12/09/content_19030951.htm.

［39］质检总局部署提升服务质量工作［OL］.http：//epaper.shangbao.net.cn/news-1046946.html.

［40］2013：产业结构调整凸显三大主线［OL］.http：//dz.jjckb.cn/www/pages/webpage2009/html/2013-01/10/content_61751.htm?div=-1.

［41］我国资源性产品价改将继续深化［OL］.http：//www.mlr.gov.cn/xwdt/mtsy/qtmt/201403/t20140306_1306022.htm.

［42］首部产业政策出炉，页岩气入选战略性新兴产业［OL］.http：//www.21so.com/HTML/zgzqb/2013/10-31-6599.html.

［43］多地频出"禁煤令"，耗煤年减超亿吨［OL］.http：//jjckb.xinhuanet.com/2013-09/23/content_468213.htm.

［44］发展改革委谈化解产能严重过剩矛盾的指导意见［OL］.http：//www.gov.cn/jrzg/2013-10/15/content_2507507.htm.

［45］郭剑英.资源性产品价格改革正按照市场化方向推进［OL］.http：//www.21so.com/HTML/xinhua/2013/11-10-39727.html.

［46］ 稳中求进，深化改革推动转型发展［OL］. http：//tgs. ndrc. gov. cn/zttp/jjgg/cwjd/201312/t20131211_569914. html.

［47］ 发展改革委. 就《节能减排"十二五"规划》答问［OL］. http：//www. gov. cn/gzdt/2012-08/26/content_2211103. htm.

［48］ 人民日报. 稳中求进，深化改革推动转型发展［OL］. http：//finance. people. com. cn/n/2013/1210/c1004-23792789. html.

［49］ 李克强. 把服务业打造成经济社会可持续发展的新引擎［OL］. http：//www. gov. cn/ldhd/2013-06/01/content_2416836. htm.

［50］ 化解产能过剩：靠市场也离不开市长［OL］. http：//politics. people. com. cn/n/2013/1017/c70731-23229370. html.

［51］ 能源产业是实现绿色循环低碳发展的关键［OL］. http：//www. 21so. com/HTML/21cbhnews/2013/11-14-267060_3. html.

［52］ 发改委. 去年全国单位GDP能耗下降3.7%实现目标［OL］. http：//www. chinanews. com/gn/2014/02-13/5832493. shtml.

第二章　国内外低碳经济研究综述

自从 2003 年"低碳经济（Low Carbon Economy）"这一概念被英国官方正式提出之后，学者们对低碳经济领域的问题研究越来越多，并取得了丰富的研究成果。低碳经济的理论基础来源于解决生态环境这种公共物品的外部性导致的市场失灵，说明低碳发展与经济增长可以协同，证实通过低碳能源替代高碳能源可以提高能效，以及实现根据"科斯定理"建立产权的市场手段来成本有效的减排。在此基础上，碳排放的源头及发展低碳经济的具体措施成为近期的研究热点。

第一节　低碳经济的理论基础

低碳经济的兴起有其必然的因素，就是在于能源、资源的短缺以及气候变化给人类生存环境造成的威胁，过去粗放式的经济发展方式不可持续。低碳经济也是一种可行的，有利于节约能源资源，有益于生态环境改善的发展方式。研究运用低碳经济的理论基础对于发展低碳经济是非常有必要的。

一、发展低碳经济的必要性理论

人类的经济活动带来的过高碳排放超出生态环境的承载能力，对全球生态造成严重破坏，是不可持续的。而且碳排放空间具有公共性，如果不发展低碳经济，生态的破坏会越来越严重。

（一）碳排放的公共性导致市场失灵

温室气体排放空间类似于"公地"，任何经济个体都可以向其排放温室气体。因此，温室气体排放具有非排他性和非竞争性，是一种典型的公共物品。工业革命以来，粗放型的发展方式和不受限制地向空气中排放二氧化碳，导致全球变暖、气候问题突出，即"气候公地悲剧"。全球气候变暖产生了各种各样的环境、资源问题，而气候变暖的一个重要原因就是二氧化碳的排放，因此，发展低碳经济已经成为全球性的潮流。但是，在发展低碳经济的过程中，根据碳排放的公共产品性质，而市场机制无法实现公共物品供给的帕累托最优，即理性的经济主体都想从碳排放空间消费中受益而不愿将有限的资源用于大气空间的保护、为其支付成本，从而低碳经济这一经济状态不会自行实现。

(二) 碳排放的外部性导致市场失灵

外部性指某一经济主体的经济行为对其他经济主体产生影响，而自己不承担该行为所产生的成本或者不得到该行为所产生的利益。根据影响的性质不同，外部性可分为正外部性和负外部性。如果私人成本小于社会成本、私人收益大于社会收益，就产生负的外部性；如果私人成本大于社会成本、私人收益小于社会收益，就产生正外部性。

外部性在各种资源、环境问题中普遍存在。对于二氧化碳排放，由于大气空间的公共性，经济个体向大气空间排放二氧化碳的行为会给整个地球的气候变暖产生正的影响，而自己不承受气候变暖所造成的全部损失，因此，温室气体排放具有负外部性。此外，经济个体进行碳减排会使自己的成本增加，但不能得到所产生的全部收益，减排具有正的外部性。因此，理性的经济主体为追求自身利益最大化不会主动进行减排。

二、发展低碳经济的可行性理论

如果经济增长与碳排放的减少能够同时实现，或者经济增长与碳排放的相关性逐渐降低，那么低碳经济就是能够实现的。

(一) 环境库兹涅茨曲线理论

环境库兹涅茨曲线是指一个国家在经济发展水平较低的时候，环境污染随经济增长而加速增长，而当经济发展到一定水平时，环境污染程度会随经济进一步增长而逐渐缓解，环境污染与经济增长呈倒"U"形曲线关系。1991年，美国经济学家Grossman和Krueger在研究北美自由贸易协定对环境的影响时，将库兹涅茨曲线思想用于研究空气质量和经济增长的关系，认为当国民收入水平较低时，空气污染程度随人均GDP增加而增加；但是当国民收入增长到一定水平时，污染程度随人均GDP增加而下降。即空气污染程度与人均GDP呈倒"U"形的关系。之后的很多学者对环境库兹涅茨曲线进行了实证研究，很多研究也证明了存在这样的倒"U"形的关系，从而确立了环境库兹涅茨曲线理论。

环境库兹涅茨曲线的存在表明，随着经济增长到一定阶段，碳排放强度会逐渐下降，空气、环境质量逐步得到改善。因此，低碳经济的目标是可以实现的。

(二) 脱钩理论

脱钩理论主要研究经济增长与能源、物质的消耗和环境污染等因素之间的变化趋势的同步或者不同步的关系，并且形成了脱钩指标体系，用以衡量这种关系。按照脱钩理论，在一个经济体的工业化初始阶段，资源消耗、环境污染随经济增长而同步增长，甚至增长更快，即处于"耦合"的阶段；但是当经济发展到一定阶段后，资源消耗、环境污染不再与经济同步增长,而是慢于经济增长速度,甚至下降,即进入"脱钩"的阶段。

脱钩理论对于低碳经济的实现也是适用的。当实现资源能源消耗、环境污染与经济增长之间从耦合逐渐到脱钩,即用较少的水、电、材料、能源和较少的环境污染排放来实现经济社会更好的发展,也就达到了低碳状态。

三、低碳经济发展途径的理论基础

通过使用其他生产投入要素或者其他能源来替代传统化石能源,或者碳排放权的交易,都能够有效降低碳排放,这就为探索发展低碳经济的途径提供了理论支持。

(一) 能源替代理论

能源替代理论以微观生产理论作为基础,以整个宏观经济或制造业部门内部的能源与资本、劳动之间的替代关系为研究对象,其目标在于揭示能源与其他投入要素之间相互替代的关系及可能的替代程度。能源替代包括两种替代:一种是不同种能源之间的相互替代,另一种是用其他投入要素来替代能源。不同种能源之间的替代,如使用水能、风能、太阳能、核能等来代替煤、石油和天然气等化石能源,使用清洁能源代替传统排放污染物的能源,这样就能减少甚至消除污染排放。而用其他投入要素来替代能源,如加大资本投入、提高节能技术水平,能够减少能源消耗和污染排放,实现能源效率的提高。

能源替代理论表明,通过使用低碳的新能源或者增加其他要素的投入,以减少传统化石能源的使用、提高能源效率是走向低碳的一条较好的发展途径。

(二) 排污权交易理论

科斯在《社会成本问题》一文中提出通过产权交换可以解决外部效应问题,并使资源配置达到帕累托最优状态。虽然科斯的产权理论并不是只适用于解决环境问题,但《社会成本问题》对产权的研究是从环境问题开始的,通过对许多环境问题的案例展开经济学分析,最后得出被称为"科斯定理"的重要结论:无论初始产权如何界定,只要产权明晰、市场交易成本为零,那么总可以通过市场交易实现资源最优配置。

排污权交易理论在理论上证明了通过碳交易能够减少碳排放。碳排放与其他污染物排放一样具有负的外部性,与其相关的成本有碳排放造成的损失成本和减排成本,因此,从整个社会考虑,要使碳排放最有效率,也就是使这两种成本之和最小。而要使社会碳排放造成的损失成本和减排成本之和最小化,必须让所有碳排放主体的边际减排成本相等。若各碳排放主体的边际减排成本不等,那么就可以让其中一个边际减排成本较高的主体增加一单位排放量,而另一个边际减排成本较低的主体减少一单位排放量，这样，社会总的碳排放造成的损失成本不变，而总的减排成本却下降了，那么社会的效率就提高了。但是，碳排放管理机构可能并不清楚各个减排主体的边际减排成本，因而在初始分配碳排放权时无法最有效率地分配排放权。然而，按照科斯的逻辑，无论碳排放权最开始是怎样分配的，只要是确定的，那么通过市场交易，就能自动实现上面所说的碳排放权最有效的配置。

因此，排污权交易理论表明了建立有效的碳交易市场，发挥市场机制的作用，亦可以在一定程度上减少碳排放。

第二节　国内低碳经济研究综述

国内在低碳经济领域的研究包括低碳经济的基本概念及内涵、我国发展低碳经济的必要性、碳排放的影响因素、碳生产率、能源效率、低碳发展方式（模式）、低碳社会、低碳产业、低碳城市、碳金融与碳交易、碳税以及发展低碳经济的成效等方面的研究。

一、低碳经济的基本概念及内涵

目前，发展低碳经济已经成为共识，这不仅是应对全球气候变化问题的需要，也是解决能源短缺问题的一种重要方式。但是，关于低碳经济的诠释却多种多样，在2011年的《中国低碳经济年度发展报告》中已经汇总列出了8种低碳经济的概念，此外，还有一些学者对低碳经济概念的解释也具有一定的参考价值。李胜和陈晓春从生产、流通、分配和消费角度出发，认为低碳经济的核心内涵是在市场机制的基础上，通过政策创新及制度设计，提高节约能源技术、可再生能源技术和温室气体减排技术，建立低碳的能源系统和产业结构，它包括生产的低碳化、流通的低碳化、分配的低碳化和消费的低碳化4个体系。潘家华等、庄贵阳等认为低碳经济是一种碳生产力和人文发展均达到一定水平的经济形态，向低碳经济转型的过程就是低碳发展的过程，其目的是低碳高增长，强调的则是发展模式。付加锋等亦认为低碳经济是指碳生产力和人文发展均达到一定水平的经济形态，其特点在于低能耗、低污染、低排放和环境友好，目的在于实现控制温室气体排放和发展社会经济的全球共同愿景。低碳经济包括4个核心要素：发展阶段、资源禀赋、技术水平和消费模式。

二、发展低碳经济的必要性

关于为什么要走低碳经济的发展之路，大多数学者认为这一方面是要解决我国经济结构调整、可持续发展问题，通过发展低碳经济，摆脱过去那种高能耗、高污染的生产方式，实现从高碳向低碳的转型和生态环境的改善；另一方面是应对全球气候变暖的问题，需要发展低碳经济。

（一）发展低碳经济是实现经济结构调整和可持续发展的途径

冯之浚、周荣认为，我国由于经济增长任务重，能源结构中以煤为主且能源技术落后，导致生产领域、消费领域和流通领域均处于高碳状态，如果这一状况不能得到调整，将产生一系列严重的政治、经济、外交和生态问题。要实现节能减排和绿色发展，改变高碳状态，其途径在于大力发展低碳经济。龚建文认为，中国较长时间作为世界工厂，承担了很多转移的环境污染与能源消耗，而且处于产业链低端，技术落后。要想摆脱对化石燃料的过度依赖、减少高油价的压力、转变经济结构、提升经济竞争力，且能保持较快的经济增长水平，发展低碳能源技术、走低碳发展道路是必由之路。

（二）发展低碳经济是中国应对全球气候问题的必然选择

中国在世界政治、经济领域正发挥着越来越重要的作用，但同时也因为是世界上的碳排放大国而受到来自国际上的压力。中国应从国家长期利益和综合安全角度考虑，承担适当的减排量，提高能源效率、实施节能减排，即走发展低碳经济之路。邢继俊、赵刚主要从温室气体导致全球气候变暖会产生的危害出发，尤其是会对我国造成严重损害，如极端天气频发、水资源短缺及其他各种自然灾害，认为中国要大力发展低碳经济。

三、低碳效率及碳排放影响因素分析

发展低碳经济，毫无疑问要先弄清楚影响碳排放的相关因素。我国学术界目前在这一方面的研究较多，包括经济规模（GDP）、经济结构、能源结构、技术进步、国际贸易、东中西部地区差异等因素。其中有将经济增长与碳排放量结合起来，进行碳生产率、碳生产力或低碳效率的研究。

（一）低碳效率分析

（1）碳生产率、低碳效率。碳生产率等于 GDP 与碳排放量的比值，反应单位碳排放量的 GDP 产出效益，与碳排放强度在数值上互为倒数。碳生产率较好地将经济增长与碳排放结合起来，不仅成为了低碳经济中一个重要的概念，而且是衡量低碳经济发展水平的一个重要指标。国内低碳经济文献中，定义"低碳效率"的较少，大多是以碳生产率和碳生产力等形式研究的低碳效率，而且主要是进行一些实证研究。潘家华、张丽锋运用聚类分析、泰尔指数和脱钩指数分析了区域碳生产率的差异和影响因素，认为多数省份碳生产率逐年提高，东中西部地区的碳生产率递减。而潘文砚、王宗军建立基于 DEA 模型的低碳效率投入产出指标体系，用超效率 DEA 模型测度了

2000—2010年我国30个省区市的低碳效率，并对结果进行了东中西区域分析。

（2）能源效率。关于能源效率的概念和内涵，也没有一个统一的标准，有些经济学者认为能源效率就是用较少的能源投入获得较多的产品或服务，指标上用GDP与能源投入的比值衡量。这种理解比较单一，存在一定的局限，因为产出一般还由资本、劳动等能源之外的投入要素决定，单纯的用产出与能源投入衡量能源效率并不很合适。一些学者对这种能源效率指标进行改造，并用于实证研究。孙广生等对传统的能源效率指标进行了分解，并且分析了1986—2010年我国各地区能源效率及其影响因素的变化情况，认为技术进步、投入替代变化和效率改善分别对能源效率产生从大到小的影响。马海良等运用超效率DEA模型和Malmquist指数法，分析了1995—2008年我国三大经济区域（长三角、珠三角和环渤海）的能源效率与全要素生产率，认为长三角和珠三角的能源效率普遍高于环渤海区域，技术进步与技术效率都对能源效率有正面的影响，但技术进步的影响较小。

（二）碳排放影响因素分析

关于碳排放影响因素的研究较多，而且涉及各种各样的因素，主要包括人口、GDP、经济结构、能源结构、能源效率、区域差异、农业生产、产业结构和国际贸易等各种因素，具体情况见表2-1。

表2-1　碳排放影响因素

作者	因素	模型	影响
涂正革	经济规模、经济结构、技术进步（能源强度）、能源结构	指数分解分析	经济规模对碳排放量增加有正的影响，但是不同行业间经济增长的边际碳排放量差异很大；经济结构重型化加剧碳排放的增加；技术进步推动能源强度下降，是减少碳排放的核心动力，能源强度下降有利于碳排放量的减少；以煤炭为主的能源结构导致碳排放密度居高不下，能源结构变化的减排效应并不显著
李小平 等	国际贸易	环境投入产出模型和净出口消费指数	国际贸易能减少工业行业的碳排放总量和单位产出的碳排放量
张友国	经济发展方式变化	投入产出结构分解方法	生产部门能源强度、需求直接能源消费率的持续下降和能源结构的变化使碳排放强度下降，但是需求衡量的分配结构、三次产业结构、三次产业内结构、制造业内结构变化以及进口率和中间投入结构的变化却分别导致碳排放强度上升
李锴 等	贸易开放	静态和动态面板模型	增加了中国省区的碳排放量和碳强度（1997—2008年）

续表

作者	因素	模型	影响
林伯强 等	人均 GDP 和能源强度、能源消费碳强度、城市化和水泥产量；碳关税	Kaya 恒等式、协整的方法、蒙特卡洛模拟法；多国 CGE 模型	人均 GDP 和能源强度是影响 CO_2 排放最主要的因素，其他依次是能源消费碳强度、城市化和水泥产量；碳关税会导致较高的碳减排成本，较高的碳泄漏率，对世界二氧化碳减排的贡献相对较小
王锋 等	人均 GDP、交通工具数量、人口总量、经济结构、家庭平均年收入、生产部门能源强度、交通工具平均运输线路长度、居民生活能源强度	对数平均 Divisia 指数分解法	中国 CO_2 排放量主要正向驱动因素为人均 GDP、交通工具数量、人口总量、经济结构、家庭平均年收入，负向驱动因素为生产部门能源强度、交通工具平均运输线路长度、居民生活能源强度；人均 GDP 增长是 CO_2 排放量增长的最大驱动因素，中国的 CO_2 排放与经济发展和居民生活水平提高密切相关；中国 CO_2 排放量下降的主要驱动因素是工业部门能源利用效率的提高，而深层原因可能是研发经费支出大幅提高所推动的技术进步和工业企业所有制结构的变化；生产部门能源强度下降是抑制 CO_2 排放增长的最重要因素
赵昕 等	技术进步	修正的索洛增长方程	对碳排放主要表现为促进作用
张克中 等	财政分权	省级面板数据模型	分权度的提高不利于碳排放量的减少（1998—2008 年）
何小钢 等	经济增长、投资规模、研发强度、政府节能减排政策	改进的 STIRPAT 模型	中国工业 CKC 呈"N"形走势，而非传统的倒"U"形；投资规模与排放显著正相关，研发强度不是影响排放的主要因素；政府节能减排政策有助于降低排放
郭郡郡 等	城镇化和大城市化	面板数据模型	城镇化和大城市化与碳排放之间呈现倒"U"形关系，但大城市化对碳排放的负向影响比城镇化更明显
李卫兵 等	人口、富裕程度、第二产业的发展、能源强度、城市化水平、第三产业的发展	面板数据模型	人口、富裕程度、第二产业的发展和能源强度都会对碳排放造成影响，而城市化水平、第三产业的发展对碳排放的影响并不显著，EKC 曲线不适用于中国的碳排放和经济发展水平

四、低碳经济的发展方式选择

发展低碳经济的方式既包括宏观上的战略规划制订、发展模式选择，还包括低碳产业的发展、低碳城市和低碳社会的建设、碳税政策的制订，以及碳金融和碳交易市场的建设等。

（一）低碳经济的发展模式选择

虽然与外国同样面对能源问题和气候变暖造成的生态问题，但是我国毕竟有着与国外不同的特殊国情，特殊性要求在借鉴外国的发展经验的基础上，结合自身特点，走更符合自己的低碳经济发展道路。庄贵阳从我国工业化进程角度分析，认为我国可以通过调整能源结构、提高能源效率、调整产业结构、遏制奢侈浪费、发挥碳汇潜力和国际经济技术合作等途径来发展低碳经济。付允等从国际减排压力、能源安全和资源环境等方面考虑，提出了低碳发展的方向、节能减排的发展方式和碳中和技术的发展方法，还有包括提高能源效率、化石能源低碳化、发展可再生能源、低碳技术开发和国家碳交易机制的政策建议。姜克隽等，付加锋等基于情景分析法对我国未来中长期的碳排放情况进行了研究，为我国选择低碳低碳发展道路提供了参考。

（二）发展低碳产业

发展低碳产业是发展低碳经济的一个重要方式。李金辉等认为低碳产业是由高碳产业低碳化、含碳量低、生产低碳技术及碳交易等行业构成，具有低碳化和产业化两个特征，低碳技术、产品的低碳化是发展低碳经济的关键路径。发展低碳旅游、低碳农业、生物质能产业和低碳消费都是发展低碳经济的较好方式。

（三）建设低碳城市

城市是现代人生活的重要载体，因此，建设低碳城市也是低碳经济发展的一种重要方式。关于低碳城市的定义和内涵，国内还没有统一的认识。刘志林等认为低碳城市是通过经济发展模式、消费理念和生活方式的转变，在保证生活质量不断提高的前提下，实现有助于减少碳排放的城市建设模式和社会发展方式。陈飞等认为低碳城市包括3个方面的内涵：在城市碳排放构成上，强调建筑、交通和生产领域的低碳发展模式；其次是城市发展中尽可能运用可再生能源；再就是在城市中加强森林、沼泽和湿地生态系统的规模，最大限度地吸收储存二氧化碳。这些学者还对我国建设低碳城市提出了相应的政策建议。此外，还有学者建立起了对低碳城市的评价体系。

（四）构建低碳社会

如果低碳经济建设不与整个社会变革联系起来，只停留在技术层面，我们很难看清低碳经济建设的复杂性，因此，要真正有效地应对全球气候问题，我们不能局限于低碳经济，而应着眼于整个社会的变革，建设低碳社会。"低碳社会是指适应全球气候变化、能够有效降低碳排放的一种新的社会整体形态，它在全面反思传统工业社会之技术模式、组织制度、社会结构与文化价值的基础上，以可持续为首要追求，包括了低碳经济、低碳政治、低碳文化、低碳生活的系统变革"，中国应该发挥体制优势，推动必要的功能转换，建立政府、市场和公民社会之间的适当关系。在构建低碳社会的方式上，张俊芳等认为，需要社会多元行为主体共同参与，以政府为主导构建宏观、中观和微观3个层次有机的政府整合机制，实现政治、经济、文化、技术和生活方式的低碳化。王新等在研究了日本低碳社会建设经验的基础上，对我国低碳社会建设提出了政府政策制定、法律、科技开发、城市建设、公众参与、产业、新能源和节能减排等方面的建议。

（五）建设碳交易市场

根据排污权交易理论，碳交易市场在一定程度上有利于碳减排，我国需要建设自己的碳金融和碳交易市场。杨志等，认为我国参与构建碳市场其必要性在于一是获得碳市场的参与权和话语权，二是碳市场具有连接绿色金融和绿色技术的功能，三是世界碳市场需要连接。初昌雄在分析比较了国际和国内在低碳金融和碳市场的相关方面情况的基础上，提出了我国碳金融的发展建议，即加强对低碳经济的金融支持、提高对碳资源价值的认识、加强交易平台的建设和金融衍生产品的创新等。

（六）合理征收碳税

碳税即对碳排放所征收的税，目的在于推动节能减排和清洁能源的使用。合理的碳税既能在一定程度上减排，还能给政府带来收入，因此为各国政府所提倡。姚昕等在宏观上通过建立求解在增长约束下机遇福利最大化的动态最优碳税模型，得出最优碳税征收途径，并通过测算发现碳税能够减排、提高能源效率和调整产业结构，我国可以开始征收较低的碳税，并随着经济增长而逐渐提升。崔军则对我国碳税税制各要素，如课税对象、征收环节和税率等方面的设计进行了探讨。

第三节　国外低碳经济研究综述

2003年，英国能源白皮书《Our Energy Future-creating a Low Carbon Economy》首次在官方文件中使用了低碳经济一词，并指出低碳经济有着更高的生产率，即使用的自然资源和造成的污染更少，而生产得更多，低碳经济有利于提高生活水平和改善生活质量。直至目前，国外学者对低碳经济的研究主要包括碳排放的影响因素分析和情景预测研究，低碳发展政策、机制研究，其中包含碳市场，以及碳税等方面。

一、碳排放的影响因素分析和情景预测分析

研究清楚碳排放的影响因素和对碳排放进行情景预测分析，是发展低碳经济的基

础，对于制定合理的低碳政策是必不可少的。

（一）碳排放的影响因素分析

对碳排放产生影响的因素主要来自经济增长、能耗和技术等方面。

1. 经济增长

环境库兹涅茨曲线是一个典型的研究碳排放与经济增长之间的关系的理论。环境库兹涅茨曲线是指一个国家在经济发展水平较低的时候，环境污染随经济增长而加速增长，而当经济发展到一定水平时，环境污染程度会随经济进一步增长而逐渐缓解，环境污染与经济增长呈倒"U"形曲线关系。Grossman G. M. 和 Krueger A. B. 在研究北美自由贸易协定对环境的影响时提出了环境库兹涅茨曲线这一概念。随后，一些学者在低碳经济领域里对环境库兹涅茨曲线进行了实证研究，即研究经济增长对碳排放的影响是否成倒"U"形。Abdul Jalil 和 SyedF. Mahmud 运用自回归滞后模型方法分析了中国 1971—2005 年人均国内生产总值和二氧化碳排放之间的关系，结论支持环境库兹涅茨曲线关系。但是，Hannes Egli 通过对德国的环境污染和经济增长的数据分析，发现二氧化碳排放和经济增长并不呈倒"U"形。

关于碳排放与经济增长之间的关系的不同结论，可能来源于方法，或者所研究的国家不同，还有可能是因为碳排放不仅仅受到经济增长的影响，还与其他因素有关。Soytas U. 等，认为大多数检验库兹涅茨曲线的文献都使用面板数据，不仅忽略了不同国家在自然特征、历史、经济技术和排放路径等方面的差别，也没有运用时间序列分析，因此存在一定的局限性。

2. 能耗

一般来讲，能源的消耗直接产生二氧化碳排放，因此，能耗对碳排放的影响举足轻重。很多学者的研究也证明了这一点，Abdul Jalil 和 SyedF. Mahmud 就证明了收入和能源消耗在长期对碳排放起决定作用，而贸易对碳排放的作用并不重要。Soytas U. 等，运用格兰杰因果检验和预测方差分解技术研究了 1960—2000 年土耳其的经济增长、能耗和碳排放之间的关系，证明存在由碳排放到能耗的单项格兰杰因果关系。然而，也有不同的结论，比如 Soytas U. 和 Sari R.，运用上述方法研究了 1960—2004 年美国的经济增长、能源消耗和碳排放之间的动态关系，结果却显示能耗和碳排放的因果关系不显著。

3. 技术

技术对于碳排放有着非常重要的影响。目前一般认为，较高的技术水平不仅能使能源的使用效率得到提高，还可能使用清洁能源代替传统化石能源，以及通过对产业结构的影响使能源使用量相对减少，因此，开发和使用高技术能减少碳排放。Lindmark M. 根据技术和结构变化对二氧化碳排放增长的影响不同将 1870—1997 年的瑞典分为3个时期，第一个时期是从1870年至一战之间，这期间技术和结构变化对碳排放增长有着较大但递减的贡献，第二个时期是一战至20世纪60年代，期间技术和结构变化对碳排放的增长有着较为均匀的贡献，经济增长对碳排放增长的贡献很大，第三个时期是20世纪60年代至1997年，技术和结构改变对碳排放减少有一定的贡献。

此外，对碳排放有影响的还有经济结构、人口和贸易等因素。

（二）碳排放的情景预测分析

根据各方面条件，设定一些情景，对碳排放的变化进行预测，这对于低碳经济的发展政策制定是必要和有益的。Ekins P.，Anandarajah G.和Strachan N.运用在英国政策分析中使用较多的市场配置（缩写为 Market Allocation MARKAL）的英国能源系统模型，对英国的长期碳排放情景及其政策意义进行了分析。形成了包含从1990年到2050年减排40%~90%之间的不同碳减排目标的各种情景，并分析了为实现减排目标的减少需求和供给方面的低碳节能技术之间的各种组合政策。Kawase R.，Matsuoka Y.和Fujino J.运用扩展的Kaya等式将二氧化碳排放分解为二氧化碳的捕捉与储存、碳强度、能源效率、能源强度和经济活动等因子，并在分析其他国家的各种长期情景和日本的各种短期情景的基础上，进一步分析了长期气候稳定的情景下日本实现减排的政策。

二、低碳发展政策机制研究

低碳政策的实施必然要考虑到相关减排主体的动机、最优减排量、相关利益方的行为等，以及碳市场和碳税等政策工具的有效性。

（一）减排动机

建设低碳经济，需要政府制订一些政策来推动，而这些政策最终要落实到企业和消费者等各个实体，通过他们的实际行动来实现低碳发展。因此，有必要弄清楚这些个体的减排动机，以便更好地制定低碳政策。Okereke C.研究了富时100指数成分股公司实施碳管理的动机和驱动因素，其中动机至少包括获取利润、信用与低碳政策发展中的优势、受托人义务、抵御在气候变化方面的无为而带来的风险或业务损失和伦理方面的考虑等5种因素，而驱动因素至少包括能源价格、市场转换、监管和政府指令、投资者压力和技术变化等5种因素，当然，公司实施碳管理也至少包括缺乏强而有力的政策框架、政府行动的不确定性和市场的不确定性3个阻碍因素，这些对于低碳政策的制定都是非常有价值的。

（二）最优减排量

碳减排是具有外部性的，实际排放量与社会最优排放量存在差异，因此，在低碳政策的制订过程中应该分析最优减排量。Stern在假设所有损失都是由碳排放造成的基础上，分析了存在外部性时的最优减排额。如果没有市场干预，最终碳排放会出现在私人边际成本与社会边际收益相等的点上，而这并非最优碳排放量，最优碳排放量在于社会边际收益和社会边际成本相等的点上，其中碳排放的社会边际成本包括私人边际成本和环境损害给第三方造成的损失。因此，理论上最优的碳减排量是最终碳排放量和最优碳排放量之间的碳排放量之差。

（三）减排政治经济学

发展低碳经济，牵涉到利益格局的改变。Flavin C. 认为，随着先进技术的使用、投资的增加和政策改革的推进，能源市场面临着重大转变，但这是否足以扭转气候变化的潮流，不大可能从混乱的经济学领域找到答案，而很可能从甚至更混乱的政治学领域找到答案。科学家们的警告和市民的关心使得情况有所好转。Cragg M. I. 等，认为保守且贫穷的地区比开明且富有的地区有着更高的人均碳排放量，这些穷的地区的代表们投票支持反碳立法的概率更低。因此，在进行低碳经济建设的时候，需要考虑到各方利益。

（四）碳交易

Klaassen G. 等，分析了 3 种全球碳排放权分配方式，即单一竞标拍卖、瓦尔拉斯拍卖和双边有序贸易。并用双边有序贸易分配方式分析了《京都议定书》中有减排义务的美国、日本、欧盟、俄罗斯、乌克兰和中东欧。结果显示，双边有序贸易交易分配方式下，俄罗斯、乌克兰和中东欧盈利最多；而欧盟遭受损失，主要是因为欧盟购买碳排量的交易价格过高；单一竞标拍卖体系不仅形成合理的价格信号，而且也保证了交易盈利的均匀分布；乌克兰在拍卖体系中遭受损失。3 种分配方式均可以降低减排成本。国内碳排放权分配方面，Kuik 分析了绝对配额交易市场、相对配额交易市场和混合配额交易市场，并分析不同配额交易市场对荷兰的影响。认为相对的配额交易市场虽然能够避免对竞争的负面影响，但并不是最好的以最低成本减少二氧化碳排放量的方法；绝对配额交易市场能够在很大程度上降低碳排放量，但会有很大的宏观经济成本；混合配额交易市场可以使不同部门或企业的边际碳减排成本相等，但管理成本较高。因此，这 3 种交易方案均不是理想的减排政策。

（五）碳税

Wissema W. 和 Dellink R. 运用可计算的一般均衡模型（CGE）和具体税收与能源使用数据，对爱尔兰征收碳税所产生的影响进行了量化分析。结果发现爱尔兰对每吨二氧化碳排放征收 10~15 欧元碳税则可以实现减排目标（碳排放量比 1998 年减少 25.8%）；对能源征收碳税比征收相等一致的能源税能够使碳减排量更大；而碳税对整体福利的影响也是较小的；征收碳税比征收相等一致的能源税更能够刺激可再生能源的使用和减少煤的使用。因此，碳税是一种有效的碳减排政策工具。

第四节　低碳经济指标体系最新研究概况

《中国低碳经济年度发展报告》已连续出版了两年，其中，2011年的报告对国内外低碳经济相关的指标体系进行了总结和评述，而2012年的报告则直接对指标数据进行了更新。时隔两年，"低碳经济"在国内外学界和业界的研究热度不减，因此，有必要对近两年来的低碳经济相关的指标体系研究进行一次梳理和总结，并对我们的低碳经济指标体系进行适当的更新。

一、国内相关研究综述

2011年的《中国低碳经济年度发展报告》针对国内部分的低碳经济评价体系，详述了生态工业园标准、低碳城市标准、苏州工业园区低碳发展评价体系，并对2009年和2010年的相关中文文献进行了梳理。

国内学者近几年在低碳发展、绿色经济方面陆续做了很多研究。本次报告将系统总结国内低碳经济领域较有影响力的发展报告以及2011年以来更新的相关文献，力求把握低碳经济在国内最新的发展动态。

2011年，李士、方虹、刘春平撰写出版的《中国低碳经济发展研究报告》对低碳经济评价提出了一套指标体系。指标体系分为发展动力、能源使用效率和污染排放水平、政策环境支持三大部分，分别对应下设的二级指标，具体结构为：发展动力包括经济发展程度、社会发展、科学技术发展水平；能源使用效率和污染排放水平包括产业结构、碳源控制、碳排放、消费排放、碳汇建设；政策环境支持包括政策机制支持、公民低碳理念、有关法律支持、经济控制手段。

该报告提出，指标计算中权重的确定采用层次分析法中的特征值法，具体计算步骤为构造判断矩阵，对各指标权重数进行计算，对判断矩阵进行一致性检验。报告计划对指数的计算思路为：（1）根据指标体系，收集和整理各指标的基本数据；（2）对各指标数据进行标准化处理；（3）运用主成分分析法，分别对低碳经济评价指标体系的各个变量进行因子分析，取累积贡献率达到80%以上的公因子；（4）确定低碳经济评价体系的总指数。

遗憾的是，上述研究是从理论出发，由于定性指标和部分定量指标获得的客观困难，报告并没有做出对应的数据分析，只是为低碳经济发展评价体系的研究提供了一套思路。

2010—2012连续3年，由北京师范大学科学发展观与经济可持续发展研究基地等出版的报告《中国绿色发展指数报告——区域比较》，是国内近年来绿色经济发展指标评价方面较为完整体系的研究。

其中，2010年报告中指标的编制思路为：指数主要包括三大分类，即经济增长绿化度、资源环境承载潜力和政府政策支持度。经济增长绿化度反映的是生产对资源消耗以及对环境的影响程度；资源环境承载潜力体现的是自然资源与环境所能承载的潜力；政府政策支持度反映的是社会组织者处理解决资源、环境与经济发展矛盾的水平与力度。指标的具体结构为：经济增长绿化度包括绿色增长效率指标、第一产业指标、第二产业指标、第三产业指标；资源环境承载潜力包括资源丰裕与生态保护指标、环境压力与气候变化指标；政府政策支持度包括绿色投资指标、基础设施指标、环境治理指标。

2011年报告分别对省际和城市进行和评价衡量。省际评价部分一级和二级指标不变，三级指标做了部分增删和修订；城市评价部分在指标的选取上，重点突出城市绿色发展的特色指标，尤其突出了城市绿色发展过程中需要关注的方面，如对空气质量的评价等。

2012年报告考虑到与之前年份指标的连续性和可比性，指标选取上基本没有发生变化，只是由专家讨论决定对一些权重做了轻度调整。

2011年3月，张泉等编著的《低碳生态与城乡规划》一书中，提出了低碳生态城乡规划的评价指标体系。该评价体系结合低碳生态发展对城乡规划的相关要求，参考现有的部分相关指标体系，根据低碳生态城市的基本内涵和设计原则（因地制宜、分类指导、循序渐进、动态引导、可考评、可调控），分为经济发展、社会发展、建设水平、生态环境、资源利用5个方面选取反映低碳生态城市特征的指标。指标的选取和使用遵循实用性、代表性等原则，建立了包含87项指标的指标库，在实际使用时根据需要筛选指标。

2012年6月，叶属峰、程金平主编的《生态长江口评价体系研究及生态建设对策》一书对生态相关指标评价体系进行相对完整的展示。该书在整体性、科学性和简明性等原则的基础上，从驱动力—压力—状态—响应—控制概念评价模型（D-PSR-C模型）出发，构建生态长江口综合评价指标体系，该体系由绿色GDP（D/P）、滨海宜居环境（R）、海洋生态保护（S）和海洋生态修复（C）四大方面27个指标构成。

2013年6月，由赵景柱等编著的《低碳城市发展途径及其环境综合管理模式》一书中，遵循科学性、代表性、适用相关性、整体层次性、可比性、定性分析与定量计算的原则，提出了低碳城市指标体系。指标构建流程与张泉等的低碳生态与城乡指标体系类似，也是首先在国内外研究经验的基础上，考虑当前我国城市发展的现实状况，提出了一套包含67项指标的指标库，然后对指标进行二次筛选和专家定权，最终精简到19项评价指标。

总结上述代表性报告所提出的评价指标思路，可以分为两大方向。第一类可总结为自下而上的思路：根据研究对象和目标，建立一套覆盖全面的指标库，再根据需要和实际情况进行筛选，这也是大部分学者所采用的方法；第二类则对应为自上而下的研究思路：首先选取合适的理论框架，例如叶属峰等对长江口岸的生态评价研究，从国际上广泛使用的 PSR 模型出发，根据当地的实际情况改进为 D-PSR-C 模型，再选择合适的指标进行评价。

总的来说，国内低碳经济评价相关的研究报告和论文中，从理论框架出发的比较少，叶属峰等可以说是根据 OECD 提出的 PSR 模型进行扩展应用的先行者，PSR 模型在国际上认可程度较高，不失为指标构建的合适理论参考。

需要说明的是，上述报告的指标体系中，均纳入了经济发展（如人均 GDP、就业率等）相关指标，作为绿色经济衡量的一个方面。经本项目组专家讨论认为，我们的报告核心在于"低碳"，目标是衡量各省市的低碳经济发展情况，对于"低碳"相关的各指标进行汇总和评价。单纯与经济发展相关的指标虽然可获得性比较强，但与我们研究的主题不甚相关，若加入人均 GDP 之类的指标，一来难以保证与之前年份数据的连续性，二来也难以跳出各地方政府以 GDP 论英雄的政绩考核指标怪圈，所以在此，我们还是沿用之前报告的做法，不纳入单纯与经济发展相关的指标。

除了研究报告外，2011—2012 年，国内涌现出大量关于低碳经济发展评价的研究文献。以"低碳"和"评价"为关键词在 CNKI 中国知网搜索到的核心期刊文献 2011 年有 215 篇，2012 年有 231 篇，与 2009 年（57 篇）、2010 年（143 篇）相比在数量上有很大提高。

目前国内在实践中应用广泛的指标总体上分为两类：一类是利用层次分析法、因子分析法或德尔菲法等方式选取指标，加权汇总后得到一个综合指标进行排名；另一类是给各指标设定不同的阈值，以是否达到阈值为考核标准，例如国家环境保护部（原国家环保总局）颁布的《生态县、生态市、生态省建设指标》。

综合性评价指标的设计思路与上文提到的报告相似，可分为两类：一类从低碳相关指标出发，选取统计年鉴可获得的硬指标以及部分问卷调查软指标，等权或专家定权进行汇总得到最终综合性指标，代表文献有张小军《关于低碳竞争力评价体系构建的研究》、庄贵阳等《低碳经济的内涵及综合评价指标体系构建》等；另一类则从理论角度出发，首先构建低碳经济发展评价框架，根据理论框架选取指标，代表文献有张小平《基于 DPSIR 模型的兰州市低碳城市发展评价》。

经过讨论，借鉴上述报告的部分提法，课题组认为可以将"与低碳经济相关法律法规数量"作为一个三级指标，纳入我们的"低碳引导"指标部分。目前国内各省市关于低碳经济的法律法规制度都很不健全，很多低碳行动的实施无法得到应有的保障。由国家发展和改革委员会提出的政策和行动，由于缺少必要的制度约束，在地方层面上实施起来困难重重。完整健全的法律法规是实施低碳行动的重要保障，所以我们将"与低碳经济相关的法律法规数量"纳入指标体系，但由于目前各省市相关法律法规数量和质量都良莠不齐，法规类型也不尽相同，很难得到完整公平的相关数据，所以本次研究中我们只在此提出指标的"理想化"改进方向，并不对其做实际计算。

二、国外相关研究进展

《中国低碳经济年度发展报告（2011）》中，对加利福尼亚州绿色创新指数、澳大利亚低碳竞争力指数和普华永道低碳经济指数进行了较为全面的介绍。本次研究将针对这3套指标体系，深入追踪其后续的应用和更新情况。

（一）加利福尼亚州绿色创新指数

2009年的加州绿色创新指数从低碳经济、能源效率、绿色技术创新和绿色经济政策四大维度，提出了一个仪表盘式的评价指标体系。

2010年next10机构对上述指标体系进行了调整更新，从低碳经济、能源效率、绿色技术创新、交通和可再生能源5个方面，分别评价加州绿色经济的发展。相对于2009年的指标，增加了"交通"和"可再生能源"两个方面。交通方面，加利福尼亚州率先采纳了新技术。与此同时，受2007年以来经济衰退和油价上涨的影响，加州地面交通的排放量在减小。

2010年报告在交通方面纳入的指标包括：登记的替代燃料车辆总数、登记的替代燃料车辆数占新登记的车辆比重、替代燃料消耗量占总交通消耗比重、总交通英里数（VMT）、公共交通总乘客数、用于交通的温室气体总排放量。

2010年报告在"可再生能源"方面纳入的指标包括：可再生能源发电量占总发电量比例、新的太阳能装置安装量。

2011年没有更新报告，2012年报告的指标设置与2010年相同。

总结来说，加州绿色创新指数在指数的提出方面想法比较领先，数据比较新，可以为我们指标的提出提供参考，但其"仪表盘"式的设计只能分不同方面分别描述发展状况，没有形成一个综合的指数。考虑到其用到的很多指标都有加州的独特性，其他州未必全部能够找到对应的指标与其相比，所以"仪表盘"式的指标更适合加州的情况；而中国的情况是各省市的特异性并不那么强，还是希望能够抽取其中的共性，构建一个综合指标来实现各省市的排名和评价。

（二）澳大利亚低碳竞争力指数

澳大利亚低碳竞争力指数（Low Carbon Competitiveness Index，简称LCCI）由VividEconomics于2009年发布，研究对象为G20国家中的19个。2009年提出的指数包含19个经济变量，分为部门构成（Sectoral Composition）、早期准备（Early Preparation）、未来繁荣（Future Prosperity）3个一级指标。

2012年3月，VividEconomics对G20低碳竞争力指数进行了更新。报告总结2005年到2008年大部分国家的低碳竞争力得分均得到了提升。2012年更新的报告沿用2009年提出的框架和指标，不仅根据最新的数据进行了重新计算，而且向前追溯到了自1995—2000年的数据。

2012年的最新报告中，中国排名第七，与上次统计排名相比下滑了一位。

G20低碳竞争力指数涵盖了工业效率、可再生能源投资、清洁能源生产、贸易碳强度、教育投资、自然资本消耗等指标❶，但此指标在国际上并没有产生很大的影响力。

（三）普华永道低碳经济指数

2009年12月普华永道会计师事务所发布的低碳经济指数仅以碳强度（Carbon Intensity）为指标，2012年更新了年度普华永道《低碳经济指数》。最新的报告称，如果要使气温升高不超过工业革命前的2摄氏度，从目前到2050年每单位GDP碳排放需要平均每年降低5.1%，而不是之前所估计的降低4.8%。普华永道低碳经济指数给世界各国敲响了警钟，提醒着各国减少碳排放形势依然严峻，行动刻不容缓。

参 考 文 献

[1] 李士，方虹，刘春平．中国低碳经济发展研究报告［M］．北京：科学出版社，2011．

[2] 北京师范大学科学发展观与经济可持续发展研究基地，等．中国绿色发展指数报告——区域比较［M］．北京：北京师范大学出版社，2010-2012．

[3] 赵景柱，等．《低碳城市发展途径及其环境综合管理模式》［M］．北京：科学出版社，2013．

[4] 张泉，等．低碳生态与城乡规划［M］．北京：中国建筑工业出版社，2011，158．

[5] 叶属峰，程金平．生态长江口评价体系研究及生态建设对策［M］．北京：海洋出版社，2012．

[6] 庄贵阳，潘家华，朱守先．低碳经济的内涵及综合评价指标体系构建［J］．Management，2011，47（3）：535-558．

[7] 中国人民大学气候变化与低碳经济研究所．中国低碳经济年度发展报告（2011）

---

❶ 资料来源：Simon Baptist，中外对话．https：//www.chinadialogue.net/blog/4951-Historical-snapshot-of-the-low-carbon-race/en．

[M]．北京：石油工业出版社，2011，17-18．

[8] 杨志，郭兆晖．低碳经济的由来、现状与运行机制［J］．学习与探索，2010（02）：124-128．

[9] 刘维泉，郭兆晖．EU ETS 碳排放期货市场风险度量——基于 SV 模型的实证分析［J］．系统工程，2011（10）：14-23．

[10] 屈志光，严立冬，朱蓓，等．生态足迹理论应用研究进展：述评及反思［J］．理论月刊，2011（04）：47-49．

[11] 李胜，陈晓春．低碳经济：内涵体系与政策创新［J］．科技管理研究，2009（10）：41-44．

[12] 潘家华，庄贵阳，郑艳，等．低碳经济的概念辨识及核心要素分析［J］．国际经济评论，2010（04）：88-101．

[13] 庄贵阳，潘家华，朱守先．低碳经济的内涵及综合评价指标体系构建［J］．经济学动态，2011（01）：132-136．

[14] 付加锋，庄贵阳，高庆先．低碳经济的概念辨识及评价指标体系构建［J］．中国人口·资源与环境，2010（08）：38-43．

[14] 冯之浚，周荣．低碳经济：中国实现绿色发展的根本途径［J］．中国人口·资源与环境，2010（04）：1-7．

[15] 龚建文．低碳经济：中国的现实选择［J］．江西社会科学，2009（07）：27-33．

[16] 邢继俊，赵刚．中国要大力发展低碳经济［J］．中国科技论坛，2007（10）：87-92．

[17] 张丽峰．碳生产率的经济学背景及其内涵分析［J］．经济问题探索，2013（05）：37-41．

[18] 潘家华，张丽峰．我国碳生产率区域差异性研究［J］．中国工业经济，2011（05）：47-57．

[19] 潘文砚，王宗军．我国区域低碳效率实证研究［J］．金融与经济，2013（09）：15-18．

[20] 孙广生，黄祎，田海峰，等．全要素生产率、投入替代与地区间的能源效率［J］．经济研究，2012（09）：99-112．

[21] 马海良，黄德春，姚惠泽．中国三大经济区域全要素能源效率研究——基于超效率 DEA 模型和 Malmquist 指数［J］．中国人口·资源与环境，2011（11）：38-43．

[22] 涂正革．中国的碳减排路径与战略选择——基于八大行业部门碳排放量的指数分解分析［J］．中国社会科学，2012（03）：78-94，206-207．

[23] 李小平, 卢现祥. 国际贸易、污染产业转移和中国工业 CO_2 排放 [J]. 经济研究, 2010 (01): 15-26.

[24] 张友国. 经济发展方式变化对中国碳排放强度的影响 [J]. 经济研究, 2010 (04): 120-133.

[25] 李锴, 齐绍洲. 贸易开放、经济增长与中国二氧化碳排放 [J]. 经济研究, 2011 (11): 60-72+102.

[26] 林伯强, 刘希颖. 中国城市化阶段的碳排放: 影响因素和减排策略 [J]. 经济研究, 2010 (08): 66-78.

[27] 林伯强, 李爱军. 碳关税的合理性何在 [J]. 经济研究, 2012 (11): 118-127.

[28] 王锋, 吴丽华, 杨超. 中国经济发展中碳排放增长的驱动因素研究 [J]. 经济研究, 2010 (02): 123-136.

[29] 赵昕, 郭晶. 中国低碳经济发展的技术进步因素及其动态效应 [J]. 经济学动态, 2011 (05): 47-51.

[30] 张克中, 王娟, 崔小勇. 财政分权与环境污染: 碳排放的视角 [J]. 中国工业经济, 2011 (10): 65-75.

[31] 何小钢, 张耀辉. 中国工业碳排放影响因素与CKC重组效应——基于STIRPAT模型的分行业动态面板数据实证研究 [J]. 中国工业经济, 2012 (01): 26-35.

[32] 郭郡郡, 刘成玉, 刘玉萍. 城镇化、大城市化与碳排放——基于跨国数据的实证研究 [J]. 城市问题, 2013 (02): 2-10.

[33] 李卫兵, 陈思. 我国东中西部二氧化碳排放的驱动因素研究 [J]. 华中科技大学学报: 社会科学版, 2011 (03): 111-116.

[34] 庄贵阳. 中国经济低碳发展的途径与潜力分析 [J]. 国际技术经济研究, 2005 (03): 8-12.

[35] 付允, 马永欢, 刘怡君, 等. 低碳经济的发展模式研究 [J]. 中国人口·资源与环境, 2008 (03): 14-19.

[36] 姜克隽, 胡秀莲, 庄幸, 等. 中国2050年低碳情景和低碳发展之路 [J]. 中外能源, 2009 (06): 1-7.

[37] 付加锋, 刘小敏. 基于情景分析法的中国低碳经济研究框架与问题探索 [J]. 资源科学, 2010 (02): 205-210.

[38] 李金辉, 刘军. 低碳产业与低碳经济发展路径研究 [J]. 经济问题, 2011 (03): 37-40+56.

[39] 蔡萌, 汪宇明. 低碳旅游: 一种新的旅游发展方式 [J]. 旅游学刊, 2010 (01): 13-17.

[40] 赵其国, 钱海燕. 低碳经济与农业发展思考 [J]. 生态环境学报, 2009 (05): 1609-1614.

[41] 程序. 生物质能与节能减排及低碳经济 [J]. 中国生态农业学报, 2009 (02): 375-378.

[42] 陈晓春, 张喜辉. 浅谈低碳经济下的消费引导 [J]. 消费经济, 2009 (02): 71-74.

[43] 刘志林, 戴亦欣, 董长贵, 等. 低碳城市理念与国际经验 [J]. 城市发展研究, 2009 (06): 1-7, 12.

[44] 陈飞, 诸大建. 低碳城市研究的内涵、模型与目标策略确定 [J]. 城市规划学刊, 2009 (04): 7-13.

[45] 付允, 刘怡君, 汪云林. 低碳城市的评价方法与支撑体系研究 [J]. 中国人口·资源与环境, 2010 (08): 44-47.

[46] 洪大用. 中国低碳社会建设初论 [J]. 中国人民大学学报, 2010 (02): 19-26.

[47] 张俊芳, 赵晓娜. 中国构建低碳社会的政府整合机制探略 [J]. 理论探讨, 2012 (04): 148-151.

[48] 王新, 李志国. 日本低碳社会建设实践对我国的启示 [J]. 特区经济, 2010 (10): 96-98.

[49] 初昌雄. 我国碳金融发展现状与发展策略 [J]. 经济学家, 2010 (06): 80-86.

[50] 姚昕, 刘希颖. 基于增长视角的中国最优碳税研究 [J]. 经济研究, 2010 (11): 48-58.

[51] 崔军. 关于我国开征碳税的思考 [J]. 税务研究, 2010 (01): 41-44.

[52] Wackernagel M, Rees W. Our Ecological Footprint: Reducing Human Impact on the Earth [M]. Gabriola is Land, Canada: New Society Publishers, 1998.

[53] Grossman G M, Krueger A B. Environmental Impacts of a North American Free Trade Agreement [R]. National Bureau of Economic Research, 1991.

[54] Panayotou T. Empirical Tests and Policy Analysis of Environmental Degradation at Different Stages of Economic Development [R]. International Labour Organization, 1993.

[55] Coase R H. The Problem of Social Cost [J]. Journal of Law and Economics, 1960 (3): 1.

[56] DTI UK. Our Energy Future—Creating a Low Carbon Economy [J]. Energy White Paper, 2003.

[57] Grossman G M, Krueger A B. Environmental Impacts of a North American Free Trade

Agreement [R]. National Bureau of Economic Research, 1991.

[58] Jalil A, Mahmud S F. Environment Kuznets curve for CO_2 Emissions: A Cointegration Analysis for China [J]. Energy Policy, 2009, 37 (12): 5167-5172.

[59] Egli H. Are Cross-country Studies of the Environmental Kuznets Curve misleading? New Evidence from Time Series Data for Germany [R]. Wirtschaftswissenschaftliche Diskussionspapiere//Ernst-Moritz-Arndt-University? Greifswald, Rechts-und Staatswissenschaftliche Fakultät, 2001.

[60] Soytas U, Sari R, Ewing B T. Energy Consumption, Income, and Carbon Emissions in the United States [J]. Ecological Economics, 2007, 62 (3): 482-489.

[61] Jalil A, Mahmud S F. Environment Kuznets curve for CO_2 Emissions: A Cointegration Analysis for China [J]. Energy Policy, 2009, 37 (12): 5167-5172.

[62] Soytas U, Sari R. Energy Consumption, Economic Growth, and Carbon Emissions: Challenges Faced by an EU Candidate Member [J]. Ecological Economics, 2009, 68 (6): 1667-1675.

[63] Lindmark M. An EKC-pattern in Historical Perspective: Carbon Dioxide Emissions, Technology, Fuel Prices and Growth in Sweden 1870—1997 [J]. Ecological Economics, 2002, 42 (1): 333-347.

[64] Shi A. The Impact of Population Pressure on Global Carbon Dioxide Emissions, 1975—1996: Evidence from Pooled Cross-country Data [J]. Ecological Economics, 2003, 44 (1): 29-42.

[65] Jayanthakumaran K, Verma R, Liu Y. CO_2 Emissions, Energy Consumption, Trade and Income: A Comparative Analysis of China and India [J]. Energy Policy, 2012, 42: 450-460.

[66] Ekins P, Anandarajah G, Strachan N. Towards a Low-carbon Economy: Scenarios and Policies for the UK [J]. Climate Policy, 2011, 11 (2): 865-882.

[67] Kawase R, Matsuoka Y, Fujino J. Decomposition Analysis of CO_2 Emission in Long-term Climate Stabilization Scenarios [J]. Energy Policy, 2006, 34 (15): 2113-2122.

[68] Okereke C. An Exploration of Motivations, Drivers and Barriers to Carbon Management:: The UK FTSE 100 [J]. European Management Journal, 2007, 25 (6): 475-486.

[69] The Economics of Climate Change: the Stern Review [M]. Cambridge, United Kingdom: Cambridge University Press, 2007.

[70] Flavin C. Building a Low-carbon Economy [J]. State of the World, 2008: 75-90.

[71] Cragg M I, Zhou Y, Gurney K, et al. Carbon Geography: the Political Economy of Congressional Support for Legislation Intended to Mitigate Greenhouse Gas Production [J]. Economic Inquiry, 2013, 51 (2): 1640-1650.

[72] Klaassen G, Nentjes A, Smith M. Testing the Theory of Emissions Trading: Experimental Evidence on Alternative Mechanisms for Global Carbon Trading [J]. Ecological Economics, 2005, 53 (1): 47-58.

[73] Kuik O, Mulder M. Emissions Trading and Competitiveness: Pros and Cons of Relative and Absolute Schemes [J]. Energy Policy, 2004, 32 (6): 737-745.

[74] Wissema W, Dellink R. AGE Analysis of the Impact of a Carbon Energy Tax on the Irish Economy [J]. Ecological Economics, 2007, 61 (4): 671-683.

第二部分
低碳经济统计体系和竞争力分析

> 中国低碳经济发展是一项系统工程，通过指标体系对中国各区域之间发展的差异性和共通性进行评估与调整，以实现系统升级。低碳效率、低碳引导和低碳社会分别代表了低碳发展过程中最重要的元素。对全国各省、直辖市、自治区的低碳经济发展情况进行分析，对各省、自治区、直辖市三个指标的变动趋势进行了总结和原因分析，并根据分析结果将全国划分为低碳地区、中碳地区、高碳地区，综合评估其低碳经济发展水平。同时，国家低碳经济发展能力的提升，离不开世界的发展，也需要对世界经验的借鉴。世界上主要国家的发展情况和我国低碳发展国情将以丰富的图表直观地展示。

第三章 中国省域低碳经济竞争力分析

本章研究介绍了国内外对低碳经济竞争力指标的最新研究成果,根据在《中国低碳经济年度发展报告(2011)》(中国人民大学气候变化与低碳经济研究所,2011)中推出的适合中国国情的省域低碳经济竞争力指标体系,对2005—2011年全国除港澳台地区外的各省、直辖市、自治区的低碳经济发展情况进行了分析,将全国划分为低碳地区、中碳地区、高碳地区,并进行综合比较评估。

第一节 2005—2011年全国省域低碳竞争力分析

本节根据《中国低碳经济年度发展报告(2011)》中现实版的低碳竞争力指标体系,对2005—2011年全国省市低碳竞争力进行分析比较。

一、低碳竞争力排名

评价的思路是对三级指标直接进行汇总,即对三级指标进行标准化处理,然后将标准化后的三级指标汇总得到省域低碳竞争力指数。在三级指标的数据处理过程中,为了保证标准化后的数据在不同年份和省份间具有可比性,首先使用Min-Max方法对数据进行标准化,然后进行等权汇总。表3-1是2005—2011年全国省域低碳竞争力排名情况。由于西藏历年数据缺乏,导致一直排名垫底,不能真实地反映其低碳经济发展情况,因此本年度报告没有列入西藏的排名分析。

表3-1 2005—2011年全国省域低碳竞争力排名

地区	2005年	2006年	2007年	2008年	2009年	2010年	2011年	排名变动[①]
海南	1	1	1	1	1	1	1	0
重庆	16	16	6	5	3	5	2	3
江西	2	2	2	2	2	2	3	-1
广西	9	9	11	10	7	7	4	3
北京	11	6	13	13	5	3	5	-2
福建	3	3	3	3	4	6	6	0
四川	10	11	9	8	9	11	7	4
安徽	5	12	7	11	12	9	8	1
广东	4	4	5	4	6	8	9	-5

续表

地区	2005年	2006年	2007年	2008年	2009年	2010年	2011年	排名变动①
浙江	6	7	12	7	11	8	10	-2
江苏	7	8	4	6	8	15	11	4
湖南	19	15	15	12	10	12	12	0
陕西	21	10	14	14	15	14	13	1
山东	14	5	8	9	14	13	14	-1
天津	17	13	19	21	21	20	15	5
湖北	15	18	21	17	17	19	16	3
云南	12	21	17	16	13	17	17	0
上海	26	23	23	28	23	23	18	5
河南	20	19	20	18	18	18	19	-1
辽宁	13	17	16	20	20	21	20	1
吉林	18	20	18	19	19	16	21	-5
黑龙江	8	14	10	15	16	10	22	-12
河北	22	22	22	22	22	22	23	-1
新疆	25	27	25	25	25	27	24	3
山西	28	29	28	26	26	26	25	1
贵州	24	24	26	23	24	24	26	-2
甘肃	23	26	24	27	27	25	27	-2
宁夏	29	28	27	24	28	28	28	0
青海	30	30	30	30	30	30	29	1
内蒙古	27	25	29	29	29	29	30	-1

①2011年较2010年排名变动。

根据低碳经济竞争力指标体系，本报告从《中国统计年鉴》（中国统计出版社，2011）、《中国能源统计年鉴》（中国统计出版社，2011）、《中国环境统计年鉴》（中国统计出版社，2011）以及各省市统计年鉴上查询到了相关指标2005—2011年的指标值，对2011年指标值进行了标准化，通过加权平均法计算得到了低碳竞争力这一综合指标的分值，并根据分值对我国30个省市自治区进行了排名。排名情况如表3-2所示。

表3-2　2011年全国低碳经济竞争力得分情况及排名

地区	低碳经济竞争力得分	排名
海南	80.11	1
重庆	77.23	2
江西	75.89	3
广西	71.20	4
北京	70.91	5

续表

地区	低碳经济竞争力得分	排名
福建	70.05	6
四川	69.03	7
安徽	68.85	8
广东	68.44	9
浙江	67.38	10
江苏	67.29	11
湖南	67.01	12
陕西	65.95	13
山东	65.75	14
天津	63.82	15
湖北	63.39	16
云南	63.27	17
上海	62.49	18
河南	62.20	19
辽宁	62.19	20
吉林	61.62	21
黑龙江	59.90	22
河北	59.55	23
新疆	52.47	24
山西	52.11	25
贵州	50.37	26
甘肃	46.39	27
宁夏	45.38	28
青海	44.37	29
内蒙古	39.02	30

二、低碳竞争力区域划分

根据2011年各省市自治区低碳竞争力的得分及排名情况，本报告将低碳竞争力评价得分排名为全国前11位的地区归为低碳地区，将得分排名为全国第12至第21位的地区归为中碳地区，将得分排名为全国第22至第30位的地区归为高碳地区。其中，低碳地区包括海南、重庆、江西、广西、北京、福建、四川、安徽、广东、浙江、江苏；中碳地区包括湖南、陕西、山东、天津、湖北、云南、上海、河南、辽宁、吉林；高碳地区包括黑龙江、河北、新疆、山西、贵州、甘肃、宁夏、青海、内蒙古。如图3-1所示。

对比 2010 年排名可以看出，作为发达地区的上海由 2010 年的高碳地区上升至中碳地区，江苏由中碳地区上升至低碳地区，而黑龙江从低碳地区下降为高碳地区。海南的低碳竞争力排名始终保持全国第一。

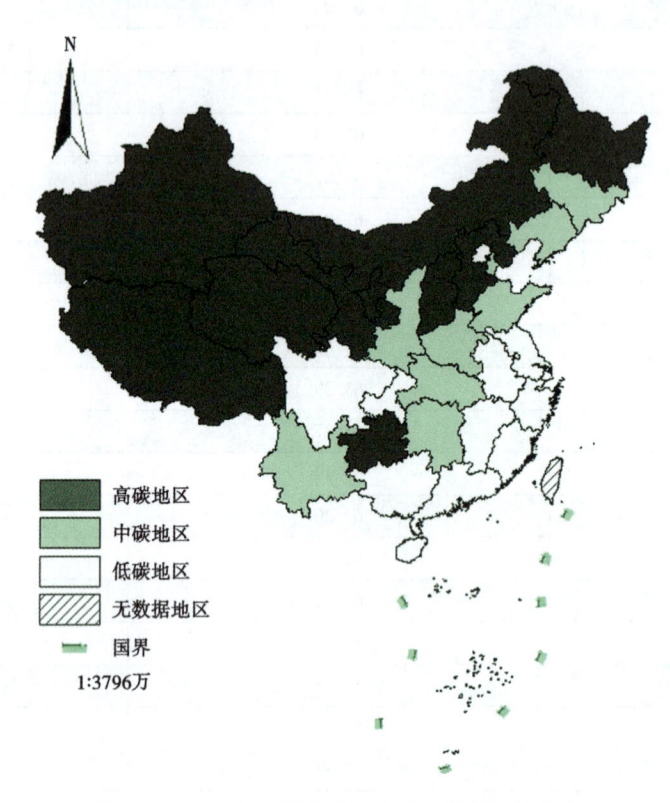

图 3-1　2011 年中国高碳、中碳、低碳地域分布

（注：颜色由浅入深表示低碳、中碳和高碳地区）

第二节　2005—2011 年中国低碳竞争力地区排名比较

本节根据低碳地区、中碳地区和高碳地区的低碳效率、低碳引导、低碳社会 2005—2011 年的排名，对各省、直辖市、自治区这 3 个指标的变动趋势进行了总结和原因分析。

一、低碳地区竞争力分析

通过数据分析，1~11 名作为低碳发展条件较好的省级单位脱颖而出。下文为低碳地区低碳经济发展在数据上的具体表现。

（一）低碳效率处于中上游

从图 3-2 可以看到几个比较突出的现象：江西和海南始终排在低碳效率的全国前

列；北京的排名有一个明显的上升过程，从2005年低碳效率全国排名13上升到2008年的全国排名第11，但是2009年小幅下滑到了第12，2011年又上升到第3。安徽2005—2010年始终排名第3，2011年大幅下滑至第7；福建排名下滑后又上升，2006年以后始终在下降，从2006年排名第10退到了2009年排名第14，2011年回升到第11。四川的排名持续后退后稍有回升，从2005年的第5名降至2010年排名第11，2011年回升至第9。浙江在2005年排名第12位，2006年开始下滑，之后一直排在排名14名以后。重庆2005—2008年一度从第10前进到第5，到2010年慢慢退到了第9，2011上升1名，年排名第8。广东、江西、广西、海南始终处于全国前列，排名基本没有变化。

从图3-2可看出，低碳地区的部分省份的低碳效率较差。这说明了这些省份需要进一步控制碳排放与能耗。从总体低碳发展来看，低碳地区之所以能够排名前列，与它们在低碳效率方面的排名靠前有着很大的关系。不过其中浙江、江苏和福建值得关注，因为它们在低碳效率方面的排名只是处于全国的中游水平，能够成为低碳地区可见这3个省份在其他领域占了更大的优势。

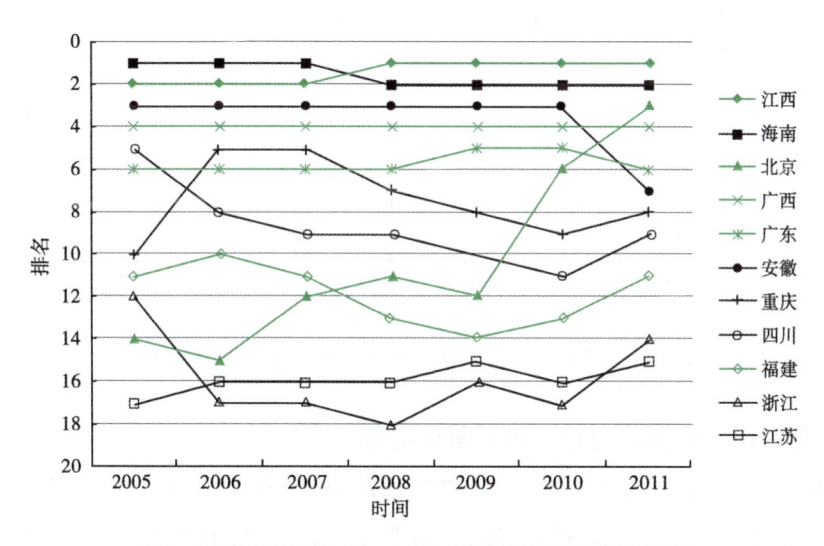

图3-2 低碳地区2005—2011年低碳效率指标排名变化

首都北京连续7年排名总体呈现上升趋势，其在低碳效率的很多方面逐年改进，可见近几年北京市政府在能耗和碳排放控制方面的政策取得了成效。比如北京现在交通管理实行机动车限号行驶的政策等，这些政策落实到能耗和碳排放上效果较好。

江西和海南历年在能耗控制和温室气体控制上都排在了全国前列，这可能与这两个省份工业发展较慢的经济结构相关。安徽往年排名稳定在第3，2011年能耗效率和碳排放效率表现不突出，下降至第7，与2011年排名第8的重庆表现相仿。两广的排名比较靠前，广东得益于经济的快速发展，在能耗控制方面也投入了相当大的精力。

广东的经济发展对能耗和温室气体的控制提供了良好的基础,在以后如增大对能耗和排放控制的话,能够继续保持低碳发展的先进水平。广西的发展模式在低碳效率方面比较有优势,除区域单位建成区面积电耗外,其他分指标排名也比较靠前,总体排名始终保持在全国第4。

浙江、福建等地的低碳效率指标排名始终处于中游水平,从各个分指标的情况看,浙江、福建的各个分指标排名也中规中矩。这两个省份在低碳效率方面的竞争力可能还有待提升,不过从总体排名看,这两个省份在低碳引导和低碳社会方面做得也很出色,成为了全国低碳排名领先的省份。

从图3-3可以看出,低碳地区北京和浙江的排名上升较快,2011年排名比2010年上升了3名;安徽下降很快,较2010年下降4名;其他地区变动幅度不大。

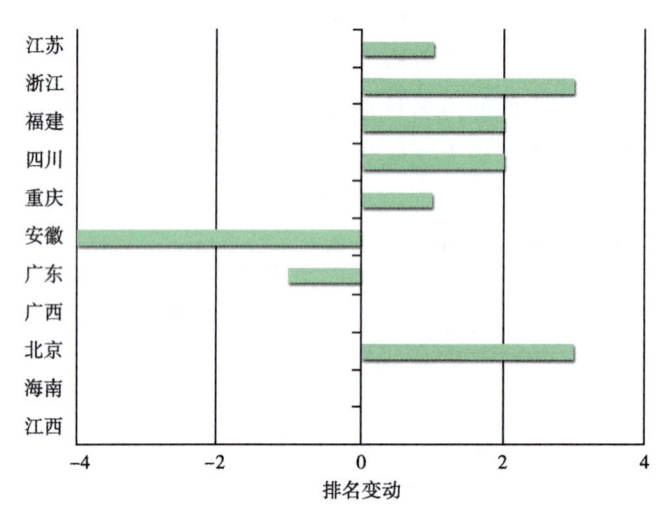

图3-3 低碳地区低碳效率排名相较于2010年的变化

(二) 低碳地区在低碳引导方面无明显优势

从低碳地区的11个省市自治区在2005—2011年低碳引导方面的排名变化情况(图3-4)可以看出,这11个省市自治区虽然在低碳竞争力排名中实力很强,但是其低碳引导水平并非都在领先集团中;只有北京、重庆和四川在低碳引导方面比较具有竞争力;两广地区和安徽的低碳引导水平比较落后,有待提高。

首都北京连续6年保持在第2的位置,2011年排名第4,说明其在低碳引导的很多方面都处于领先水平。重庆前5年名次持续上升,从最初2005年的第9名上升到2009年的第3名,2010年略有下降居于第5名,2011年上升至第1。这些改善和重庆低碳引导的投入密不可分,这可以从重庆基础建设、环境引导和生活引导的持续领先看出。四川在2006年排名大幅下降,降至第12位,主要是在工业废水排放达标率以及燃气天然气占比两方面有所下降,在之后几年又回升到一个比较好的水平。

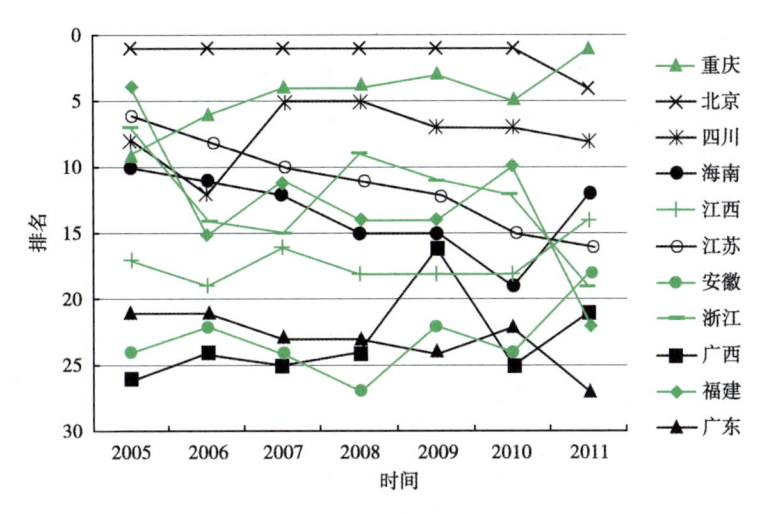

图 3-4　低碳地区 2005—2011 年低碳引导指标排名变化

海南在 2005 年尚保持一个相对较好的低碳引导排名，处于第 10 位，但在之后的 5 年间排名持续下降，2010 年到了第 19 位，2011 年回升至 12 名。其实海南在这 5 年来低碳引导水平有显著提升，这表明全国各个地区的低碳引导水平都在稳步提升，只是海南的提升速度略显缓慢。

浙江、福建两地的低碳引导排名在 2005—2010 年都是在波动中略有上升，但 2011 年都有明显下降。浙江在 2006 年和 2007 年名次的明显下降主要是因为该地区的工业废水排放达标率很低，在 2008 年和 2009 年才逐步有所改善，2011 年的下降可由较低的城市环境保护投资指数和燃气天然气占比反映；而福建排名在 2006 年的大幅下降是因为该年福建地区垃圾无公害化处理水平大幅下，2010 年到 2011 年的下降也主要是因为燃气天然气占比和城市环境保护投资指数较低。

江西始终维持在中等偏下的低碳引导排名，2011 年稍有上升。江苏的低碳引导排名近年来持续下降，两广地区和安徽低碳引导排名始终较后，低碳引导水平都有待进一步提升。

（三）低碳社会指标普遍较好

从 2005—2011 年低碳地区的低碳社会指标排名变化（图 3-5）可见，四川、北京的低碳社会建设程度始终处于较为落后的位置。

北京市的低碳社会发展水平在低碳地区中始终落后于平均水平，与重庆不同的是，其低碳社会的名次先经历了较大幅度的下滑，后又有一定的回升，2011 年又发生了下滑，排到低碳地区里的末位。北京市 2011 年低碳经济竞争力综合排名位列全国第 4，低碳经济发展成效总体是不错的。但在 2005—2011 年，北京市在低碳社会方面的排名靠后且不稳定，2008 年较 2005 年下降了 6 个位次，降至全国第 23 位，2009 年

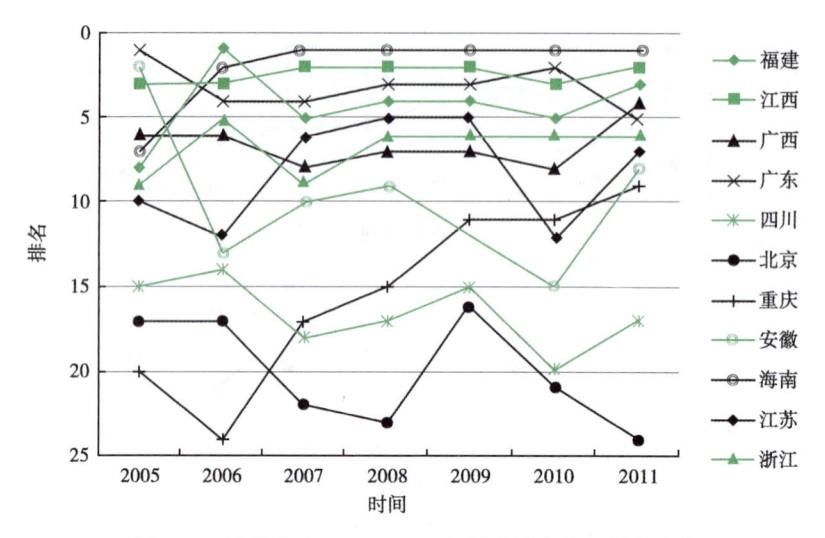

图 3-5　低碳地区 2005—2011 年低碳社会指标排名变化

回升到第 16 位，然后持续下降，2011 年回落至第 24 位，仍然是所有低碳地区的省份中排名最靠后的。具体来看，北京市 2007 年人均城市园林绿化面积和建成区绿化覆盖率都有显著下降，是导致在低碳社会方面排名滑落的主要原因之一。在随后的两年中，北京市人均城市园林绿化面积和建成区绿化覆盖率整体上呈上升趋势，是导致北京市在低碳社会方面的排名有所回升的主要原因之一，然而之后直到 2011 年排名又连续下降。值得关注的是，北京的人均生活消费二氧化碳排放量在全国范围内始终高居榜首，这也是导致北京的低碳社会建设水平在低碳地区中始终靠后的原因之一。

　　除此之外，重庆市也值得关注。重庆市低碳社会的建设程度最初处于低碳地区的最后一名，但 5 年来不断转好，位次上升较快。重庆市 2011 年低碳经济竞争力综合排名位列全国 31 个省市自治区中的第 2 位，说明重庆市发展低碳经济的总体成效较为突出。具体来看，2005—2007 年重庆市在森林覆盖率、人均城市园林绿地面积和建成区绿化覆盖率方面的表现均在平均水平之下，2008 年和 2009 年各指标的表现有所好转，特别是森林覆盖率和建成区绿化覆盖率有显著提升，使得重庆市在低碳社会中的综合排名位次不断上升，2011 年人均生活碳排放和单位面积生活消费能耗处于全国较低水平，使得重庆低碳社会排名继续上升。

　　海南省自从 2007 年后其在低碳社会中的排名也始终保持全国首位，具体来看，海南省森林覆盖率、人均城市园林绿地面积和建成区绿化覆盖率这 6 年来始终处于全国前列，人均生活消费二氧化碳排放量也处于全国较低水平，是海南省得以维持低碳社会中最高名次的原因。

　　江苏 2005—2010 年在低碳社会上的排名变化也值得关注。2010 年江苏低碳经济竞争力综合排名处于全国第 15 位，而 2005—2010 年低碳社会排名从第 10 位上升至第

5位，2010年滑落至第12位，2011年又回升至第7，波动较为剧烈。具体来看，2010年江苏的人均城市园林绿地面积有所下降，是导致其低碳社会总体排名下滑严重的主要原因，2011年的回升主要得益于单位面积生活消费能耗和人均生活碳排放较少，这也是江苏2011年由中碳地区跻身低碳地区的重要原因之一。

另外，安徽的低碳社会名次变化也较为显著，安徽2010年的排名与2005年相比则大幅下降，由低碳地区的前排跌落至后排，而2011年回升至第8名，较2010年上升7位，主要是因为人均生活碳排放和单位面积生活消费能耗处于全国较低水平。广西由2010年的第8名上升至第4，可以看出，在森林覆盖率、人均生活碳排放和单位面积生活消费能耗方面做出了较大努力。江西、福建、广东、浙江、四川在低碳社会排名上的变化幅度较小。

二、中碳地区竞争力分析

排名第12~第22位为中碳地区，这10个省市分别为湖南、湖北、河南、陕西、吉林、云南、上海、山东、天津和辽宁，下文为这些省市在数据上的具体表现。

（一）低碳效率处于中游水平

从2005—2011年中碳地区低碳效率指标排名变化（图3-6）可以明显看出，中碳地区的排名趋向于稳定。

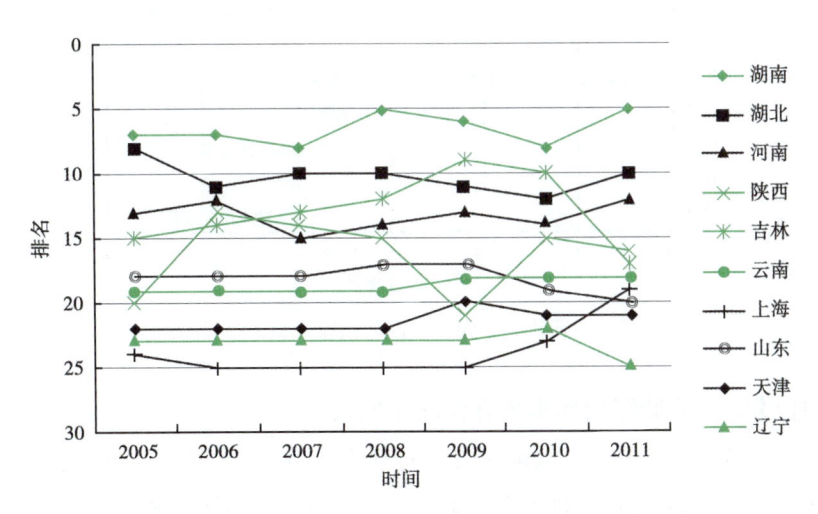

图3-6 中碳地区2005—2011年低碳效率指标排名变化

湖南地区在低碳效率方面排名连续7年保持在前8，其在低碳效率的各方面都处于中碳地区的领先位置，其低碳效率发展经验值得推广。陕西和山东在低碳效率方面表现一般，主要问题在于能耗与电耗的控制上。湖北、河南具有发展潜力，在低碳效率方面这两个省份的排名都比较靠前，如果接下来的几年在政策上更加注重能耗和温室气体排放的控制,同时加强低碳社会和低碳引导方法的话,整体名次有望上升。

辽宁、天津的低碳排名处于相对靠后的水平,在能耗控制、碳排放方面仍需调整。云南名次较为平稳,处在中游水平。上海和吉林的名次变动比较剧烈,其中上海的名次前进了4名,而吉林的名次下降7名。引起上海排名变化的主要原因是单位GDP与单位建成区二氧化碳排放、单位GDP能耗和电耗这几项,与前面北京的变化来源相似,然而上海单位建成区面积电耗的上升也带来了排名的优势,部分解释了它由高碳地区进入中碳地区的原因。上海历年人均二氧化碳排放远高于其他地区;电耗方面上海也很高,2005年人均电耗是5185.43千瓦时,逐年缓慢上升,到2008年后上升势头得到遏制,2009年人均电耗为6004.06千瓦时,2010年人均电耗达到5627.7千瓦时,2011年为5706.7千瓦时。作为国际大都市,上海比其他省份有着更多的先进经验和改革动力,应该更注重对用电的控制。经济发展的同时也要更加注重能耗控制,这方面上海可以借鉴广东的经验。

从图3-7可以看出,中碳地区上海排名上升较快,2011年排名比2010年上升了4名;吉林下降很快,较2010年下降了7名;其他地区变动幅度不大。

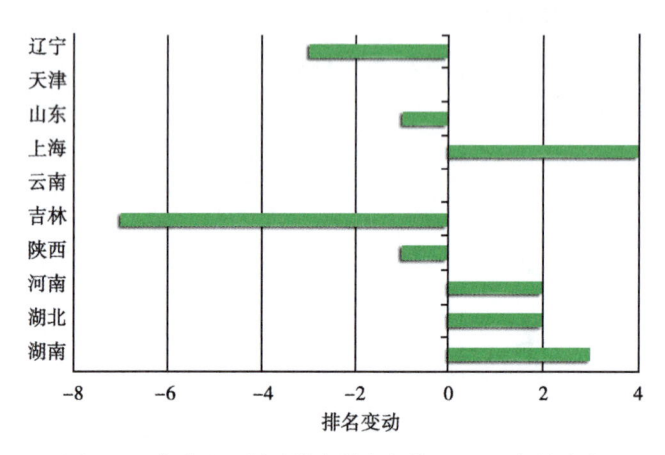

图3-7 中碳地区低碳效率排名相较于2010年的变化

(二)中碳地区的低碳引导水平在波动中发展

从中碳地区2005—2011年低碳引导指标排名变化(图3-8)可以看出,这10个省市自治区在低碳引导方面的排名分布较广,并非集中在中等水平。其中天津、陕西和山东在低碳引导方面比较有优势,而云南、吉林和湖北低碳引导水平相对较低,有待提升。

天津地区在低碳引导方面连续6年保持在第1位,2011年排名第2,其在低碳引导的各方面都处于领先位置,其低碳引导发展经验值得推广。陕西和山东两地虽然在低碳整体竞争力方面只是处于中等水平,但是两者在低碳引导方面都有不错的表现。

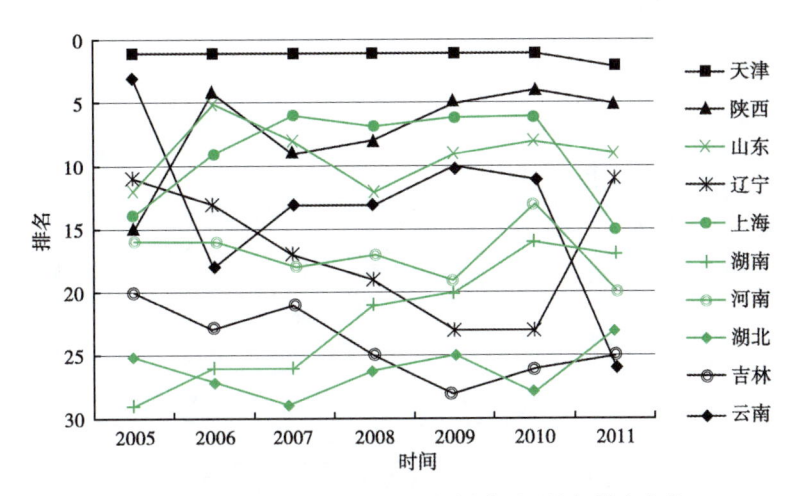

图 3-8　中碳地区 2005—2011 年低碳引导指标排名变化

辽宁、湖南和河南 3 省的低碳排名基本上处于中等水平，低碳引导表现中庸。云南地区在 2005 年曾经一度位列第 3，但是在 2006 年跌落到第 18 位，之后也始终维持在中等排名，主要原因是云南的生活垃圾无公害处理率和燃气天然气占比在 2006 年均有显著下降，特别是燃气天然气占比在 2006 年下降之后始终保持在一个较低的水平，2009 年少有回升，2011 年又加速下降到 26 名。而辽宁在 6 年之间低碳排名从第 12 位持续下降到第 23 位，主要原因是其工业废水排放达标率持续走低，废水处理水平亟待改善，2011 年又迅速增加到第 11 名，主要是由于其环境引导和产业引导表现较为突出。

上海地区的低碳引导排名持续上升，最后稳定在第 6 位。其各项指标在 2005—2010 年均有所改善，说明上海的发展更重视低碳引导，然而 2011 年下降到第 15 名，主要是城市环境保护投资较其他省市力度不够。

湖北、吉林低碳引导水平相对较低，基本都在后 10 位。湖北在 2005—2010 年始终在 25 名之外，2011 年有微弱增长，排名第 23，在低碳引导各方面都应加以重视。吉林地区 2005 年排名处于第 20 位，此后持续下降到 2009 年的第 29 位，2010—2011 年名次有所回升，到达第 25 位，其生化垃圾无公害化处理水平始终未有提升，并且在 2006 年和 2008 年有明显下降，说明其在低碳引导方面有所付出，但是并不能长久保持成果。

辽宁省排名上升很快和云南省、上海市排名下降快的原因，也值得进行进一步的研究。

(三) 低碳社会指标稳中有升

从 2005—2011 年中碳地区的低碳社会指标排名变化（图 3-9）可见，中碳地区整体的排名情况基本稳定，整体上看有一定的上升趋势，其中上海、天津、湖北、云南和湖南的上升的趋势明显。

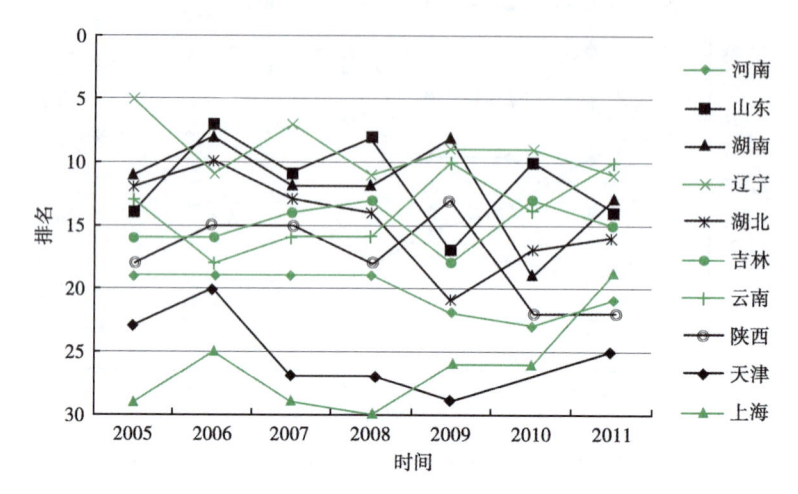

图 3-9　中碳地区 2005—2010 年低碳社会指标排名变化

天津低碳社会的建设程度显著低于其他各个地区。天津 2011 年低碳经济竞争力综合排名位列全国 31 个省市自治区中的第 15 位，较 2010 年提高 5 名，但在 2005—2009 年，天津在低碳社会方面的排名先是有所上升后又不断下滑，2006 年排到了全国第 20 位，2009 年跌落至全国第 29 位，2011 年回升至位列全国第 25 名，各指标表现均略有好转，低碳社会竞争力有较大的提升空间，仍需要加强低碳社会建设。上海在 2008 年之后，在低碳社会指标上排名上升明显，从第 30 名上升到第 19 名，这也是其低碳经济竞争力综合排名上升的一个原因。2005—2011 年湖北在低碳社会中的排名在波动中由第 12 位下落至 2009 年的第 21 位，然后又逐步回升到第 16 名。湖南除 2009 年至 2010 年下降较大，由第 8 名降至第 19 名，多数时候保持在第 10～第 15 名内波动。

云南、山东、吉林等省份均表现出了一定的波动，但相对而言总体名次变化不大。中碳地区其余省份的排名都较为稳定。2011 年云南的低碳社会指标排名在中碳地区中排名上升为第 1 名，究其原因，云南森林覆盖率在全国领先优势较大。

中碳地区有 3 个省、市的低碳社会指标排名有所下降，分别是辽宁、山东和吉林，其中山东降幅较大，从低碳社会中的第 10 位下落至第 13 位，应注意相关指标的控制，进一步建设低碳社会。

三、高碳地区竞争力分析

排名第 13～第 31 位为中碳地区，这 9 个省市分别为黑龙江、贵州、甘肃、河北、新疆、山西、青海、内蒙古和宁夏，下文为这些省市在数据上的具体表现。

(一) 低碳效率处于下游

从图 3-10 可以看出，高碳地区除黑龙江排在第 13 名，其他地区低碳效率方面的排名基本处于全国的尾部。低碳效率指标偏低，是制约高碳地区发展低碳经济的重要因素。

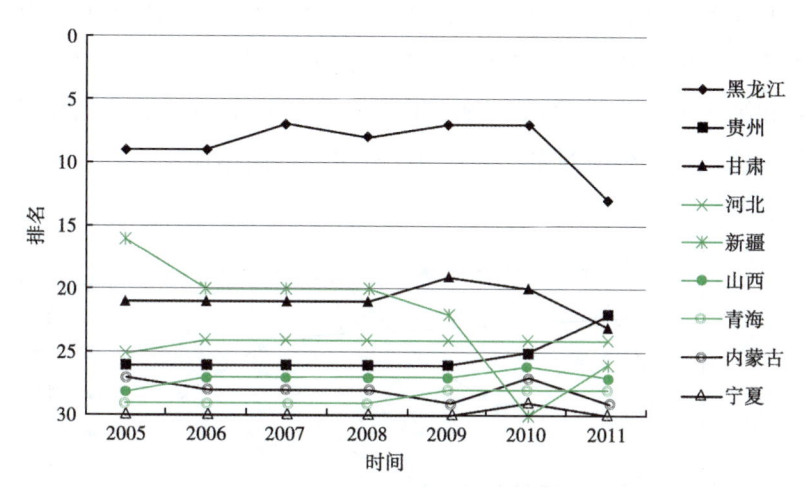

图 3-10　高碳地区 2005—2011 年低碳效率指标排名变化

宁夏、内蒙古、山西、河北是能耗大省，在低碳效率评比上相关的指标都处于全国的末尾。甘肃、新疆和贵州较其他高碳地区中更加具有进入中碳地区的潜力，各部分指标水平还是有很大的发展空间，当地政府需要在政策和引导上加强对低碳发展的投入。

从高碳地区低碳效率排名变化（图 3-11）可以看出，除了新疆和贵州排名分别上升了 4 位和 3 位以外，其他地区的排名大多下降了 1~3 位，但黑龙江下降 6 位，主要是由于其能耗和电耗消耗量较大，部分解释了黑龙江由低碳地区（2010）变为高碳

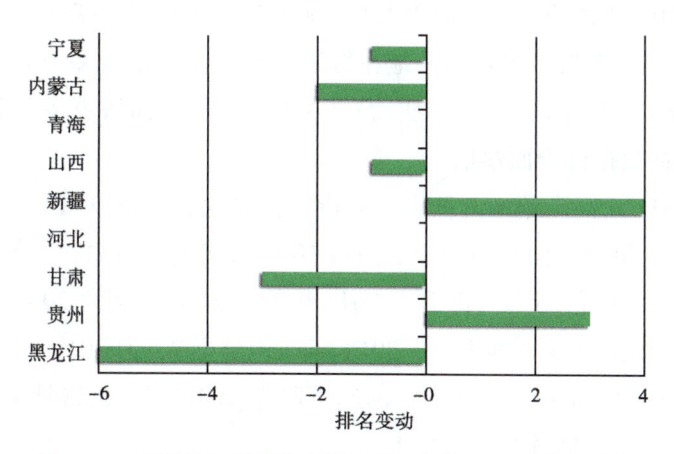

图 3-11　高碳地区低碳效率指标排名相较于 2010 年的变化

地区（2011）的原因。

（二）低碳引导略有优势

从高碳地区的 9 个省市自治区在 2005—2011 年低碳引导方面的排名变化（图 3-12）可以看出，这 10 个省市自治区虽然在低碳竞争力排名中实力很弱，但是在低碳引导水平上并非都在落后集团中；只有新疆、甘肃、黑龙江和贵州在低碳引导方面略显落后；内蒙古、山西和青海 3 地具有比较高的低碳引导水平，2011 年分别排名第 3 名、第 6 名和第 7 名，其中青海较 2009 年、2010 年上升 14 名，生活垃圾无公害化处理率和燃气天然气占比全国领先，低碳引导竞争力提高迅速。

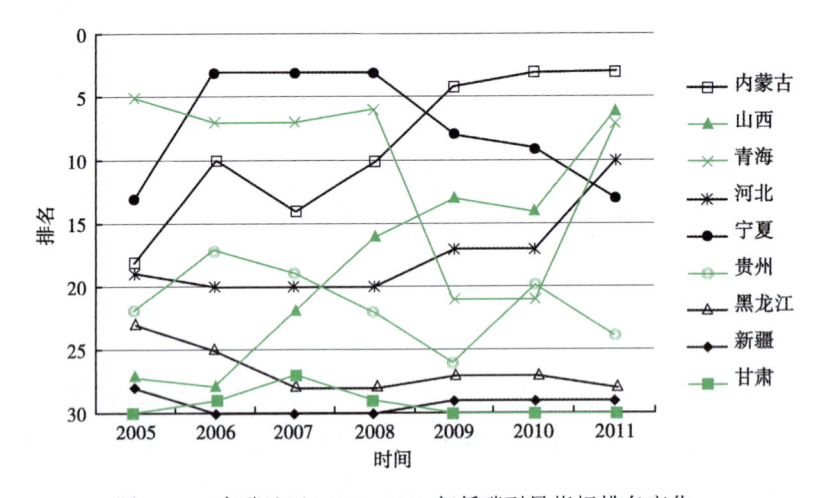

图 3-12　高碳地区 2005—2011 年低碳引导指标排名变化

宁夏在 2006—2008 年低碳引导水平始终保持在第 3 的水平，在 2009 年之后一路下降，2011 年下降到了第 13 名。

内蒙古和山西两地的低碳引导排名分别在波动中提高。内蒙古从 2005 年的第 19 位一路上升到 2011 年的第 3 位，而山西从 2006 年的第 29 位一路上升到第 6 位，两地在各项指标上都有所改善，显示出两地在低碳引导方面付出较多努力。甘肃和新疆两地几乎在各年份一直处于后两位，政府需要在低碳引导方面做更多工作。

（三）低碳社会指标全面落后

从 2005—2011 年高碳地区的低碳社会指标排名变化（图 3-13）可见，高碳地区整体在低碳社会竞争力方面基本处于全国后 10 位，宁夏、河北和黑龙江变动剧烈。

宁夏从 2005 年的第 26 位，跃升至 2011 年的第 12 位。河北 2005—2010 年其低碳社会竞争力从全国第 24 位不断上升，2010 年一跃至第 7，但 2011 年急剧下降至第 23 位，黑龙江 2010 年名列 4 位，2011 年迅速下降至第 18 位，低碳社会指标全面下降，应重视变化原因，提高低碳社会竞争力。

新疆的低碳社会竞争力排名整体上升，但波动幅度较大，从 2005 年的第 28 位波动上升至2010年的第16位，其中2011下降4名。具体来看，人均城市园林绿地面积的显著提升是导致其排名在波动中上升的原因。

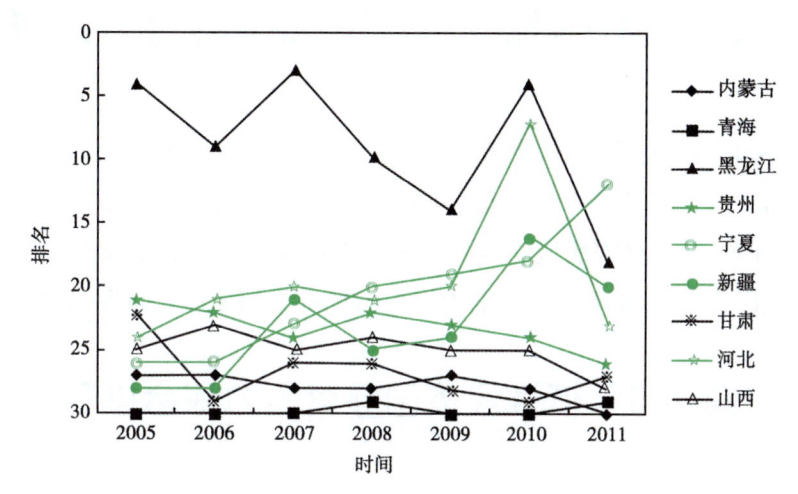

图3-13　高碳地区2005—2011年低碳社会指标排名变化

2011年甘肃、青海和内蒙古在低碳经济竞争力排名中分居全国倒数第4位、第2位和最后1位，近7年来其在低碳社会的排名中也基本处于全国末尾。究其原因，这些地区在森林覆盖率、人均城市园林绿地面积、建成区绿化覆盖率和单位面积生活消费能耗等指标上均处于全国末位水平，导致了其在低碳社会中的排位靠后。此外，受地理条件限制，低碳社会建设存在一定的困难。

2009—2011年，高碳地区中表现最突出的是宁夏，其低碳社会指标排名名次跃升到第12位，主要原因为人均城市园林绿地面积单位、面积生活消费能耗和人均生活碳排放指标表现处于全国领先水平；其他高碳地区中有6个省市自治区（除宁夏、甘肃和青海）位次有所下降，应注重其相关指标的控制，进一步建设低碳社会，提高竞争力水平。

第四章 中国低碳经济国际竞争力评价

低碳经济国际竞争力是以低碳效率竞争力为核心，能耗效率竞争力为主体，由低碳社会竞争力、低碳引导竞争力两大外围作用机制共同作用形成的评价体系，在构建评价指标体系时也是严格遵照这一结构。评价结果显示，2013 年瑞典、瑞士、日本位列低碳经济国际竞争力排名前三，而中国在全部 50 个国家中仅排在第 46 名。

第一节 低碳经济国际竞争力综合排名

一、低碳经济国际竞争力指标体系说明

本报告沿用了中国人民大学气候变化与低碳经济研究所《中国低碳经济年度发展报告（2011）》和《中国低碳经济年度发展报告（2012）》发布的低碳经济国际竞争力评价指标体系，采用的数据同样来自于世界银行——世界发展指数数据库（World Bank-World Development Indicator）及瑞士洛桑国际管理发展学院的世界竞争力年度发展报告（IMD, World Competitiveness Yearbook）。依据国际惯例，硬指标数据的收集存在 2~3 年的滞后性，因此本研究中涉及的硬指标数据采用的 WDI 及 IMD 最新数据为 2003—2010 年数据；软指标数据（调查数据）时效性较强，采用的是 2006—2013 年数据。根据对硬指标数据的年度趋势分析可知，在 2~3 年范围内，各国之间的相对水平变化不大，总体结构差异不会发生根本性变化，因此在研究过程中，部分指标采用滞后 3 年数据仍可以对目前国家间的相对地位做出准确定位。基于以上分析，本报告对包括中国、中国香港、美国、英国等在内的 50 个国家或地区计算了 2006—2013 年低碳经济国际竞争力指数，并基于此指数对中国的低碳经济竞争力变动情况进行具体分析。

二、2013 年 50 个国家或地区低碳经济国际竞争力得分及排名

本报告对包括中国、英国、美国等在内的 50 个国家或地区 2006—2013 年的低碳经济竞争力进行了测度。2013 年 50 个国家或地区的排名及综合得分（满分 100）见图 4-1。

从图 4-1 可以看到，瑞典、瑞士、日本 3 国的低碳经济国际竞争力位列前三。英

国、美国的排名处于中后位置，分别为第30名和第40名。中国的低碳经济国际竞争力排名靠后，为第46位，与2012年报告位次相比下降了1名。金砖五国中，除了巴西排名第17名，其他4个国家均排在后列。

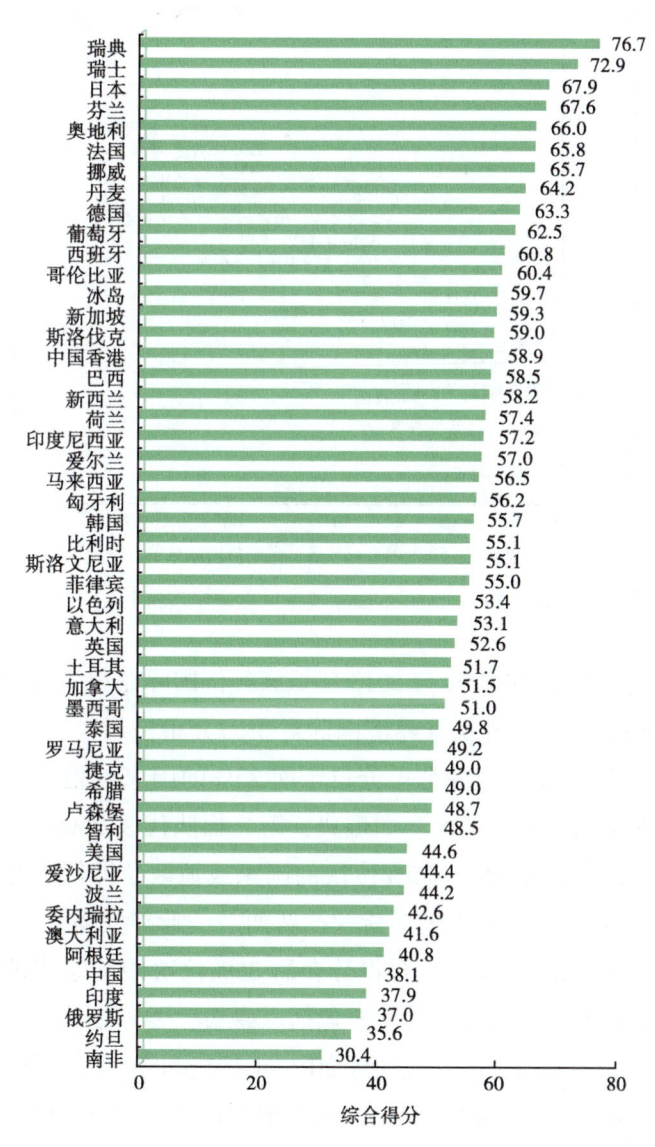

国家/地区	综合得分
瑞典	76.7
瑞士	72.9
日本	67.9
芬兰	67.6
奥地利	66.0
法国	65.8
挪威	65.7
丹麦	64.2
德国	63.3
葡萄牙	62.5
西班牙	60.8
哥伦比亚	60.4
冰岛	59.7
新加坡	59.3
斯洛伐克	59.0
中国香港	58.9
巴西	58.5
新西兰	58.2
荷兰	57.4
印度尼西亚	57.2
爱尔兰	57.0
马来西亚	56.5
匈牙利	56.2
韩国	55.7
比利时	55.1
斯洛文尼亚	55.1
菲律宾	55.0
以色列	53.4
意大利	53.1
英国	52.6
土耳其	51.7
加拿大	51.5
墨西哥	51.0
泰国	49.8
罗马尼亚	49.2
捷克	49.0
希腊	49.0
卢森堡	48.7
智利	48.5
美国	44.6
爱沙尼亚	44.4
波兰	44.2
委内瑞拉	42.6
澳大利亚	41.6
阿根廷	40.8
中国	38.1
印度	37.9
俄罗斯	37.0
约旦	35.6
南非	30.4

图4-1　2013年50个国家或地区低碳经济国际竞争力指数排名及综合得分

三、2006—2013年50个国家或地区低碳经济国际竞争力格局变化趋势

对比50个国家或地区2006年与2013年的低碳经济国际竞争力综合得分（图4-2），对角线以上的点，说明对应的国家或地区在2013年的竞争力强于2006年的竞争力，即该国家或地区的低碳经济国际竞争力有所增强；对角线以下的点，说明对应的

国家或地区在2013年的竞争力弱于2006年的竞争力，即该国家或地区的低碳经济国际竞争力有所减弱。

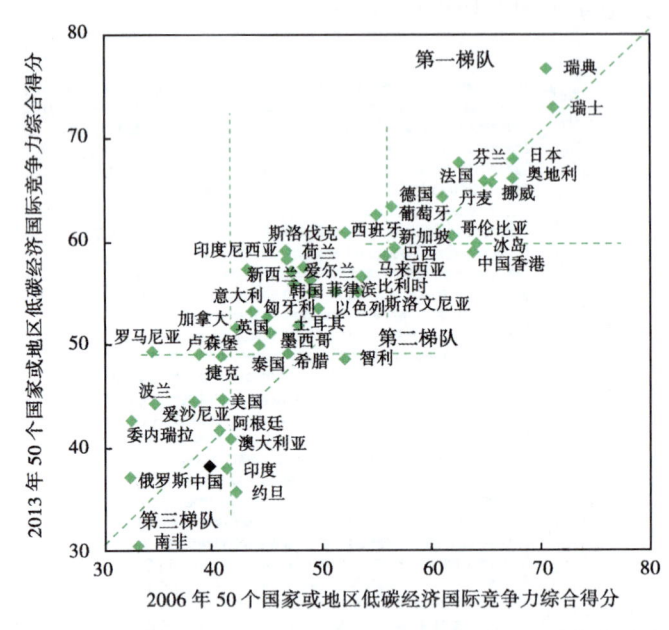

图4-2　2013年较2006年50个国家或地区低碳经济国际竞争力动态变化

50个国家或地区根据2006年与2013年低碳经济国际竞争力综合得分的不同分为3个梯队（表4-1），代表世界低碳经济国际竞争力分布格局。第一梯队代表2006年与2013年低碳经济国际竞争力综合得分位于前25%的国家或地区，即低碳经济国际竞争力处于领先地位的国家或地区，如瑞典；第二梯队代表2006年与2013年低碳经济国际竞争力综合得分处在25%~75%位次的国家或地区，即低碳经济国际竞争力处于中等地位的国家或地区，主要包括荷兰、新西兰、菲律宾等；第三梯队代表2006年与2013年低碳经济国际竞争力综合得分在后25%位次的国家或地区，即低碳经济竞争力处于落后地位的国家或地区，主要包括卢森堡、委内瑞拉、波兰等。在这3个梯队的国家或地区中，大部分国家或地区2013年相较2006年的低碳经济竞争力综合得分略有上升或下降，但变化幅度不大，例如中国由2006年的39.7分降至38.1分，下降了4.16%，仍处于第三梯队；少数国家或地区2013年较2006年有较大提高，其中卢森堡和委内瑞拉分别增长了19.58%和31.34%，但是这两个国家仍隶属于第三梯队，说明虽然7年来低碳经济发展取得显著成就，但仍低于世界平均水平；还存在部分国家或地区2013年竞争力水平较2006年发生梯队变化，除了中国香港和新加坡从第一梯队降到第二梯队、智利和约旦从第二梯队降到第三梯队外，其他国家的梯队变化都是上升，包括西班牙和葡萄牙从第二梯队升到第一梯队，卢森堡和捷克从第三梯队升到第二梯队。

表 4-1　依据 2013 年较 2006 年低碳经济国际竞争力动态变化
对 50 个国家或地区进行的梯队划分

梯队及梯队变化	2013 年较 2006 年竞争力得分变化方向	
	正增长	负增长
第一梯队	德国、瑞典、芬兰、丹麦、瑞士、法国、日本、挪威	奥地利、哥伦比亚、冰岛
第一梯队→第二梯队	新加坡	中国香港
第二梯队	印度尼西亚、斯洛伐克、新西兰、加拿大、意大利、爱尔兰、荷兰、韩国、英国、匈牙利、墨西哥、泰国、菲律宾、土耳其、比利时、以色列、马来西亚、巴西、希腊、斯洛文尼亚	
第二梯队→第一梯队	西班牙、葡萄牙	
第二梯队→第三梯队		智利、约旦
第三梯队→第二梯队	罗马尼亚、捷克	
第三梯队	委内瑞拉、波兰、卢森堡、爱沙尼亚、俄罗斯、美国、澳大利亚	阿根廷、中国、印度、南非

四、2013 年主要国家或地区低碳经济国际竞争力

从图 4-3 可知，2013 年低碳经济国际竞争力综合排名前六位的国家瑞典、瑞士、

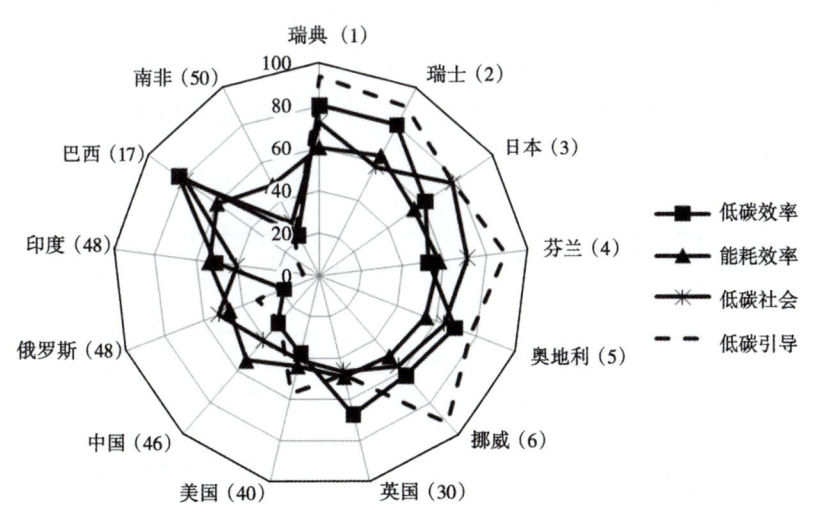

图 4-3　主要国家或地区低碳经济国际竞争力一级指标得分对比（数字为竞争力得分排名）[1]

---

[1] 为了把握 50 个国家或地区低碳经济国际竞争力或各子竞争力的发展情况，选择低碳经济国际竞争力或各子竞争力表现最优异的前六个国家、代表老牌资本主义国家的英国、代表自由市场经济国家的美国，以及代表新兴国家的金砖五国作为研究的主要国家或地区，下文中主要国家或地区的选择方法相同。另外，所有雷达图的各项指标数据均为标准化分值。

日本、挪威、芬兰、奥地利中，除挪威外，其他 5 个国家在 2012 年报告排名前六，但位次有所调整。这 6 个国家在 4 个一级指标即低碳效率、能耗效率、低碳社会、低碳引导方面的得分均较高，各子竞争力表现突出。相对而言，其他各国在能耗效率方面与前六位的差距相对较小，主要差异在于低碳效率、低碳社会和低碳引导等方面的竞争力较弱。金砖五国中，巴西的低碳经济竞争力表现非常突出，在低碳效率和低碳社会方面高于排在第 1 位的瑞典，但低碳引导得分很低。中国、俄罗斯、印度和南非在低碳经济竞争力的排名基本处于 50 个国家或地区的最差水平，在低碳效率、低碳社会和低碳引导方面都得分很低，子竞争力较弱。

第二节　中国低碳经济国际竞争力综合水平评价

中国的低碳经济国际竞争力一直处于弱势地位，落后于世界平均水平，特别是与 2006 年相比，2013 年竞争力水平下降 1 位。

相较世界平均水平，中国的低碳经济国际竞争力的各项子竞争力均在平均水平之下。而且由图 4-4 可知，2006—2013 年中国的低碳效率子竞争力的变化趋势并不显著，呈现微弱的先降后升趋势。相对地，低碳社会和能耗效率分别呈现逐年上升和逐年下降的趋势；低碳引导子竞争力则变化较为明显，在 2009 年以前呈下降趋势，但 2009 年之后逐渐上升，2011 年又显著下降。以上信息说明，目前我国的低碳经济竞争力虽然较为落后，但内部上升动力不足。因此，中国发展低碳经济、增强低碳经济国际竞争力的任务仍然很艰巨，寻求经济、社会与环境的协调发展是我国的重要课题。

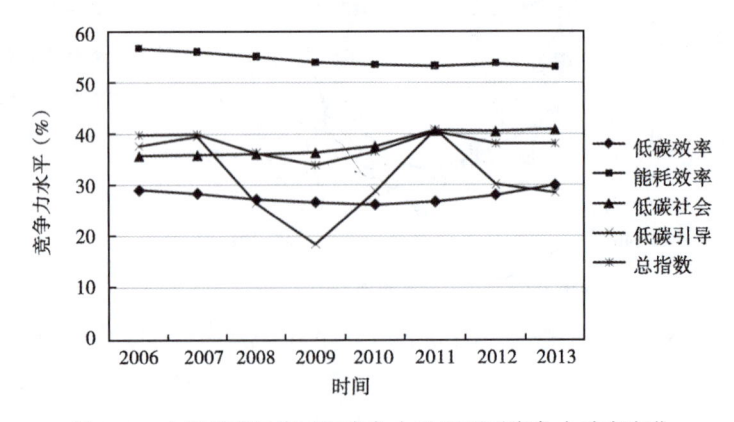

图 4-4　中国低碳经济国际竞争力及四项子竞争力动态变化

第三节 2013年中国低碳经济国际竞争力评价

一、低碳效率提高缓慢

低碳效率子竞争力是一国或地区低碳经济竞争力评价的核心内容，主要对一国或地区排放的 CO_2 量进行比较，具体指标体系如表4-2所示。由于 CO_2 排放量与国家或地区的经济总量、人口总量有密切关系，因此采用人均 CO_2 排放量、单位GDP的 CO_2 排放量可以更好地消除人口规模、经济规模间的差异，利于对国家或地区间进行统一尺度的对比。此外，在所测度的国家或地区中，工业部门是产生 CO_2 的最主要的部门，一国或地区工业部门 CO_2 的排放量很大程度上决定了该国或地区的总 CO_2 排放水平，因此在低碳效率子竞争力中也引入了单位GDP工业过程排放 CO_2 这一指标。

表4-2 低碳效率子竞争力指标体系

一级指标	二级指标	计量单位
低碳效率	人均 CO_2 排放	吨/人
	单位GDP CO_2 排放	吨/万美元（2005年不变价）
	单位GDP工业过程排放 CO_2	吨/百万美元

（一）中国低碳效率子竞争力处于弱势地位

从2013年50个国家或地区低碳效率子竞争力得分（图4-5）来看，哥伦比亚以82.9分排在第1位，随后的，巴西、瑞典、瑞士3国得分也在80分以上，而中国仅列于第47位（较2012年报告上升2位），美国仅排第45位（下降4位），英国则位于中上游，排在第19位（下降3位）。在金砖五国中，巴西以82.1的高分位于第2位（提高1位），低碳效率优势明显；居于其次的印度排名第35位（上升了11位）；俄罗斯和南非位于倒数第2位和倒数第3位。金砖五国在低碳效率发展方面存在明显

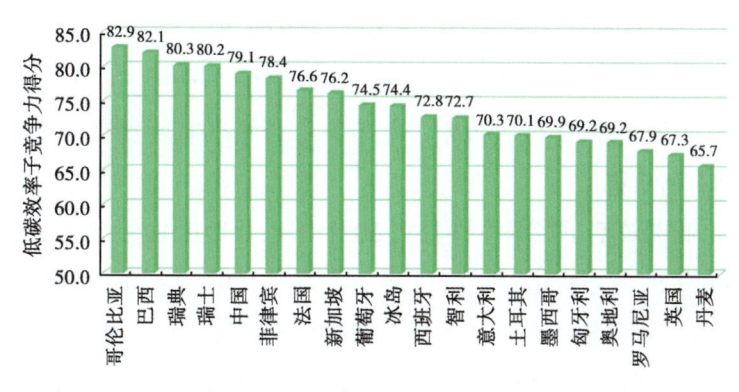

图4-5 2013年低碳效率子竞争力得分排名前20位的国家或地区

差异，其中巴西具备很强的实力，而中国、南非和俄罗斯均较落后，印度提高明显。

通过进一步比较主要国际及地区低碳效率子竞争力构成要素得分（图4-6），可以深入探究存在得分差异的原因。分列第1、第2的哥伦比亚与巴西无论在人均CO_2排放、单位GDP CO_2排放，还是单位GDP中由工业过程排放的CO_2方面，都具备很强的竞争力，尤其在人均CO_2排放指标，与位列第6位的菲律宾同样具有绝对优势。居于第4～第6位的瑞典、瑞士和中国香港，在单位GDP CO_2排放上具有明显优势，体现出良好的经济发展低碳控制水平。对于印度、俄罗斯及中国等国家而言，过高的单位GDP CO_2排放量和单位GDP工业过程CO_2排放是导致低碳效率子竞争力得分较低的主要原因。

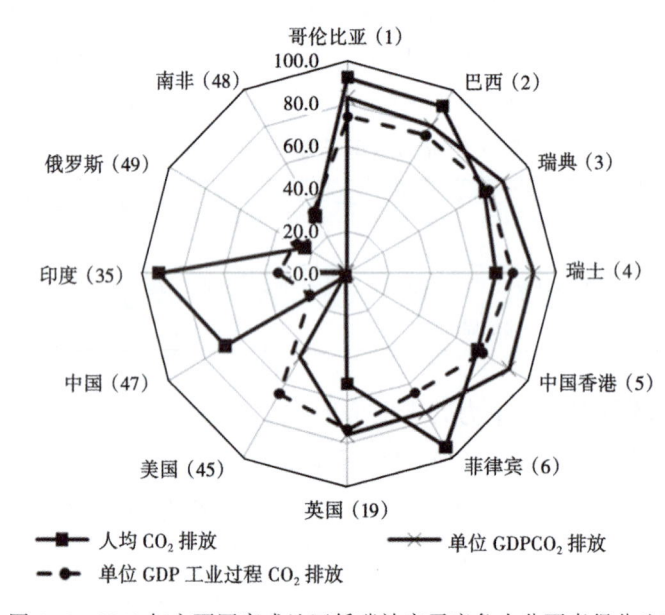

图4-6　2013年主要国家或地区低碳效率子竞争力分要素得分比较

（二）中国低碳效率子竞争力增速较缓

图4-7展示了从时间趋势和不同国家及地区之间比较的角度综合分析50个国家及地区2013年较2006年低碳效率子竞争力综合水平的变动情况。位于对角线上方的国家及地区2013年较2006年低碳效率子竞争力综合水平有所提高，位于对角线下方的国家及地区则有所下降。

根据2013年低碳效率子竞争力得分将50个国家及地区划分为3个梯队，并依据2013年对比2006年的得分变化率（将增速划分为小于0，0～10%，10%～20%和大于20%）进一步划分国家及地区得到表4-3。菲律宾、葡萄牙、智利、冰岛、哥伦比亚、瑞典、巴西、法国、中国香港和瑞士等国家及地区的低碳效率子竞争力在2006年和2013年均保持在前25分位数水平上。其中菲律宾、葡萄牙、智利、冰岛、哥伦比亚

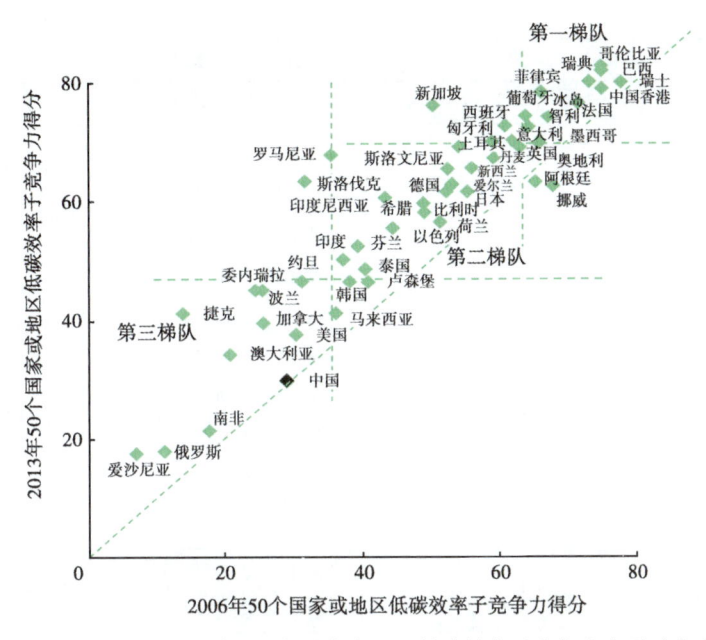

图 4-7　2013 年较 2006 年 50 个国家或地区低碳效率子竞争力水平动态变化

得分上升幅度为 10%~20%，瑞典、巴西、法国、中国香港的分值上升幅度在 10% 以内，这些国家低碳效率子竞争力水平高且仍不断完善。同时有部分国家从第一梯队滑落到了第二梯队，包括阿根廷、墨西哥和挪威，其中挪威和阿根廷得分净下降。

保持在第二梯队的国家是印度尼西亚、印度、芬兰、匈牙利、以色列、新西兰、希腊、泰国、土耳其、比利时、斯洛文尼亚、爱尔兰、德国、丹麦、英国、日本、荷兰和奥地利。其中前 8 个国家拥有 20% 以上的增长速度，其他国家低碳效率得分增长率也在 10% 和 20% 之间。2006 年处于第二梯队的新加坡、西班牙、意大利分值上升，晋级第一梯队。而韩国、马来西亚和卢森堡则落入第三梯队。

表 4-3　依据 2013 年较 2006 年低碳效率子竞争力水平动态变化
对 50 个国家或地区进行的梯队划分

2006 年	2013 年	2013 年较 2006 年增长率			
^	^	<0	0~10%	10%~20%	>20%
第一梯队	第一梯队		瑞典（9.89%）、巴西（9.73%）、法国（7.26%）、中国香港（5.63%）、瑞士（3.16%）	菲律宾（19.04%）、葡萄牙（16.97%）、智利（13.30%）、冰岛（11.02%）、哥伦比亚（10.83%）	
第一梯队	第二梯队	挪威（-7.64%）、阿根廷（-2.63%）	墨西哥（6.48%）		

续表

2006年	2013年	2013年较2006年增长率			
^	^	<0	0~10%	10%~20%	>20%
第二梯队	第二梯队			土耳其（19.42%）、比利时（19.27%）、斯洛文尼亚（19.05%）、爱尔兰（18.88%）、德国（18.53%）、丹麦（17.68%）、英国（13.96%）、日本（11.88%）、荷兰（10.75%）、奥地利（10.15%）	印度尼西亚（40.57%）、印度（35.67%）、芬兰（34.04%）、匈牙利（28.37%）、以色列（25.66%）、新西兰（25.34%）、希腊（22.72%）、泰国（20.93%）
第二梯队	第一梯队			西班牙（19.70%）、意大利（13.88%）	新加坡（52.05%）
第二梯队	第三梯队			马来西亚（14.65%）、卢森堡（14.34%）	韩国（22.47%）
第三梯队	第三梯队		中国（3.29%）		捷克（199.16%）、爱沙尼亚（154.53%）、委内瑞拉（85.16%）、波兰（77.69%）、澳大利亚（65.84%）、俄罗斯（62.93%）、加拿大（55.37%）、美国（24.49%）、南非（22.24%）
第三梯队	第二梯队				斯洛伐克（101.17%）、罗马尼亚（91.88%）、约旦（49.84%）

2006年第三梯队中的斯洛伐克、罗马尼亚和约旦由于子竞争力得分的大幅提高，由第三梯队升至第二梯队，其他国家仍处于第三梯队不变，尤其要指出的是，中国的得分增长率仅为3.29%，属于第三梯队中增长幅度最小的，可见我国在低碳效率方面还需要有更大的作为与改进。

（三）中国低碳效率子竞争力构成要素剖析

综合以上分析，中国的低碳效率子竞争力构成要素竞争力不高，且增速较缓，因此有必要对中国低碳效率子竞争力各项指标进行进一步考察（图4-8）。为了保证数据可比性，2013年低碳效率子竞争力采用的是2010年的原始数据，这同样适用于能耗效率子竞争力和低碳社会子竞争力部分。

(a) 2006—2013年中国人均CO₂排放与单位GDP CO₂排放变动情况

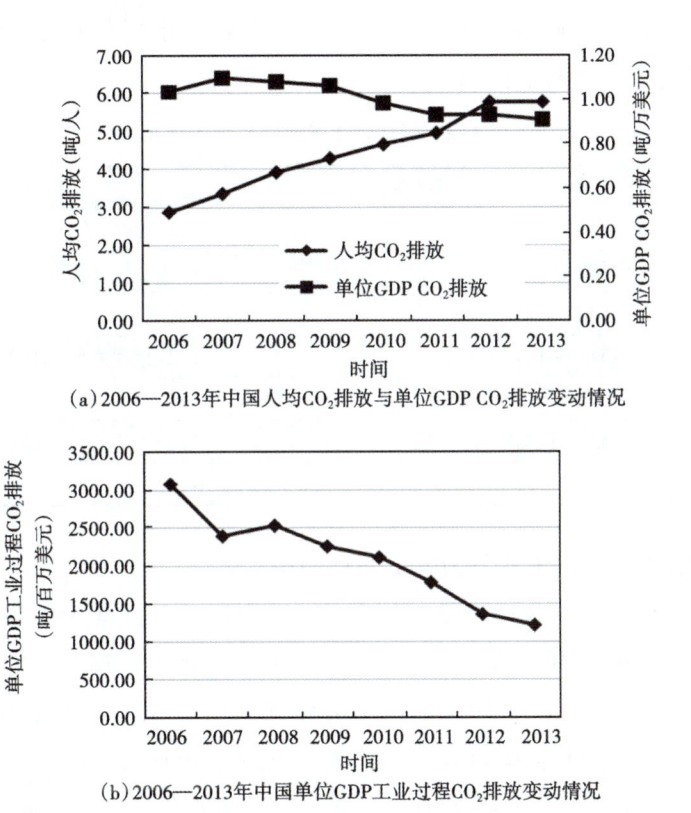

(b) 2006—2013年中国单位GDP工业过程CO₂排放变动情况

图4-8　2006—2013年中国低碳效率子竞争力构成要素动态变化

2006—2013年中国人均 CO_2 排放量呈现直线上升的增长趋势，年均增速达10.4%，2013年增长至5.77吨/人，远远高出4吨/人的世界平均水平。单位GDP的 CO_2 排放量2007年上升至1.097吨/万美元，随后缓慢下降，2010年降至0.908吨/万美元，但仍然与排名靠前的国家存在较大差距，如2013年瑞士单位GDP的 CO_2 排放量仅为0.127吨/万美元。中国在单位GDP中由工业过程排放的 CO_2 的表现相对较好，从2006年的2077.7吨/百万美元下降到1216.9吨/百万美元，但与瑞士79.6吨/百万美元的水平相比仍有较大差距，需要进一步降低碳排放强度。

二、能耗效率小幅下降

能耗效率子竞争力从能源利用率与清洁能源所占比重两方面来度量一国的低碳水平，具体指标体系如表4-4所示。传统能源的使用是排放 CO_2 的主要来源，传统能源的利用率直接影响 CO_2 的排放量；由于需要消除人口规模与经济规模的影响，采用人均能源消耗量与单位GDP能源消耗量。此外，电力使用效率是能耗效率的重要方面，因此本指标体系加入电力消耗的相关指标以进一步度量能源利用率。一国不同种类能源的使用量不同，对环境的影响也不同，就目前的发展情况来看，一国可替代能源和核能的利用比例越高，则其低碳程度越高，因此本部分引入了可替代能源和核能占比、化石燃料能耗占比两个指标。

表 4-4　能耗效率子竞争力指标体系

一级指标	二级指标	计量单位
能耗效率	人均能源消耗	千克石油当量/人
	单位 GDP 能源消耗	吨油当量/万美元（2005 年不变价）
	人均电力消耗	千瓦时/人
	单位 GDP 电力消耗	千瓦时/万美元（2000 年不变价）
	电力传输损失比例	%
	可替代能源和核能占比	%
	化石燃料能耗占比	%

（一）中国能耗效率子竞争力处于弱势地位

从 2013 年 50 个国家或地区能耗效率子竞争力得分（图 4-9）来看，斯洛伐克以 68.4 分排在第一位，法国、印度尼西亚、菲律宾、新西兰、斯洛文尼亚、瑞士、瑞典和西班牙得分在 60 分以上，中国以 53.1 分仅列于第 26 位，美国排第 45 位，得分为 43.6，英国以 48.8 分排在第 33 位。在金砖五国中，巴西以 59.1 分居于第 12 位；印度为 53.3 分，位列第 25，领先于中国 1 个位次；俄罗斯和南非分别位于第 41 位和第 37 位。与低碳效率发展状况相似，这 5 个国家在能耗效率发展方面同样存在明显差异，其中巴西具备很强的能耗效率竞争力，而俄罗斯和南非比较落后，中国和印度位于中间水平。

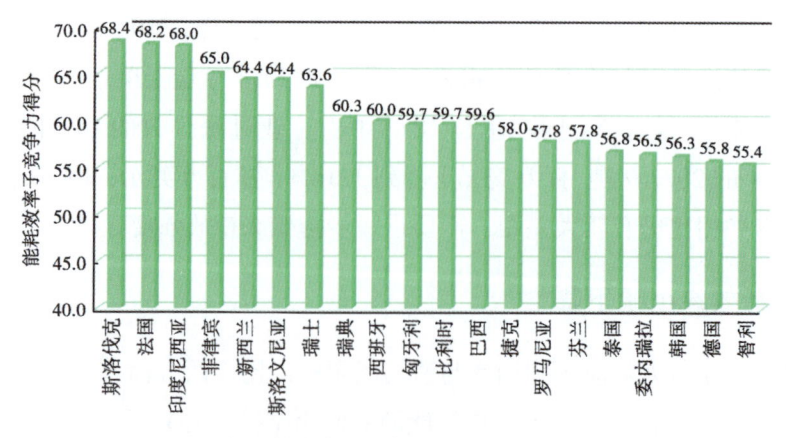

图 4-9　2013 年能耗效率子竞争力得分排名前 20 国家或地区

进一步比较 50 个国家及地区能耗效率构成要素得分（图 4-10），可以深入探究存在差异的原因所在。从人均能源消耗和单位 GDP 能源消耗来看，印度尼西亚在效率方面明显高于其他国家，但中国、俄罗斯、南非在单位 GDP 能源消耗方面也具有明显优势，得分较高，印度尼西亚和菲律宾在人均能源消耗方面占有明显优势。从人均电力消耗和单位 GDP 电力消耗来看，没有哪个国家同时在这两个指标上都占有绝对优势，如印度尼西亚、菲律宾和印度在人均电力消耗方面得分较高，而法国、英国在单位 GDP 电力消耗指标得分较高。与之前的分析恰恰相反，中国、巴西、菲律宾、印度等发展中国家的能耗效率有部分指标明显高于其他国家和地区，甚至高于排名靠前的发达国家。这部分是因为有些指标通过用人口或者 GDP 总量做分母，使人口大国或者 GDP 总量大国的指标值相对得到降低，因此使电力或能源的使用效率看起来具有比较优势。

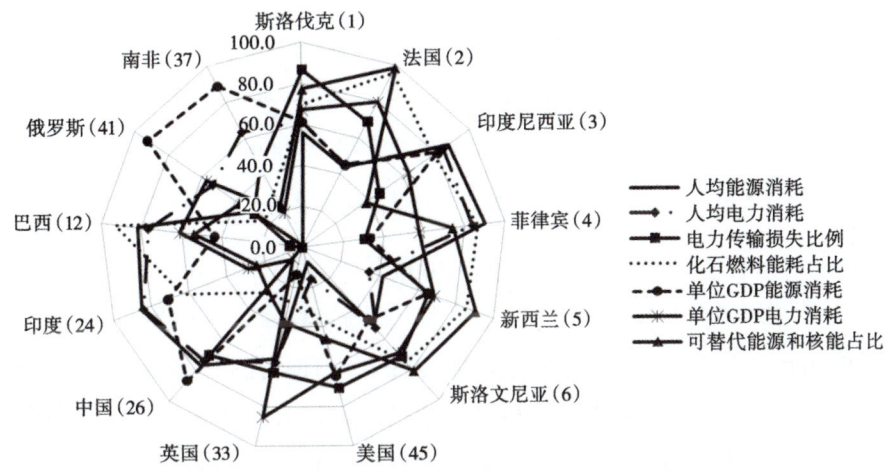

图 4-10　2013 年主要国家或地区能耗效率子竞争力构成要素得分比较

（括号内数字为子竞争力排名）

越来越多的国家正在致力于开发可再生能源，其中的可替代能源和核能等清洁能源的开发尤其重要。法国、新西兰等国的能源结构在清洁化方面显示出较强的竞争力，而中国、俄罗斯和印度则大大落后，削弱了能耗效率子竞争力。电力传输损失比例在一定程度上代表一国能源科技的强弱，从而反映出该国节能技术的开发能力与能耗效率的提升潜力。斯洛伐克、斯洛文尼亚、美国表现出明显的优势，中国也具备一定的竞争优势。排名靠前的菲律宾电力传输效率的得分却过低。

（二）中国能耗效率子竞争力明显下降

从纵向和横向两个角度综合比较 50 个国家及地区 2013 年较 2006 年能耗效率子竞争力水平的变动（图 4-11），从时间发展趋势的角度看，位于对角线上方的国家或地区 2013 年能耗效率子竞争力得分较 2006 年有所提高，位于对角线下方的国家及地区则有所下降；从同一时间不同国家的角度看，50个国家及地区大体分为3个梯队，能耗效率子竞争力得分位于前25分位数的归为第一梯队，位于后25分位数的属于第三梯队，中间50%的国家或地区归为第二梯队。

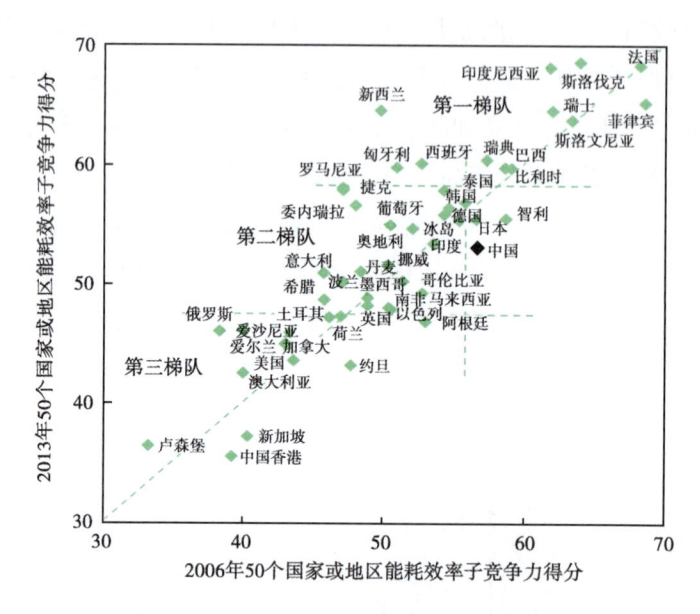

图4-11 2013年较2006年50个国家或地区能耗效率子竞争力水平动态变化

将两个视角结合起来，并将2013年较2006年能耗效率子竞争力得分增长率划分为小于-5%，-5%~0，0~5%和大于5%四等，得到表4-5。虽然各国发展生产力需要消耗更多的能源，但大多数国家和地区的能耗效率有所提高。2006年第一梯队的国家除了菲律宾、日本、智利和中国的得分出现负增长以外，其他国家的指标得分均有所提高，日本、智利、中国和泰国被子竞争力得分提高迅速的新西兰、捷克、匈牙利和西班牙所取代。2006年的第二梯队国家中，增幅较大的有罗马尼亚、委内瑞拉、葡萄牙等国家，降幅较大的约旦和阿根廷降到了第三梯队。2006年处于第三梯队的波兰、希腊晋升到了第二梯队，其他国家仍在第三梯队且大部分分数不断下降。

表4-5 依据2013年较2006年能耗效率子竞争力水平动态
变化对50个国家及地区进行的梯队划分

2006年	2013年	2013年较2006年增长率			
		<-5%	-5%~0	0~5%	>5%
第一梯队	第一梯队	菲律宾（-5.02%）		斯洛文尼亚（3.96%）、比利时（1.84%）、巴西（0.98%）、瑞士（0.46%）、法国（0.07%）	印度尼西亚（10.11%）、斯洛伐克（7.17%）、瑞典（5.32%）

续表

2006年	2013年	2013年较2006年增长率			
		<-5%	-5%~0	0~5%	>5%
第一梯队	第二梯队	智利（-5.51%）、中国（-6.33%）	日本（-2.06%）	泰国（1.88%）	
第二梯队	第二梯队	南非（-5.13%）、马来西亚（-6.53%）	冰岛（-0.05%）、印度（-0.24%）、墨西哥（-1.21%）、哥伦比亚（-2.09%）、以色列（-4.51%）	韩国（3.20%）、德国（2.81%）、挪威（2.69%）、英国（0.12%）	罗马尼亚（22.96%）、委内瑞拉（17.98%）、葡萄牙（8.90%）、意大利（6.66%）、芬兰（6.55%）、丹麦（5.69%）、奥地利（5.03%）
第二梯队	第一梯队				新西兰（29.65%）、捷克（23.38%）、匈牙利（17.35%）、西班牙（14.08%）
第二梯队	第三梯队	约旦（-9.16%）、阿根廷（-11.43%）			
第三梯队	第三梯队	新加坡（-7.36%）、香港（-8.96%）		爱尔兰（4.73%）、土耳其（2.47%）、荷兰（0.87%）、美国（0.16%）	爱沙尼亚（20.38%）、俄罗斯（15.52%）、卢森堡（9.99%）、澳大利亚（6.61%）、加拿大（6.13%）
第三梯队	第二梯队				波兰（11.49%）、希腊（6.56%）

（三）中国能耗效率子竞争力构成要素剖析

综合以上分析，中国的能耗效率水平不强，且在2006—2013年有所下降，因此有必要对中国能耗效率构成要素进行进一步考察。中国能耗效率的变化趋势如图4-12（a）所示，与低碳效率子竞争力变化趋势一致，2006年以来，中国的单位GDP能源消耗量上升至3.77吨油当量/万美元（2005年可比价），与排名靠前的国家存在一定差距，如冰岛的单位GDP能源消耗量仅为1.94吨油当量/万美元。2006—2013年中国人均能源消耗量呈现直线上升的增长趋势，至2013年增长至1.81吨油当量/人，远高于韩国的0.11吨油当量/人。随着经济的高速发展以及工业化进程的深入，中国能源消耗与日俱增，尽管与快速增长的GDP相比，能耗的增速相对较缓，然而从人均的角度来看，尽管与大多数国家相比具备较大的优势，但却呈现出非常显著的上升势头，缓解能耗压力迫在眉睫。

电力消耗在能源消耗中始终占有较大的比重，电耗效率的变化趋势如图4-12（b）所

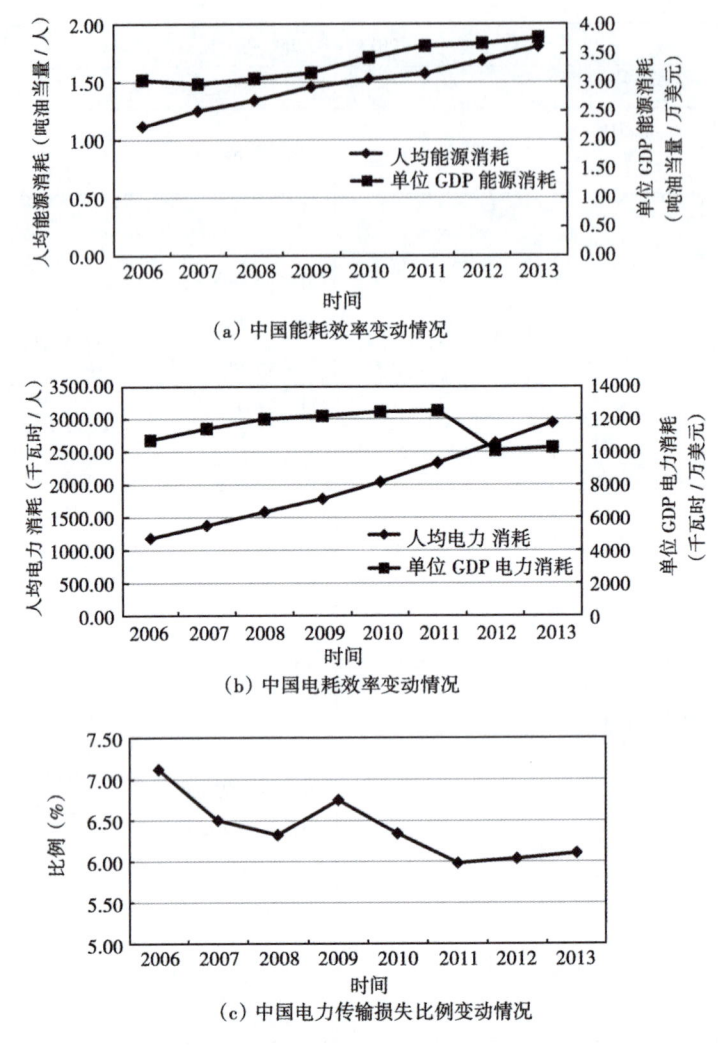

图4-12 2006—2013年中国能耗效率指标变动情况

示。与单位GDP能源消耗的变化趋势相同，单位GDP电力消耗也呈上升趋势，2006年后增速有所放缓，2012年较2011年有所下降，2013年继续提高。整体来看，单位GDP电力消耗由2006年的10713.84千瓦时/万美元升至2013年的12101.77千瓦时/万美元，年均增长率为1.76%。与人均能源消耗的变化趋势相同，自2006年，人均电力消耗以13.88%的年均增速快速上升至2943.53千瓦时/人，远高于人均能耗的增长速度。而同样作为新兴市场国家，巴西2013年单位GDP电力消耗为5061.56千瓦时/万美元，年均增速仅为0.65%；人均电力消耗为2383.73千瓦时/人，年均增速仅为4.00%。随着人民生活水平的提高、全社会信息科技的迅猛发展，电力消耗的增长成了必然的趋势，尽管单位GDP能耗量有所下降，但电耗效率却未曾提升，且人均电耗增速过快。中国有必要借鉴巴西的经验，充分利用可再生资源，增强科技创新投入以大力提高能源利用效率。

电力传输损失比例能够反映一国能源科技的强弱，进一步反映出该国节能技术的开发能力与能耗效率的提升潜力。如图 4-12（c）所示，2006—2013 年，除 2009 年有明显提升以及 2012 年和 2013 年有小幅回升外，中国的电力传输损失比例降幅明显，从 2006 年的 7.12% 降至 2013 年的 6.10%，呈现出良好的发展趋势。

进一步考察中国能耗的构成，如图 4-13 所示。化石燃料在能源消耗中始终占有较大比重，且呈现逐年扩大的趋势，由 2006 年的 80.35% 逐年增长至 87.50%。相比之下，中国的可替代能源和核能占比尽管有扩大趋势但始终非常微小，至 2013 年也仅占 4.03%。

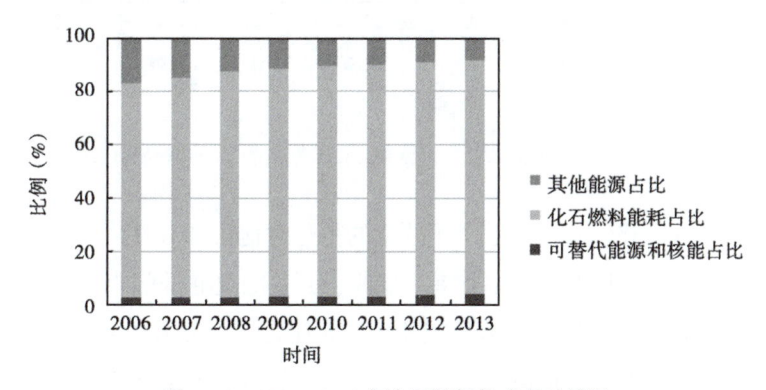

图 4-13　2006—2013 年中国能耗构成变动情况

三、低碳社会构建缓慢

低碳社会子竞争力是从人们居住的自然环境与生活环境两方面进行评价度量，森林覆盖率可代表一国的自然环境状态，交通与商业是与人们生活密切相关的两个主要耗能部门，因此用这两个部门的能源消耗量测度人们生活过程中的能源利用强度（表 4-6）。

表 4-6　低碳社会子竞争力评价体系

一级指标	二级指标	计量单位
低碳社会	森林覆盖率	%
	交通部门人均能源消耗	千吨油当量/人
	单位美元 GDP 消费的商业能源数量	千焦耳/美元

（一）中国低碳社会子竞争力处于弱势地位

低碳社会子竞争力排名前六的国家及地区依次为哥伦比亚、巴西、日本、中国香港、瑞典和芬兰（图 4-14），说明这些国家和地区在自然环境与交通、商业部门的能源消耗率方面都已达到相对很高的水平。与 2012 年报告相比，中国香港替代了韩国成为前六位之一，其他 5 个国家只是排名顺序有变化。美国名列第 43 位，英国名列第 36 位。金砖五国中的巴西、俄罗斯、印度、中国、南非分列第 2、第 28、第 45、第 41 和第 49 位。对中国而言，其低碳社会水平也仍然很低，需提升低碳社会的建设力度。

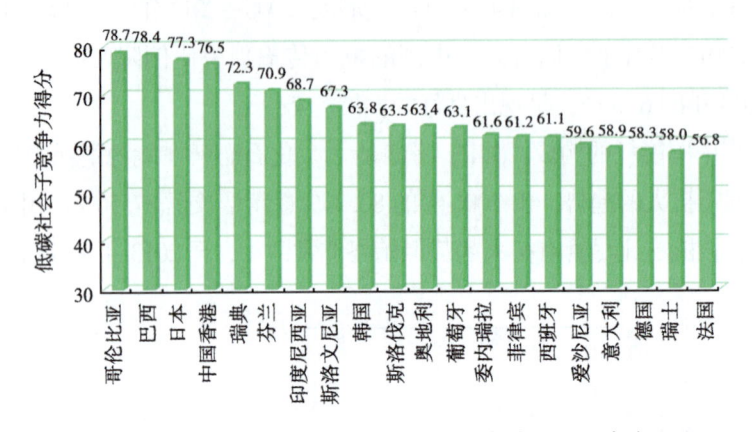

图 4-14 2013 年低碳社会子竞争力得分排名前 20 的国家或地区

对主要国家及地区在低碳社会 3 个子要素的得分对比可知（图 4-15），前六位国家和地区即哥伦比亚、巴西、日本、中国香港、瑞典、芬兰的交通部门森林覆盖率和单位美元 GDP 消费的商业能源数量标准化得分比较相近，相比之下，美国、英国和金砖五国的森林覆盖率得分较低，而中国的森林覆盖率仅为 22.2%。前六位国家交通部门人均能源消耗随位次降低而逐渐升高，而美国、中国、俄罗斯、印度和南非的消耗量低于瑞典和芬兰，这部分是因为交通部门人均能源消耗以人口总数作为分母来提高可比性，使人口大国的人均指标值相比能源消耗量更具有相对优势。中国 2013 年的交通部门人均能源消耗为 0.11 千吨油当量/人，数值比排名第一的哥伦比亚的 0.15 千吨油当量/人还低。相对于人均数值，

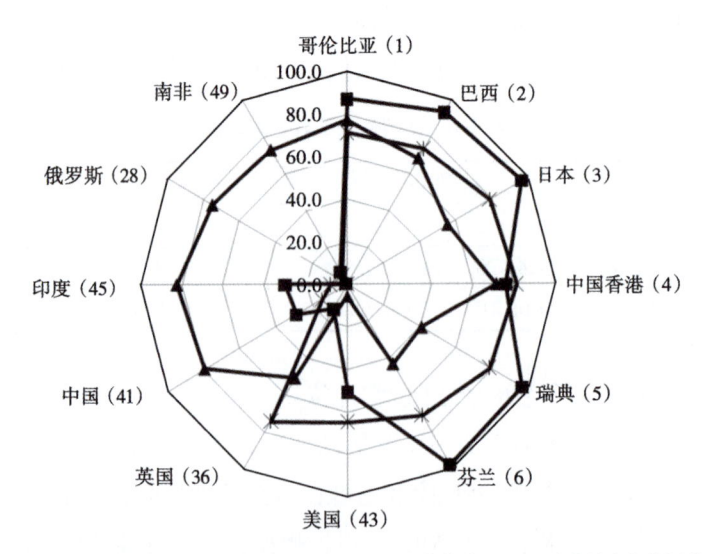

图 4-15 主要国家或地区的低碳社会子竞争力构成要素的得分对比（括号内数字为子竞争力排名）

单位美元GDP消费的商业能源数量更能体现出国家和地区的能源利用效率。排名前六位的国家以及英美的该项指标远远好于中国、印度、俄罗斯和南非。2013年中国的单位美元GDP消费的商业能源数量为15727.9千焦耳/美元，哥伦比亚为4512.6千焦耳/美元，中国的数值是哥伦比亚的3.5倍。由此看出，中国虽然在提高能源使用效率方面进行了不懈的努力，但是距离国家较好水平还存在较大差距。

（二）中国低碳社会构建有所成效

以50个国家及地区2006年与2013年的低碳社会子竞争力得分作图（图4-16），除墨西哥、俄罗斯、新加坡和冰岛外，各点都在对角线以上，说明大部分国家及地区2013年的低碳社会子竞争力要强于2006年的低碳社会子竞争力，在森林覆盖率、交通部门人均能源消耗量以及商业部门的能源利用率方面在7年间有不同程度的提升，低碳社会的作用均有所增强。

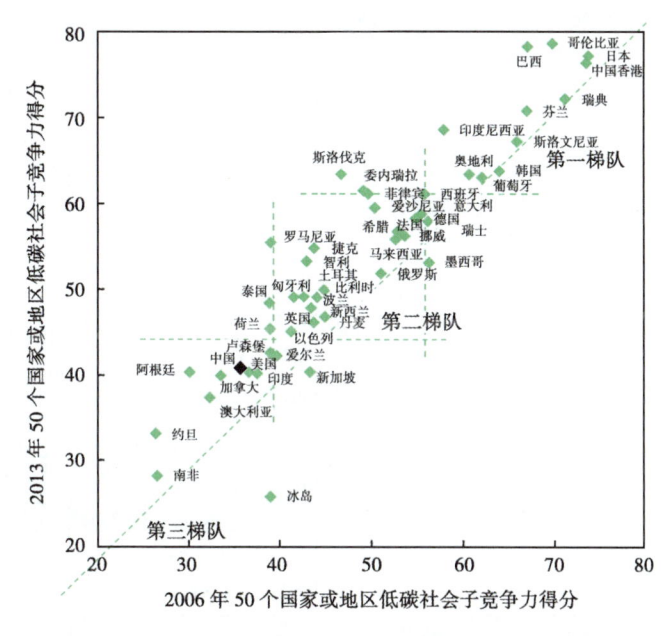

图4-16 2013年较2006年50个国家或地区低碳社会子竞争力水平动态变化

根据2006年与2013年低碳社会子竞争力得分，将50个国家及地区分为3个梯队（表4-7）。第一梯队代表2006年与2013年低碳社会子竞争力指数在前25%的国家及地区，即低碳社会水平处于领先地位的国家及地区，主要包括印度尼西亚、巴西、哥伦比亚等；第二梯队代表2006年与2013年低碳社会子竞争力指数得分在25%到75%分位的国家及地区，即低碳社会水平处于中等地位的国家及地区，主要包括捷克、智利、菲律宾、土耳其、匈牙利等国；第三梯队代表2006年与2013年低碳社会子竞争力指数得分在75%分位之后的国家及地区，即低碳社会水平处于落后地位的国家及地区，包括阿根廷、约旦、澳大利亚、中国等。在隶属这三个梯队的国家及地区中，大部分国家及地区2013年相较2006年的低碳社会子竞争力有所上升，例如印度尼西亚的增长率为 18.76%；巴西的增长率为 16.91%。

表 4-7　依据 2013 年较 2006 年低碳社会子竞争力水平动态
变化对 50 个国家及地区进行的梯队划分

2006 年	2013 年	2013 年较 2006 年增长率			
^	^	<0	0~5%	5%~10%	>10%
第一梯队	第一梯队	韩国（-0.18%）	日本（4.76%）、奥地利（4.63%）、中国香港（3.99%）、斯洛文尼亚（2.18%）、葡萄牙（1.69%）、瑞典（1.53%）	芬兰（5.87%）	印度尼西亚（18.76%）、巴西（16.91%）、哥伦比亚（12.85%）
第一梯队	第二梯队	墨西哥（-5.43%）		瑞士（3.44%）	
第二梯队	第二梯队		丹麦（4.09%）、俄罗斯（1.73%）	西班牙（9.68%）、法国（7.54%）、希腊（7.27%）、德国（6.46%）、意大利（6.26%）、马来西亚（6.24%）、英国（5.58%）、挪威（5.04%）	捷克（24.96%）、智利（24.13%）、菲律宾（23.17%）、匈牙利（18.27%）、爱沙尼亚（18.19%）、波兰（15.37%）、土耳其（11.43%）、比利时（11.40%）、新西兰（10.22%）
第二梯队	第一梯队				斯洛伐克（35.73%）、委内瑞拉（25.16%）
第二梯队	第三梯队	新加坡（-6.73%）		以色列（9.28%）、爱尔兰（6.50%）	
第三梯队	第三梯队	冰岛（-33.68%）		卢森堡（9.36%）、印度（7.13%）、南非（6.47%）	阿根廷（34.01%）、约旦（25.86%）、加拿大（19.18%）、澳大利亚（15.74%）、中国（14.21%）、美国（10.34%）
第三梯队	第二梯队				罗马尼亚（42.21%）、泰国（24.68%）、荷兰（16.57%）

除了一直处于同一个梯队水平的国家及地区以外，还存在梯队变化的国家。2006年第一梯队中的瑞士和墨西哥在2013年降到第二梯队；第二梯队的新加坡、爱尔兰和以色列从第二梯队降到第三梯队；而斯洛伐克和委内瑞拉从第二梯队上升到第一梯队，罗马尼亚、泰国和荷兰则从第三梯队晋升到第二梯队。

（三）中国低碳社会的子竞争力要素剖析

2013年中国低碳社会子竞争力的排名为第41名，落后于芬兰、日本、英国、美国等。从低碳社会3个构成指标具体分析中国2006—2013年的动态变化可知中国的森林覆盖率近7年来有所上升，从19.85%上升至22.18%，说明中国的退耕还林及一系列加大绿化的政策有所成效，但是上升幅度不大，相较芬兰（72.91%）、日本（68.53%）的森林覆盖率还有相当大的差距，与世界平均水平相比也有一定差距，说明我国应进一步加强对森林的保护及造林力度。

随着中国经济的发展与人民生活水平的提高，汽车的普及化程度逐步提高，私人汽车拥有量也随之增多，因此交通部门的人均能源消耗量从2006年以来逐年提高，由0.04千吨油当量/人上升至0.11千吨油当量/人。相对比其他发达国家，如美国的1.63千吨油当量/人、英国的0.61千吨油当量/人，中国的人均能耗量相对较低，但是中国该能源消耗量的迅速上涨趋势需引起重视［图4-17（a）］。

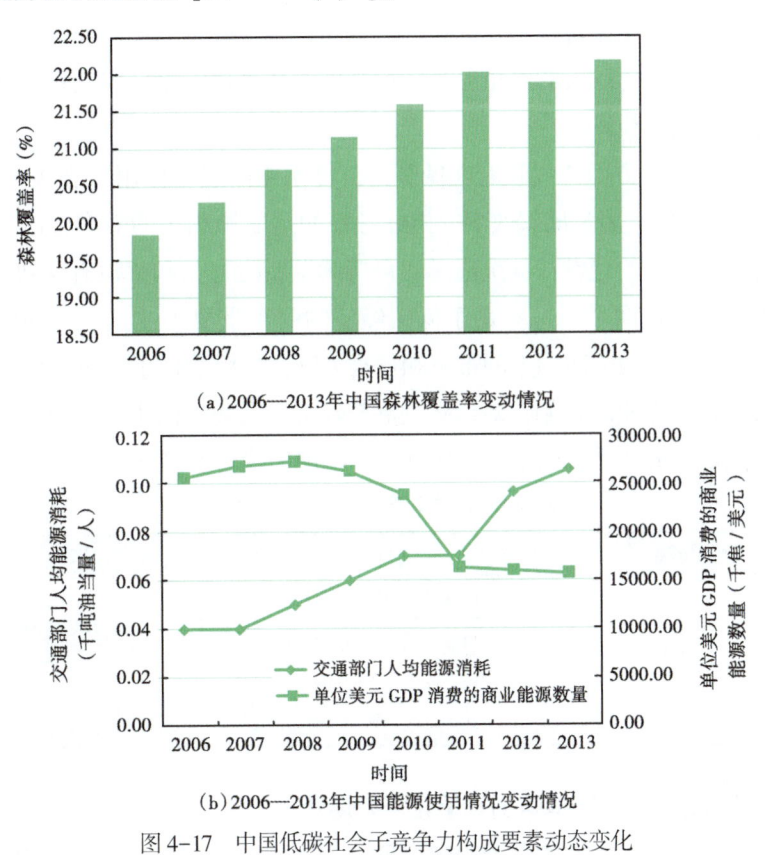

(a) 2006—2013年中国森林覆盖率变动情况

(b) 2006—2013年中国能源使用情况变动情况

图4-17 中国低碳社会子竞争力构成要素动态变化

从能源消耗角度分析，中国的商业部门能源利用量从 2006 年开始上升，至 2008 年开始下降［图 4-17（b）］，这说明 2008 年以后我国的商业部门能源利用率有了显著提高。但 2013 年，相较于美国的 5828.9 千焦/美元、英国的 3990.3 千焦/美元，我国商业部门能源利用率为 15727.9 千焦/美元，仍然偏低，说明我国在商业部门能源使用方面存在利用不完全、过度浪费、利用率过低的问题，需要从管理角度进一步提高商业部门能源利用率。综合以上三方面分析，在低碳社会的建设过程中，我国交通部门的人均能源消耗虽然目前相较其他国家有优势，消耗量低，但随着经济的发展，上涨趋势显著；森林覆盖率近年来有所上升，但仍低于世界平均水平，需进一步加大造林力度；在商业部门能源利用率方面明显落后于其他国家及地区，需要进一步发展技术，提高商业部门能源利用率。我国建设低碳社会任重而道远。

四、低碳引导能力有待提高

低碳引导指标主要考察低碳经济发展过程中的政府行为，重点在于对政府制定的政策导向作用进行量化评价。低碳经济对政府的行为提出了更高的要求，寻求建设与制约之间、经济发展与环境保护之间的平衡成为各国政府普遍面临的问题。但是政策内容的复杂性不同，政策针对的对象也存在差异，因此不同国家、地区的规划和政策难以比较；而且政策从上至下的传达、实施过程中受到各种因素的影响，政策的实际作用效果也会有所变化。鉴于以上因素，对于政策的度量应当转换角度，从直接测量转向间接测量，从政策成效角度入手进行量化分析。

低碳引导主要从三方面体现政府在低碳经济体系中的引导作用（表 4-8）：首先选择"能源基础设施"指标，因为低碳效率等指标考察的是能源利用的效率，这里考虑为其提供保障的能源基础设施的建设；其次选择"可持续发展能力"和"没有受到严重的污染问题影响"两个指标，这两个指标立足于低碳经济的两个重要关注点——环境和可持续发展，以此考察政府在这两大问题上的策略和行动力度；最后选择了"环境法案没有妨碍商业发展"指标，以此考察政策制定对低碳发展与经济发展两者的平衡，因为低碳经济应当是低碳发展与经济发展并重，而不是以牺牲经济发展为代价实现低碳。

表 4-8 低碳引导子竞争力指标体系

一级要素	二级要素
低碳引导	能源基础设施
	可持续发展能力
	没有受到严重的污染问题影响
	环境法案没有妨碍商业发展

（一）污染问题制约中国低碳引导子竞争力提升

在低碳引导方面，欧洲国家普遍表现出色（图 4-18），在前 20 名国家中占据了 13 席，并且再次包揽了前6名,依次是瑞典、丹麦、挪威、瑞士、芬兰和冰岛。排名前3位的瑞典、丹麦与挪威得分均超过了90分,与去年相比在分数上有了进一步的提高,显示出了其在低碳经济领域较强的综合实力与较为完善的政府引导机制。得分在80分以上的国家有瑞士、芬兰、冰岛、新加坡、加拿大和荷兰。美国和英国的表现也相对较好,分列19名和26名。而金砖五国的得分都较低,俄罗斯、中国、南非、巴西和印度得分排名依次为35名、40名、42名、46名和49名。

图4-18 2013年低碳引导子竞争力得分排名前20国家或地区

得分排名前6的瑞典、丹麦、挪威、瑞士、芬兰和冰岛,在构成要素考察中也都表现良好,各方面发展较为均衡,与这六国相比,美国、英国以及金砖五国的构成要素得分不均衡,水平也较低(图4-19)。美国和英国在可持续发展能力得分较低。金砖五国中,俄

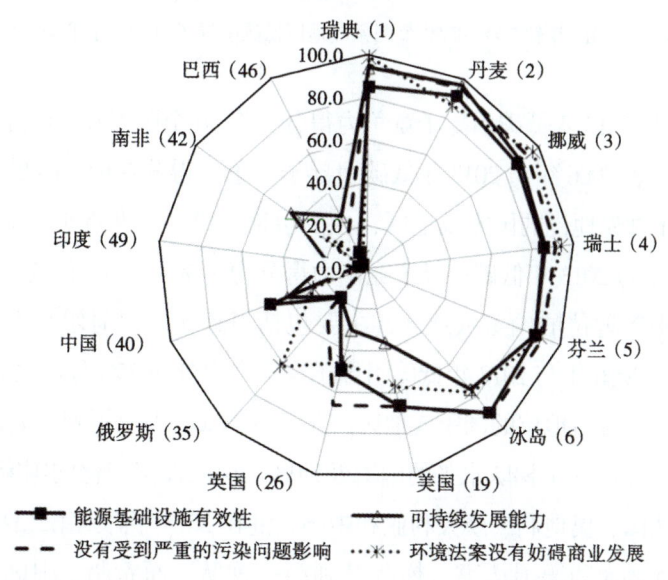

图4-19 2013年主要国家或地区低碳引导子竞争力构成要素得分对比(括号中数字为子竞争力排名)

罗斯在能源基础设施有效性、可持续发展和环境法案没有妨碍商业发展3个指标上得分较低，中国在没有受到严重的污染问题指标上得分较低，印度、巴西和南非在能源基础设施有效性指标上得分较低，印度和巴西的环境法案对商业发展造成了一定程度的负面影响。

（二）中国低碳引导子竞争力缓慢下降

以50个国家及地区2006年与2013年的低碳引导子竞争力得分作图（图4-20），由于低碳引导子竞争力的4个指标都是调查指标，没有出现前3个子系统的2013年得分比2006年得分有明显提高的情况。

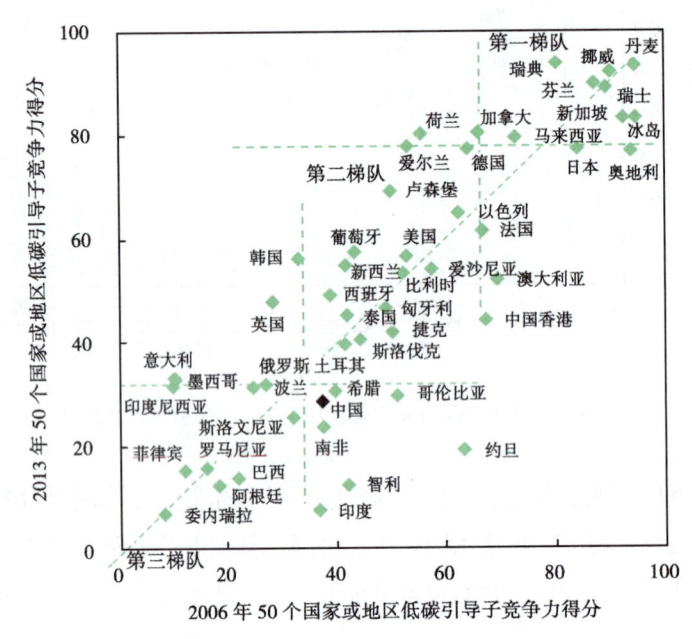

图4-20 2013年较2006年50个国家或地区低碳引导子竞争力水平动态变化

根据2006年与2013年低碳引导子竞争力得分，将50个国家及地区分为3个梯队（表4-9）。第一梯队代表2006年与2013年低碳引导子竞争力得分在前25%的国家及地区，即低碳引导水平处于领先地位的国家及地区，主要包括瑞典、马来西亚、瑞士、挪威等；第二梯队代表2006年与2013年低碳引导子竞争力得分为25%~75%分位的国家及地区，即低碳引导水平处于中等地位的国家或地区，主要包括卢森堡、葡萄牙、新西兰和西班牙等国；第三梯队代表2006年与2013年低碳引导子竞争力得分在75%分位之后的国家或地区，即低碳引导水平处于落后地位的国家或地区，包括菲律宾、罗马尼亚、委内瑞拉等。

相较于一直处于同一个梯队水平的国家及地区，梯队发生变化的国家数量更多。2006年第一梯队中的法国、奥地利、澳大利亚和中国香港在2013年降到第二梯队；第二梯队的爱尔兰、荷兰、加拿大和德国从第二梯队升到第一梯队，而希腊、中国、南非、哥伦比亚、约旦、智利和印度则降至第三梯队；第三梯队的意大利、印度尼西亚、墨西哥、韩国、英国、波兰和俄罗斯则升至第二梯队。

表 4-9 依据 2013 年较 2006 年低碳引导子竞争力水平动态变化对 50 个国家或地区进行的梯队划分

2006年	2013年	2013年较2006年增长率			
		<-5%	-5%~0	0~5%	>5%
第一梯队	第一梯队	日本（-8.08%）、新加坡（-10.01%）、冰岛（-12.16%）	芬兰（-0.26%）、丹麦（-1.45%）	瑞士（3.13%）、挪威（2.14%）	瑞典（16.75%）、马来西亚（9.29%）
第一梯队	第二梯队	法国（-7.82%）、奥地利（-18.15%）、澳大利亚（-24.97%）、中国香港（-34.14%）			
第二梯队	第二梯队	匈牙利（-5.28%）、爱沙尼亚（-6.03%）、斯洛伐克（-8.76%）、捷克（-16.64%）	土耳其（-4.71%）	以色列（4.08%）、比利时（1.94%）	卢森堡（38.15%）、葡萄牙（32.31%）、新西兰（31.49%）、西班牙（26.31%）、泰国（7.74%）、美国（6.82%）
第二梯队	第一梯队				爱尔兰（46.13%）、荷兰（43.92%）、加拿大（21.82%）、德国（20.67%）
第二梯队	第三梯队	希腊（-22.98%）、中国（-24.10%）、南非（-36.90%）、哥伦比亚（-42.03%）、约旦（-69.57%）、智利（-70.35%）、印度（-79.22%）			
第三梯队	第三梯队	委内瑞拉（-14.08%）、斯洛文尼亚（-20.33%）、阿根廷（-32.36%）、巴西（-36.84%）	罗马尼亚（-1.66%）		菲律宾（27.87%）
第三梯队	第二梯队				意大利（228.50%）、印度尼西亚（221.42%）、墨西哥（218.73%）、韩国（69.49%）、英国（68.82%）、波兰（26.90%）、俄罗斯（17.98%）

(三) 中国低碳引导子竞争力构成要素剖析

从图4-21中可以看出，在中国的低碳引导4项分指标中，可持续发展能力和环境法案没有妨碍商业发展两项指标的2013年得分与2006年相比有下降的趋势，而能源基础设施有效性和没有受到严重的污染问题两项指标的2013年得分虽然与2006年的值相比有所提高，但发展很不稳定，且提高幅度不大。

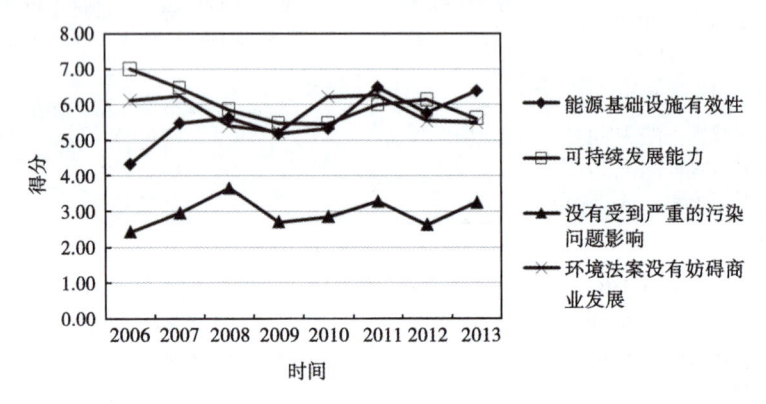

图4-21　2006—2013年中国低碳引导子竞争力构成要素动态变化

第四节　国内外低碳经济国际竞争力指标体系比较

不同的低碳经济国际竞争力指标体系的设计思想有所差异，并且数据来源也各不相同，所以不同的指标体系所得到的排名结果也不一样。理解不同指标体系之间的异同，对于使用这些指标体系进行低碳经济竞争力评价具有重要意义。

一、不同的低碳经济国际竞争力指标体系设计比较

2013年2月13日，澳大利亚气候研究所（The Climate Institute）发布了《G20 Low Carbon Competitiveness Index：2013 Updata》（简称LCCI）。该报告将低碳经济国际竞争力划分为低碳基础指数、低碳结构指数和低碳潜力指数3个指数对G20中除欧盟以外19个国家的低碳经济国际竞争力进行整体评估，为分析各国或地区的低碳经济国际竞争力提供了一个新的研究视角。

LCCI报告的数据主要来源于IEA（International Energy Agency）、WDI（World Development Indicators）、FRA（UN Global Forest Resource Assessment）、WRI（World Resource Institute）的数据库，所用数据更新至2010年。本报告采用WDI和IMD数据，计算2006—2013年年度指数，其中硬指标更新至2010年，而软指标（通过调查得到数据的指标）更新至2013年，具有更新的数据基础。

两个指标体系的分析架构有所不同。澳大利亚气候研究所低碳经济国际竞争力指数是将低碳经济国际竞争力分解为基础、结构和潜力3个方面，体现低碳经济国际竞争力的动态发展趋势，而本报告编制的低碳经济国际竞争力指数将低碳经济国际竞争力分解为低碳效率、能耗效率、低碳社会和低碳引导4个子部分，是从国家、企业到个人对低碳经济国际竞争力贡献的全方位的解读。

二、不同的低碳经济国际竞争力指标体系排名结果比较

G20低碳经济国际竞争力指数报告对G20中除了欧盟的其他19个国家的水平进行了测度、排名并比较差异。为了与G20低碳经济国际竞争力指数报告相对比，将G20报告中所包含国家从本报告的50个国家中挑选出来，并在这一范围内进行排名。由于本报告不包含沙特阿拉伯，因此两份报告可以进行比较的国家是18个（表4-10）。

表4-10　G20 19国VividEconimics报告与本报告低碳经济国际竞争力得分排名比较

国家	本报告低碳经济国际竞争力排名	LCCI排名	本报告相对于LCCI指数排名差异	LCCI早期准备指数排名	本报告相对于LCCI早期准备指数排名差异	LCCI部门组成指数排名	本报告相对于LCCI部门组成指数排名差异	LCCI未来繁荣指数排名	本报告相对于LCCI未来繁荣指数排名差异
日本	1	2	-1	2	-1	4	-3	9	-8
法国	2	1	1	1	1	1	1	4	-2
德国	3	6	-3	8	-5	10	-7	1	2
巴西	4	9	-5	10	-6	3	1	18	-14
印度尼西亚	5	14	-9	19	-14	6	-1	19	-14
韩国	6	4	2	5	1	7	-1	5	1
意大利	7	7	0	3	4	13	-6	7	0
英国	8	5	3	9	-1	2	6	6	2
土耳其	9	10	-1	7	2	19	-10	3	6
加拿大	10	8	2	6	4	12	-2	2	8
墨西哥	11	12	-1	18	-7	5	6	14	-3
美国	12	11	1	11	1	8	4	12	0
澳大利亚	13	17	-4	13	0	15	-2	16	-3
阿根廷	14	13	1	16	-2	9	5	15	-1
中国	15	3	12	4	11	11	4	11	4
印度	16	18	-2	15	1	18	-2	8	8
俄罗斯	17	15	2	12	5	16	1	10	7
南非	18	16	2	14	4	14	4	13	5
沙特阿拉伯	—	19	—	17	—	17	—	17	—

分别考察本报告指数与 G20 低碳经济国际竞争力综合指数和子指数排名的差异（表 4-11）。本报告的排名与 G20 低碳经济国际竞争力指数综合排名比较接近，18 国家中多达 16 个国家的排名差异在 5 位以内。G20 低碳报告的 3 个子指数中，与本报告得分差距在 5 位之内的分别有 14 个、13 个和 11 个国家，排名有 11 位次差距的占很小的比重。

表 4-11 低碳经济竞争力排名与 LCCI 报告排名差距汇总

排名差异	国家数目			
	本报告 &LCCI 指数	本报告 &LCCI 早期准备指数	本报告 &LCCI 部门组成指数	本报告 &LCCI 未来繁荣指数
0	1	1	0	2
1~2	11	8	8	5
3~5	4	5	5	4
6~10	1	2	5	5
11~15	1	2	0	2
16~20	0	0	0	0

就国家及地区排名来看，日本、法国、德国、韩国、意大利和土耳其在两个综合指数中均排在前 10 位，日本和法国在两个报告中均排在前两名，但在两报告中的排名差异仍在存在，例如印度尼西亚与中国在两个报告中的差异分别达到了 9 和 12。

在 G20 低碳经济国际竞争力报告中，如果一个国家或地区拥有较高的人均 GDP，并采取了低碳政策，则得分会相对较高。本报告与 G20 报告相比的优势在于所有指标均与低碳、能耗密切相关，基本避免了国家或地区经济发展程度的过度干扰，能够更加准确地衡量一国或地区当前低碳经济国际竞争力。

第五节 低碳经济国际竞争力与国际综合竞争力比较

本节利用国际影响力最大的综合国际竞争力排名——IMD 国际竞争力和 WEF 全球竞争力排名，进一步考察一国低碳经济竞争力与综合国力的关系。由于侧重点不同、数据资源不同、发展阶段不同等原因，二者之间的排名有较大差距，印证了低碳经济竞争力指数编制的必要性。

一、WEF 和 IMD 全球竞争力与低碳经济竞争力排名比较

自 1989 年以来，瑞士洛桑国际管理学院（IMD）每年发布世界竞争力报告，对世界市场上的主要国家进行全面而综合的竞争力分析，被公认为是研究国家和地区竞争力最好的一手资料。根据相关文献和已有研究成果，并结合商业团体、政府机构和

学者们的意见，IMD 精选 300 多个指标进行竞争力指数的构建，并且在过去 20 多年里，不断进行适当的调整以适应环境变化和新研究发展的需要。IMD 全球竞争力报告采用多构面的分析方法，除了分为四大竞争因素——经济表现、政府效能、企业效能和基础建设外，每个因素又由 5 个分项因素指标构成，而分项因素指标又进一步由多个细项指标构成，其中约 2/3 为统计指标，1/3 为调查指标。

世界经济论坛（World Economic Forum，简称 WEF）全球竞争力指数（Global Competitiveness Index，简称 GCI）将一个国家的竞争力定义为"能够持续性地保持经济增长的能力"，包含 3 个一级指标、12 个二级指标和 110 项具体指标。按照各国经济发展程度分成要素驱动、效率驱动和创新驱动 3 个阶段，给予不同评比的权重。与 IMD 的全球竞争力评比稍有不同的是，WEF 竞争力中调查指标的比重较高，约占 7 成左右。

作为负有盛名的两大竞争力指数，WEF 和 IMD 对各国竞争力的度量涵盖内容较广，度量方法较为细致，具有较高的参考价值和比较意义，因此用本报告中构建的低碳竞争指数与这两项较为成熟的竞争力指数进行比较（表 4-12 和表 4-13）。

表 4-12　50 个国家和地区的 2013 年 WEF 和 IMD 全球竞争力排名与低碳经济国际竞争力（ILCC）排名

国家和地区	ILCC 指数排名	国家和地区	IMD 指数排名	国家和地区	WEF 指数排名
瑞典	1	美国	1	瑞士	1
瑞士	2	瑞士	2	新加坡	2
日本	3	中国香港	3	芬兰	3
芬兰	4	瑞典	4	瑞典	4
奥地利	5	新加坡	5	荷兰	5
法国	6	挪威	6	德国	6
挪威	7	加拿大	7	美国	7
丹麦	8	德国	9	英国	8
德国	9	丹麦	12	中国香港	9
葡萄牙	10	卢森堡	13	日本	10
西班牙	11	荷兰	14	丹麦	12
哥伦比亚	12	马来西亚	15	加拿大	14
冰岛	13	澳大利亚	16	挪威	15
新加坡	14	爱尔兰	17	奥地利	16
斯洛伐克	15	英国	18	比利时	17
中国香港	16	以色列	19	韩国	19
巴西	17	芬兰	20	澳大利亚	20

续表

国家和地区	ILCC 指数排名	国家和地区	IMD 指数排名	国家和地区	WEF 指数排名
新西兰	18	中国	21	法国	21
荷兰	19	韩国	22	卢森堡	22
印度尼西亚	20	奥地利	23	新西兰	23
爱尔兰	21	日本	24	马来西亚	25
马来西亚	22	新西兰	25	以色列	26
匈牙利	23	比利时	26	爱尔兰	27
韩国	24	泰国	27	中国	29
比利时	25	法国	28	冰岛	30
斯洛文尼亚	26	冰岛	29	智利	33
菲律宾	27	智利	30	爱沙尼亚	34
以色列	28	墨西哥	32	西班牙	36
意大利	29	波兰	33	泰国	38
英国	30	捷克	35	捷克	39
土耳其	31	爱沙尼亚	36	波兰	41
加拿大	32	土耳其	37	意大利	42
墨西哥	33	菲律宾	38	土耳其	43
泰国	34	印度尼西亚	39	巴西	48
罗马尼亚	35	印度	40	葡萄牙	49
捷克	36	俄罗斯	42	印度尼西亚	50
希腊	37	意大利	44	南非	52
卢森堡	38	西班牙	45	墨西哥	53
智利	39	葡萄牙	46	斯洛文尼亚	56
美国	40	斯洛伐克	47	印度	59
爱沙尼亚	41	哥伦比亚	48	匈牙利	60
波兰	42	匈牙利	50	约旦	64
委内瑞拉	43	巴西	51	菲律宾	65
澳大利亚	44	斯洛文尼亚	52	俄罗斯	67
阿根廷	45	南非	53	哥伦比亚	69
中国	46	希腊	54	斯洛伐克	71
印度	47	罗马尼亚	55	罗马尼亚	78
俄罗斯	48	约旦	56	阿根廷	94
约旦	49	阿根廷	59	希腊	96
南非	50	委内瑞拉	60	委内瑞拉	126

表 4-13　50 个国家和地区的 2013 年 WEF 和 IMD 全球竞争力排名与 ILCC 低碳经济竞争力排名情况

国家和地区	ILCC	IMD	WEF	ILCC 排名与 IMD 排名差距	ILCC 排名与 WEF 排名差距
瑞典	1	4	4	3	3
瑞士	2	2	1	0	−1
日本	3	24	10	21	7
芬兰	4	20	3	16	−1
奥地利	5	23	16	18	11
法国	6	28	21	22	15
挪威	7	6	15	−1	8
丹麦	8	12	12	4	4
德国	9	9	6	0	−3
葡萄牙	10	46	49	36	39
哥伦比亚	12	48	69	36	57
冰岛	13	29	30	16	17
西班牙	11	45	36	34	25
中国香港	16	3	9	−13	−7
新加坡	14	5	2	−9	−12
巴西	17	51	48	34	31
斯洛伐克	15	47	71	32	56
印度尼西亚	20	39	50	19	30
新西兰	18	25	23	7	5
韩国	24	22	19	−2	−5
荷兰	19	14	5	−5	−14
爱尔兰	21	17	27	−4	6
马来西亚	22	15	25	−7	3
匈牙利	23	50	60	27	37
菲律宾	27	38	65	11	38
比利时	25	26	17	1	−8
斯洛文尼亚	26	52	56	26	30
以色列	28	19	26	−9	−2
意大利	29	44	42	15	13
英国	30	18	8	−12	−22

续表

国家和地区	ILCC	IMD	WEF	ILCC 排名与 IMD 排名差距	ILCC 排名与 WEF 排名差距
美国	40	1	7	−39	−33
土耳其	31	37	43	6	12
加拿大	32	7	14	−25	−18
墨西哥	33	32	53	−1	20
泰国	34	27	38	−7	4
卢森堡	38	13	22	−25	−16
希腊	37	54	96	17	59
智利	39	30	33	−9	−6
罗马尼亚	35	55	78	20	43
捷克	36	35	39	−1	3
委内瑞拉	43	60	126	17	83
波兰	42	33	41	−9	−1
爱沙尼亚	41	36	34	−5	−7
阿根廷	45	59	94	14	49
澳大利亚	44	16	20	−28	−24
中国	46	21	29	−25	−17
印度	47	40	59	−7	12
俄罗斯	48	42	67	−6	19
约旦	49	56	64	7	15
南非	50	53	52	3	2

二、造成全球竞争力与低碳经济国际竞争力排名差异的因素

两种竞争力研究的侧重点不同是导致评价结果存在差异的重要原因。IMD 全球竞争力指数更加侧重对国家或地区综合实力的考察，环境、生态等低碳范畴在其考察范围之内，但对经济发展、对外贸易、财政、公司运营以及政府管理等方面的研究占据了更大比重，而这些内容与低碳问题并没有直接联系，更多的是间接的影响与被影响的关系。所以，IMD 全球竞争力中所包括的低碳以外的信息是导致两种竞争力评价结果之间存在差距的最主要因素。

此外，本报告对低碳竞争指数编制所采用数据主要来自 IMD 年鉴和世界银行的

WDI 数据库，所使用数据在个别国家和个别年份存在一定的缺失。我们采用了线性插补法对个别年份的数据缺失进行插补，还有部分指标存在 2013 年数据缺失的情况，统一采用上一年的数据进行插补。对数据缺失的插补也在一定程度上造成误差并影响评价结果。

三、50 个国家及地区低碳经济国际竞争力指数与 WEF 竞争力指数排名的综合分析

图 4-22 中，虚线表示在本报告所涉及的 50 个国家和地区中，2013 年的低碳竞争指数与 WEF 竞争指数排名相等。如图所示，大部分国家还是在虚线附近，说明这两个排名之间的差距并不是很大，当然也有诸如委内瑞拉、希腊、阿根廷、罗马尼亚等这种差距比较极端的国家，说明这些国家两项排名的结果迥然不同。值得注意的有以下 3 个区域：

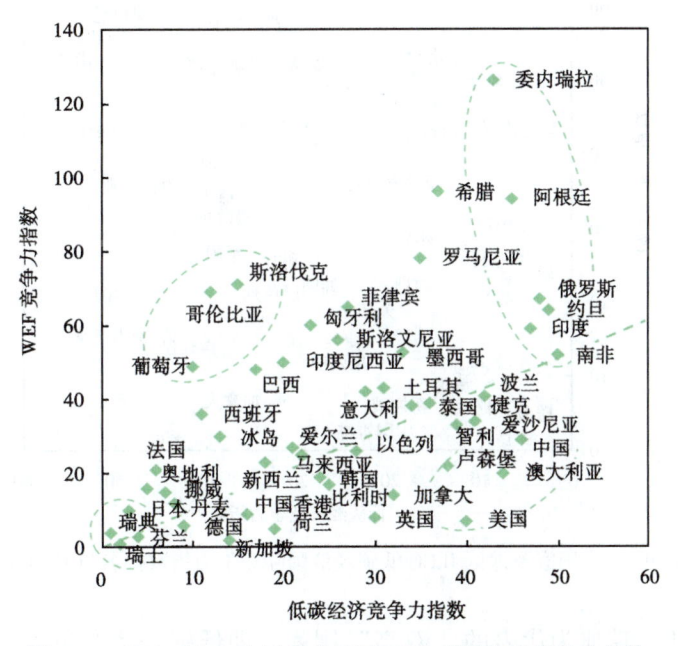

图 4-22　2013 年 50 个国家或地区 ILCC 低碳经济竞争力指数
排名与 WEF 竞争力指数排名的综合分析

（1）以瑞典、瑞士、日本、德国、芬兰、丹麦等为代表的"双高"国家，即低碳经济竞争力排名和 WEF 全球竞争力排名都名列前茅，说明这些国家在整体实力和低碳经济发展上都具有很强的竞争优势。

（2）以斯洛伐克、哥伦比亚、巴西和菲律宾为代表，这些国家在低碳经济这一新兴领域起步较早，表现出了较强的竞争力，但其国家综合实力尚属中等。

(3) 以委内瑞拉、希腊、阿根廷和罗马尼亚为代表，虽然近年来发展迅猛，在国家综合实力上取得了长足进步，但其低碳经济竞争力依然比较落后。当然，这些国家都处于上升期，国家的综合竞争力尚不够强，依然有较大的提升空间。

四、50个国家及地区ILCC低碳经济国际竞争力指数与IMD国际竞争力排名综合分析

图4-23中，虚线表示在本报告所涉及的50个国家和地区中，2013年的低碳竞争指数与IMD国际竞争力指数排名相等。如图所示，大部分国家还是在虚线附近，说明这两个排名之间的差距并不是很大，当然也有诸如美国、加拿大、斯洛伐克、哥伦比亚等这种极端值，说明这些国家两项排名的结果迥然不同。值得注意的有以下4个区域：

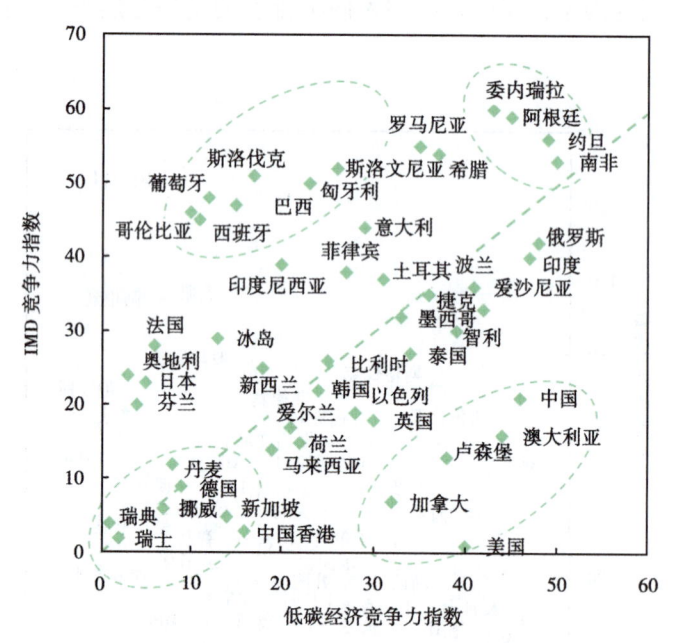

图4-23 2013年50个国家及地区ILCC低碳经济国际竞争力指数排名与IMD国际竞争力排名

(1) 以瑞士、瑞典为代表的"双高"国家，即低碳经济竞争力排名和IMD全球竞争力排名都名列前茅，说明这些国家在整体实力和低碳经济发展上都具有很强的竞争优势。

(2) 以加拿大、美国、卢森堡为代表，这些国家和地区的经济实力较强，但其低碳经济竞争力排名却相对比较靠后，与其实际经济地位不符。

(3) 以斯洛文尼亚、斯洛伐克为代表，这些国家在低碳经济这一新兴领域起步较早，表现出了较强的竞争力，但其国家综合实力尚属中等。

(4) 以委内瑞拉、阿根廷、南非、约旦等国为代表，这些国家IMD国际竞争力和 ILCC 低碳经济国际竞争力的排名都比较靠后，不仅需要发展经济，而且需要注意发展过程中对碳排放的控制，可谓充满挑战。

参 考 文 献

[1] IMD. World Competitiveness Yearbook（2013）[R]. Lausanne, Switzerland, 2013.
[2] 赵彦云, 甄峰. 中国国际竞争力：强劲增长、成本优势、政府引领、社会基础——2004—2006 年中国国际竞争力评价和分析 [J]. 经济理论和经济管理. 2007（2）：26-30.
[3] 赵彦云. 国际竞争力统计模型及应用研究 [M]. 北京：中国标准出版社，2005，1-19.

第三部分

低碳经济发展系统：市场、政府与社会

> 通过运用各种节能减排技术和市场机制手段，实现低能耗、低污染、低排放的发展模式，同时依靠政府在由高碳技术、基础设施体系、经济结构和社会结构所组成的经济体系中的引导作用，发展低碳产业、进行基础建设、开展环境保护、鼓励低碳生活，并倡导民众由传统的生活方式向低碳的生活方式转型的"社会运动"，和一场渗透到各个社会主体深层次的价值观的"革命"。我国东、中、西部地区的低碳经济发展各有特点，世界各国由于工业化和城镇化进程不一，总结值得学习的经验和教训，也可以从多个维度启发中国低碳经济发展的思路。

第五章 低碳效率

低碳经济是低能耗、低排放和低污染的经济形态，而实现这种经济形态，需要低碳效率、低碳引导和低碳社会的共同作用。因此，梳理清楚低碳效率的内涵与内容、分析我国低碳效率的现状，以及学习借鉴国外低碳效率的发展经验都是我们提高低碳效率，进而发展低碳经济的重要任务。

第一节 低碳效率的内涵和内容

尽管学界许多专家学者对低碳经济的概念、内涵、外延和内容等方面都有了非常深入的研究和清晰的界定，但是，对于低碳效率的研究大多只是从某一方面进行研究、缺乏清晰的认识。因此，低碳效率的内涵与内容应是我们研究低碳效率的起点。

一、低碳效率的内涵

效率，在经济学意义上是指一定的投入与产出之间的关系，产出与投入之比越高，则效率越高，反之则效率越低。而低碳经济要求的是低能耗、低排放和低污染，也就是说，低碳经济所要求的是在实现同样的经济增长的同时，资源、能源消耗量更低，碳排放量和污染更少。由此看来，低碳经济本身就蕴含着效率。低碳经济的特点在于通过实体经济的技术创新、组织创新、发展模式转型来减少碳排放，这正是效率提高的途径和方法。低碳效率，一方面是一种通过运用各种节能减排的技术手段、市场机制等，实现低能耗、低污染、低排放的发展模式；另一方面，低碳效率集中体现低碳经济发展水平，是低碳经济竞争力的核心。

（一）低碳效率是一种通过运用各种节能减排的技术手段、市场机制等，实现低能耗、低污染、低排放的发展模式

根据脱钩理论，既然资源消耗、环境污染可以与经济不再同步增长，那么探求一种发展模式，以实现资源消耗、环境污染与经济增长的脱钩也就成为可能，我们可能并不需要这么多的资源消耗、环境污染来实现同样的经济增长量。而根据能源替代理论，通过发展能源技术，完全可以使生产消耗更少的能源，而产量并不减少。从化石燃料的使用，到水能、风能、太阳能、核能的开发利用已经证实了这些。根据排污权交易理论，碳排放作为一种排污权，可以通过市场交易来实现对碳排放的合理配置与控制，而无需政府的过多干预，政府要做的只是确定和保护好产权关系，通过市场机制能够较好地促进碳排放效率的提高。因此，低碳效率一种通过运用各种节能减排的技术手段、市场机制等，实现低能耗、低污染、低排放的发展模式。

（二）低碳效率集中体现低碳经济发展水平，是低碳经济竞争力的核心

低碳经济竞争力通过温室气体排放效率、能耗效率、能源创新、碳交易、基础建设、环境引导、产业引导、生活引导、低碳环境和低碳生活等 10 个方面体现出来。其中，低碳效率考察的是碳排放量与经济增长、人口、资源消耗、能源消耗等因素之间的关系，以及碳交易的发展水平，即温室气体排放效率、能耗效率、能源创新和碳交易 4 个方面。而低碳引导考察的是基础建设、环境引导、产业引导和生活引导等 4 个方面，低碳社会考察的是低碳环境和低碳生活两个方面。低碳经济所要求的是低能耗、低污染和的低排放，因而，碳排放效率、能耗效率直接体现了低碳经济的发展水平。而基础建设、环境引导、产业引导、低碳环境和低碳生活等都要通过对低碳经济的作用，影响并体现在碳排放效率和能耗效率上。因此，低碳效率集中体现了低碳经济发展水平，是低碳经济竞争力的核心，而低碳引导和低碳社会是两大外围作用机制。

二、低碳效率的内容

低碳效率包括碳排放效率、能耗效率和碳交易 3 个部分的内容，其中碳排放效率是低碳效率的最直接表现，能耗效率是影响低碳效率的最重要因素，而碳交易则是提高低碳效率的市场手段。低碳效率是碳排放效率、能耗效率和碳交易的统一。

（一）碳排放效率：低碳效率的最直接表现

碳排放效率通过考察碳排放量与人口、GDP、面积、工业、交通等相关因素之间的关系，最直接地体现了低碳效率的发展水平。在人口、GDP 等因素一定的情况下，碳排放量越低，则碳排放效率越高，低碳效率越高；反之则碳排放效率越低，低碳效率越低。能耗效率和碳交易发展程度最终都会体现在碳排放效率上，能耗效率的提高和碳交易的发展都会通过碳排放效率的提高体现出来。能耗效率越高，生产单位 GDP 所消耗的能源越少，在其他因素不变的情况下，碳排放量也越少，碳排放效率越高。碳交易发展得越好，那么通过市场交易越能够使得碳排放权达到最有效率的配置，从而碳排放效率越高。因而，碳排放效率最直接地体现了低碳效率。

（二）能耗效率：影响低碳效率的最重要因素

能耗效率包括能源效率和能源创新，其中能源效率主要考察能源消耗与人口、GDP、面积等相关因素之间的关系，而能源创新主要考察新能源、清洁能源的开发与使用情况。能源开采与消耗所产生的碳排放是总碳排放的最重要来源，由于工业、农

业、交通业、建筑业等所产生的碳排放主要来自能源消耗，而居民生活产生的碳排放也主要来自电力的消耗，因此，无论各产业部门的碳排放，还是居民生活的碳排放，都可以主要归结为使用能源所产生的碳排放。实证研究表明，经济规模因素对碳排放影响最大，其次是能源强度（中国低碳经济发展报告，2012），因而，如果剔除总量因素，仅就效率而言，能耗效率是影响低碳效率的最重要因素。

（三）碳交易：利用市场机制提高低碳效率

根据排污权交易理论，碳排放权作为一种排污权，政府只需分配确定和保护碳排放权，然后通过市场主体自由进行碳排放权的交易，就能实现碳排放造成的社会损害成本和减排成本之和的最小化，也就实现碳排放的最有效率化。碳交易市场发展得越好，通过碳交易就更能提高碳排放效率。因而，碳交易是提高低碳效率的市场手段，体现了低碳效率的发展水平。

第二节　我国低碳效率发展分析

从总体上看，我国目前的能源消费仍以煤炭为主，低排放的清洁能源开发使用不足，科技创新能力不够、节能减排技术落后，能耗效率普遍不高，低碳效率在国际上缺乏竞争力。

就国内大陆各个省市区来看，根据我们的低碳效率评价指标体系，2011年我国大陆各省市区（不含西藏）的低碳效率排名前10位的分别为江西、海南、北京、广西、湖南、广东、安徽、重庆、四川、湖北，排名中间10位的分别为福建、河南、黑龙江、浙江、江苏、陕西、吉林、云南、上海、山东，排名最后10位的分别为天津、贵州、甘肃、河北、辽宁、新疆、山西、青海、内蒙古、宁夏。从排名来看，我国低碳效率发展排名靠前的既有东部经济发达的省市，也有中西部经济欠发达省市，而排名靠后的也同时有东部经济发达的省市和中西部经济欠发达的省市，因此，较高的经济总量水平是低碳效率的较好的基础，但并非决定因素，每个省市都可以充分发挥自身的优势来提高低碳效率。

为了更好地分析我国低碳效率发展的现状，我们根据传统的按照经济发展水平和地理位置的差别将我国分为东、中、西部三大区域，其中东部包括北京、天津、河北、辽宁、上海、江苏、浙江、福建、山东、广东和海南等11个省、市，中部包括山西、吉林、黑龙江、安徽、江西、河南、湖北和湖南等8省，西部包括内蒙古、广西、重庆、四川、贵州、云南、西藏、陕西、甘肃、青海、宁夏和新疆等12个省、市、自治区❶，并结合低碳效率的排名，分别分析各区域的优势与不足，以及我国低

---

❶ 国家统计局．http：//www.stats.gov.cn/tjsj/zxfb/201404/t20140416_539846.html．

碳效率发展的主要问题与原因。

一、东部地区

我国东部省市大都拥有较高的经济总量，人均GDP位于全国前列，雄厚的经济实力为低碳效率发展提供了坚实的经济基础，科技水平相对发达、处于工业化后期、较好的工业基础为东部地区的低碳效率发展提供了有利的条件。但是，东部仍然有一些地区的低碳效率水平低、排名落后，甚至低于西部一些地区，这可能是重工业比重大和长期的粗放式的经济增长方式在短期内未能转变造成的。

（一）优势与机遇

1. 雄厚的经济实力为低碳效率发展提供了坚实的经济基础

2012年，全国各省市GDP排名中，东部的广东、江苏、山东、浙江、河北和辽宁分别位列第1、第2、第3、第4、第6和第7名，而人均GDP排名中，天津、北京、上海、江苏、浙江、辽宁、广东、福建和山东分别位列第1、第2、第3、第4、第6、第7、第8、第9和第10名[1]。一些省份的经济总量已经赶上甚至超过了一些发达国家的水平。根据我们的低碳效率评价指标体系，在碳排放总量一定的情况下，GDP水平越高，则碳排放效率越高。实际上，当经济总量水平达到较高的水平时，东部各省市可以不再以经济增长作为首要目标、片面地追求GDP的增长，而是更多地注重经济增长质量的提高和生态环境的改善。此外，东部地区较大的经济规模和企业数量，节能减排容易产生更大的规模效应。因此，东部地区的高GDP为低碳效率的发展提供了坚实的经济基础。

2. 科技发展水平、创新能力相对领先，为提高低碳效率提供了较好的技术支撑

我国东部地区较早地实行了改革开放，不仅在经济发展方面取得了领先的地位，而且在科学技术发展方面也有了长足的进步，企业创新能力不断增强。2012年，各地区规模以上工业企业研究与实验发展（R&D）活动情况：R&D人员全时当量方面，广东、江苏、浙江、山东分别名列前4位；R&D经费方面，江苏、广东、山东、浙江、上海、辽宁分别名列前6，并且远领先于其他地区；R&D项目数方面，江苏、广东、浙江、山东、上海、天津分别名列前6位，远领先于其他地区。2012各地区技术市场成交额比较，北京、上海、江苏和广东分别名列前4位。2012年各地区规模以上工业企业新产品开发及生产情况：新产品项目数方面，江苏、广东、浙江、山东和上海分别名列前5位；开发新产品经费方面，江苏、广东、山东、浙江和上海分别名列前5位；新产品销售收入方面，江苏、广东、山东、浙江和上海分别名列前5位。2012年各地区

---

[1] 中华人民共和国国家统计局. 2013中国统计年鉴. 中国统计出版社，2013.

国内3种专利申请授权数：江苏、浙江、广东、山东、上海和北京分别名列前6位❶。

企业的科技水平和创新能力对于提高能耗效率至关重要，从而对于低碳效率的发展也非常重要。2012年，万元地区生产总值能耗排名中，北京、广东、浙江、江苏、上海、福建、海南、天津均名列前10（按能耗从低到高）。东部地区的企业在科技创新方面走在全国前列，因此，在提高低碳效率方面可以依靠这一优势，大大提高能耗效率，减少生产过程中的碳排放。

3. 丰富的海洋资源，有利于提高低碳效率

我国是一个海洋大国，东部和南部大陆海岸线长达1.8万多千米，内海和边海水域面积约470多万平方千米❷。海洋不仅有丰富的天然气资源，还有潮汐能、风能这些清洁能源，以及具有较强的固碳储碳功能的沿海湿地、红树林等。2011年，沿海地区海洋天然气产量为1214519万立方米，相对于煤炭、石油的使用，大大减少了碳和其他污染物的排放量。截至2011年，我国建成并运营的潮汐能电站有江厦潮汐试验电站和海山潮汐电站，装机容量分别为3900千瓦和250千瓦，沿海地区风能发电能力达到1407.77万千瓦。2011年，我国沿海湿地面积为38485.5千公顷，其中近海及海岸的湿地面积为5941.7千公顷。2011年，沿海地区红树林各地类总面积为82757.2公顷❸。

此外，东部地区，尤其是上海、深圳等地相对较发达的金融市场、产权交易市场等各种交易市场，为碳交易市场的建设提供了一定的基础。

(二) 问题与不足

1. 长期的粗放型增长方式在短期内难以转变

改革开放30多年来，我国沿海地区主要依靠廉价的生产要素，获得了"世界工厂"的称号，大量生产出口低技术含量、高能耗、高碳的产品，高技术、低能耗、低碳的产品占比低。虽然东部地区经济较为发达、科技水平相对较高，但是仍不能改变其主要是依靠长期以来粗放型增长积累起来的经济基础，并且短期内难以改变这一状况的事实。经济增长方式转变是一个过程，早在1995年的中共十四届五中全会，中央就提出了积极推进经济增长方式转变，但是由于1998年的金融危机、2008年世界金融危机的冲击以及过去我国一直追求保增长的需要，经济增长方式转变并没有真正得到重视。目前，东部很多企业在科技创新能力方面仍然远落后于发达国家，高能耗、高污染、高排放的企业仍然大量存在，经济增长方式的转变任重道远。

2. 东部的部分地区(如辽宁、河北和天津)高能耗的重工业比重大、能耗效率不高

辽宁、河北和天津在计划经济时代被规划为重工业基地，为我国工业发展做出了

---

❶ 中华人民共和国国家统计局. 2013中国统计年鉴. 中国统计出版社，2013.

❷ 中国政府网. http://www.gov.cn/guoqing/.

❸ 国家海洋局. 中国海洋统计年鉴2012. 海洋出版社，2013.

卓著的贡献。辽宁作为东北老工业基地省份之一，沈阳和大连等城市至今仍是我国非常重要的重工业城市。河北唐山、天津也是我国重要的重工业城市。在技术仍不够发达的条件下，重工业比重大在相当程度上导致了这些地区能耗大、能耗效率不高，2012年，辽宁、河北和天津的万元地区生产总值能耗分别为1.096吨标准煤、1.300吨标准煤和0.708吨标准煤，分别排在第21、第23和第9位，从而降低了低碳效率。

二、中部地区

总体来说，中部地区的低碳效率发展得不错，江西、湖南、安徽和湖北在我们的低碳效率排名中排在前10，其中江西名列第1，河南、黑龙江和吉林居于中间10位，只有山西排在倒数第4位。江西、湖南、安徽和湖北地理位置靠近，自然条件相似，经济发展水平都不高，但是低碳效率排名却靠前，这充分说明了经济欠发达地区仍然可以发展好低碳效率。而资源禀赋好的地区，如富有煤炭的山西，由于过度依赖煤炭资源、能耗效率低，导致低碳效率发展得较差。

（一）优势与机遇

1. 处于工业化中期、半工业化阶段，走新型工业化道路的优势有助于提高低碳效率

新型工业化道路是一种以信息化带动工业化，以工业化促进信息化，科技含量高、经济效益好、资源消耗低、环境污染少、人力资源得到充分发挥的工业化道路。根据钱纳里工业化阶段理论，我国东部地区经济发展水平总体已经进入工业化后期阶段，第三产业特别是新兴服务业快速发展，并逐渐成为推动区域经济增长的主要力量，再加上资源要素的制约、劳动力成本上升等因素，一些工业需要转移。而我国中部地区处于工业化中期阶段，工业高速发展，成为经济增长的支柱，劳动密集型产业逐渐向资本密集型产业转变。中部地区在地理位置上连接东西部，在交通上具有很大的优势，不仅能够方便地承接东部的产业转移，还易于调动中西部的资源为工业发展所用。中部地区具有一定的优于西部地区的工业基础，正处于工业高速发展时期，在承接东部地区的产业转移的同时，可以借鉴东部地区工业发展的经验教训，走新型工业化道路，避免走先污染后治理的道路。这样，中部地区不仅能够大大增强工业实力、促进经济增长，还能尽量避免东部地区那样的高能耗、高污染和高排放。

2. 发展清洁能源——核电的优势

核电作为一种清洁能源，不仅对于提高低碳效率大有益处，而且在传统的煤、石油和天然气等化石燃料越来越少的情况下，是一种较好的替代选择。目前，我国大部分核电站的建设选择在东部沿海地区，主要是考虑到距离能耗大的地区较近。而且万一发生安全事，能利用海洋降低损失的因素。但是，随着核技术的进步和工业化的推进，中部地区发展核能的优势逐渐显现。美国、法国等发达国家内陆核电站数目已经

远远超过沿海地区的核电站数目，其中美国共有 65 座核电站、104 台运行机组，有 39 座核电站、64 台机组位于内陆，法国共有 19 座核电站、58 台运行机组，有 14 座核电站、40 台机组位于内陆❶。在我国，相对于东、西部很多地区地处地震带上，中部地区地震很少，能威胁到核电站安全的地震更少。江西和湖南有着丰富的铀矿资源，易于就地取材。中部地区水系发达，多丘陵，人口分部集中，利于选址。相对于西部偏远地区的较小的能源需求、难以形成对核能的需求，中部地区高速发展的工业，对能源需求越来越大，传统化石能源难以满足，而中部地区的水能、风能和太阳能又相对缺乏，因此会对核电形成较大的需求。

（二）问题与不足

1. 东部高能耗、高污染的落后产业转移带来的碳排放转移问题

东部地区进入工业化后期阶段，由于产业结构升级需要、节能减排的控制和资源要素的制约等原因，一大批企业需要关闭、转型或者向内陆转移。中部地区出于经济增长的需要，企业出于劳动力成本、资源和地理位置优势考虑，中部地区与这些需要转移的企业相互之间具有相当的吸引力，一些劳动力密集型的制造业企业转入中部地区，无疑对这些地区解决劳动力就业问题是有帮助的。但是，如果很多高能耗、高污染、高排放的企业转入中部地区，必然会导致这些地区的低碳效率大大降低。

2. 中部的山西、河南和黑龙江等地煤炭资源丰富，煤炭使用和高能耗的重工业比重偏大

山西不仅是我国的产煤大省，也是煤炭消费大省，2011 年煤炭消费量达到 33479 万吨，名列全国第 3 位，而且能耗效率低，2011 年万元地区生产总值能耗为 1.76 吨标准煤❷，仅高于西部的青海和宁夏，排在倒数第 3 位。河南的煤炭消费量也位居全国前列，2011 年煤炭消费量为 28374 万吨，名列全国第 5 位。山西、河南和黑龙江等北部省份火力发电比例更高，相对于南方的湖北、湖南等水电相对丰富的省份，能耗效率自然就低了。此外，黑龙江和吉林属于老工业基地，黑龙江的石油开采、吉林的机械装备等重工业发达，2011 年两省的万元地区生产总值能耗分别为 1.04 吨标准煤和 0.92 吨标准煤，排在第 20 位左右。

三、西部地区

西部地区的低碳效率整体水平并不高，虽然有广西、重庆和四川排在前 10 位，但是，更多的省份排在后 10 位，如贵州、甘肃、新疆、青海、内蒙古和宁夏。这与西部地区经济还比较落后、资金技术不足密切相关。不过，西部地区在低碳效率发展

---

❶ 资料来源：纵览世界各国内陆核电一览[J]．中国核工业，2013（03）：34-35．
❷ 资料来源：国家统计局能源统计司．中国能源统计年鉴 2012．中国统计出版社，2012．

方面具有不小的优势和机遇。西部地区的较为清洁的能源储量十分丰富，西南的四川、云南、西藏、贵州和重庆5省市的可开发水能占全国的60%以上，新疆、内蒙古、四川、陕西、重庆和青海等西部省市的天然气储量很大，新疆、甘肃和内蒙古等地的风能和太阳能也具有相当大的开发潜力。

（一）优势与机遇

1. 水能、风能和太阳能等可再生的清洁能源丰富

西南地区河流多、地势落差大，水能丰富，其中四川、云南、西藏、贵州和重庆5省市的水电技术可开发装机容量为3.6亿千瓦，占全国的67%❶。2011年，四川、云南、贵州和重庆的水力发电量分别为1364.02亿千瓦时、1007.43亿千瓦时、355.00亿千瓦时和184.27亿千瓦时❷，远领先于国内其他省市。此外，广西、青海和甘肃的水力发电量也较大。我国的新疆、甘肃和内蒙古一带风能资源丰富，其中内蒙古可开发利用的风能资源为1.01亿千瓦，占全国可开发风能的40%，新疆也是我国风能资源最丰富的省份之一，且是最早开发风电、设备技术领先和产能最大的地区，甘肃不仅风能资源丰富，而且具有风力能量密度大、年有效发电时数长和发电气候环境好等发展风电的优势。我国西北地区太阳能资源也非常丰富，全年日照时数为3000~3300小时，年辐射量为5852~8400兆焦/（平方米·年）❸。

天然气相对于煤和石油来说，具有燃烧干净、热值高的特点，对于低碳效率的提高也有一定益处。我国西部地区的天然气储量丰富，2011年，四川、新疆、内蒙古和陕西的天然气储量分别为9351.09亿立方米、9324.37亿立方米、8344.30亿立方米和6376.26亿立方米❹，远远领先于东中部地区的天然气储量。

2. 土地广阔、森林资源丰富，利于固碳

第7次全国森林清查数据表明，西部地区森林资源最为丰富，其中内蒙古、云南和四川的林地面积分别为4394.93万公顷、2476.11万公顷和2311.66万公顷，排在全国各地区的前3位，西藏、广西、陕西和新疆的林地面积也都在1000万公顷以上❺。森林是陆地上最大的碳库，吸收储存了大量的碳，森林固碳具有持久而稳定、成本低的特点。因此，西部地区可以充分利用地广人稀的优势，增加林地面积和森林蓄积量，提高森林碳汇功能。

---

❶ 资料来源：杜忠明，吴云，佟明东，肖晋宇. 西南水电资源开发现状与问题［J］. 中国电力，2008（09）：12-16.

❷ 数据来源：国家统计局能源统计司. 中国能源统计年鉴2012. 中国统计出版社，2012.

❸ 喜文华，骆进. 我国西部沙区太阳能、风能利用模式的思考［J］. 甘肃科学学报，2009（04）：143-145.

❹ 资料来源：国家统计局能源统计司. 中国能源统计年鉴2012. 中国统计出版社，2012.

❺ 资料来源：国家统计局，环境保护部. 中国环境统计年鉴2012.2013.

(二) 问题与不足

1. 经济发展落后，缺乏资金技术支持，能耗效率普遍偏低

我国西部地区整体经济发展水平落后于东中部地区，2012年，青海、宁夏、甘肃、贵州、新疆和云南等西部省份的GDP水平排在倒数10位，人均GDP水平也排名靠后。西部地区科研投入少、科技水平落后，企业创新能力差。2012年，青海、宁夏、新疆、甘肃和贵州的规模以上工业企业研究与试验发展（R&D）人员全时当量和经费均名列全国各地区的倒数几位，四川、陕西和重庆相对于西部其他地区的较高。2012年各地区技术市场成交额排名中，宁夏、新疆、广西、云南、贵州、青海和内蒙古均排在倒数几位，重庆和四川相对于这几个省区较高。2012年全国各地区规模以上工业企业新产品项目数、经费和销售收入排名中，青海、新疆、宁夏、甘肃、内蒙古、云南和贵州均排名靠后，四川、陕西和重庆相对稍高。2012年全国各地区专利申请受理数和授权数排名中，青海、宁夏、内蒙古、新疆、甘肃、云南、广西和贵州排名靠后，远低于东中部地区，四川、陕西和重庆稍好。2012年，全国万元地区生产总值能耗排名中，宁夏和青海分别以2.279吨标准煤和2.081吨标准煤垫底，贵州、新疆、甘肃、内蒙古和云南也都集中在最后几位，远高于东中部地区，广西、陕西、重庆和四川稍好[1]。

此外，西部部分地区的能源结构制约了低碳效率的提高。内蒙古的煤炭资源丰富，作为我国的产煤大省，煤炭产量和消费量都很大，2011年共消费煤炭34684万吨，仅次于山东。内蒙古的火力发电量也较大，名列全国第4位，这些都对内蒙古的低碳效率造成一定的负面影响。新疆和陕西的石油消费量较高，2011年分别消费了2598.46万吨和2095.67万吨[2]。

2. 清洁能源开发与生态环境保护的矛盾

水能、风能和太阳能的开发过程中，都会面临生态环境保护的制约，如果处理不好，有可能造成生态环境的严重破坏。比如水电的开发，在水电站的前期准备和施工过程中，会产生植被破坏和水土流失问题，对水生生物和陆生生物都会造成一定影响；电站建成后，大坝阻隔了洄游类水生生物的洄游，库区蓄水会破坏水生生物的栖息地环境，高水头蓄水发电，掺气消能致使下泄水空气过于饱和，对水生生物产生致命打击；梯级电站的建立，水体携沙能力下降，清水下泄冲刷下有河道，对河势安全形成严重威胁[3]。

---

[1] 中华人民共和国国家统计局. 2013中国统计年鉴. 中国统计出版社，2013.

[2] 国家统计局能源统计司. 中国能源统计年鉴2012. 中国统计出版社，2012.

[3] 殷大聪，刘强，桑连海. 长江上游水电开发生态环境制约的协调对策探讨[J]. 长江科学院院报，2011（12）：43-47.

四、我国低碳效率发展的主要问题与原因

我国能耗效率低、低碳效率发展水平偏低,主要在于经济增长方式不低碳、以煤炭为主的能源结构、科技创新能力不强和节能减排技术的应用不足,以及碳交易市场不够发达等方面。

(一) 经济增长方式不低碳

根据波特的经济发展阶段理论,经济增长的第一阶段是要素驱动阶段,即资源经济阶段,主要依靠基本生产要素驱动增长,主导产业为劳动密集型产业;第二阶段是投资驱动阶段,即资本经济阶段,主要依靠投资和生产驱动增长,主导产业为资本密集型产业;第三阶段是创新驱动阶段,即知识经济阶段,主要依靠技术创新驱动增长,主导产业为知识密集型产业;第四阶段是财富驱动阶段,即第三产业分化阶段,追求人的个性的全面发展和生活享受成为增长的驱动力,主导产业为自然产业、精神产业和社会产业。世界上各个国家在工业化过程中都经历过粗放型的增长阶段,中国也不例外。我国过去长期主要采取了依靠生产要素大量投入推动经济增长的粗放型增长方式,即高消耗、高能耗、高污染和低效率的经济增长方式,这在一定阶段确实促进了经济快速增长,为脱贫致富提供了一条捷径,但是带来了大量的环境问题。我国国内生产总值在1979—2012年、1991—2012年、2001—2012年3个时间段的年平均增长速度分别为9.8%、10.3%和10.1%,能源消费总量在这3个时间段的年平均增长速度分别为5.6%、6.1%和7.9%[1],能源消费弹性系数分别为0.57,0.59和0.78,可见我国能源消费弹性在过去的30多年中呈增大的趋势。中国目前总体来说处于投资驱动经济增长阶段(部分发达地区已经进入创新驱动经济增长阶段),主导产业为资本密集型的重工业,主要依靠投资驱动经济增长。2012年,我国国内生产总值三次产业结构比(第一到第三次产业)为10.1:45.3:44.6[2],工业占比最高。工业总产值构成中,重工业的比重从1952年的35.5%到2011年的71.8%[3],总体呈增大的趋势。而实证研究[4][5]表明,重工业比重对我国能耗强度有很大的影响,重工业比重的增加会使能耗强度增加。

(二) 以煤炭等化石燃料为主的能源结构,能耗效率低

实际上,以重工业为主的工业结构并不一定会导致较低的能耗效率,国际上一些

---

[1] 资料来源:中华人民共和国国家统计局.2013中国统计年鉴.中国统计出版社,2013.
[2] 资料来源:中华人民共和国国家统计局.2013中国统计年鉴.中国统计出版社,2013.
[3] 资料来源:《中国工业经济统计年鉴2012》,2012.
[4] 戴子刚.产业结构变化对能耗强度影响的实证研究[J].生态经济,2011(11):105-107.
[5] 齐志新,陈文颖,吴宗鑫.工业轻重结构变化对能源消费的影响[J].中国工业经济,2007(02):35-42.

重工业发达国家的情况就说明了这一点，比如日本，由于大量使用核能，能耗效率处于较高水平❶。由此可见，我国的能耗效率不高还与以煤炭为主的能源结构有很大的关系。2011年，我国能源消费总量中，煤炭的比重高达72.0%，石油和天然气的比重分别为19.5%和5.2%，而水电、核电和其他能发电的比重仅有3.3%，其中水电的比重为2.6%，核电的比重为0.3%❷，清洁能源比重很低，这些都导致我国能耗效率偏低。

（三）科技创新能力不强，节能减排技术有待提高和推广

节能减排技术主要是指提高包括化石燃料在内的能源使用效率，尽可能降低碳排放的技术。对我国来说，由于煤炭在能源消费中占据了绝对的重要地位，所以清洁煤技术对于节能减排、提高能耗效率格外重要。清洁煤技术是指在煤炭从开发到使用的过程中，减少污染排放和提高使用效率的加工、燃烧、转化和污染控制等新技术，包括直接烧煤洁净技术和煤转化为洁净燃料技术，直接烧煤洁净技术包括燃烧前的净化加工技术、燃烧中的净化燃烧技术和燃烧后的净化处理技术，煤转化为洁净燃料技术主要包括煤的气化和液化技术、煤气化联合循环发电技术和燃煤磁流体发电技术。

我国在清洁煤技术的引进、开发和应用方面，包括煤炭加工、煤炭高效洁净燃烧、煤炭转化、污染排放控制与废弃物处理，已经取得了一定的成就❸，促进了能耗效率的提高和排放的降低。但是，由于技术成本还比较高、短期效益不明显等原因，清洁煤技术的应用程度和范围有限，煤炭使用仍然以直接燃烧为主。

（四）碳交易市场处于初级阶段，节能减排作用十分有限

自2007年起之后的一段时期内，我国各地陆续成立了一些环境、能源、排污权的交易市场，如武汉光谷产权交易所的排污权交易平台、黑龙江二氧化硫交易试点、北京环境交易所、上海环境能源交易所和天津排放权交易所等，这些交易市场没有实质意义上的碳交易。直到2011年10月，国家发改委出台了《国家发展改革委办公厅关于开展碳交易试点工作的通知》，批准了北京、天津、上海、重庆、广东、湖北和深圳开展碳交易试点。随后，这些地区开始探索建立正式的碳交易市场。深圳于2013年6月18日正式启动了我国首个碳交易市场，上海、北京、广东、天津和湖北也陆续启动了碳交易市场。深圳排放权交易市场从启动到2013年底，碳交易的总成交量只有十几万吨❹。考虑到深圳的年碳排放量，深圳碳交易市场还有很大的发展空间。与国外的碳交易市场年成交量达数千万吨甚至数亿吨相比，深圳碳排放交易市场还有

---

❶ 见低碳经济国际竞争力部分。
❷ 资料来源：国家统计局能源统计司. 中国能源统计年鉴2012. 中国统计出版社，2012.
❸ 中国人民大学气候变化与低碳经济研究所. 中国低碳经济年度发展报告（2011）. 石油工业出版社，2011，273.
❹ 根据深圳排放权交易市场的市场信息估算，http://www.cerx.cn/Portal/home.seam.

待进一步发展。

此外,碳交易和碳排放还缺乏法律方面的保障和约束,企业参与碳交易和碳减排的意愿不高,这些因素抑制了碳交易市场的发展。因此,碳交易市场的节能减排作用还很有限。

第三节 低碳效率之国内与国际经验

从国际范围来看,西方发达国家的低碳效率整体上比我国的低碳效率发展得好,而一些发展中国家也由于充分发挥自身优势也在低碳效率方面发展得相当不错,值得我们学习;从国内范围看来,一些城市在低碳效率方面起步较早、经验丰富,值得其他城市学习借鉴。

一、低碳效率之国内案例研究:深圳

选择深圳作为国内案例进行研究,一方面是因为深圳早在2006年就开始发展循环经济,作为首批的5省8市低碳试点之一,在低碳经济发展、特别是低碳效率方面走在前列;另一方面,深圳作为我国经济改革的最前沿地区,相对于其他东部沿海城市来说,具有示范作用。因此,选择研究深圳的低碳效率,能够让其他城市特别是东部沿海城市更好的学习参考发展低碳经济的方式方法。

(一)依靠科技创新,以能耗效率为核心提高低碳效率[1]

2005年,深圳市万元GDP能耗为0.593吨标准煤(2005年价格),二氧化碳总排放量约为7300万吨,万元GDP二氧化碳排放量约为1.48吨,其中约97%碳排放来自化石能源消费。因此,节能减排、提高能耗效率对于深圳发展低碳经济具有非常重要的意义。2006年以来,深圳市先后制订实施了一系列节能减排的规章制度、政策规范,并取得了良好的成效。2010年,深圳市万元GDP能耗为0.513吨标准煤(2005年价格),分别约为全国平均水平的50%和广东省平均水平的77%。

2006年3月,深圳市人大通过《深圳经济特区循环经济促进条例》,强调"在技术和经济许可的范围内,最大限度降低资源消耗、减少废弃物的产生,实现资源高效利用和循环利用",并对政府财政、企业生产和居民消费等相关行为方面大致做了一些规定。2006年7月,深圳市人大通过《深圳经济特区建筑节能条例》,这是对循环经济促进条例的细化,其中对新建民用建筑和新建、改建、扩建的公共建筑等在节能方面做出了明确的规定。2006年12月,深圳市政府出台《深圳生态市建设规划》,

---

[1] 资料来源:《深圳市节能"十二五"规划》和《深圳市低碳发展中长期规划(2011—2020年)》

对2006年到2020年在生态建设方面做出了总体的规划,其中对调整能源结构要求逐步减少煤和油的使用,增加气体燃料、核能和太阳能等清洁能源的使用,并对能源结构比例分阶段做了明确的规定。此外,还对产业节能、生活节能和能源保障项目,如LNG工程、太阳能发电示范工程氢能利用工程和建筑节能示范推广工程等,分别做出了规划。2008年12月,深圳市政府制订了《深圳市节能减排综合性实施方案》,要求成立减排领导小组(该小组已改组为深圳市应对气候变化及节能减排工作领导小组,市长亲任组长),从调整产业结构、建筑节能管理、交通节能、发展可再生能源、节能监测统计体系、节能宣传教育、健全节能减排的管理和政策体系、节能减排评估审查和环境影响评价制度和能效标识制度等各个方面对节能降耗做了非常详细的规定,并分部门负责落实。2009年12月,深圳市政府制订了《深圳新能源产业振兴发展规划(2009—2015年)》,对新能源的发展目标、主要任务、重点工程和保障措施都做了详细的规划。

此外,深圳市还制订了《深圳市节能中长期规划》《深圳市环境保护实绩考核试行办法》《深圳市单位GDP能耗考核体系实施方案》等政策规章,对发展新能源、实现节能减排做出了较为全面的规定。

通过这一系列的政策的实施,深圳市不仅在节能减排方面取得了很大的进步,而且促进了技术进步、实现了经济结构调整,还保证了快速经济增长。2012年,深圳已基本形成以高新技术产业、金融、物流、文化四大产业为支柱产业的现代产业体系,这四大产业的总增加值占GDP的60%以上。《专利合作条约》(PCT)国际专利申请量连续7年位居全国第一,全社会研发投入占GDP的3.5%,有自主知识产权的高新技术产品产值占比超过60%。2010年,深圳的三次产业机构比为0.1:47.2:52.7,其中第三产业占总增加值的比例比2005年提高了6.3%。另外,深圳还造就了一批有较强竞争力的大型节能服务企业。

深圳在低碳发展方面最成功的经验在于抓住了影响低碳效率的最重要因素,即能耗效率,并结合自身在科技、人才以及政策方面的优势和产业结构调整趋势,从而选择了依靠科技创新、以能耗效率为核心来提高低碳效率。

(二)多方面共同努力提高低碳效率

深圳不仅在能耗效率方面,还在生态建设、低碳发展管理机制、对外交流合作和碳交易市场等方面做出了巨大的努力,形成了以能耗效率为核心、多方面共同努力提高低碳效率的局面。

1. 加强生态建设,增加碳汇

深圳市政府在2006年出台的《深圳生态市建设规划》中,对生态市建设分阶段做了全面的规划,将全市陆路划分为重点保护区、控制开发区和优化开发区,要求对占市域面积50%的生态重点保护区实施保护，并做了详细的规划。在构建区域生态安全网络格局、实施自然生态网络恢复工程、保护和恢复湿地生态系统、保护生物多样性丰富地区、恢复地带性森林植被、公共绿化、建设生态产业园区、合理控制土地开发、水资源保护和利用、控制大气污染源、生活垃圾处理、绿色交通网络、区域生态保护与污染控制合作、生态建设管理机制建设等方面都做了规划。另外，还设立了一批生态建设重点项目，如滨海红树林和城市公园建设工程。

深圳将生态建设、循环经济和低碳经济发展较好地结合起来，取得了良好的效果。2012年，深圳森林覆盖率达到39.9%，自然保护区面积占总面积的13.66%，有效地提高了低碳效率。

2. 完善低碳发展管理机制

数年来，深圳的低碳经济发展主要依靠政府推动，不断完善的低碳发展管理机制是深圳低碳效率不断提高的有效保障。深圳不仅在出台的各项规划、方案和条例中对政府相关部门的任务、责任有明确规定，还于2007年12月专门制订了《深圳市环境保护实绩考核试行办法》，对政府各部门在环境保护中的绩效考核有了较为全面的规定。

3. 加强交流合作，学习探索先进的低碳发展方式

2010年6月以来，深圳联合日本、德国、美国、荷兰等国家开展广泛多元合作，并于2012年8月开始在深圳龙岗区建设国际低碳城，拟建成全球标杆性低碳发展综合示范区❶。深圳已与多个国家签署了低碳合作备忘录，并通过一些项目来展开具体合作，通过这些合作，促进了深圳与发达国家城市之间在产业技术、能源和环保之间的交流学习，有益于深圳低碳经济的发展。

4. 积极推进碳交易市场建设

深圳市人民政府早在2010年9月，就以深圳成为国家首批低碳试点城市为契机，批准成立了深圳排放权交易所。经过不断地建设，深圳排放权交易所于2013年6月18日在全国率先正式启动碳排放权二级市场交易。

深圳排放权交易所以深圳市国资委资本运作专业平台——深圳市远致投资有限公司为基础，融合了一批重要的能源公司，如中广核风电有限公司、大唐华银电力股份有限公司、普天新能源有限责任公司和深圳能源集团股份有限公司，还有一批很有实力的企业，如深圳市盐田港集团有限公司如深圳市特区建设发展集团有限公司，以及深圳国家高技术产业创新中心和深圳联合产权交易所这些重要的高技术等相关服务机构，这些单位是排放权交易所的股东，构成了交易所强大的后盾。

交易所以"有质量的稳定增长、可持续的全面发展"为指导思想，致力于建成全

---

❶ 深圳开建国际低碳城. 深圳商报，2012-8-22.

国排放权交易中心、低碳产业核心枢纽和低碳金融创新平台。交易所组织结构较为健全、明晰，包括交易部、市场服务部、研究发展部、信息管理部、综合管理部和财务结算部。交易所的主要业务包括交易服务、低碳金融创新服务和低碳咨询服务3个方面，其中交易服务包括主要污染物排污权交易和碳交易，碳交易产品和咨询服务不断改进。

交易所已经形成较为健全的交易规则和监管机制，涵盖了投资者教育、交易制度、会员要求、开户规则、操作规则、第三方存管、培训和管控单位操作等各个方面。交易所形成了较为健全的业务平台，包括碳交易系统、注册登记簿系统、排放信息管理系统和异地自助开户系统，为碳排放交易提供了便利的服务。

当然，深圳碳交易市场还处于起步阶段，交易还不够发达，在实际运行中也可能还会面对一系列问题需要解决。但是，其取得的市场建设经验和成就，不仅为深圳的低碳效率的提高做出了贡献，也为其他地区或城市提供了参考。

深圳的低碳经济发展在国内一直走在前列，有许多经验值得其他城市学习。当然，目前也存在一些问题，如低碳观念尚未深入人心、形成全社会共识，低碳产业体系尚不完善，低碳技术研发能力和资金投入尚需加强，有利于低碳发展的体制机制尚未建立❶。为此，深圳市自2012年以来，又出台了《深圳市低碳发展中长期规划（2011—2020年）》，全方位地规划了低碳经济的发展，以及《深圳市循环经济与节能减排专项资金管理暂行办法》《深圳市循环经济"十二五"规划》《建筑物温室气体排放的核查规范及指南》《建筑物温室气体排放的量化和报告规范及指南》等政策规章，为低碳效率的不断提高提供了更强有力的保障。

二、低碳效率之国际案例研究：巴西

选择巴西作为国际案例进行研究，一方面是因为巴西的低碳效率方面做得很好，排名较高。2013年，巴西在我们的低碳经济国际竞争力综合排名中名列第17位，其中在低碳效率（碳排放）子竞争力综合水平排名中名列第2位，在能耗效率子竞争力综合水平排名中名列第12位，远领先于其他金砖国家；另一方面，因为巴西与我国同样为金砖国家，且处于相近的发展阶段，因此，巴西的低碳经济发展方式对于我国很有借鉴意义。

巴西在低碳效率方面的主要特点在于广泛使用可再生能源，其中有用甘蔗生产乙醇来提供生物质能源、水力发电等，还有减少森林砍伐、保护和利用亚马逊森林来固碳，以及低碳农业的发展。

---

❶ 《深圳市低碳发展中长期规划（2011—2020年）》.

（一）能耗效率方面：因地制宜，发达的可再生能源产业

2010年，巴西能源结构为：汽油及其衍生品占37.6%，甘蔗乙醇占17.8%，水电占14%，天然气占10.3%❶。其中汽油占比远低于其他国家的水平，而乙醇和水电的占比却比较高，特别是乙醇的占比远高于其他国家，巴西已经是世界上最大的乙醇生产国和出口国。由于乙醇燃料和水电这些清洁、可再生能源的大量利用，巴西的能源部门的温室气体排放强度相比于国际水平是比较低的。乙醇汽油的使用相对于传统汽油，可以降低汽车的20%~30%的一氧化碳排放量和大约25%的二氧化碳排放量，还可以减少其他有害气体的排放。2005年，巴西全国能源部门化石燃料的二氧化碳排放仅占世界总量270亿吨二氧化碳的1.2%，相应的，年度每单位GDP二氧化碳排放量为1.77吨，大大低于全球的4.22吨和OECD国家的11.02吨❷。2010年，除交通外的能源生产与消费产生了全国碳排放总量的五分之一。巴西的交通部门由于广泛使用乙醇作为汽车能源，所以比其他国家有更低的碳强度。虽然巴西交通部门消耗的化石燃料占全巴西化石燃料总消耗的一半还多，但碳排放量占比却较低，2008年，交通部门二氧化碳排放量大约为1.49亿吨，占全国总排放量的12%❸。

巴西的乙醇燃料生产和使用取得成功的原因在于：

第一，巴西的乙醇燃料生产成本低、价格低廉。巴西充分利用地理气候有利因素，大面积种植甘蔗用于生产乙醇汽油，独特的气候条件使得巴西甘蔗含糖量较高，更适合于用来生产乙醇。政府大力支持甘蔗种植技术、提高乙醇生产效率技术的研发。乙醇汽油的加工成本远低于常规汽油的生产成本，因而其价格较传统的汽油具有很强的竞争优势。另外，巴西选择用甘蔗而不是其他粮食，如玉米，来生产乙醇燃料，还考虑到了粮食安全问题。

第二，政府的扶持。1975年，巴西开始实施一个主要以乙醇替代化石能源的项目，到了1980年，每年超过85%的新汽车只使用乙醇。然而，到了20世纪90年代初期，蔗糖的高价和石油的低价使得消费者转向汽油动力汽车。但巴西政府仍然坚持发展生产乙醇燃料，随着技术的改进，巴西的乙醇生产成本逐渐下降，而石油价格的上涨也逐渐改变了这一局面。2003年，巴西汽车行业开始生产混合动力汽车，可以使用汽油和乙醇的混合物。这一创新之后，混合动力汽车数量迅速增加，2009年6月，巴西产的新汽车中的混动力汽车占89%，2010年时已经超过800万辆。巴西混合动力汽车的生产技术已经比较成熟，汽车性能不亚于同类型传统汽车。这些都离不开巴西政府的支持，巴西政府不仅鼓励和支持欧美和日本的汽车厂商在巴西研发和生产混合动

---

❶ 资料来源：钱群超. 甘蔗乙醇的领军国家——巴西 [J]. 新财经, 2012 (06): 98-100.
❷ 资料来源：de Gouvello C. Brazil Low-carbon Country Case Study [J]. 2010.
❸ 资料来源：de Gouvello C. Brazil Low-carbon Country Case Study [J]. 2010.

力汽车，而且当时还向购买这类汽车的消费者补贴。混合动力汽车的发展，反过来又促进了乙醇生产的发展。

自1975年政府开始发展用乙醇做燃料，巴西全国各地的加油站目前已经没有纯汽油的燃料，只供应乙醇汽油和纯乙醇两类燃料，而随着生产乙醇汽油的技术进步和石油价格的高位运行，巴西政府已经不再需要向使用乙醇汽油的汽车购买者提供补贴。另外，巴西政府还大力支持生产生物柴油，专门成立了一个跨部门的委员会，负责研究和制订有关生物柴油生产与推广的政策和措施。巴西政府颁布生物柴油法令（2004），允许柴油批发商在柴油中添加一定比例的生物柴油。国家鼓励和提供信贷、融资支持等。

（二）森林保护和低碳农业共同提高低碳效率

第一，森林保护。巴西森林有着巨大的碳存量，亚马孙森林储存了大约470亿吨碳，比全球年排放量的5倍还大❶。2000年，巴西由于森林砍伐（经常是因为农业开垦和牧场占用土地），而成为世界第二大二氧化碳排放国。2008年，巴西森林砍伐为全国的碳排放贡献了大约40%❷。森林砍伐主要是由于农业和畜牧业的扩张、道路建设等造成。但是，巴西自1988年森林砍伐评估项目（PRODES）实施以来，森林砍伐速度由2004—2005年期间的27772平方公里下降到2007年的11200平方公里❸，这个砍伐速度是历史第二低的。这部分是由于巴西货币的升值导致产品出口下降从而促使农垦和牧场的盲目扩张减少，阻止和控制森林砍伐行动方案（PPCDAM）的实施，还有环境法律通过提高监测能力增强执法力度，以及对亚马孙热带雨林的更严格的保护政策。

2003年，巴西政府发起亚马孙地区区域保护项目（ARPA），通过国家环境部（MMA）和奇科门德斯生物多样性保护研究所（ICMBio），以及国际合作伙伴包括世界野生动物基金会（World Wildlife Fund）、世界银行（World Bank）和德国复兴信贷银行（KFW）在内的组织共同承诺投资400000雷亚尔用作保护区域基金，而建立超过3000万公顷法定保护区和可持续使用保护区。为了实现这一目标，2006年，《公共森林管理法案》（Law 11.284）推出，用于规范公共森林管理，并确立了巴西森林服务和国家森林发展基金。2008年，巴西总统卢拉签发国家气候变化计划（PNMC），要求到2017年减少70%森林砍伐。

第二，发展低碳农业。巴西农业和畜牧业碳排放大约占国家总碳排放量的四分之一。2008年，农业直接碳排放量大约占全国总排放量的6%，畜牧业直接碳排放量大

---

❶ 资料来源：de Gouvello C. Brazil Low-carbon Country Case Study [J]. 2010.
❷ 资料来源：de Gouvello C. Brazil Low-carbon Country Case Study [J]. 2010.
❸ 资料来源：de Gouvello C. Brazil Low-carbon Country Case Study [J]. 2010.

约占总的18%,森林碳吸收抵消总排放量大约4%。巴西从美国引进免耕直播技术,根据具体土质状况,实施不翻耕就播种,以减少在翻耕时土壤中的碳排放到空气中。免耕直播与传统耕种方式相比,可以减少约五分之四的碳排放量。巴西已有3000多万公顷土地采用了免耕直播技术❶。

三、碳交易之国际案例研究:欧盟碳排放交易体系(EU-ETS)❷

欧盟碳排放交易体系自2005年正式运行以来,已成为全球规模最大、最具影响力的碳交易市场,无论在碳配额分配、注册登记簿系统方面,还是在交易监管机制方面,都走在国际前列。2011年,欧盟碳排放交易体系的交易量占全球总交易量的78.6%。二氧化碳排放配额交易使欧盟整体碳减排成本下降21%,每年节约31亿~39亿欧元的减排成本❸。因此,学习研究欧盟碳排放交易体系对我国碳市场的发展、低碳效率的提高有重要借鉴意义。

(一)逐步完善的、适合自身发展需要的总量控制与配额分配机制是欧盟碳排放交易体系的基础

欧盟碳排放交易体系采用总量控制和配额交易模式,这主要是考虑到欧盟已经进入后工业化阶段,经济增长与结构、碳排放结构相对稳定的具体情况。欧盟的总量控制和配额交易模式就是根据减排目标和对经济的预期,限定碳配额总量并进行分配,然后通过碳配额的市场交易实现减排和降低减排成本。

其中,在碳配额分配方法上,欧盟碳排放交易体系采用了"祖父制"的分配方法,即根据行业或企业的历史排放基准分配碳配额。第一阶段(2005—2007年)和第二阶段(2008—2012年),主要采取免费分配。首先,通过"自下而上"的方式,即各成员国的碳排放管理机构根据本国的数据进行统计分析,形成各自的减排计划(NAP),提交给欧盟委员会(简称欧委会)。欧委会根据欧盟碳排放交易体系的标准审核各国的减排计划,对不合标准的要求重新制订。然后,通过"自上而下"的方式,欧委会根据各国的减排计划对配额进行调整。各国的碳排放管理机构再根据欧委会批准的减排计划,将碳配额分配给各个装置,并发放配额证书。

这种方式在实践中遇到了一个问题就是很多企业报大数的现象。针对这一问题,欧盟碳排放交易体系对核查方法进行了改进,首先就是引进第三方评估机构,对每个

---

❶ 资料来源:吴志华. 巴西:低碳农业助推可持续发展[J]. 农村. 农业. 农民(A版),2012(09):51-52.

❷ 主要参考了深圳碳交易考察团,刘洪涛. 学习借鉴EU-ETS经验与建设中国碳排放交易体系——欧洲三国访谈录[J]. 开放导报,2013(03):50-63.

❸ 深圳市碳排放权交易研究课题组. 建设可规则性调控总量和结构性碳排放交易体系——中国探索与深圳实践[J]. 开放导报,2013(03):7-17.

装置进行碳排放监测并出具非常详细的报告；其次请专业机构分析得到装置的排放标准和相关行业的碳排放标准，并据此预估装置的，乃至企业和行业的，甚至国家的碳排放量（CAP）。当然，由于操作难度过大，并不是所有行业都被纳入交易体系。

第三阶段（2013—），欧盟委员会已经基本掌握各国碳排放总量的基数，可以根据各国的经济发展情况，按照技术和减排目标直接分配碳配额。因此，欧盟取消了原来的"自下而上"的方式，而直接制定欧盟和各国的配额总量，并逐步用配额拍卖代替免费分配作为最主要的配额分配方式。这种配额分配是有差别的分配，对处于不同经济发展水平的国家有不同的要求，发展水平较低的国家可以有控制地增加排放。这种分配方法可以概括为：欧盟根据装置历史排放确定基准，然后假设情景正常，以历史产值进行配额的分配，即 $C=AQV$，其中 C 代表碳配额，A 代表减排目标，Q 代表正常情景下的产量，V 代表排放基准。

（二）先进的注册登记簿系统是欧盟碳排放交易体系运行和监管的根本

注册登记簿是用来追踪记录每笔碳排放指标 EUA 的交易情况的，对交易体系非常重要。欧盟碳排放交易体系在第一、第二阶段时，各个成员国都设有一个全国性的注册平台，整体上也设有一个总的注册平台，所有在《京都议定书》下的减排指标和欧盟碳排放交易体系的指标交易的记录都必须完全准确地被记录在这些平台上。当然，这一系统还不能避免一些骗税的发生。欧盟碳排放交易体系还将注册登记簿系统与联合国国际交易日志的对接，并且在第三阶段将建立一个统一的新的联合注册平台，这为参与国际碳交易奠定了基础。

（三）严密规范的管理体系和交易监管是欧盟碳排放交易体系运行的保障

在宏观管理体系方面，以德国为例，德国形成了以环境部、联邦环保署和排放贸易管理局为主的 3 级管理体制，各部门分工明确，其中环保部主要负责政策制订、与其他部门之间的协调以及国际合作，并对其他两个机构进行监管。联邦环保署负责技术数据和标准的制订与分析。排放贸易局是联邦环保署的下属机构，主要负责碳交易的技术实施、监管。此外，德国还成立了碳交易工作组，让与碳交易相关的所有社会团体参与、对碳交易体系的运行提供建议。在具体管理运行上，企业每年编制年度减排计划，交与排放贸易局审查批准后，再进行实施，然后根据减排计划对装置的减排量进行检测并编制年度排放报告，排放贸易局审核排放报告后，企业对碳配额进行履约，最后由排放贸易局对交易进行检查。为了确保企业上报数据真实可靠，整个过程经历了数次改进，目前，交易体系采用由第三方机构进行检查，碳交易主管部门核查的办法。当然，对第三方机构和核查机构，交易体系都有规范的管理标准。

在具体的交易及监管方面，以位于德国的欧洲能源交易所（EEX）的碳交易为例，欧洲能源交易所在交易流程和监管方面都有着一整套完善的制度安排。由萨克森州经济事务、劳务和运输部在 EEX 内部设立专门的监察部门，监察人员人事不归 EEX 管，他们专门从事监察工作，并将结果报送专门的制裁委员会、德国联邦金融局和德国联邦交易所委员会等部门。EEX 与多个官方机构保持监督合作，以及与其他欧盟成员国乃至美国的金融监管部门也保持密切联系。另外，EEX 的交易员都是经过专业培训才能获得交易资格的。

欧盟碳排放交易体系是在运行中发现问题并不断解决问题的，正因为如此，它才会在全球碳排放交易市场中一直走在前列。目前，欧盟碳排放交易体系面对的一个最大问题是碳配额过多、碳价过低。2013 年 4 月 16 日，欧盟的碳排放配额价格曾暴跌至每吨 2.63 欧元。

这是因为欧盟碳排放交易体系的配额总量是根据历史情景预测得到的，而且一经确定就不能改变。然而，经济发展的实际情况可能不同于历史，按照历史预测的情况可能偏离实际，那么，如果经济衰退，能耗和碳排放大幅下降，导致对碳配额的需求大大低于供给，碳配额的交易价格远低于减排成本，不能真正促进节能减排。针对这一问题，欧盟碳交易主管部门曾提出了折量拍卖的办法，但是，由于碳配额已成为私人财产、折量拍卖将对期货交易和未来配额价格的冲击等原因，这一方法未能通过欧盟议会审议。

第四节 我国低碳效率发展之对策建议

我国发展低碳效率的条件较为复杂，既有与国外条件的差异，又有国内区域之间的差异。因此，从宏观规划到最重要的能耗效率的提高，再到碳市场的建设，以及低碳效率评价指标体系的完善，不仅要借鉴国外先进的发展经验，更要考虑我国的实际情况。

一、分地区、分阶段制定不同的提高低碳效率的政策规划

深圳在低碳经济发展方面走在国内前列，但是它的发展方式可能并不适合全国，它的发展为其他城市提供了一种借鉴。而发展中国家巴西，在低碳效率方面却能结合自身优势做得非常好，这是我国很多中西部城市应该学习的。

我国区域经济发展不平衡、东中西部经济发展水平差异明显，各个地区处于不同的发展阶段，各地区自然条件也不同，因此，在制订各地区的低碳效率发展政策规划时，应该实事求是地探索适合本地区的方式。东部沿海城市由于有着较好的经济基础，在发展低碳效率方面可以走得更快一些而且应该走得更快一些。而中西部城市由于经济基础相对薄弱、经济结构较为落后，并不能照搬东部发达城市的低碳效率发展

模式用于自己，但是可以借鉴他们的发展经验。中西部地区也应该结合自身优势，如一些地区已经有了一定的工业化基础、自然环境还未遭到严重破坏，则可以走新型工业化道路，探索将经济增长与环境保护有效结合的道路，避免走上先污染、后治理的道路。

二、着力提高能耗效率

由于能耗效率在低碳效率中的重要地位，因此，通过加大科技投入、产业结构调整和开发新能源等途径来提高能耗效率，对于低碳效率的提高十分重要。

（一）加大科技投入，增强自主创新能力

我国目前的能源结构以煤炭等化石能源为主，且未来一段时期内仍将维持这一结构，能耗排放是碳排放的主要来源，因而提高能耗效率至关重要。而为了提高能耗效率，很重要的一个方面就在于节能减排技术的发展，比如清洁煤技术。在这方面，全国各个城市，特别是东部发达城市，可以学习深圳的做法，通过增加政府在科技研发方面的投入、引导鼓励企业参与节能减排服务，这样既能实现节能减排，还能增强自己的科技创新能力。

（二）加快产业结构调整，转变经济发展方式

我国很多城市长期采取了粗放型发展方式，只求经济增长，不管成本代价，结果造成能源大量浪费，碳排放严重超标，低碳效率低。粗放型经济增长方式是不可持续的，必须转变为集约型经济增长方式。我国逐步改变粗放型发展方式会有很大的"规模效应"，这就需要通过逐步减少乃至取缔高能耗、高污染、高排放项目和企业，运用各种机制促使企业转型、生产高附加值、低能耗、低排放、低污染的产品，减少对能源的需求。

（三）积极开发新能源或清洁能源，发展新能源使用技术

新能源具有碳排放低的优势，而传统化石能源不仅储量有限，而且无论节能技术有多先进，在消耗过程中始终会有碳排放。因此，从低碳效率的长期提高来看，发展新能源技术是必然的。我国各个地区应该结合自身优势开发新能源，如在西南地区发展水电，在内蒙古、甘肃、新疆等风能丰富、人口较少的地区开发风能，在东部沿海地区开发潮汐能等，适当地发展核电。

三、发展碳交易市场，用好市场手段提高低碳效率

2011年，国家发改委批准了北京、天津、上海、重庆、广东、湖北和深圳等7个省市开展碳交易试点工作，至2013年，上海、深圳等试点城市已经推出二级市场的碳交易。对于我们国家来说，碳交易市场是一个全新的市场，在许多方面还有待研究

和实验。

（一）探索适合自身的碳配额分配机制

一个好的碳配额分配机制是碳交易市场的基础，欧盟碳排放交易体系的总量控制和配额交易模式遇到的困难也证明了这一点。一个经济体应该根据其经济发展阶段和碳排放特征来设置碳配额分配机制，并在不断解决实际遇到的问题的过程中改进。针对我国经济发展状况和碳排放的特征，我国的碳交易市场可能更适合采用一种可规则性调控总量和结构性碳排放交易模式❶。

（二）建立并逐渐完善注册登记簿系统

一个好的注册登记簿系统对于碳交易运行、监管、防止骗税、碳泄漏等方面都非常重要。欧盟碳交易体系在这方面已经很成熟，值得我们学习。我国目前还只是在局部城市开展碳交易试点，因此就有可能存在类似欧盟碳交易体系内发生的骗税和碳泄漏现象。而随着碳交易市场的发展，必将建立全国性的碳市场，那么，我们可以借鉴欧盟的方式，成立新的联合注册平台，并最终与国际碳市场对接。

（三）完善交易和监管机制

健全的交易机制和监管机制是一个碳市场正常运行的保障，欧盟碳排放交易体系在交易与监管机制上已经非常成熟，我国在建立碳交易市场时可以学习借鉴。我国自身的证券交易所、产权交易所等交易市场也经历了一段时期的发展，积累了不少经验，这些交易市场的交易机制和监管机制，以及各项交易服务都是可以借鉴引用，以建立一整套碳交易与监管机制。

（四）渐进地发展完善碳市场

尽管我们可以借鉴欧美等发达国家碳市场建设的经验，但是，由于各国经济发展情况和碳排放特征不同，他们的制度不一定适合我们。一个发达的交易市场需要经历一定的历史发展过程，不断探索，不断试验，不断改进，逐步从不完善到完善。因此，我们可以在借鉴这些国家的经验的同时，需要不断实验、改进，以建立适合自身发展需要的碳市场。

参 考 文 献

[1] Grossman G M, Krueger A B. Environmental Impacts of a North American Free Trade Agreement [R]. National Bureau of Economic Research, 1991.

---

❶ 深圳市碳排放权交易研究课题组. 建设可规则性调控总量和结构性碳排放交易体系——中国探索与深圳实践 [J]. 开放导报, 2013 (03): 7-17.

［2］Panayotou T. Empirical Tests and Policy Analysis of Environmental Degradation at Different Stages of Economic Development［R］. International Labour Organization，1993.

［3］Jalil A，Mahmud S F. Environment Kuznets Curve for CO_2 Emissions：A Cointegration Analysis for China［J］. Energy Policy，2009，37（12）：5167-5172.

［4］Zhou P，Ang B W，Han J Y. Total Factor Carbon Emission Performance：a Malmquist Index Analysis［J］. Energy Economics，2010，32（1）：194-201.

［5］Carter A P. The Economics of Technological Change［J］. Scientific American，1966，214：25-31.

［6］Azar C，Holmberg J，Karlsson S. Decoupling-past Trends and Prospects for the Future［R］. Swedish Environmental Advisory Council，Stockholm（Sweden），2002.

［7］OECD. Indicators to Measure Decoupling of Environmental Pressures for Economic Growth［R］. Paris：OECD，2002.

［8］Tapio P. Towards a Theory of Decoupling：Degrees of Decoupling in the EU and the Case of Road Traffic in Finland between 1970 and 2001［J］. Transport Policy，2005，12（2）：137-151.

［9］Goeller H E，Weinberg A M. The Age of Substitutability［J］. Science，1976，191（4228）：683-689.

［10］Sweeney J，Klavers E K. Sustaining Energy Efficiency for a Greener World［J］. Hart Energy，2007，12（3）：85-106.

［11］Coase R H. The Problem of Social Cost［J］. Journal of Law and Economics，1960（3）：1.

［12］Dales J H. Land，Water，and Ownership［J］. The Canadian Journal of Economics/Revue Canadienne d'Economique，1968，1（4）：791-804.

［13］Crocker T D. The Structuring of Atmospheric Pollution Control Systems［J］. The Economics of Air Pollution，1966：61-86.

［14］Montgomery W D. Markets in Licenses and Efficient Pollution Control Programs［J］. Journal of Economic Theory，1972，5（3）：395-418.

［15］Stavins R N. Transaction Costs and Tradeable Permits［J］. Journal of Environmental Economics and Management，1995，29（2）：133-148.

［16］de Gouvello C. Brazil Low-carbon Country Case Study［OL］. http：//www.esmap.org/sites/esmap.org/files/Low Carbon-Falldoc.pdf. 2010.

［17］中国人民大学气候变化与低碳经济研究所. 中国低碳经济年度发展报告（2012）［M］. 北京：石油工业出版社，2012.

[18] 王群伟，周鹏，周德群．我国二氧化碳排放绩效的动态变化、区域差异及影响因素［J］．中国工业经济，2010（01）：45-54．

[19] 潘家华，张丽峰．我国碳生产率区域差异性研究［J］．中国工业经济，2011（05）：47-57．

[20] 钱群超．甘蔗乙醇的领军国家——巴西［J］．新财经，2012（06）：98-100．

[21] 李忠东．巴西：生物能源的发展［J］．防灾博览，2009（04）：68-71．

[22] 中国社会科学院拉丁美洲研究所．http://ilas.cass.cn/cn/index.asp．

[23] 吴志华．巴西：低碳农业助推可持续发展［J］．农村·农业·农民（A版），2012（09）：51-52．

[24] 深圳市碳排放权交易研究课题组．建设可规则性调控总量和结构性碳排放交易体系——中国探索与深圳实践［J］．开放导报，2013（03）：7-17．

[25] 深圳碳交易考察团，刘洪涛．学习借鉴EU-ETS经验与建设中国碳排放交易体系——欧洲三国访谈录［J］．开放导报，2013（03）：50-63．

[26] 王韶伟，陈海英，林权益，等．国外内陆核电状况及我国内陆核电建设亟待解决的问题［J］．辐射防护，2013（06）：390-396．

[27] 卫兴华，侯为民．中国经济增长方式的选择与转换途径［J］．经济研究，2007（07）：15-22．

[28] 潘文砚，王宗军．我国区域低碳效率实证研究［J］．金融与经济，2013（09）：15-18．

[29] 王佳，杨俊．地区二氧化碳排放与经济发展——基于脱钩理论和CKC的实证分析［J］．山西财经大学学报，2013（01）：8-18．

[30] 王崇梅．中国经济增长与能源消耗脱钩分析［J］．中国人口·资源与环境，2010（03）：35-37．

[31] 查建平，唐方方，傅浩．中国能源消费、碳排放与工业经济增长——一个脱钩理论视角的实证分析［J］．当代经济科学，2011（06）：81-89+125．

[32] 深圳排放权交易所．http://www.cerx.cn/Portal/home.seam．

第六章 低碳引导

我国目前正处于工业化与城镇化进程之中，这一进程的持续离不开大量的基础设施建设与产业支撑，同时这也意味着能源消耗的大幅增加以及产业结构的高碳特征。2006 年中国已经成为世界上排放量最大的国家，而国际能源署预测，到 2030 年，全球排放增长中将有四分之三来自中国。❶我国的经济发展走向低碳化，必须依靠政府在由低碳技术、基础设施体系、经济结构和社会结构所组成的经济体系中的引导作用，发展低碳产业、进行基础建设、开展环境保护、鼓励低碳生活。

第一节 低碳引导的研究概况

"低碳引导"既涉及政府行为，又涉及企业和居民，其操作具有系统性和复杂性。因此，成功的低碳引导实践必然离不开长期而深入的低碳引导研究。本节除了对近年来国内外相关研究进行初步的综述，还从经济学理论中寻找其理论基础供研究人员参考，并且试图辨析低碳引导的概念和特征及其基本构成。

一、文献综述

低碳经济的发展模式自提出以来，得到了世界各国的积极响应，学术界也涌现出大量的研究成果。随着人们对低碳经济认识的逐渐深化和实践的发展，低碳引导领域也有了一定研究。

（一）国外文献综述

关于低碳引导的研究，大致可以归纳为以下几个方面：一是对影响碳排放的主要因素进行分解，研究某个行业或领域减排的引导政策，如 Ugur Soytas（2007）利用模型研究了美国 GDP 增长、能源消耗与碳排放量三者之间的关系，并据此提出碳减排政策的制订应该主要从降低高碳能源的消耗来考虑，并且要提高能源的利用率，除此之外还应该增加风能、水能、太阳能等清洁能源的使用。❷二是通过建立相关制度机制为低碳经济发展提供长久保障，主要集中在对碳税和碳交易制度的讨论上，如 R.

---

❶ Linda Westman. Can China break its carbon lock-ins? [EB/OL]. http：//www.chinadialogue.org.cn/article/show/single/en/6546-Can-China-break-its-carbon-lock-ins-，2013-11-28.

❷ Ugur Soytas, Ramazan Sari, Bradley T Ewing. Energy Consumption, Income and Carbon Emissions in the United States [J]. Ecological Economics, 2007（62）：482-489.

Rehan 和 M. Nehdi（2005）以水泥行业为例研究了其对温室气体排放的主要影响，认为它是二氧化碳的主要排放者，并分析了在联合履行、清洁发展和碳排放交易3种机制下水泥行业的发展前景。[1] Ebi 和 Semenza（2008）认为社区是节能减排的基本单位，提出政府应该以社区为单位来制订和实施节能减排项目，再将不同的社区联合起来，并鼓励民众都参与进来共同应对全球气候变化。[2] 三是对不同国家低碳经济水平的政策比较和借鉴。CPI（2012）发布一系列文件详细介绍比较了中国、德国、意大利、美国的减排措施及其 MRV 系统。[3]

总的来说，国外关于低碳引导的相关研究主要集中于探讨低碳经济某一具体行业或领域的发展情况。在研究的方法上，主要是应用各种模型和具体实例，在各种模型的基础上提出相应的政策与措施制订建议，对准确定义的低碳引导及其系统研究较少。由于西方学者对低碳引导相关制度、措施的研究多是以西方发达国家的社会经济水平为背景，与发展中国家的经济社会状况存在很大差异，因此这些理论探讨对我们有一定的借鉴意义，但一定要结合自身国情，否则，将会给我国低碳发展带来很多困难和障碍。

（二）国内文献综述

我国低碳经济发展虽起步较晚，但近些年来发展比较快，2007 年后开始出现了大量低碳经济研究成果，其中，有关低碳引导的研究虽不多，在内容探讨上也大致经历了一个逐渐深化、拓展、完善的过程：从战略层面开始，逐渐发展到对法律、财税政策、融资机制、国际合作等单个方面，或纺织、建筑、物流交通等单个行业，或产业结构、低碳技术、消费等单个领域的具体探讨，进而向系统性政策体系过渡。

吴晓青（2008）将低碳经济视为我国占领经济发展制高点的重大机遇，提出要加快研究和制定我国的低碳经济发展战略，并给出了若干建议。胡鞍钢（2008）指出，由于全球气候变暖是人类的共同挑战，仅靠一个国家的努力远远不够，要通过广泛的国际合作来减少我国的碳排放，国际合作包括政治协商、科研合作、技术合作、人力资源开发等。金乐琴（2009）认为发展中国家应该积极促进低碳经济发展，在战略规划、政策法规、科学技术等方面都应该做好向低碳经济转型的准备。陈志恒（2009）阐述了日本构建低碳社会行动及其主要进展，剖析了日本实施的低碳经济政策。李

---

[1] R Rehan, M Nehdi. Carbon Dioxide Emissions and Climate Change Policy Implications for the Cement Industry [J]. Environmental Science and Policy, 2005 (8): 105–114.

[2] Ebi K L, Semenza J C. Community-based Adaptation to the Health Impacts of Climate change [J]. American Journal of Prevent Medicine, 2008, 35 (5): 501–507.

[3] Climate Policy Initiative（CPI）是一个以评估、诊断、支持关键国家实现低碳增长为使命、分析政策有效性并提供改进建议的组织；MRV 系统（systems for measurement, reporting, and verification）是为政策制定者和利益相关者提供政策绩效反馈、帮助其识别政策问题和改进方向的指标体系。详见 http://climatepolicyinitiative.org/our-work/publications/。

胜、陈晓春（2009）提出了中国发展低碳经济的能源安全政策、经济政策、社会政策、科技和人才政策、消费政策、文化政策。温辉、杨洁（2010）分别从财政和税收角度出发，提出设专项资金、政府采购、税制改革等措施促进低碳经济发展的相关政策措施。苏礼华（2011）从战略目标制定、国内政策工具、国外协调策略3个角度诠释了我国政府在低碳经济发展中的角色定位。李国强（2012）在消费引导必要性分析的基础上，提出低碳办公、法制规范、补贴、税收、价格政策等系统的引导措施。李健等（2013）将产业低碳竞争力引入环境政策工具、需求型政策工具、供给型政策工具3种基本政策工具，提出了较为系统的中国低碳政策构建框架。刘胜（2013）将低碳经济政策体系划分为微观、中观、宏观3个层面，在对英国的低碳引导政策进行系统总结的基础上提出完善我国低碳经济政策体系的建议。

从以上研究可以看出，我国在低碳引导领域取得了一定的研究成果，学者们从不同视角和角度对政府引导低碳经济发展进行探讨，提出了不同的认识和观点，并将其应用于指导低碳经济的发展。主要集中在以下几个方面：一是具体针对低碳经济相关的单个行业或领域，如纺织、建筑、物流交通等行业，或是产业结构、低碳技术、消费等领域；二是仅从政府低碳引导体系的单个方面出发进行探讨，如法律、财政政策、碳税、融资机制等方面；三是集中于研究国外低碳引导实践，借鉴国外发展经验。但总体来说，我国对低碳引导的研究仍处在初级阶段，还有许多问题需要解决。第一，这些研究都偏向于从单个行业、领域、角度出发，很少有综合性的探讨，缺乏系统性。第二，虽然有不少学者介绍了国外低碳经济政策措施，但在借鉴的时候缺乏对我国发展低碳经济客观条件的系统分析，具有一定的盲目性。

二、低碳引导的概念和特征

低碳经济的提出本身就是对社会发展所涉及经济、资源、环境、生态等方面的系统性协调，它所要解决问题的全球性、复杂性决定了其最终实现离不开政府职能的发挥和职能模式的选择。世界资本主义发展到了后资本主义阶段，面对经济增长的瓶颈，越来越多的国家将其作为一种主动的战略选择，企图通过发展低碳经济在未来国际竞争中抢占优势地位，低碳经济的发展不再单单只是经济环境问题，还涉及国家间的政治较量，这就使得政府在低碳经济建设发展中的地位和作用更加突出了。此外，我国目前正处于工业化的重要阶段，经济增长迅速，发展方式较为粗放，产业结构仍以第二产业为主，能源结构中煤炭比例居高不下，碳排放需求量大，相对其他国家、尤其是发达国家而言，发展低碳经济的自主性差，更为依赖政府的规划引导。❶ 在探

---

❶ 我国是目前世界上煤炭使用比例最高的国家，使用量占全世界煤炭消费总量的50.2%，每年都需要进口大量煤炭；国家统计局统计数据显示，2012年我国煤炭进口量为28841万吨，是我国进口能源中数量最多的。

索发展社会主义市场经济的过程中，我国逐渐形成了具有中国特色的引导型政府职能模式，随着改革的不断深化，社会经济发展的现实对这一政府职能模式提出了新的要求。

低碳引导是指政府在低碳经济发展中自觉掌握和运用客观规律，主动制定中长期发展的目标规划，以引导者、服务者的角色，综合运用法律、经济、行政等措施，为低碳经济发展提供制度保障、技术支持以及服务平台建设和维护，引导各经济主体主动参与低碳经济建设，最终在全社会范围内实现经济低碳经济的自主化发展。

综合低碳经济和引导型政府职能模式，将低碳引导的特征归纳为如下几点：

（1）规律性。低碳经济本身就是政府在对自然生态规律和经济社会发展规律有了深入认识的基础上提出的，其战略目标的制定、发展路径的选择以及具体措施的实施都要求体现对客观规律的充分尊重和灵活运用。

（2）法治性。法治性是连接政府和低碳经济发展之间的一条强纽带。政府通过相关法律法规体系的建设，借以明确各方责任、维护各方权益，保障低碳经济各项制度的正常运行，是低碳经济的发展不可或缺的有力支撑。

（3）服务性。适应政府职能转变和建设服务型政府的要求，政府在低碳引导中要将重心放在社会服务上，注重信息服务平台建设；重视公民权利，各项政策措施要尽可能地体现人民意志和利益要求，建立一种与其他经济主体平等协商的合作关系。

（4）参与性。低碳引导的最终目的是引导社会各经济主体自觉主动参与低碳经济建设，政府通过实施各种政策措施不断健全公众参与机制等低碳经济制度，从而建立起一种全社会自主发展低碳经济的长效机制。

三、低碳引导的基本构成

低碳引导作为低碳经济的重要组成部分，其内涵十分丰富，不仅包括宏观上的战略规划、法律法规体系和执行监督体系建设、市场交易机制构建和完善等，还包括具体领域关键技术的研发和推广应用、推动旨在引导企业参与的节能机制的发展，以及对居民在生活消费领域的引导；不仅涉及国内的产业转型、能源转型，还包括技术、资金上在政府牵头和主导下的国际合作等。

在宏观层面，主要从以下3个方面进行论述：

第一，法律法规体系建设。健全的法律法规体系使得低碳经济目标清晰、权责明确，有利于相关方面秩序的维护，是发展低碳经济的有力保障和重要支撑。

第二，产业转型和能源转型的推动。我国碳排放量同产业结构和能源结构息息相关，并且仍在快速增长。要想改变这一局面，必须从根本上推动产业转型和能源转型。

第三，低碳政府的建设。低碳政府的建设涉及低碳经济相关法律政策的制定和执行，包括组织结构、责任体系、问责体系和自身的低碳建设。不仅可以保证相关法律法规政策的有效贯彻落实，还可以在全社会起到良好的示范、带头作用。

在微观层面，主要关注以下3个方面：

第一，碳捕获与存储（CCS）技术的研发推广。碳捕获与存储是一项具有大规模减排潜力的技术，有望实现化石能源使用的二氧化碳近零排放。多年以来，我国能源消费中化石能源（尤其是煤炭）消费比例一直居高不下，根据国家统计局最新统计数据显示，2012年我国能源消费中，化石能源消费占到能源消费总量的90.6%（其中煤炭占66.6%），而煤燃烧所产生的CO_2排放量在化石能源中最大，因此，政府加大对该项技术的研发支持和推广使用对我国实现减排目标、发展低碳经济具有重要作用。

第二，合同能源管理（EMC）的推动。合同能源管理是一种节能服务公司和耗能企业共赢、节约能源和经济发展并进的能源管理模式和节能机制，是降低能源消耗、推广节能技术、提升能源利用效率，实现资源节约、环境保护、经济发展协调统一的重要途径，因而加快推动其发展、引导更多企业参与其中对高碳产业低碳化改造和低碳经济发展意义非凡。

第三，消费、生活方式的引导。低碳引导的最终目标是实现低碳经济的自主化发展，这离不开全体社会成员的参与。政府要通过宣传教育、社区示范、文化活动、产品碳足迹制度建设等措施引导居民树立低碳消费的理念，形成一种绿色低碳的生活方式。在全民参与之下，低碳经济的发展才有基础和保障。

第二节　低碳引导的现状与不足

低碳引导的本质是利用政府的宏观调控作用，优化物质的分配和利用。而宏观调控与微观主体之间、政府所赖以维持的规则与社会经济运行的事实之间所存在的永恒矛盾，以及中国所面临的区域发展不平衡问题和各地区文化传统迥异的问题，均决定了低碳引导的实践必定充满坎坷。及时总结低碳引导现状，分析其中的不足，才能更好地利用历史经验，并在未来的实践中取得成绩。

一、法律法规体系建设

低碳经济的实施意味着一定程度上人类现有生产、生存方式的强制性改变，这种改变将会引起人类现有经济增长、现有能源支配、现代财富分配等方面的深刻变革，它要求当代人以牺牲现有的经济利益来谋求、规划人类的长远利益，而这单靠公民个人自觉意识的醒悟，单靠道德、良心等软约束力将很难奏效，甚至政府出台一些规划、政策进行引导也是不够的，在低碳经济发展的初始阶段，强制性力量将起着主要的推动作用，而这种强制性正来源于法制的强制力，必须通过各种法律法规才能得以确立。

经过多年来的不懈努力，我国逐步在低碳经济领域形成了以《宪法》《环境保护法》为基础，以《电力法》《煤炭法》《节约能源法》《可再生能源法》《大气污染防治法》《固体废物污染环境防治法》《矿产资源法》《森林法》《草原法》《环境影响评价法》《清洁生产促进法》《循环经济促进法》等单行法相配套的较为完整的应对气候变化法律体系，从气候治理、资源保护、资源节约、清洁能源等各个方面为低碳经济的发展提供法律保障。但我国目前还没有关于低碳经济的专门立法，法律体系中仍存在一些空白，部分法律更新滞后，配套实施细则出台不及时，缺乏强制力，在具体执行过程中可操作性不强，法律效力大打折扣。具体体现在如下几个方面。

（一）立法体系不完善，滞后于低碳经济发展实践

随着近年来低碳经济在我国的迅速发展，以上粗糙的法律体系已不能适应实践发展要求，具体领域法律缺失的问题日益凸显。在能源领域，石油、天然气、原子能等主要领域的能源单行法律仍然缺位：迄今为止尚未出台一部权威性的《石油天然气法》，原子能领域也只有《放射性污染防治法》和几个行政法规，核燃料产业、核技术应用产业以及相关研究开发工作迫切需要通过制订《原子能法》来明确国家对原子能事业发展的基本政策；《公用事业法》《建筑循环利用法》等进一步就资源和能源进行协调利用的单行法也显不足，使执法人员对资源和能源的不合理利用无从监管，加大了执法成本，成为低碳经济发展的无形障碍；碳交易领域国家层面的法律法规还是空白，碳排放权的产权不够明晰，没有对交易双方权利义务和法律责任的规定，缺乏碳交易市场健康运行的法律保障。此外，部分法律更新严重滞后，面对一些新出现的问题束手无策。如 1989 年我国颁布《环境保护法》，到目前为止还未曾被修订；《大气污染防治法》1987 年制订出台，经两次修订，于 2006 年再次进入修改程序，然而自 2010 年 1 月修改草案由环保部报国务院法制办后，至今仍处于"排期"状态，随着近年来雾霾问题的日益严重，有必要对该法案进行修订，将雾霾治理纳入其中；碳交易的实践发展企业产生碳会计的需要，而目前在会计领域的两部主要法律《会计法》和《企业会计准则》，均未明确规定碳会计要素初始确认、计量以及信息披露的内容，导致碳会计在具体实务操作中无法可依，影响企业披露有关碳信息的意愿和会计信息的真实性、可靠性。

（二）缺乏专门针对应对气候变化、发展低碳经济的专项立法

尽管我国已于 2007 年正式发布了《中国应对气候变化国家方案》，自 2008 年以

来每年都会发布《中国应对气候变化的政策和行动》（白皮书），但政策文件不能代替法律，其指导性作用在具体实施过程中需要法律的强制性保障；《固体废物污染环境防治法》《大气污染防治法》《循环经济促进法》等相关法律虽然在各自领域发挥积极作用，但都只是间接涉及同温室气体减排、低碳经济发展相关的具体规定，并未确立整体立法思想，低碳经济发展缺乏统一规划和全局导向。如《固体废物污染环境防治法》第 38 条规定："城市人民政府应该有计划地改进燃料结构，发展城市煤气、天然气、液化和其他清洁能源"，在防治固体废物污染环境，控制温室气体的排放方面发挥了积极的作用；《大气污染防治法》第 25 条规定："国务院有关部门和地方各级人民政府应当采取措施，改进城市能源结构，推广清洁能源的生产和使用。"《循环经济促进法》第 23 条规定："建筑设计、建设、施工等单位应当按照国家有关规定和标准，对其设计、建设、施工的建筑物及构筑物采用节能、节水、节地、节材的技术工艺和小型、轻型、再生产品。有条件的地区，应当充分利用太阳能、地热能、风能等可再生能源。"因此有必要制订一部应对气候变化、发展低碳经济的专门法、基本法，对低碳经济进行宏观引导、促进、规范。我国相关部门已经意识到专门立法的重要性并为促进其出台做出了相应努力，如将《气候变化应对法》纳入国家立法规划、召开应对气候变化立法国际研讨会等，但到目前为止仍没有专门的《气候变化应对法》出台，《中华人民共和国能源法》这一能源领域的基础性法律也尚在修订中。

（三）缺乏相应的配套实施细则，可操作性不强

我国法律的制订存在"易粗不易细"的传统，在一项法律颁布后，为配合法律的实施，国家会根据需要制订相关配套行政文件，弥补其在现实中的可操作性，但配套实施细则的出台往往严重滞后，使一些规定流于形式。例如《节约能源法》第 34 条规定："国家鼓励引进境外先进的节能技术和设备"，但未明确规定应该采取哪些具体的"鼓励"措施；《清洁生产促进法》第 32 条规定："国家建立清洁生产表彰奖励制度。对在清洁生产工作中做出显著成绩的单位和个人，由人民政府给予表彰和奖励"，但"显著成绩"却没有明确的标准；《政府采购法》明确提到政府采购要注意环保，但却没有具体的量化指标……伴随着 2006 年《可再生能源法》的生效，本应与该部法律计划配套出台的《水电适用可再生能源法的规定》《可再生能源资源调查和技术规范》《可再生能源发展的总体目标》等 12 个可再生能源配套法规的多部实施细则，直到目前尚未全部完成，致使其可操作性大受影响。

（四）法律责任规定缺失，强制力不足

我国应对气候变化立法中确立的法律义务与法律责任并不都是一一相配套的，有些法律规定虽规定了相应主体的法律义务，但并未提及有关法律责任的追究问题，由此导致许多法律义务形同虚设，造成"有法难依、违法难究"的局面。例如，《可再生能源法》第 17 条规定："房地产开发企业应当根据技术规范，在建筑物的设计和施土中，为太阳能利用提供必备条件"，只规定了房地产开发企业在促进太阳能开发利用上的法律义务，没有规定其要承担的"法律责任"，因而不具有强制力。又如，《建筑法》规定："国家扶持建筑业的发展，支持建筑科学技术研究，提高房屋建筑设计水平，鼓励节约能源和保护环境，提倡采用先进技术、先进设备、先进工艺、新型建筑材料和现代管理方式"。其中对建筑节能减排、低碳型的建筑工艺、材料和建筑科技采用"支持"、"鼓励"和"提倡"等字眼，缺乏强制力度。同时，我国应对气候变化立法中多为行政处罚，在实践中表现为只要缴纳一定罚款，执行力弱，效果不佳。此外，行政处罚的主体规定也呈现多样化，导致职权混乱，相互推诿，不利于协调整合各部门、各领域温室气体排放控制的整体行动，给法律的贯彻与执行带来了许多困难。

二、产业、能源转型推动

技术创新和产业转型是中国实现低碳发展的关键，低碳能源是中国产业政策的核心推动力。气候变暖引起世界各国纷纷行动的同时，我国政府也在能源、产业方面出台了一系列措施促进低碳经济发展。如 2004 年中国政府发起了国家风力发电特许权经营项目，要求该项目的 70%设备技术实现国产化，同时对发展可再生能源的企业进行补贴。2006 年 1 月 1 日《可再生能源法案》生效，可再生能源列入中国新的支柱产业名单；2009 年 11 月发布《关于开展 2009 年国家自主创新产品认定工作的通知》，将包括新能源在内的 6 类高科技产品纳入政府优先采购序列，并要求其拥有自主知识产权等。近年来，国家在低碳产业发展方面加大了力度，接连出台政策文件，逐渐完善各项制度，在引导产业、能源转型方面日趋成熟。2011 年"十二五"规划提出，非化石能源占一次能源消费比重从 2010 年的 8.3%提高到 2015 年的 11.4%，单位 GDP 能源消耗降低 16%，单位 GDP 二氧化碳排放降低 17%，目标从原来单一的单位 GDP 能耗发展为三大指标目标并行。2012 年 6 月国务院印发《"十二五"节能环保产业发展规划》，明确提出节能环保产业产值年均增长 15%以上，到 2015 年，节能环保产业总产值达到 4.5 万亿元的发展目标；2013 年 8 月出台节能环保产业发展具体方案《关于加快发展节能环保产业的意见》，在新能源汽车的示范推广、高效节能产品市场拓展等方面都提出了具体目标；计划推行家电能效标准"领跑者"制度以代替 5 月底结束的节能家电补贴政策，以进一步促进节能环保产业的发展；2013 年，中央财政共安排节能产品补助资金 350 亿元推广共计 8 大类消费品以及 5 大类工业产品。

这些引导措施见证了政府在引导产业、能源转型方面所做出的努力和取得的进步，但仍然存在着许多问题。

（一）在产业创新系统构建方面：言行不一，执行力差

在当今世界，随着技术创新的日益复杂和社会分工的日益细化，单靠企业自身的封闭式创新已经无能为力，开放式的系统创新正成为提升产业创新质量，增强产业创新能力的主流方式。由政府牵头构建产学研相结合的产业创新系统是整合资源、协同创新的有力路径。我国低碳产业起步较晚，相关技术创新和制度创新的基础薄弱，尽管政府十分明确牵头构建产业创新系统的重要性，在相关政策文件中多次提到（如《"十二五"节能环保产业发展规划》提出培育由工程设计和装备制造企业、研究单位、大学、相关原材料生产企业等共同参与，集研发、孵化、生产、集成、检验检测和工程技术服务于一体的海水淡化产业基地），但并没有具体实施措施和机制，导致产业创新系统至今尚未建立，技术创新和产业转化"两张皮"的状况仍未改观。

（二）在低碳技术发展推动方面：直接投入不足

低碳技术是实现产业、能源转型的关键。我国财政在产业发展方面也更加侧重对经济主体的直接补贴，缺乏稳定的低碳技术研发投入机制，难以保证技术创新的可持续性和低碳经济的长足发展。例如，财政部为快速启动国内光伏发电市场对13个城市使用节能与新能源汽车提供补贴；"节能产品惠民工程"向购买节能产品的消费者提供每台300~850元人民币的补贴；对100个绿色能源示范县投入46亿元的财政补贴；对建筑节能试点的城市实行每平方米20元的补贴等。这些补贴都直接针对个人、产品，而缺少对技术研发的直接投入，最终会影响低碳经济的长远发展。

（三）在投融资机制健全方面：政府直接投入为主，对企业投资引导性不强

低碳产业的发展，必须是技术创新与金融创新的同时进行，没有多元化的大量资金支持，低碳产业的技术创新及其产业化就会成为"无源之水"。推动低碳产业、能源转型，在技术创新、固定资产更新、新兴产业发展等各方面的资金需求量都很大，且存在风险，仅仅依靠有限的财政资金远远不够，更多的还是要盘活社会资金，充分发挥商业银行、证券保险、产业基金和风险资本的作用。因此，政府除了创建良好的法治环境、实行有力的财政政策支持之外，更应该发挥政策的示范性作用，引导民间资本流向。然而目前，我国支持产业、能源转型的投资手段主要以政府直接投入为主，全面化、多渠道、宽领域的投融资机制尚未建立。以能效融资为例，2011年财政资金占能效总融资额的30.3%，达1262亿元，严重依赖政府补贴。

三、低碳政府建设

低碳政府是指在低碳发展理念指导下，将促进低碳经济发展作为基本职能，建立并不断完善各种制度保障，实现对经济社会公共事务引导和自身内部事务管理的低碳化。这里主要从低碳办公、组织结构和绩效考核方面进行探讨。低碳办公主要侧重政

府自身的低碳化管理，同时还可对社会低碳发展起到示范作用；组织结构主要是指低碳引导政策执行与协调的责任安排，包括地方对中央政策导向的执行和地区间低碳发展的协调；低碳政府绩效考核是将低碳经济相关指标纳入领导干部政绩考核中，使地方各级政府在任期内重视低碳经济发展，是保障中央的相关引导措施得到有效贯彻重要工具。

（一）低碳办公

低碳办公包括办公用品的采购和使用、公车使用、公共建筑等方面。我国较早意识到低碳办公的问题，很多有关环境、节能的文件中都有涉及，如 2006 年 11 月首次颁布的《环境标志产品政府采购实施意见》和《环境标志产品政府采购清单》，2007 年和 2008 年分别出台的《节约能源法》和《公共机构节能条例》，"十二五"规划中有关节能减排的配套实施方案，以及 2013 年 11 月才颁布的《党政机关厉行节约反对浪费条例》，具体内容参见表 6-1。

表 6-1 低碳办公的引导措施

时间	相关文件	具体措施
2006 年 11 月	《环境标志产品政府采购实施意见》和《环境标志产品政府采购清单》	2007 年 1 月 1 日起在中央和省级（含计划单列市）预算单位实行，2008 年 1 月 1 日起全面实行；清单包含轻型汽车、办公设备、家具家电、建筑材料等，并且不断更新，2013 年 1 月和 6 月又经两次调整，目前已更新至十五期
2007 年 10 月	《节约能源法》	对公共机构（全部或者部分使用财政性资金的国家机关、事业单位和团体组织）的节能提出了明确的要求
2008 年 7 月	《公共机构节能条例》	分别在节能规划、节能管理、节能措施、节能监督和节能保障五个部分提出了对政府机构节能的具体要求，以规范和约束公共机构的办公方式
2011 年 8 月	《"十二五"节能减排综合性工作方案的通知》	要加大公务用车管理制度的改革力度，实施公共建筑的节能改造，进一步加强公共建筑节能监督体系的建设并建立能耗监测平台等
2012 年 1 月	《"十二五"节能减排全民行动实施方案》	将节能减排的工作任务分为节能减排政府机构行动、节能减排企业行动、节能减排社区行动、节能减排军营行动和节能减排学校行动等 10 个部分分别实现，倡导低碳的生产、生活和办公模式
2013 年 7 月	《关于党政机关停止新建楼堂馆所和清理办公用房的通知》	要求 5 年内各级党政机关一律不得以任何形式和理由新建楼堂馆所
2013 年 11 月	《党政机关厉行节约反对浪费条例》	公务用车实行政府集中采购，应当选用国产汽车，优先选用新能源汽车；党政机关新建、改建、扩建、购置、置换、维修改造、租赁办公用房，必须严格按规定履行审批程序；采取置换方式配给办公用房的，应当执行新建办公用房各项标准，不得以未使用政府预算建设资金、资产整合等名义规避审批

尽管政府在促进低碳办公方面做了大量努力，但由于政府财政的公共性，产生了严重的"搭便车"行为，公用办公大楼的电器设备常常整夜运转、公车私用、建设奢华办公大楼、以城市规划为名动辄搬迁的现象比比皆是。然而，公务人员却早已对此类现象司空见惯，缺乏低碳意识，长期以来养成了铺张浪费的公务习惯，虽然政府已经出台了很多的节能条例和规章，做了大量的低碳理念宣传和教育，但是目前的措施中还缺乏具体到个人的责任规定，没有形成相关的激励约束机制。比如，还没有根据政府机构各部门业务职责的不同制订客观合理的能源消耗标准，对于节能减排的效果也没有建立行之有效的考核奖惩制度。这使得低碳办公的推行受领导个人作风影响较大，依靠个人主观因素而非建立健全激励约束机制，终究不是长久之计，难以从根本上解决问题。

（二）组织结构

政府低碳引导政策措施的组织结构安排在很大程度上决定着一国低碳政策的制订执行和落实程度。目前，国务院在低碳经济相关领域设有环保部、国家发展和改革委员会气候变化司、能源局、气象局等部门，整体处于横向分散管理、纵向多层管理层面，这种结构模式一方面缺乏统一的协调和指导机构，缺乏宏观领域进行监控和调整的能力，另一方面纵向层面过多又会造成行政效率低下，给低碳政策的贯彻执行和效果反馈带来不便。

高碳经济发展所带来的环境污染和生态破坏是区域性、系统性的问题。一个地区环境受到污染后会扩散至周边的其他地区，往往会超过行政区划界限，靠单一政府难以解决污染的跨区域扩散问题，因此有必要加强区域间政府的协调合作。然而，在现行条块分割的行政管理体制和分税制下，各地方政府总是倾向于追求利益最大化的不合作策略，地区间、部门间难以协调，为谋求本地区经济的发展（或追求本部门利益）而不惜损害环境和其他地区利益的地方保护主义和小团体主义行为时有发生，协同治理阻碍重重。此外，在低碳引导政策的纵向实施上，由于程序繁琐、贪污腐败等原因，使一些发展低碳产业的企业无法充分享受到财政税收方面的优惠。以可再生能源发电的电价补贴为例，由于下拨程序繁琐，电价补贴拖欠严重，可再生能源发电项目往往不能按时拿到此部分财政补贴，导致项目方资金流紧张，无法按期还银行贷款，甚至有破产风险，极大地影响了可再生能源发电产业的发展。

（三）绩效考核

随着民众对政府问责和监督诉求的增加，绩效考核作为一种重要的监督评价方式，受到越来越多的关注和重视。在低碳政府建设中，绩效考核同时也是中央政府防止地方政府偏离其低碳导向，监督并遏制其重复高能耗和高污染经济增长模式惯性冲动有效工具。随着生态环境问题的加重，改革和完善 GDP 统计指标体系的呼声从未间断,然而,从绿色GDP到资源环境统计指标体系,都未能真正地在实际考核中得到采纳。绿色GDP的目标是用价格来衡量环境污染和生态损失,有很大的不可操作性,而资源环境统计指标体系避开了定价环节,只是表现大气、水、森林等资源的总体数量,仍没有避免流于形式,以至于很多地方政府依然走着"铺摊子"的高碳老路。

四、CCS技术研发与推广应用

CCS是一项用来从燃煤和燃气发电站和排放密集产业捕获和封存二氧化碳的技术,流程涵盖捕集、运输、存储和检测。政府间气候变化专门委员会(IPCC)最近发布第五次评估报告,指出要将全球平均气温升高控制在2摄氏度内至2050年,全球温室气体排放量应比2010年低40%~70%;然而,目前全球能源结构中,化石能源比例高达82%,其中煤炭占29%,而煤燃烧所产生CO_2份额却达到44%。❶ 面对宏伟的减排目标和当前的高碳能源使用结构,发展清洁煤技术对实现全球温室气体减排至关重要。目前美国等发达国家和地区在探索的清洁煤技术主要就是CCS和IGCC发电联产技术。自2005年IPCC发表关于CCS技术的特别报告❷之后,该技术得到了迅速发展和推广,美国、欧洲、澳大利亚、中国等国家和地区纷纷采取措施引导推动其发展,先后有数百亿美元投入到相关技术研发和示范项目中,成为目前全球公认度最高的CO_2减排方法。但同时,由于尚处于初期研发与示范阶段,项目投入成本高、周期长,捕获、运输、储存各环节不确定性因素多、商业应用渠道狭窄等也是CCS技术发展不可回避的问题。虽然目前它相较于能效技术、可再生能源技术等低碳技术而言并不具备成本优势,但根据IEA的预测,使用CCS技术后,达到2050年减排目标所需要的成本将比不使用CCS技术减少70%。❸ 因此从长远来看,CCS技术在低成本减排方面具有巨大的潜力。

我国能源消耗以煤为主,二氧化碳排放量非常大。随着国民经济的快速发展,这种趋势一时难以改变。在不能完全推翻现有的高"煤"能源结构下,要实现世界上最大的煤能源体系的跨越式发展,CCS是一个很好的过渡性解决方案。而且,据美国能源部西北太平洋国家实验室研究显示,我国有着得天独厚的适于碳排放储存的地质结构,可以储存至少100年的碳排放。

近年来,CCS也逐渐受到了我国政府的高度重视,并实施了一系列政策措施。2006年2月9日,国务院发布《国家中长期科学和技术发展规划纲要(2006—2020年)》,将"开发高效、清洁和二氧化碳近零排放的化石能源开发利用技术"列入先

---

❶ IEA. CO_2 Emissions From Fuel Combustion Highlights (2013 Edition).
http://www.iea.org/termsandconditionsuseandcopyright/.

❷ 该报告指出,CCS的应用能将全球二氧化碳的排放量减少20%~40%。

❸ IEA. Carbon Capture and Storage Technology Roadmap [R]. Paris,2009:4.

进能源技术范畴；2007 年 6 月 4 日，国家发改委发布《中国应对气候变化国家方案》，提出"大力开发二氧化碳捕获及利用、封存技术"；2007 年 6 月 14 日，科技部、国家发改委等部委联合发布《中国应对气候变化科技专项行动》，将"二氧化碳捕集、利用与封存技术"纳入重点任务；2008 年 10 月 29 日，国务院新闻办发布《中国应对气候变化的政策与行动》白皮书，指出"中国已确定将重点研究的减缓温室气体排放技术包括二氧化碳捕集、利用与封存技术"；"十二五"规划指出，将加大在二氧化碳捕捉与封存（CCS）方面的研究和技术开发，进一步开展理论研究与技术攻关。2013 年 4 月国家发改委出台支持碳捕集利用与封存（CCUS）技术示范的政策，开始寻找新项目，并在广东成立了全国首个中英碳捕集与封存中心。

在政府的牵头引导下，技术自主研发、项目示范、国际合作等方面都取得了积极进展。神华集团实施的中国首个二氧化碳封存至咸水层项 CCS 示范项目，是全世界第一个在低孔低渗地下咸水层实现多层注入、分层监测的全流程二氧化碳捕集与封存项目。中外合作展开了中英煤炭利用近零排放合作项目（中英）、碳捕获和封存监管活动支持项目（中欧）、地质埋存潜力评估项目（中欧）、CO_2 地质封存合作项目（中澳）等 CCS 项目，涉及 CCS 发展政策、捕获技术、封存评估等多个领域，为我国 CCS 发展提供了资金、技术等方面的支持。❶ 但是，关于大规模开展 CCS 项目的相关财政、税收、金融、企业参与等政策，我国还处于几乎空白阶段。

五、合同能源管理的推动

合同能源管理（EMC）作为一项促进节能技术推广应用和减排目标实现的市场机制，理应受到政府的大力推动。在引导其发展方面，自 20 世纪 90 年代以来我国政府采取了一些积极措施，使其经历了从准备、起步到加速发展 3 个阶段（表 6-2）。

表 6-2　合同能源管理的相关引导措施

发展阶段	引导措施
准备阶段（1992—1997）	我国政府与世界银行和全球环境基金（GEF）合作完成了《中国温室气体排放控制问题及战略研究》，提出我国经济体制转型不能光靠企业自身行为，有必要引进基于市场的合同能源管理节能新机制来促进节能服务产业的发展
起步阶段（1998—2006）	在政府主导下，于北京、山东、辽宁设立 3 个节能技术公司，实行 EMC 试点运营。2006 年 6 月一期项目结束，3 家示范公司累计实施了 475 个节能项目，实现净收益 4.8 亿元
	2000 年，原国家经贸委发布《关于进一步推广"合同能源管理"机制的通知》，对 EMC 进行大量宣传培训，确定启动项目二期

---

❶ 朱发根，陈磊. 我国 CCS 发展的现状、前景及障碍 [J]. 能源技术经济，2011，1.

续表

发展阶段	引导措施
起步阶段 （1998—2006）	2003年项目二期正式实施，由中国节能协会节能服务产业委员会和中国投资担保有限公司共同负责执行，在政府贷款担保下，获得世界银行2600万美元的资金支持
加速发展阶段 （2007—）	2007年修改《中华人民共和国节约能源法》，明确提出"国家运用财税、价格等政策，支持推广电力需求侧管理、合同能源管理、节能自愿协议等节能办法"，为我国发展EMC提供了法律依据
	2010年4月颁布《国务院办公厅转发发展改革委等部门关于加快推行合同能源管理促进节能服务产业发展意见的通知》，提出"将通过加大资金支持、实行税收减免、完善会计制度、改善金融服务等措施，扶持培育一批专业化节能服务公司。发展壮大一批综合性大型节能服务公司，建立充满活力、特色鲜明、规范有序的节能服务市场"
	随后，财政部、国家税务总局下发《关于促进节能服务产业发展增值税营业税和企业所得税政策问题的通知》，规定对符合条件的节能服务公司暂免增收营业税和增值税，同时给予所得税三年免税三年减半的优惠
	2011年，财政部和国家发改委下发《节能技术改造财政奖励资金管理办法》，明确规定，在"十二五"期间，中央政府对5000吨标准煤以上及年综合能源消费量在2万吨标准煤以上的节能项目给予财政奖励，东部地区按240元/吨标准煤、中西部地区按300元/吨标准煤、地方配套不少于60元/吨标准煤的标准给予奖励
	2012年7月，《"十二五"节能环保产业发展规划》明确提出，要大力推行合同能源管理，到2015年，力争专业化节能服务公司发展到2000多家，其中年产值超过10亿元的节能服务公司约20家，节能服务业总产值突破3000亿元，累计实现节能能力6000万吨标准煤
	2013年1月，《中央预算单位2013—2014年政府集中采购目录及标准》将合同能源管理纳入采购目录
	2013年8月《关于加快发展节能环保产业的意见》提出，"支持重点用能单位采用合同能源管理方式实施节能改造，开展能源审计和'节能医生'诊断，打造'一站式'合同能源管理综合服务平台"

此外，很多地方政府也相继出台了引导扶持合同能源管理机制的政策措施，在一定程度上为合同能源管理的发展创造了良好的外部环境。虽然经历了十几年的发展，但是我国EMC仍然面临发展机制不健全、产业力量薄弱等问题，具体表现为：企业节能改造意识薄弱，社会认可程度低；节能服务企业规模小、信誉不高、项目融资难、税收负担重；技术力量薄弱、人才匮乏；缺乏成熟的行业规章制度和技术检测监督评价体系等。这些问题从侧面反映了政府在引导推动EMC发展中存在的问题和亟待改进之处，可归纳为以下几点。

（一）宣传教育不足

近年来，合同能源管理在我国政府的支持引导下获得了快速的发展，但远未形成产业规模，这很大程度上应归因于政策宣传教育不足。尽管我国政府针对 EMC 发展实施了一系列优惠政策，但由于宣传教育力度不足，有些地方缺乏了解，很多企业对进行节能服务改造可带来收益的认识不足，参与积极性低，既限制了 EMC 产业的发展和节能减排目标的实现，也加重了自身的成本负担；在政府采购领域，于 2013 年 1 月出台的《中央预算单位 2013—2014 年政府集中采购目录及标准》特地将合同能源管理纳入采购目录，希望以此为示范、扩大公众对其熟悉度，但没有强制措施保障，节能设备初期投入比较高，我国不像欧美国家，采购时使用生命周期成本的测算机制，存在购买与使用相分离的状况，因此如果缺乏必要的宣传教育，采购人员在不了解、不熟悉合同能源管理这一节能模式的情况下，很难从主观上积极主动地去考虑采取合同能源管理的模式去加强用能管理，这无疑将在很大程度上影响合同能源管理在政府采购及其他领域的推广进程。

（二）财政税收政策不合理

从表 6-2 可看出，我国政府为鼓励 EMC 发展采取了一些财政税收方面的优惠政策，但这些政策是否真正落到了实处、现有财税体系在执行中有无对其发展形成阻碍，还值得商榷。据报道，2010 年，财政部和国家发改委计划为节能服务公司投放 20 亿元补助，最后真正下拨 12 亿元，截至 2012 年底，国内在财政部、国家发改委备案的节能服务公司共有 2339 家，而 2010 年下拨的 12 亿元补助中只有 3.02 亿元真正落实给了节能服务公司，共补助了 495 个合同能源项目，获得补贴的公司只有五分之一左右，补助资金大量结余。❶ EMC 作为节能减排的有效手段，其运行模式有很多与传统商业机制不同之处，在缺乏专门税收体系和相应税收规定的情况下，税务机关在执行过程中常将其与传统商业机制混为一谈，造成节能服务公司面临税负过重、难以为继的局面，主要体现在节能改造设备和能源费用的税收上。节能服务公司的运营模式是用设备的一部分或者全部来作为投资，但税务机关仍将这种投资视作销售缴税；在签订合同之前，能源费用由参与改造企业承担，按收入的 5% 交纳营业税，转移给节能服务公司之后，税务部门将这种转移视为混合销售行为，要交 13% 的税，节能服务公司又无法像设备销售商一样获得成本增值税专用发票用于抵扣，只能承担 13% 的高额税负。❷

（三）缺少公共项目

与欧美国家不同，我国 EMC 起源于工业领域，从一开始就缺乏公共项目的大力支持。以美国为例，20 世纪 70 年代爆发的石油危机使得节能需求前所未有地凸显，美国各州政府要求其政府公用事业部门为市场提供节能服务，在这样的背景下，部分

---

❶ 参见 http://money.163.com/13/0115/21/8L9P3UD8002524SO.html.

❷ 赵环宇. 政府采购推行合同能源管理正当时 [N]. 中国财经报，2010-03-24.

节能公司作为公用事业部门的节能服务承包商出现，主要向这些部门的节能项目提供相关服务。一些财政税收方面的优惠政策都建立在项目的基础之上，没有项目，节能服务公司就无法真正享受到这些优惠，EMC产业发展壮大更无从谈起。没有公共项目的支持，我国 EMC发展就难以真正打开局面，项目难找是产业发展面临的直接困难，此外，信誉低、融资难、公众对EMC缺乏了解、认可度低、补助资金大量结余都与此息息相关。之前因为会计制度不配套，一些公共部门尽管有意进行节能改造不敢与节能服务公司签订合同。在这方面引导的缺失，不但使公共部门节能减排受到影响，还可能在社会上形成负面的带动作用，使EMC发展面临种种困难。

六、生活消费引导

低碳经济的发展离不开低碳消费的支撑，没有消费为低碳产品创造需求，低碳产业的长远发展就无从谈起，而低碳生活方式的形成则是实现低碳消费的根本保障，因此我们必须给予低碳消费、低碳生活方式以足够的重视。在低碳经济发展中，我国政府在促进低碳消费、生活方式方面颁布一系列相关法律法规政策的同时，先后确定了两批低碳城市试点，通过试点实践推动低碳生活方式的形成。保定市政府提出建设"太阳能之城"，通过在全市范围内引导、推广应用太阳能产品，对居民生活小区、酒店、大厦等进行太阳能应用改造，推动城市消费方式的转变。武汉市政府通过加大公共投入、两次以10%的降幅下调公交票价，鼓励市民乘坐公共交通；建立中心城区全覆盖的自行车公共服务系统，引导市民低碳出行。珠海市与能效机构合作，整合生化垃圾处理、地源热泵、房屋保温、太阳能、职能管家五大系统中17项住宅节能先进技术，引导推动恒温、恒湿、恒氧的高效能低碳住宅模式建设。

不可否认，已经实施的相关法律法规政策以及逐渐展开的试点实践活动在很大程度上推动了低碳消费、生活方式的实现和转变。然而，由于我国低碳经济建设起步较晚，目前经济仍处于工业化进程中，政府力量有限，低碳消费模式的推行还处在理论探讨和局部实验上，引导存在很多未涉及和不到位的领域。

在宣传教育方面，虽然在政府的推动引导下，我国在广播、电视、网络及平面传媒领域进行了大范围的宣传教育，央视还专门进行了"中国低碳行动"系列报道，但公众目前对于所倡导的低碳消费和低碳生活方式还存在着一些认识上的不足与忧虑，担心低碳生活会影响我们生活水平的提高，比如人们希望购买汽车和较大住房来改善自己的出行、居住条件，而这可能会与低碳生活的理念背道而驰。这体现了我们在宣传低碳消费、低碳生活时，存在解释不清、不注重与日常生活结合等问题。在实际践行中，由于很多地方在低碳基础设施建设上的不足，缺乏有效的公众参与机制，即使民众有心践行低碳生活方式，也无从参与，成为实现低碳生活方式转变的现实障碍；

长期以来形成的高碳生活方式使民众的消费、生活产生了严重的路径依赖，这种转变不是一朝一夕的事，需要长期的制度保障，但由于没有建立起规范的奖惩制度，缺乏相应的实施推广机制，如碳税迟迟没有开征，碳标识制度尚未建立，在大部分地区低碳消费还只停留在口号宣传上，在民众的日常生活中体现甚少。在低碳产品的供给上，很多企业在政府的政策导向下开始大范围的进行低碳产品的宣传，然而由于对绿色产品和环境标志产品的标志管理不到位，其中不乏一些贴着"低碳"标签的伪劣商品，这些产品的出现不仅既损害了消费者的利益，而且影响了消费者对低碳产品的信任和消费信心。此外，爱面子、讲排场的不良社会风气也极大地助长了高碳消费的气焰，增加了向低碳生活方式转变的难度，政府对此应给予极大关注、加大整治力度。

第三节 低碳引导的国内外经验

基于以上总结的低碳引导的现状及问题，在提出政策建议之前，还需要借鉴国内外已有的先进经验。例如，作为资源小国的日本在发展低碳经济方面却表现突出，这离不开日本政府有效的引导工作。同样北欧国家的低碳发展经验举世闻名，其政府在其中的作为也不容忽视。美国作为减排大国，其低碳引导经验对中国有很大的启发意义。而在中国国内，四川省和北京市的低碳引导经验也值得介绍，下文均有涉及。

一、低碳引导在世界

自2003年英国政府首次正式提出"低碳经济"以来，为在未来的国际竞争中抢占优势，各低碳经济先行国先后采取一系列政策措施引导促进低碳经济发展，范围涉及法律法规、财政政策、产业扶持、技术研发推广、监督管理、效果评价等方方面面，初步形成了各具特色的低碳引导体系。这些引导实践为我国提高低碳引导水平，加速低碳经济发展提供了宝贵经验。国内一些省份（如四川、重庆、北京等）在低碳引导方面也相对领先。因此，我们根据2013年国内外低碳引导子竞争力综合排名情况以及我国的国情特点，选取日本和以瑞典、丹麦为代表的北欧国家、我国四川省这几个在低碳引导方面较为领先的国家和地区，分别对其特点和情况进行考察介绍，以期为我国各地区低碳引导的发展提供借鉴。

（一）日本：不遗余力，引导全民参与

1. "低碳社会"中的低碳引导

日本作为资源匮乏的岛国，在经历20世纪70年代的石油危机后，便先后采取了"阳光计划""月光计划""地球环境技术开发计划"等一系列政策措施，加大对节能和新能源研发的人力、物力、财力支持，保障能源供给安全。90年代以来，日本经济

一度低迷，1997年和2008年的两次金融危机使原本稍有起色的日本经济再陷困境，20多年来日本政府一直在苦苦寻找走出困境的新经济增长点。与此同时，全球气候变化所带来的问题愈演愈烈，迫使各国加强合谈走向全球共同治理，日本受地理环境等自然条件制约，面临着气候变暖可能给本国农业、渔业、环境和国民健康所带来的直接后果。在这样错综复杂的背景之下，日本政府在2003年英国首次提出"低碳经济"的概念后，逐渐确立了建设低碳社会的国家战略，在立法、财政、产业、制度、生活方式等方面引导展开全方位的低碳社会建设（表6-3）。

表6-3 "低碳社会"战略构想的提出

时间	相关政策文件	主要内容
2004年4月	"面向2050年的日本低碳社会情景"研究计划	重点研究日本在2050年构建"低碳社会"的情景和路线图，并在技术创新、制度变革和生活方式转变方面提出了具体对策
2007年6月	《21世纪环境立国战略》	提出推进低碳社会建设，克服地球变暖等环境危机，实现可持续社会的目标
2008年5月	"面向低碳社会的12项行动"	涉及交通部门、工业部门、能源转换部门、住宅部门以及相关交叉部门，每一项行动中都包含未来目标、实现目标的障碍分析、战略对策
2008年6月	"福田蓝图"	明确2050年日本温室气体排放比目前减少60%~80%的长期减排目标以及部分拟推行的减排措施
2008年7月	《建设低碳社会的行动计划》	为实现"福田蓝图"确立具体计划和日程

任何战略的实现不止需要制定一系列战略规划，更需要全社会的积极参与和支持。日本政府提出这一战略的宗旨，就是希望通过政府引导实现全民参与，调动全社会力量共建低碳社会。为此，日本政府打出连环拳，引导多方主体自愿行动，共建低碳社会。

首先，对低碳理念进行深入宣传教育。在全国设立节能日和节能月，通过开展各种社区活动普及和推广低碳理念，如"清凉便装"、"一人一日减排一公斤"活动等。引导民众在日常生活中遵循"3R"原则（即再利用、再循环和减量化），使用节能产品、绿色产品，乘坐公共交通工具甚至拼车出行，一些城市还设立了"无车日"。

其次，引导企业采取低碳发展自愿行动。相较欧美大多低碳经济先行国而言，日本更加强调行业减排、新能源发展和森林保护的自愿行动。为促进低碳产品的研发和生产，日本政府通过实行"远程办公计划"、建立"绿色采购数据库"、推广"生态铁路标志"等认证制度，对环保企业予以补贴、税收减免，每半年公布一次节能产品排行等政策措施，促使企业将节能减排和低碳生产作为企业的核心竞争力。此外，日本政府还建立并施行了碳交易制度、能效"领跑者"制度、节能财税制度，以及节能标识制度、节能型产品销售商评价制度、能源管理师制度、节能报告制度、分类指定工厂管理制度等一系列具体长效机制,引导企业形成独特的低碳节能模式。为进行有效的监督管理,日本政府还建立了多层次的节能监督管理体系,一定规模以上企业、办公楼设专职能源管理员,负责监督企业节能和按时向政府节能管理部门上报企业的能源使用计划和节能措施,并出台特别会计师制度,督促进企业节能减排。通过以上努力,在 2012 年底《京都议定书》第一承诺期到期之后,虽然日本政府没有加入 2013 年至 2020 年的第二承诺期,但日本经团联却于 2013 年 1 月 17 日公布了"低碳社会实行计划",钢铁、化学等 36 个行业参加了这一计划。❶ 除制定各自二氧化碳减排目标外,还写入新技术研发措施,并准备将日本低碳环保技术出口给发展中国家。

第三,引导低碳消费和生活。为了让消费者可以清楚直观地了解自己每天所购买产品和服务中温室气体的排放量,日本政府从 2009 年实施了"食物运送里程"和"碳足迹"制度,测定并标识食品、饮料、洗涤剂等商品从原料调配、生产、运输、消费直至回收的整个生命周期的碳排放量,帮助消费者选择更加低碳的生活。2009 年至 2011 年,日本政府还设专项资金实施了一系列环保积分示范项目,包括家电、汽车、LED 灯泡等,建立起涉及各行各业的环保积分机制。在政府的引导之下,从 2012 年开始,环保积分示范项目的主体由政府转变为民间消费者和企业,民间企业成为项目的主要出资者和管理者。

2. 对我国低碳引导的启示

相较日本注重政府引导、全民参与的低碳社会发展模式而言,中国在低碳经济发展中更加强调顶层设计。尽管政府在低碳经济发展方面也可以说是不遗余力,先后制订了一系列法律法规,出台了一系列政策措施,进行了一系列制度建设,也给予了大量财政资金支持,但是这一进程始终伴随着来自微观主体的重重阻力,使政策效果大打折扣,低碳经济建设成效并不明显。任何战略规划、政策措施的真正有效实施都离不开全社会的参与,我国低碳经济要想走出这种困境,政府必须想方设法调动全社会发展低碳经济的积极性,引导其自觉自发地进行生产生活活动。

在生产方式引导上,可以发挥行业协会的协同带动作用,行业内部龙头企业、跨国公司、大型国企的示范效应,在对节能减排、防治污染的环境管制加深的背景下,使企业深刻认识到低碳发展乃大势所趋,同时给予自愿参加减排的企业以充分的财政、产业、货币政策支持,引导其自愿减排、自主选择低碳发展道路,并注重建立相应的动态管理机制和监督管理体系。在于 2005 年得到日本政府认可的"产业自主联合行动计划"中,参与行业根据自身实际情况设定减排目标,并进行申报,由评价委员会进行定期核查与评价,结果通过互联网公开。为了对政府的碳管制,企业通过

---

❶ 中国网. 日本产业界制定"低碳社会实行计划"设定减排目标, 2013-01-18.
http://www.china.com.cn/international/txt/2013-01/18/content_27727412.htm.

"碳管理"来实现其减排目标。它是一种通过对二氧化碳排放管制政策法规、减排及低碳产品的优惠政策与技术开发等动向的把握，建立低碳经营模式，对产品和供应链进行管理，并实行二氧化碳含量等信息的披露的新的企业经营方式。目前，欧、美、日等很多国家和地区的跨国公司都引入了这一管理理念，我国也可以借鉴。

在生活方式引导上，可以以社区等基层组织为单位，在社区居民中进一步加大低碳知识的宣传教育力度，定期举办低碳节能环保活动，营造社会氛围，引导人们低碳出行、低碳消费、在日常生活中点滴节能，使低碳生活方式成为一种社会风尚。目前我国首个《低碳产品认证管理暂行办法》已于2013年3月正式发布施行，国家将建立统一的低碳产品认证制度，包括统一的低碳产品目录，统一的标准、认证技术规范和认证规则，统一的认证证书和认证标志。然而，如果低碳理念不能深入人心，民众的缺乏低碳意识、没有参与的积极性，在完善的政策法规制度都会成为一纸空文。

（二）北欧国家：因地制宜，发展清洁能源

以瑞典、丹麦为代表的北欧国家，在低碳引导子竞争力综合排名中常年位居前列。20世纪70年代前后，由于石油资源匮乏，这些国家对外油气依赖严重，潜藏巨大的能源安全风险。1973年石油危机爆发时，瑞典能源供给中70%的石油依赖进口，丹麦则达到90%。严重的对外依赖使其经济因此遭受沉重打击。此后，瑞典摆脱石油依赖的政治抱负从未间断，丹麦政府也将能源安全置于国家经济发展的特殊地位，依据各自不同国情分别在提高能源效率和促进可再生能源等低碳经济发展方面因地制宜地实施了一系列引导措施，成为全球主要的清洁能源出口国。

1. 瑞典

1) 生物质能发展中的低碳引导

瑞典政府于1991年开始针对工业企业、服务部门和家庭征收碳税并逐年提高征税标准，使供热用石油使用价格翻倍，逐渐退出供热市场，工厂和家庭锅炉采用生物燃料予以替代。供热用石油占居民生活区供热厂燃料的比重由20世纪70年代的90%下降到2010年的2%，生物质燃料占居民生活区燃料来源的比重则上升至70%。1997年开始实行固定电价制度，对生物质发电以千瓦时为单位进行补贴；20世纪90年代，以生物质为主要燃料的混合热电厂获得政府资助，推动了生物质发电的普及。2003年，电力绿色认证制度的出台推动了新型可再生能源发电厂的建设，加速了生物发电行业的快速扩张（图6-1）；2012年，挪威也加入了这一绿色电力证书体系。此外，瑞典的城市公共交通系统普遍采用乙醇动力公交车，政府采购在瑞典生物燃料推广上也发挥了很大作用。

通过税收、绿色证书、可再生能源补贴等政策工具的协调配合，瑞典生物质能的使用有了显著提高，化石能源在电力和供暖部门已基本淘汰。由于长期以来对森林资

源的保护与合理利用，尽管每年用于能源的生物量快速增长，但瑞典的森林蓄积量却仍保持增长。当然，瑞典用于生产生物质能的原料除了林业废弃物（如砍伐树木后的树冠、树皮、树油）外，还有农业废弃物、畜禽粪便、工业废渣废水，以及城市有机垃圾，如污水处理厂的污泥、超市过期的食品、居民生活垃圾中的有机垃圾、餐馆厨余垃圾等，涵盖范围极其广泛，并且分类细致。更值得关注的是，瑞典成功打破了经济发展与能源消费、温室气体排放之间的直接联系，证明了减排与经济发展的兼容。根据国际能源署（IEA）2012年度报告，1990年至2012年，瑞典削减了20%的二氧化碳排放量，大大超出了《京都议定书》确定的目标，同时实现了59%的实际经济增长。

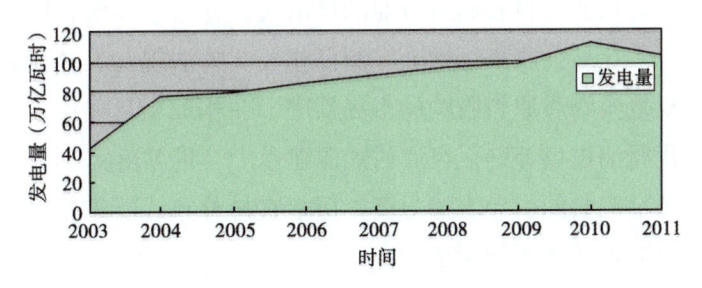

图6-1　2003—2011年瑞典电力绿色认证系统中生物质能发电量
资料来源：Swedish Energy Agency：Energy in Sweden-facts and figures 2012
http：//www.energimyndigheten.se/en/Facts-and-figures1/Publications/

2）对我国的启示

我国是一个农林大国，人口众多，随着工业化和城市化的发展，工业废弃物和城市有机垃圾急剧增加，生物质能源可开发潜力巨大，一些方面比瑞典更具优势。生物质原料富集区紧接产品市场，集中于经济发达的中东部与南方，不存在长途输送与调峰问题，作为继煤炭、石油和天然气之后全球第四大能源已日益为人们所认可。我国生物质能源产业一直坚持自主研发与创新，已掌握热电联产、燃气、液体燃料等核心技术，能够承担起部分或全部替代化石能源的使命与责任。而且，它是唯一能大规模替代车用化石燃料的可再生清洁能源，非核能、水能、风能等可比。

因此，发展生物质能得到了国家的支持，并采取了一些激励措施。如，2008年，《秸秆能源化利用补助资金管理暂行办法》出台，中央财政安排补助资金，支持秸秆能源化利用。2010年7月，国家发改委发布《关于完善农林生物质发电价格政策的通知》，农林生物质发电项目统一执行标杆上网电价0.75元/千瓦时，高于传统发电企业的上网电价。同年10月，国家能源局、财政部、农业部联合批设108个首批全国绿色能源示范县，每年给予2500万元资金扶持。"十二五"规划也提出，要加大对生物柴油产业的扶持力度。但是，面对当今严峻的环境能源形势，国家政策层面在全面推动可再生能源的重大战略决策上仍过于保守，存在政策体系不完善、相关政策之间缺乏协调、财政补贴激励力度偏弱等问题，使得我国生物质能发展缓慢，从事生物质能源利用业务的企业则因成本过高、原料收购市场秩序混乱等问题纷纷下马。政府引导不到位是我国生物质能产业发展迟迟没有起色的重要原因。

瑞典的成功经验也表明，发展生物质能源产业离不开强有力政策的支撑与引领，税收、财政等经济政策应得到合理利用，以提高生物质能源产业的市场竞争力。在立法上，加快拟定《可再生能源电力配额管理办法》并出台实施，促进可再生能源发电并网，有利于推动新能源产业进入新的发展阶段。在生物柴油推广上，加大对生物柴油的宣传力度，修订车用柴油国家标准和生物柴油混合比例，鼓励引导企业扩大生物柴油的生产；免除生物质原料收储运行业的增值税，并给予运输补贴，降低生物质原料收集和运输成本。在秸秆收集运输上，制订相关政策法规对农林业废弃物收购市场进行专营管理，规范生物质原料收购的市场秩序。在相关项目建设上，给予各种税费减免，并实行替代原油进口补贴。在农村能源建设上，贯彻落实"十二五"规划，加大对国家绿色能源示范县的引导支持力度，探索农村分布式能源模式建设，在广大农村形成以生物质能为主的能源利用格局。

2. 丹麦

1)"风电王国"建设中的低碳引导

1973年能源危机后，丹麦政府开始实施一系列促进能源节约和能源多样化供应的措施。随着全球气候变化问题的加剧，丹麦政府提出了宏伟的温室气体减排目标，到2050年在能源和交通领域实现100%的可再生能源覆盖。

系列战略规划、激励政策引导风电产业迅速发展。1976年、1981年、1990年和1996年，政府先后公布了4次能源计划，在1996年的能源计划中，提出在2005年和2030年风力发电机装机容量要分别达到1500兆瓦和5500兆瓦，占丹麦电力消费比例的10%和50%。而实际上，到2001年底丹麦就已经实现了2400兆瓦的容量，占丹麦电力总量的13%。截至2013年12月，丹麦共有5176架风力涡轮级，装机容量达4659兆瓦，风力发电占到国内电力供应的将近30%，达9466吉瓦时。1978年制订风力涡轮机测试方案，立法要求国家实验室负责审批认证风机型号，形成一套完善的认证程序。1979年强制风电上网，风电享有优先上网权，电网按固定价格收购，并实行优先支付，保障风能投资者的利益。20世纪80年代初期到20世纪90年代中期对每台风能发电机投入相当于成本30%的财政补助，规定风电场每发电1千瓦时可得到0.33丹麦克朗的电网付款、0.17克朗的补贴和0.1克朗的二氧化碳税返还。2011年11月25日丹麦新政府公布又一能源发展计划，到2020年将投资56亿丹麦克朗（1美元约合5.62丹麦克朗）支持风电发展。2012年达成的新能源协议，调整加大了对风电的补贴力度，提出到2020年，风力发电将占总发电量的50%，2030年这一比例将达到75%，铸就名副其实的"风电王国"。

有效调度确保电力系统供需平衡。为克服风力发电的不稳定性，丹麦通过与瑞典、挪威、芬兰建立长期稳定的合作关系，建立了统一的电网，依托他国水电进行调节，实行优势互补。目前，北欧国家之间已经实现了电力的相互输送，设在挪威首都奥斯陆的北欧电力交易场为电力在各国之间自由交易提供了平台。丹麦还努力通过德国、波兰等与欧洲北部电网实现对接，将海上风电输送到欧洲。这一计划已经得到欧盟支持，并被列入欧盟风电发展示范项目。除此之外，为保证风电入网后电网的良好运行，丹麦政府还进行了细致的风电并网研究、电网和风电场建设规划、风电场后评估、准确的风功率预测等，正是通过这些手段到2012年达到了35%的风电占比（图6-2）。

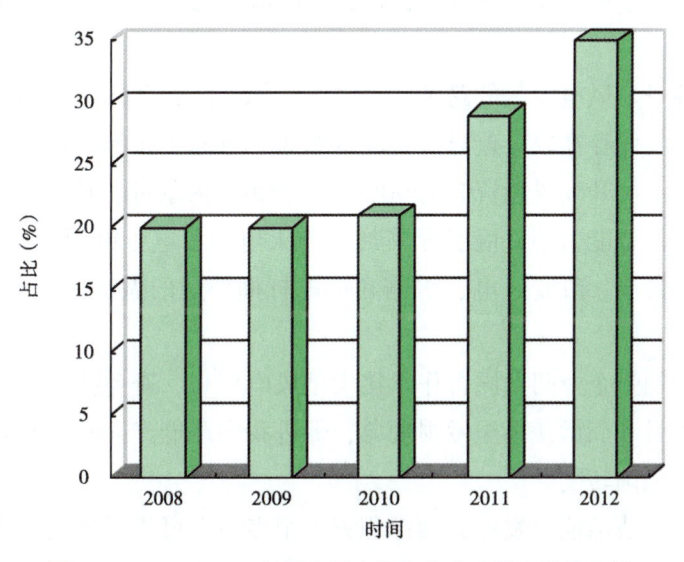

图6-2 2008—2012年丹麦风力发电量占净发电量的比例

引导发挥合作社作用。为调动微观主体发展风电的积极性，丹麦政府将早起安装的大部分风机所有权都赋予了地方合作社。尽管现在各种机构和大型能源公司的所有权份额越来越大，但合作社所有制依然发挥着重要作用。这不仅是一种企业与个人共同管理模式，还是一种合作投资模式，它使企业和居民相互配合、共享收益，也使风力涡轮机得到迅速推广。2009年1月生效的新可再生能源法案规定，所有新的风电项目必须要由当地民众持有至少20%的所有权，比如以合作社的形式。这样不仅提高了投资者对新能源投资的积极性，而且增加了民众对发展风电的支持度。

经过几十年的发展，丹麦的风电技术在全球已经处于领先地位，风能发电的总装机容量超过了风车之国荷兰以及英国，世界上几乎一半的风机来自丹麦，风能行业成为丹麦仅次于医药行业的第二大出口产业。

2) 对我国的启示

我国具有丰富的风力资源,幅员辽阔,海岸线长,可开发利用的风能资源十分丰富。在以《可再生能源法》为基干的一系列法律法规及国家政策助推下,我国风电装机容量迅速增长,风电装备制造业也快速发展,产业体系逐步形成。与此同时,过快的发展也使中国风电产业面临很多问题,如地区间合作不足,重复建设严重;风电发展与电网的规划、建设不相协调,存在电网安全隐患;风电项目税负依然较重,获利微薄甚至亏损等。长此以往,必将极大地阻碍我国风电产业的发展。丹麦的风电发展经验为我国应对以上问题提供了宝贵的经验。

首先,出台相应法规政策,规划总量增长之外,更加注重风能资源评估、风电规划和风电场后评估,形成一套完整的风电管理机制,使风电发展与电网的规划、建设相协调。增加对风电产业发展的补贴,加大税收减免力度,保证风电项目的利润和投资者的收益。

其次,借鉴丹麦风电发展的跨国联动方式,加强区域合作。我国疆域辽阔,不同区域之间地形、气候存在较大差异。风能资源集中分布于东南沿海及华北、东北、西北地区,其中陆上可开发风能资源的90%以上分布在内蒙古、甘肃、新疆一带,这些地区电网薄弱,消费能力小,应引导其加强与火电、水电等能源丰富省份间的合作,优势互补,相互协调,改变风电、水电和火电打捆外送的做法,减少项目重复建设,节约成本。

此外,引导加强企业间共同合作承接大型风电项目,避免招标过程中因竞争过于激烈而导致的项目利润微薄甚至亏损现象,促进我国风能产业获得长足发展,由风能大国逐渐向风能强国转变。

瑞典和丹麦在清洁能源发展方面都积累了很多各自可供借鉴的宝贵经验,他们的相同之处在于,因地制宜,大力发展具有自身优势的清洁能源,并达到了世界领先的水平,实现了能源结构的优化,用自身发展的事实证明了经济增长与温室气体减排的兼容性。我国几乎是和瑞典、丹麦同时提出改善能源结构的,30多年过去了,根据国家统计局发布的《2013年中国统计年鉴》,尽管可再生能源消费比例不断增加,2012年我国煤炭消费仍占能源消费总量的66.6%,而可再生能源只占9.4%,仍有很大的发展空间。我们也应该从我国能源资源和需求的实际出发,充分利用我国在风能、水能、生物质能等清洁能源发展上的优势,认真反思我国引导改善能源结构的政策措施,总结经验教训,通过有效引导,领跑全球可再生能源产业发展。

(三) 美国:始终如一,力推 CCS 技术发展

1. 引导支持 CCS 技术发展

美国是世界能源生产与消费大国,同时也是世界上人均温室气体排放量最多的国家。虽然 2001 年 3 月美国单方面退出了《京都议定书》，但近 20 年来一直把低碳发展作为未来可行的重要战略，致力于先进低碳技术的研发应用。美国在低碳技术发展上走全面发展路线，主要包括能源基础理论与应用、节能型交通工具及建筑技术、碳处理技术，其中碳回收技术研发投入约占研发总值的 30%。❶ 目前美国电力生产 50% 来源于煤炭，有预测到 2030 年，这一比例预计将达到 75%，为了消除利用煤炭等化石能源的不利影响，美国政府对以 CCS 技术为代表的清洁煤技术发展给予高度重视，是少数几个坚持发展 CCS 技术的国家和地区之一。❷ 成本高居不下已使不少国家减少了发展 CCS 的兴趣，比如挪威政府就正在减少对此项技术的支持，但美国却始终如一的坚持发展 CCS，不仅将其视为应对气候变化的关键手段，而且将其作为一项长期的经济效益投资，采取了一系列引导措施。

在法律法规方面，美国不仅制订了相关的发展计划，还出台了从 CCS 项目申请、验证许可到风险评价、监控管理等一系列配套法规条例，以规范和保证 CCS 项目的安全运行。2006 年 9 月公布气候变化技术计划（CCTP），通过收集、减少以及储存的方式来控制温室气体的排放量。2008 年 7 月 15 日美国环境保护署（EPA）提出地下封存二氧化碳法规管制议案，在 1974 年《安全饮用水法》中纳入专为封存二氧化碳的灌注井，并设立相应的监管规定，防止二氧化碳泄露造成饮用水污染。2009 年 5 月，美国通过《美国清洁能源安全法案》（简称 ACES），其中针对 CCS 技术专门设立一章，包括建立协调机制规范 CCS 的验证与许可、项目资助、激励应用等。2010 年 11 月 EPA 签署美国安全碳存储技术行动条例，要求对二氧化碳封存设施情况进行监控并汇报有关数据，以规范 CCS 项目的具体实施。此外，《二氧化碳捕集、运输和封存指南》还规定，CCS 规范需满足《清洁空气法》和《清洁水法》的要求，必须对所有封存项目进行风险评价。

除法律规范外，美国主要采用以下两种政策支持 CCS 的发展：

一是联邦财政政策，主要包括设专项联合基金、财政直接拨款、提供贷款担保等。如美国能源部设立联合基金为各种 CCS 项目提供资金支持，直接资助项目包括清洁煤发电计划，为 3 家 CCS 煤电厂提供约 8 亿美元资金，并且带动了 22 亿美元的社会资本进入，据预测每年将捕获 CO_2 450 万吨；能源部还计划在 7 个区域伙伴联盟投入 4.5 亿美元进行 CCS 示范试验，目前迈入第 3 阶段的区域伙伴联盟计划已有数个大规模的地质封存注储试验正在进行；2010 年宣布重启 FutureGen 2.0 计划来加速 CCS 技术发展；投入 10 亿美元用于新一代 FutureGen 计划，以加速富氧燃烧技术的商业

---

❶ 徐大丰. 低碳技术选择的国际经验对我国低碳技术路线的启示［J］. 科技与经济，2010，4.

❷ 目前，CCS 主要用于提高石油开采效率，是美国在一定程度上降低对国外石油的依赖。这也是美国始终支持 CCS 研发的重要原因。

化。能源署还为工业领域 CCS 项目提供一亿美元资金，用于 CO_2 使用的创新；2009 年联邦政府为 Taylorville Energy Center 能源中心提供 26 亿美元的担保贷款，如果充分运行的话，每年将捕获和存储 300 万吨 CO_2。

二是实行州级量化控制政策。这一政策在欧盟 2013 年的 CCS 新规草案中被称为"CCS 证书强制系统"，而这项政策在美国伊利诺伊州已经率先落实，并将于 2015 年开始实施。❶ 该州规定到 2025 年所有电力企业必须达到 25%电力供应来自清洁煤的标准。2016 年前开始运营的发电厂只要保证 CO_2 排放的一半经过捕捉和封存，就可以列为清洁煤发电厂，在 2016—2017 年运营的煤电厂碳排放的捕获与封存比例须达到 70%，而 2017 年以后运营的这一比例要求则高达 90%。❷

2. 对我国的启示

我国能源消耗以煤为主，二氧化碳排放量非常大。随着国民经济的快速发展，这种趋势一时难以改变。在不能完全推翻现有的高"煤"能源结构下，要实现世界上最大的煤能源体系的跨越式发展，CCS 是一个很好的过渡性解决方案。据美国能源部西北太平洋国家实验室研究显示，我国有着得天独厚的适于碳排放储存的地质结构，可以储存至少 100 年的碳排放量。虽然在政府的牵头引导下，目前我国也有多项 CCS 项目在建或运行，如华能集团与澳大利亚联邦科学工业研究组织合作开展的北京高碑店项目，神华集团实施的中国首个二氧化碳封存至咸水层示范项目，上海石洞口第二热电厂项目，但是关于大规模开展 CCS 项目的相关财政、税收、金融、企业参与等政策还处于几乎空白的阶段。美国是 CCS 技术发展的最先实践者，也是目前大规模 CCS 项目最多的国家，在引导低碳技术发展方面积累了相对丰富的经验。

第一，具体完善的法律法规。CCS 作为新兴的低碳技术，目前尚处于示范检验阶段，其安全性是人们担心的主要问题，必须针对流程的各个阶段制定严格的运行标准，一方面可消除部分人的疑虑、增加支持度，另一方面也可保证 CCS 技术稳步、有计划的发展，使其逐渐走向成熟。

第二，政府财政的大力支持。CCS 技术发展不仅需要研发投入，还需要大型全流程集成示范项目的运行监测。项目建设需要大量资金投入，加上初期投入回收周期长，运营安全存在很多不确定性，使其难以吸引私人资本，因而在其发展初期只能依靠作为公众利益代表的政府给予充分的财政支持。

第三，引导激励企业参与。任何技术要想得到真正有效的发展，都要能够为企业带来效益，吸引企业参与。CCS 技术发展具有一定的公益性质，虽然初期投入大、回收周期长、风险大，但它符合未来的低碳经济发展趋势，从长期看是一项有价值的投

---

❶ 王晓苏. 欧盟 CCS 新规 2014 年出台［N］. 中国能源报，2013-01-21.

❷ IEA. A Policy Strategy for Carbon Capture and Storage. OECD/IEA, 2012.

资，政府要引导 CCS 形成机制健全的市场化运作模式，就必须采取措施建立企业激励机制，吸引企业参与 CCS 的研发与应用推广，最终建成完善的 CCS 产业化发展制度。

另外，中国作为发展中国家，在低碳技术上有获得发达国家和国际组织资金、技术支持的权利，2010 年底坎昆会议也将 CCS 纳入 CDM 机制，因此政府还应抓住机会，积极推动开展国际合作，吸引和扩大国际金融机构和发达国家对 CCS 项目的资金支持。

二、低碳引导在中国

低碳引导工作涉及社会经济的方方面面，其中生产方式变革最为基础。改革开放以来，中国的生产力水平不断提高，人民的生活水平也同样得到了根本改善，然而与此同时，产能过剩和能源使用结构不合理也作为经济快速增长的"副产品"出现，全国各地均需要面对这一问题。因此对四川省积极引导产业转型的经验的总结，对其他省份必然有一定的启发。另外，作为首都，北京市因"雾霾"问题受到全世界的关注，其应对此问题的举措也同样值得关注。

（一）四川：积极引导产业转型

目前实现产业低碳化转型主要有两种方式：一是对高碳产业进行低碳化改造；二是大力发展低碳产业。长期以来，我国形成了高碳化的生产方式，产业结构、能源结构亟待转型。尽管去年我国服务业增加值比重达到 46.1%，首次超过第二产业，但第二产业比重仍然较高（43.9%）；而能源领域煤炭占比长期居高不下。由于低碳技术和产业低碳改造需要高额的成本投入，产业低碳化转型在很大程度上依赖政府的有力引导。四川省在低碳引导方面一直走在全国前列，如此良好的表现与当地政府的努力密不可分。

（1）淘汰落后产能。2013 年，四川省关闭了 433 家落后产能企业，涉及水泥 747 万吨、钢铁 32 万吨、造纸 64 万吨。因此，在河北、山东等省份依然面临严重"去产能化"问题的同时，四川在钢铁、水泥、平板玻璃等领域的过剩情况已不再突出。

（2）改造高碳产业。2013 年四川省政府投资 4600 亿元引入低碳技术，用于建材、钢铁、轻工、纺织、机械等产业的低碳改造。这一举措不仅促进了低碳工艺和设备的应用，增加了低碳产品的生产，还通过行业整合延长了产业链，实现了成本节约，实现了产业的低碳化转型。在技术投资上，四川省政府毫不吝啬。工业投资主要用于技术改造，近几年来，技术改造投入年均增长 22%。

（3）依托水电优势，发展清洁能源。四川省有河流 1400 多条且多流经峡谷，水流汹涌湍急，蕴藏了丰富的水能资源。据统计，全省水能蕴藏量占到全国的 1/5，其中可开发的有 9200 多万千瓦，居全国首位，特别是金沙江、雅砻江、大渡河，约占全省水力资源的2/3。四川省政府在《中共中央关于制定国民经济和社会发展第十二个五年规划的建议》和《中共四川省委关于制定国民经济和社会发展第十二个五年规划的建议》的基础上，于2011年2月出台《四川省国民经济和社会发展第十二个五年规划纲要》，指出："加强水电、天然气等重要资源开发……在保护生态和做好移民安置工作的前提下，加快金沙江、雅砻江、大渡河'三江'水电基地和大中型流域水电集群建设，基本建成全国重要的水电基地。"国网四川电力作为国家电网公司在川全资子公司，认真落实了省委、省政府的决策部署，继2011年水电发电量、2012年装机总量超湖北成为全国最大的水电基地后，2013年进一步加快了水电开发力度，溪洛渡、锦屏等一批大型水电站相继投产，新增水电装机1400万千瓦，相当于大半个三峡。除省内自用外，四川省还将富余电力向中东部地区外送，缓解中东部地区用电紧张的局面。根据四川电网电力交易中心统计数据显示，2013年上半年，四川电网外送电量59.41亿千瓦时，同比增长53.51%，创造了川电外送的历史最高纪录。在政府部门引导下，电网公司和电源开发企业在四川水电开发和送出项目建设上经过多年的交流配合，积累了丰富的经验，使四川外送电在市场上相当有优势，呈现稳中有增的态势，有利于水电产业的平稳发展，同时也为其他清洁能源的发展积累经验。

（4）发展节能环保产业。在四川省委、省政府的号召下，自贡市政府提出要建设成为以节能环保装备为主导产业的新型工业化产业示范基地，在省社科院组织的节能环保装备产业发展专题调研的基础上，自贡市经济和信息化委员会编制了《自贡市节能环保装备产业发展规划》，于2012年3月23日，正式挂牌"国家新型工业化产业示范基地"，采取一系列措施重点发展节能环保装备制造业（表6-4）。

表6-4 自贡市引导创建节能环保装备研发制造基地的举措

引导方向	具体引导措施
产业集聚发展	通过强化公共基础设施、生产性服务业和产业发展软硬环境建设，推动节能环保产业要素向"一园两区"（节能环保装备主题园区、大塘山东方锅炉装备区、贡井装备配套区）集聚，引导优势企业群体特别是同类、关联企业集聚集约发展，扩大规模经济效益
自主创新体系建设	牵头建立"四川分离与过滤机械产业技术创新联盟"等产学研组织，选择示范基地内有一定科研基础的重点企业与清华大学合作，促进产学研的深度融合；积极发展多元投资主体的技术创新风险投资机构、风险投资中介服务机构，为科研发展融资；推动四川理工学院及其他中等职业院校与示范基地内企业建立完善人才培养、培训机制，以满足产业发展用人需求
信息化建设并与工业化融合	建立以区域性政府门户网站、高新区OA办公系统、行政效能监察系统等为主的自贡市工业和信息化系统，形成一个省、市、县及企业的4级平台体系，从工业经济运行监测、政策宣贯、信息发布、信息上报等方面促进工业化的发展

续表

引导方向	具体引导措施
公共服务体系建设	推行首问负责制和"一站式"服务模式,建立重点企业由市级主要领导对口联系制度,重大项目派专人实行全过程全天候服务,及时为企业排忧解难;推动东方物流二期工程建设,以成渝高速公路、成自泸高速公路和省道 305 线为纽带,内昆铁路、乐自泸铁路、绵遂资内自宜城际客专,建设辐射川南的汽车集散快速通道、物流基地以及千吨级大件运输公路,为节能环保装备制造业企业产品的运输销售提供便利
财政支持	增设专项发展资金,安排 3000 万元用于节能环保装备制造业等新兴产业发展,主要用于技术研发、技术改造、技术创新、高级人才引进等方面引导发展补助
其他	由市经信委、市发改委、市科技局、市财政局建立节能环保装备等战略性新兴产业重点项目联合督查推进机制,保证项目实施;建立产业发展专项统计制度和动态评估修订机制,通过分析影响和制约产业发展的因素,不断协调解决产业发展过程中存在的突出问题

资料来源:李远驰. 自贡市建设国家级节能环保装备研发制造业基地. 四川经济网, 2010-12-7. http://zg.scjjrb.com/htmls/20101207203113.html;李远驰. 自贡:全力建设国家节能环保装备研发制造基地. 四川经济网, 2012-10-18. http://zg.scjjrb.com/htmls/20121018151319.html.

此外,四川省政府还通过减少行政审批、税收减免、补助担保机构等措施,为企业谋求低碳发展创造良好环境、减轻其经营负担,并且引导建立专业担保服务机构,为企业提供法律、金融、科技、人才、管理等方面指导和帮助。在成都高新区,政府就投资并联合许多机构打造了一个融资平台,为企业提供从孵化期到上市的全流程服务。

(二) 北京:聚焦大气污染治理

自 2012 年底起,雾霾问题开始引起人们的广泛关注;2013 年随着雾霾在我国地域范围上的持续扩散,关注度也与日俱增,全社会掀起了一场关于雾霾成因及其应对之道的热烈讨论。雾霾的危害和严重程度使人们在健康受到极大威胁的同时更加重视低碳发展,"拒绝雾霾、倡导低碳"的呼声日益高涨。雾霾的产生与高碳的生产生活方式不无关联,低碳发展也自然被视为治理雾霾的根本出路。北京是我国雾霾出现最早并受影响最严重的地区之一,也是雾霾治理和低碳发展的先行者,特殊的政治经济地位使北京市政府在低碳引导方面始终走在全国前列。早在 1998 年北京市就发起了大气净化行动,随着近年来的不断努力,低碳引导成效逐渐显现。截至 2013 年,北京在平稳较快发展增长的同时,大气主要污染物继续下降,空气质量实现了继 1998 年以来持续 14 年的改善。[1] 2013 年北京市在法律法规体系、监督执行、基础设施建设、能源结构调整、绿化工程、碳市场建设等方面做出进一步努力,完善低碳引导体系。我国低碳引导往往存在着部门间责任划分不明、缺乏明确的违规处罚规定、执行

---

[1] 张淼淼. 北京空气质量持续 14 年改善 [EB/OL]. 新华网, 2012-12-3. http://news.xinhuanet.com/2012-12/31/c_114217266.htm.

监督不到位等情况，北京 2013 年以来出台了一系列相关文件着力解决这一问题，并取得了一定成效。

1. 明确各部门职责和违规处罚规定

2013 年 1 月，《北京市大气污染防治条例》草案公布，开始公开征求社会意见。草案划分了相关部门在大气污染防治方面的职责：环境保护行政主管部门对大气污染防治实施统一监督管理，发改委、经信委、公安、交通、住建委、市政市容委及城管部门，在各自领域控制监督管理，规划、水务、农业、国土、园林绿化、质监、工商等部门根据各自职责，对大气污染防治实施监督管理；9 月 2 日，北京市具体确定了 84 项涉及改善首都空气质量的重点任务，并发布《2013—2017 年清洁空气行动计划重点任务分解的通知》，进一步明确任务分工，并体现问责，北京市委组织部、市委宣传部，北京市环境保护局、北京市发展改革委、北京市交通委等全市 42 个委办局、16 个区县政府、北京经济技术开发区，以及燕山石化公司、金隅集团等 23 家企业，被确定为 84 项重点任务的"牵头单位"或"责任单位"，明确 50 多位"一把手"作为"牵头单位责任人"为空气质量负责；10 月，公布《北京市空气重污染应急预案（试行）》，其中规定了北京城管部门编制本部门空气重污染应急分预案、进行污染源执法检查等方面的具体职责。

以上文件中涉及多项工地建设、露天烧烤、生产排放等方面的禁止性规定。企业一旦出现环保违法行为，不仅要承担巨额罚款，其违法信息还将纳入中国人民银行企业信用信息数据库，无法享受综合利用增值税优惠政策资格。

2. 实行问责制，将污染物排放作为绩效考核的重要内容

2013 年 6 月 27 日，北京市政府办公厅出台了《北京市"十二五"主要污染物总量减排考核办法》，市环保局、市统计局、市发改委及市监察局联合印发《北京市"十二五"主要污染物总量减排统计、监测办法》。减排考核新办法规定，每年 3 月底前，环保部门将对有关部门和重点企业上一年度主要污染物总量减排任务完成情况进行评价考核。主要污染物减排指标包括国家规定的化学需氧量、氨氮、二氧化硫、氮氧化物，以及北京市执行严格减排标准自行确定的挥发性有机物。考核内容包括行动计划目标、任务完成情况、主要污染物总量减排统计、监测和考核体系的建设运行情况以及各项主要污染物总量减排措施的落实情况。考核结果向社会公布，并作为综合考核评价领导班子和领导干部的重要依据。

9 月《2013—2017 年清洁空气行动计划重点任务分解的通知》首次将 PM2.5 纳入以环境质量改善为核心的目标责任考核体系，考核结果作为领导班子考核评价的重要内容，适时向社会公布，并在审批建设项目、评优评先资格等方面实行"一票否决"。

3. 制定实行高排放标准，加强监督执法

北京市还制订严格的重点行业污染物排放标准，实行了 34 项大气地方环保标准，

领先全国。在工业领域,《铸锻工业大气污染物排放标准》早已开始实施,2013年发布了《水泥工业大气污染物排放标准》等9项大气污染防治地方环保标准,涉及水泥、防水卷材、汽车制造、包装印刷、家具制造等重点行业;在交通领域,北京市率先执行新车排放标准,升级车用油品标准,2008年和2013年先后执行国Ⅳ和第5阶段排放标准,2012年5月开始供应第5阶段车用汽油和柴油。

以法规文件和这些标准为基础,相关执法部门展开严格的监督执法行动。《北京市大气污染防治条例》明确,市和区、县环境保护行政主管部门可以根据需要聘请监督员,发现、告知、劝阻大气污染防治违法行为;北京市还建立了环境诉求首接负责制、信访突出问题快速反应机制、疑难案件实地督办机制,实现"事事有回音,件件有着落"。2013年,北京市共处罚环境违法行为1917起,处罚金额2625.7万元。2014年前4个月,北京环境监察执法部门共检查各类污染源单位20235家次,立案处罚环境违法行为652起,处罚金额1455.51万元。其中,大气环境类违法行为立案处罚500起,处罚金额1076.16万元,均占总数的3/4左右。《北京市大气污染防治条例》2014年3月1日起实施后,截至4月底,共依据《北京市大气污染防治条例》对178起大气类环境违法行为出具了行政处罚决定书,处罚金额346.78万元,违法单位全部通过电视、报纸、网站、微博等媒体予以公开曝光。除日常执法外,环保部门将根据群众举报、季节特点和日常执法中发现的突出大气污染问题确定每月的检查重点,于每月第一周在1~2个行业或领域开展大气专项执法行动。城管部门也从2013年10月开始对建筑工地采取"堵门"行动,即每天夜间10时至次日凌晨6时,进行出土工地夜间值守行动,检查施工土方、运输车辆合格情况、施工扬尘污染等违法行为。

此外,北京市政府还注重加强同他国的合作,携手共同治理大气污染。由于受西北风影响,韩国的空气质量经常会受到中国的影响。韩国一项研究表明,通常从中国飘来的PM10占韩国的40%左右,而高污染期间,会上升至60%~80%。为此,2014年4月北京同首尔达成有关联合应对包括细颗粒物(PM2.5)在内的大气污染问题的协议,在"北京首尔混委会"确定的合作内容的基础上,开展大气污染防治政策、技术、信息、人员交流和相关合作,启动"混委会",增设"环境组",探讨共同举办空气质量论坛等活动。❶

北京是国务院确定的大气污染防治重点城市,北京市政府在大气污染治理上的引导切实有效。经环境保护部核定,2013年北京市超额完成了大气和水主要污染物减排计划。与2010年相比,全市二氧化硫、氮氧化物、化学需氧量和氨氮等4项主要污

---

❶ 新华网. 北京与首尔就治理大气污染启动合作将共享数据[EB/OL]. 2014-04-04. http://news.xinhuanet.com/politics/2014-04/04/c_126355560.htm.

染物排放量累计削减16.6%，15.9%，10.9%和10.3%，提前两年完成国家下达的"十二五"减排目标任务。如今，空气污染问题已不再是存在于局部城市和区域的个别问题，据报道，2013年底，我国已有超一半领土为雾霾所覆盖，严重的空气污染与废弃排放息息相关，发展低碳经济有利于缓解雾霾。北京市政府在空气污染治理、低碳引导上起步较早，且一直走在全国前列，其发展过程中所积累的治理经验值得各地借鉴。

第四节 对我国低碳引导的对策建议

我国政府在"十一五""十二五"规划中制定了明确具体的节能减排目标，并且采取了一系列强有力政策措施，取得了显著成效。"十一五"期间全国单位国内生产总值能耗降低19.1%，完成了"十一五"规划《纲要》确定的约束性目标；"十二五"规划中也明确提出，5年内单位国内生产总值（GDP）能源消耗下降16%的目标。但是，低碳经济的发展是一项复杂、系统的工程，不仅需要在节能减排领域明确具体目标，强制实施，更需要一个长期的低碳经济发展专项规划，通过在产业发展、技术进步、制度建设等方面的全面发展和协调配合，促进我国低碳经济最终走上稳定、健康、有序的发展之路。

一、完善法律法规体系

依法治国就是依照法律来治理国家，是中国共产党领导人民治理国家的基本方略，是发展社会主义市场经济的客观需要，也是社会进步的重要标志，还是国家长治久安的重要保障。发展低碳经济，需要完备的法律体系，一方面已经制定的法律需要得到切实的执行，从而保证法律的权威性；另一方面层出不穷的低碳发展实践活动需要有法可依，因此立法需要有前瞻性。

（一）加快制定和修改低碳领域的相关法规，保持低碳立法的前瞻性

一方面应加快制定和出台《能源法》《石油天然气法》《原子能法》等低碳领域的相关单行法，纠正法律在这些领域的缺位，使这些领域发展有法可依，便于执法人员执法，强化监管，促进新能源等低碳产业健康有序发展，防止出现混乱局面使其发展受到挫伤。

另一方面对已不能适应我国低碳经济发展实际的相关法律法规进行修改。积极性制定和完善在产业能源转型、低碳政府、低碳技术发展、合同能源管理以及生活消费领域的相关法律法规，依据我国低碳经济发展的实际需要，对《煤炭法》《电力法》《环境保护法》《大气污染防治法》等低碳领域的相关法律进行修订，有针对性地增强在具体低碳经济行业领域法律实施目标的明确性，扩大低碳法律体系的覆盖范围。同时，还要对低碳经济发展所涉及的其他相关领域法律进行相应修改。此外，在加强农业减排方面法律法规的制定和实施上，应以《农业法》《草原法》《土地管理法》等法律为基础，制定与低碳农业相关的农田、草原保护建设规划，严格控制脆弱生态系统的土地开垦，建立健全促进改善农业生产力和增加农业生态系统碳储量的法律法规体系。

（二）构建以《应对气候变化基本法》为核心的低碳法律体系

法治是现代文明的一大基本特征，任何领域、产业的发展都离不开法律的依据和保障。一个国家是否有较为完备的应对气候变化、发展低碳经济的法律体系，一定程度上代表着该国低碳引导的水平。法律经济学认为，法律的优劣性评价来源于法律供给是否能够满足社会需求。全球气候变暖的严峻形势、国际日益高涨的减排呼声，以及国内不断发展的低碳实践，都对以《应对气候变化基本法》为核心的低碳法律体系构建提出了现实诉求。然而，目前我国只出台了《中国应对气候变化国家方案》《中国应对气候变化的政策和行动》等政策文件，《气候变化应对法》刚刚纳入国家立法规划，使低碳经济的发展缺乏基本的法律保障。因此，有必要加快具有总则性质的《应对气候变化基本法》的制定进程，并逐步形成一个以此为统领、其他应对气候变化单行法为主干、具体行业领域配套实施细则为辅助的较为完备的应对气候变化法律体系。在构建以《应对气候变化基本法》为核心的低碳法律体系时，应注意把握以下几方面内容：❶

第一，基本法中要明确中国应对气候变化、发展低碳经济的基本方针和原则。

第二，规范应对气候变化专项规划的制定和实施，将应对气候变化工作纳入各级政府国民经济和社会发展规划及年度计划，统筹协调各级政府及其部门的应对气候变化行动。

第三，充分发挥各级政府在应对气候变化、发展低碳经济中的引导作用，明确各级政府和相关部门的职责和分工，形成统一高效的低碳政府组织结构。

第四，明确各级政府、企业事业单位和公民在调整优化产业布局、发展低碳产业和促进高碳产业低碳化转型、节能和新能源使用发展完善、推动低碳技术研发应用、减少废物排放、发展循环经济等方面的责任和义务。

第五，规范合同能源管理、技术研发推广、信息发布等相关制度机制的评估、审批、监测、管理、处罚，加强风险防范，建立危机处理机制，为这些制度机制的健康有序运行提供法律保障。

第六，构建应对气候变化的国际合作机制。

---

❶ 郑国光. 应研究制定《应对气候变化法》[N]. 人民政协报，2010-7-26，第 B01 版.

（三）加快出台配套实施细则和相关标准，提高立法的可操作性

美国著名法学家多佐认为：“法律作为一种行为指南，如果不为人知而且也无法为人所知，那么就会成为一纸空话。"❶ 法律的可操作性直接影响法律的执行，因此，除构建以《应对气候变化基本法》为核心的低碳基本法体系外，还应适时制订与各基本法配套的实施文件，如制订《节约能源法》的配套实施文件，加快出台《水电适用可再生能源法的规定》《可再生能源资源调查和技术规范》《可再生能源发展的总体目标》等 12 个可再生能源配套法规的多部实施细则，同时及时修订《节约石油管理办法》《节约用电管理办法》等。此外，对法律实施所涉及的技术标准、量化指标等，也应配套颁布相关的标准规范，如制订和完善主要耗能行业节能设计规范，建筑节能标准，主要工业耗能设备等能效标准，建筑物温度控制标准等，并对相关标准（包括国家标准、行业标准、地方标准及企业标准）予以严格化、合理化，促进节能减排目标的实现，为低碳经济的法制保障提供有力支持。

我国"十二五"规划纲要虽明确提出了单位国内生产总值（GDP）能耗和二氧化碳排放量降低、主要污染物排放总量减少的约束性目标，但中期评估显示，2011—2013 年全国能耗累计下降 9.03%，氮氧化物排放总量累计下降 2%，分别只完成 5 年任务的 54.3% 和 20%，与 60% 的进度要求存在很大差距。❷ 为此，国务院办公厅于 2014 年 5 月 15 日印发《2014—2015 年节能减排低碳发展行动方案》，对节能减排目标进行调整，提出 2014—2015 年，单位 GDP 能耗、化学需氧量、二氧化硫、氨氮、氮氧化物排放量分别逐年下降 3.9%，2%，2%，2% 和 5% 以上，单位 GDP 二氧化碳排放量两年分别下降 4% 和 3.5% 以上，以保证"十二五"节能减排目标的实现。然而，如果没有具体配套实施细则和相关标准体系的修订和出台，这些艰巨的任务目标能否如期实现尚不可知。

提高立法的可操作性，不仅需要法律条文明确具体，配套法规衔接紧密、颁布及时，还要考虑法律法规定条文中所涉及的具体量化指标和技术标准规范，这些配套实施细则和相关标准是对以《应对气候变化基本法》为核心的低碳基本法体系的必要补充，对具体化基本法目标、提高可操作性、保障低碳法律法规体系的有效执行发挥着重要作用。

（四）科学设置法律责任，构建低碳化法律实施与执行机制

法律责任赋予法律强制力量，是法律得以有效执行的根本保障。然而，目前我国的低碳相关法律法规中缺少明确的法律责任规定，只有义务，没有责任，行政、司法

---

❶ 博登海默．法理学——法律哲学与法律方法［M］．邓正来译．北京：中国政法大学出版社，1999，239.

❷ 季苏平．节能减排形势严峻，发改委环保部重申将严格问责．中国广播网，2014-05-26. http://china.cnr.cn/NewsFeeds/201405/t20140526_515584770.shtml.

部门在执法过程中找不到相应的法律依据，难以执行，法律就有沦为一纸空文的风险。因此，有必要在低碳法律法规中明确法律责任。

首先，合理设置处罚金比例。在明确各行为主体的法定义务基础上，对违法和没有履行法定义务的行为应根据具体情况给予相应比例的资金处罚。目前，我国相关法律中有"按照直接损失的30%计算罚款，但是最高不得超过100万元"的规定，这种罚款上限的设定对部分资金实力雄厚企业的约束力有限，加上对企业进行低碳技术改造的其他引导力度不足，这样上限的设定对应对气候变化、发展低碳经济起到了一定程度的消极作用。我们应该按照"过罚相当"的原则，依比例、分阶段实施差别处罚，对那些故意不使用污染防治设施、多次不履行法定义务者应提高其应缴处罚金比例。

其次，给予适当的行政处罚。对违反低碳法律规定获取利益的行为，如未经环境保护行政许可而建设的项目，或项目未经环保部门验收而进行生产、经营等，对相关责任主体处以行政处罚；对那些故意不使用污染防治设施、多次不履行法定义务者，除提高其应缴处罚金比例外，还应视情节严重给予吊销营业执照等行政处罚。

第三，明确划分职权。处罚主体规定混乱、职权划分不明是导致"有法难依"的重要原因。在法律层面确定低碳经济各相关部门的责任与分工，明确各部门的职权范围，建立部门间相互协调配合的法律机制，是应对气候变化行政执法的需要。

值得注意的是，我国作为发展中国家，目前仍处于工业化进程中，近年来受世界性经济危机的冲击和欧债危机的影响，经济下行压力增大，在这种情况下，如果法律责任设置不合理，难免会使很多原已面临困境的企业雪上加霜、难以为继，与低碳经济发展的初衷背道而驰。因此，在规定应对气候变化法律责任时还须遵循科学、合理的原则，始终坚持"发展是第一要务"的方针。

二、加快产业、能源结构的低碳化调整

产业结构调整是国家宏观调控的重要内容，也是实现低碳技术、减少碳排放的重要途径。国民经济发展方式的转型升级，离不开政府整合企业、高校和研究机构的力量，推进低碳创新，同时，通过政府切实可行的政策，引导企业采用先进技术、少用传统能源，从而实现低碳转型。

（一）建立健全产业创新系统

产业、能源的低碳化调整不是一朝一夕之事，所涉及行业范围又十分广泛，任何单个行业、单个主体都不可能完成这种系统性的转变。我们不仅需要全面具体的独立行业政策，更需要政府、企业、高校或研究机构等行为主体的协调配合，只有在政府牵头引导下建立起完善的产业创新系统，才是真正实现产业、能源转型的根本保障。

首先，建立政产学研一体化创新机制。政府首先要引导把握产学研合作方向，一

方面通过项目经费补贴、税收融资优惠、人才支持等方式，引导支持企业尤其是中小企业与高校或研究机构在技术研发推广、经营机制创新等方面展开合作；另一方面，建立产学研合作交流信息平台，实现供需信息共享和多方无障碍沟通，从而打破单个利益主体的局限，为产、学、研架设起合作桥梁，并根据需要为双方合作提供相应服务。同时，对合作协议和项目进程实行监督，并建立信用评价体系，保证产学研一体化系统健康有序运行。

其次，培育低碳型新兴产业。在大力发展清洁煤电产业和节能环保产业的同时，规范调整发展可再生能源产业。在当前高碳能源消费结构下，发展节煤节电产业是谋求低碳发展最现实有效的措施，应成为低碳产业发展的一个重点方向，积极开发以CCS为核心的清洁煤技术，高效、清洁使用煤炭、石油等化石能源。节能环保产业是低碳产业的重要组成部分，目前已被列入我国"十二五"规划纲要。政府除加大政策扶持力度外，还应将重点放在保障政策有效实施的具体制度上，推行"低碳"技术标准和碳标签制度，鼓励消费者选择低碳产品，同时整合人才、知识、技术、信息等高级生产要素，为节能环保企业提供良好的发展条件。发展太阳能、风能、水能、生物能等可再生能源是实现产业、能源低碳化转型的根本之道。虽然我国可再生能源产业（如风电、光伏等）在政府的大力支持下也获得了快速发展，但仍存在产业结构不合理，部分环节（如光伏电池生产）过度发展、产能过剩，并网难等问题，需要政府加强规范引导，加快技术研发，发展形成完整产业链，促进可再生能源产业持续健康发展。

第三，推动高碳产业低碳化转型。推动高碳产业低碳化转型的关键在于技术创新。以产学研一体化创新系统为依托，不断推动节能减排、清洁生产、污染治理、资源综合利用等技术的研究进展和推广应用，对传统高碳产业进行改造。同时，对高碳产业实行严格管理，一方面对新建、扩建的高碳企业或项目进行严格审批，并实行审批问责制，在提高高碳产业准入门槛的同时加强监督执行；另一方面以各项产业能效标准和污染排放标准为依据，建立企业生态环境影响评估机制，加速淘汰落后产能和落后技术，如小化工、小炼钢、小造纸等"十五小"企业。

（二）以技术创新为核心

低碳技术是制约我国低碳产业发展和高碳产业低碳化转型的关键，这决定了技术创新在产业、能源转型中的核心地位。我国政府对低碳技术的研发推广给予很大重视，直接参与碳捕集和封存、可再生能源、清洁汽车、零碳建筑等低碳前沿技术的研发投入例如，科技部已组织实施的"清洁汽车行动"和"电动汽车行动"两个重大科技专项行动，对推动替代燃料燃气汽车、纯电动汽车、混合动力电动汽车和燃料电池电动汽车的开发与应用起到了积极作用。❶ 然而目前，我国低碳技术整体上无论在

---

❶ 金乐琴. 中国低碳发展：市场失灵与产业政策创新［J］. 北京行政学院学报，2010，1.

质的方面还是量的方面都远远不能满足低碳产业发展的要求，而未来低碳经济的发展需要大量的先进技术作支撑。高风险、高投入、回收周期长的特点常常阻碍企业在低碳技术领域进行研发投入，成为阻碍低碳技术创新取得进展的关键制约因素。政府应对此予以极大关注，将技术引进和自主创新相结合，引导促进低碳技术的研发、推广和应用。在研发方面，通过加大对低碳技术研发的前期投入、实行税收优惠，分担和降低企业进行低碳技术引入和自主研发的风险和成本；成立专门的风险性投资基金，用低风险、高收益吸引并带动更多的民间资本参与进来，为低碳技术创新提供市场导入和资金支持。在推广应用方面，一方面进一步加强技术研发创新，不断降低技术应用成本，鼓励企业加速固定资本折旧，更新原有设备和工艺；另一方面建设技术信息服务平台，及时修改完善技术标准体系，通过技术达标审查、产品市场准入、知识产权保护等制度的建立为低碳技术的研发和推广应用提供制度上的支持和保障。

(三) 建立政府与企业互动模式

企业是主体，政府是引路人，产业、能源转型要基于正确的政企关系，实现政府与企业的良性互动，以保障产业、能源政策的实施效果。在决策过程中广泛听取企业界意见，在目标确定上，充分考虑企业向低碳经济转型面临的实际条件和困难，与企业达成共识，明确政策方向和企业参与路径，并实行动态监督管理，在给企业提供稳定政策预期的同时，政府还可根据政策实施的具体情况调整发展计划和重点领域，切实保障产业、能源实现顺利转型。在政策实施过程中加强同企业的互动交流，一方面加强对企业的节能减排进行实时监测，使企业在按照政策指引方向进行生产和组织管理时，及时获得其减排调整效果的信息，进一步调整其减排方案和行动；另一方面，通过对各行业排放信息的实时掌握，科学界定减排的重点行业和领域，还可以为企业决策提供参考，减少其盲目性。国家发改委针对重点能源密集型企业而启动的"千家高能耗企业"项目，在把定量节约能源的目标分配到每个具体企业的同时，还深入企业指导帮助其提高能源效率，是政府与企业互动的一个实例。此外，政府应意识到企业家精神对产业、能源领域创新的重要性，尊重并重视培育企业家精神，健全资本市场，加强知识产权保护，为企业家进行低碳产业创新提供营造良好的市场环境和制度保障。

三、建设低碳政府

政府不仅是低碳发展理念的宣传者，更是低碳发展理念的践行者。政府是由人组成的社会发展服务机构，因此要推进低碳发展，首先要服务机构本身的成员深刻理解低碳发展，树立低碳发展理念。同时，政府本身的行为需要得到改进，推行低碳办公，实现"低碳化"。最后，政府的人事规则也需要革新，将低碳指标纳入考核体系，增强低碳发展对政府行为的"硬约束"。

（一）树立低碳发展理念

理念是行动的先导。树立低碳发展理念的意义在于指导和确定政府行为的目标、任务、方式。低碳政府的建设不仅涉及政府对经济社会公共事务的引导，还包括政府自身内部事务管理的低碳化。树立政府低碳发展理念，政府活动不仅要以相关法律法规为依据，坚持贯彻引导性政府职能模式，促进经济社会实现低碳发展，而且要有以追求节能环保为目标，树立能源资源节约意识、生态环境保护意识、长期可持续发展意识，进行低碳办公，实现自身内部管理的低碳化。

一方面，在指导和推动低碳经济发展过程中，必须改变传统思维模式和发展模式，将生态文明融入政府执政理念，确立低碳经济发展思路，以低碳发展统筹协调应对气候变化和经济发展的关系。

另一方面，在政府自身管理上，树立绿色生态的绩效衡量标准，完善绿色问责机制，带头做好节能减排和绿色采购工作。

此外，各级政府要明确提出发展低碳经济的目标与工作举措，明确低碳经济发展的工作思路、基本原则、工作重点、保障机制，使低碳发展理念在国家和地区经济社会发展规划、决策和具体执政行为中得到有效贯彻。

（二）实行低碳办公，建设节约环保型政府

在引导低碳经济发展中，政府的行政活动本身也是一个碳排放的过程，行政机构及人员越庞大，活动越复杂，开支越大，能源消耗就越大，碳排放量也越大，因此政府理应首先从自身出发做好表率，实行低碳办公，建设节约型政府，减少包括办公室建筑成本、车辆成本、吃喝招待成本、通信成本、会议成本、设备及其他易耗品成本等的支出。这不仅是政府应尽的社会责任，也会对企业和个人起到积极的示范作用，有利于形成良好的社会风气，加快实现生产方式和生活方式的低碳化转变。

第一，加强预算管理，减少不必要开支。我国人均负担的年度行政管理费用增长远快于人均 GDP 增长、人均财政收入和支出增长，这说明政府部门的行政开支相对较高。各政府部门要以节约为原则、科学规划管理一年的办公预算，并严格按照预算的规划开展工作，完善接待和费用管理办法，加强对各类外出考察培训活动的监督，防止以学习考察之名行旅游度假之实的行为，减少不必要的行政开支。

第二，实现日常办公低碳化。实行低碳办公，建设节约环保型政府，要求政府部门从日常工作入手，注意节水节电，加强电器设备和用水设备的日常维修管理，严防跑冒滴漏等现象；积极推广电子政务和办公系统自动化，实现无纸化办公；加强公务用车的使用管理，规范完善其申请、审核、购买及使用规章，实行公车限行政策，鼓励公务人员乘坐公共交通工具。此外，政府办公人员也应从工作生活中的点滴小事做

起，外出关闭电脑电源或启动"睡眠模式"，养成随手关灯等习惯，自觉减少对公务车的使用，选择公共交通出行。

第三，实行"绿色采购"。要实现政府办公过程的低碳化，除了节约使用能源资源外，还可以通过优先采购节能和环保标志产品，推广高效节能家电及办公设备，大力采用节能型灯具、高效节电新光源和节电控制装置，对办公大楼进行低碳化改造，建造新能源消耗循环系统，使用低碳环保材料，以降低能源资源消耗、减少温室气体的排放。政府作为国内市场上最大的消费者，通过实行"绿色采购"、不断扩大采购范围，明确政府对低碳环保产品的支持，可以起到率先垂范的作用，引导促进全社会的低碳消费、形成低碳消费方式。

（三）建立科学有效的低碳政府绩效考核评价体系

绩效评估作为一种重要的政府治理工具，已经成为全世界各国政府改革议程中的重要组成部分。建立和完善科学的政府绩效考核评价体系，有利于促进政府部门的办事效率，提高其职能履行的惠民利民程度。同时，绩效考核评价体系也应随着社会经济的发展、民众利益诉求的变化和政府职能目标的转移而不断更新。在低碳经济时代，引入低碳理念、设立一套新的政府绩效考核体系，以评估低碳经济背景下的政府绩效，将有效促进政府在低碳经济发展中更好地履行其职能。

首先，在评价主体选择上应遵循利益相关者原则，所有参与低碳经济建设的行为主体都可以对政府绩效进行评估，通过多元化评价主体使政府人员全面了解其职能履行情况，促进政府更加有效地向"低碳政府"的建设目标迈进。

其次，设计科学合理的低碳政府指标体系，从目标规划、法律法规、产业能源转型、自我管理、市场建设、技术进步、引导消费等方面入手，注重各项指标的客观性和可测性，使其真正成为评价政府低碳引导执行力的依据。

再次，合理确定各项指标权重，不仅要考虑各地的具体情况差异，是各地方政府能够根据当地优势引导低碳经济发展，还要注重指标赋权的客观合理性，通过多个利益主体的多次评价，采用主成分分析法、灰色多层次分析法、数据包络分析法、因子分析法等方法对评价结果进行分析，把握各指标之间的相关关系，尽可能地保证赋权的客观性。

最后，有效运用考核结果，将考核结果与官员的奖惩、任免挂钩，对在绩效考核中得分优异的官员给予适当的奖励和升迁，而对地方碳排放超标、生态环境恶化、没达到考核要求的官员严加问责，实行终身责任追究制，从而有效监督政府的低碳引导行为，提高各级政府进行低碳引导的主动性和对中央低碳政策的执行力。

四、发展以 CCS 为代表的清洁煤技术

我国能源消费结构中煤炭比例居高不下，近年来，随着国家对低碳经济的重视，

采取了一系列促进能源结构调整的措施，煤炭比例虽然有所下降，却仍占据大半江山。据国家统计局统计数据显示，2012年，煤炭在我国能源消费中仍占有66.6%的比例。CCS的出现为我国在高煤能源结构下发展低碳经济提供了现实的解决方案。2013年以来，我国开始加速CCS的发展，但由于起步较晚，国内大部分CCS项目仍处于研发和示范阶段，而且据IPCC估计，这一阶段会持续到2020年。❶ 当前，CCS对我国低碳经济发展的重要性已基本成为共识，我们不仅要看到CCS的发展前景，更要深刻认识其发展所可能带来的各种问题，在借鉴美国、挪威等CCS先行国发展经验和充分考虑我国国情的基础上，出台和完善促进CCS发展的法律规划、财税金融政策，加强国际合作，激励企业参与，推动大型CCS示范项目的建设运行。具体可从以下几方面入手。

（一）继续推进基础研究工作

政府要发挥引导作用，以研发示范项目为纽带，加强政府、企业、科研院所等主体间的协同合作，促进CO_2捕获、运输和封存等环节关键技术的联合攻关；研究CCS项目申请与核准、环境影响评估、场地关闭条件、事故应急处理等专门程序；选择适宜CO_2储存的地质构造进行试点，如沉积盆地、废弃油气田、弃采煤层等，从封存容量、可注入性、密封性等方面开展地质勘查，对CO_2的封存潜力和安全性进行评估，严防碳泄漏；发展碳捕获、利用和封存（CCUS）技术，研究创新CO_2的利用渠道，推动其商业化运营。比如通过二氧化碳驱油（EOR）来提高石油采收率和用于产品生产；中国石油吉林油田的EOR工程用来驱油，安徽淮南用之制造化肥，华能北京将之用于食品保鲜，河北新奥集团用来培养海藻等，将收集起来的二氧化碳通过商业运作利用起来就改变了那种纯"公益性质"的地面或海洋封存。在CCS成本过高的情况下，这种方法可以缓解全部将二氧化碳100%封存的费用。❷

（二）制定具体的发展规划和法律法规

在基础研究工作的基础上，出台CCS发展专项规划，明确未来发展的战略目标、阶段任务、融资机制、保障措施、应急预案，为CCS的科学发展提供指导；配套出台从项目申请审批、建设运行、评估验收等各个环节的法律规范，补充完善相关的技术标准和安全保障条例，使CCS运行有坚实的法律基础。为检验我国CCS的自主创新技术以及项目运行的商业可行性，加强对中长期较大规模和全流程示范项目的规划设计，加速推动大规模全流程示范项目的建设运行，为CCS的大规模发展创造健康有序的法制环境。

---

❶ IPCC, Climate Change 2007: The Physical Science Basis, Contribution of Working Group I to the Fourth Assessment Report of the IPCC [R], New York: Cambridge University Press, 2007: 66-80.

❷ 赵川. CCS缺乏大规模示范项目，中国重要性正在增加. 21世纪经济报道，2014-03-03.

（三）加大财政直接投入

目前，成本高是制约 CCS 发展的最大瓶颈。据全球碳捕集和储存协会估计，CCS 的发电成本为每兆瓦 50 美元~100 美元，此外还要加上大量的发展资金成本。❶ 加上项目投资运营的种种不确定性，CCS 吸引私营企业投资的直接动力显著不足，因此 CCS 发展所需的绝大部分项目资金仍主要依靠财政直接投资。我国现有的几个 CCS 项目都得到了政府财政的大力支持，如华能北京高碑店项目、上海石洞口第二热电厂项目、神华集团鄂尔多斯全流程 CCS 项目等，这些项目的运行都处于初期阶段，后期发展还需要大量的资金投入，要实现 CCS 的加速发展，必须进一步加大财政直接投入力度。

（四）建立企业激励机制

CCS 发展的最终目标是实现市场化运营，需要市场上各方利益主体的积极参与，而且政府财资毕竟有限，仅靠政府之力，难以满足 CCS 发展的资金需求。因此，在加大财政直接投入的同时，我们还应学习借鉴发达国家政府在引导推动 CCS 发展方面的经验，通过设计 CCS 设备退税补贴、提高电价、发展商业保险、设立信托基金、公私合营等方式建立系统全面的企业激励机制，吸引更多社会资本参与支持 CCS 发展。此外，通过对大量排放 CO_2 的企业征收碳税，增加未进行 CCS 改造企业的排放成本，激励更多企业进入 CCS 研发和项目建设中，加速 CCS 的推广应用，有利于实现其产业化发展；通过碳交易市场的发展完善，增加经过 CCS 改造企业的收益，对企业形成正面的经济激励，也可以推动企业自觉支持和参与 CCS 发展。

（五）进一步加强国际合作

我国作为全球最大的煤炭能源消费国❷和 CO_2 排放国，同时也是全球最大的发展中国家，在 CCS 技术发展方面起步晚、发展相对落后，在面对巨大碳减排压力的同时，也承担着经济发展的重任，要实现 CCS 的快速发展，仅仅依靠国内资金和技术很难实现。因此，政府应积极推动中外联合项目建设，目前我国已与英国、美国、澳大利亚等国家在 CCS 发展方面展开不同类型和程度的合作，未来还应进一步加强这一合作，并以此为平台加强与国外相关机构和跨国公司的交流合作，学习掌握国外的先进技术，提升我国 CCS 技术水平；积极争取亚洲开发银行、世界银行、国际开发协会等国际金融机构以及发达国家对 CCS 项目的资金支持，加速我国 CCS 项目建设和技术的推广应用，鼓励企业参与 CDM 获取收益。

---

❶ 北极星电力网新闻中心．CCS：驱动碳减排的引擎，2013-12-13．
❷ 《BP 世界能源统计年鉴 2013》统计数据显示，2012 年，中国煤炭消费量为 1873.3 百万吨油当量，同比增长 6.1%，占全球煤炭消费总量的 50.2%。

五、大力推广合同能源管理

目前，高耗能、高排放、高污染的粗放型经济发展模式仍是我国经济发展的主流，作为促进节能减排目标实现和低碳经济发展的有效手段，合同能源管理拥有广阔的市场前景和发展空间。通过世界银行二期项目的实施，EMC模式在我国的推广已初见成效，投资总额不断增加，节能服务公司数量快速增长，各项政策逐步落实，但EMC产业发展还远不成熟，由于很多政策不到位，产业发展较为混乱，仍然面临着一系列问题，亟待补充完善相关政策，进一步引导推动其发展。

（一）加强宣传培训

节能服务公司大都是中小企业，自身力量有限，只能在极为有限的范围内进行宣传推广。作为新事物，公众对EMC机制知之甚少，缺乏社会认可度，这已成为当前EMC发展的一大障碍。EMC制度的发展和完善是一个长期过程，应制定长期的节能宣传计划，有步骤地进行推广；通过电视、网站、广播、学校教育等渠道大力宣传合同能源管理的理念、运行机制和实践意义；对税务机关、采购人员等相应国家机关及其工作人员进行合同能源管理政策宣传，加深其对国家EMC政策的理解和支持，在工作中更好地贯彻执行相关政策；引导节能行业协会和基层社会组织合作，在社区企业和居民区开展节能推广的宣传活动，加深相关主体对合同能源管理的认识，引导和促进其参与合同能源管理的积极性。

（二）规范行业发展

科学合理的行业规范对推动合同能源管理的发展具有重要的意义。目前我国对节能服务公司实行的审核备案制度，只针对希望申请财政奖励的企业，由于缺乏行业规范和市场准入制度的强制性，很多节能服务公司和项目游离于监管之外，造成产业发展局面混乱、信誉堪忧。政府应尽快通过完善的相关法律体系和政策规定，制定行业发展所涉及的服务标准、合同规范、招投标程序、节能减排效益的测试和验证标准等一系列规范；培育发展客观、公正、独立的第三方权威认证与评估机构，建立一套科学的第三方认证体系，一方面在审核备案制度的基础上，重点对节能服务公司的技术能力、资金实力和信誉状况进行审核；另一方面加强建筑、工业、交通领域的能耗监测；规范合同能源管理签约双方的行为，加大违约处罚力度，增强双方的合作互信，为EMC发展创造有序的外部环境。

（三）完善激励政策

资金短缺是当前制约国内外EMC发展的最大障碍，为此应实施更多的激励政策，加大支持力度。

1. 调节税制

为减轻其成本负担，我国政府对合同能源管理项目实行增值税、营业税"三减三免"政策，但由于税务部门对节能设备投入、节能服务收入财税处理方式的问题，节能服务企业所享受的优惠有限。对此应首先将节能服务公司所取得的节能收益归类于计征服务税，在工商注册登记中将其归为服务业，将节能服务公司和一般销售企业区分开来，为节能服务公司制定专门的税收政策，通过税收豁免、税额减免、税收抵扣、优惠税率和节能设备加速折旧等方式给予 EMC 项目更多的税收优惠。❶

2. 鼓励金融创新

在倡导金融机构积极推行绿色信贷的基础上，进一步鼓励商业银行创新信贷产品，对符合资质要求、信誉良好的节能服务机构要简化申请和审批手续，拓宽担保品范围。现在有些银行已经开始专门为支持合同能源管理设置了一些新的贷款产品。在合同能源管理走在全国前列的上海，浦发银行等 13 家银行承诺，以未来收益权质押形式为 EMC 项目提供总额 130 亿元绿色信贷。

3. 设立融资担保基金

目前中国节能促进二期项目《EMCo 贷款担保计划》已成功利用国际资金为节能服务公司提供融资支持，可借鉴这一经验设立 EMC 专项担保基金，由政府出面以担保基金为 EMC 项目提供担保，增加金融机构向节能服务公司提供贷款的积极性。为满足各地不同的发展需求，更好地促进地区 EMC 的发展，担保基金可设国家和地方两级，国家级的主要负责国有资产的大型 EMC 项目的担保，地方节能担保基金则主要用于本地 EMC 项目的支持，二者协调配合，共同为解决 EMC 融资难题献力。

4. 搭建投融资服务平台

信息不对称是市场失灵的主要表现之一。我国 EMC 发展前景广阔，存在很多潜在的开发项目，但由于缺乏及时有效的信息平台，许多蕴含经济效益的节能项目找不到投资人，投资者也缺乏对项目信息的了解和掌握，信息不畅通极大地阻碍了 EMC 产业的发展。因此，各地有关部门应搭建节能服务产业信息平台，一方面可以加强对合同能源管理的宣传，有助于 EMC 获得多方面的资金来源；另一方面可保证项目信息及时、畅通，减少信息交流上的障碍，促进产业不断发展壮大。

(四) 建设公共项目

公共机关带头与节能服务公司签订节能改造合同，不仅可以解决项目难找的问题，迅速打开市场，一定程度上还有利于解决融资难、贷款难的问题；随着公共项目的实施，可以增加公众对 EMC 的了解，提高其的社会认可度和信誉度，带动企业和事业单位参与进来作用；对政府来说，进行节能改造也可以节省财政支出，有利于节能减排目标的实现。公共项目的实施对 EMC 产业发展的作用已被国外的发展实践所证实，比如：美国联邦政府立法强制政府机构的节能改造项目须和节能公司合作，并

---

❶ 徐剑锋. 合同能源管理发展现状及其政策研究 [D]. 南昌大学，2012.

出台 EMC 指导性文件，给予政府机关详细指导和帮助；加拿大政府也于 1992 年实施"联邦政府建筑物节能促进计划"（The Federal Building Initiative，FBI），要求政府机构的办公楼宇交由节能服务公司提供节能服务，这些措施极大地推动了两国 EMC 产业的发展。目前，我国实施的 EMC 公共项目少之又少，要解决当前 EMC 发展所面临的诸多困境，促进 EMC 产业长足发展，政府必须从自身入手，大范围实施公共项目。具体地说，可以先选取一两个政府机构的节能改造项目交给节能服务公司做示范，然后把其他政府节能项目推向市场，进而使医院、学校等公用事业单位参与进来，鼓励国有企业将节能改造项目外包给节能服务公司，促进节能服务公司的成长和 EMC 产业的发展壮大。

六、动员全民参与，践行低碳生活

低碳消费模式作为一种文明、科学、健康的生态化消费模式，对于促进中国经济发展方式的转变、建设生态文明、实现经济社会的科学发展具有重要意义。长期以来形成的高碳生活方式使民众的消费、生活产生了严重的路径依赖，这种转变不是一朝一夕的事，目前才刚刚开始起步，政府在引导推动低碳消费、低碳生活上还有很长的路要走。

（一）深化低碳消费理念的宣传教育

通过公益广告、社区活动等形式向公众宣传低碳生活的理念，消除人们对低碳生活的疑虑和误解，低碳生活不仅不会降低人们的生活水平，在低碳技术的支撑下，还会为人们的生活带来更多便利，倡导人们共同为摆脱雾霾困扰、重建清洁的大气环境而努力。如：建立低碳知识网站，向群众传播与低碳生活有关的专门知识；相关主管部门及时收集节能宣传素材，总结和表彰典型，进行舆论导向和发挥监督作用；将低碳宣传引入学校教育，充分利用学校阵地对青少年进行践行低碳生活的教育，培养其低碳意识，养成低碳生活的习惯。

重视发挥社会组织的作用，引导支持 NGO、企业举办各种有关低碳理念低碳产品宣传的比赛和活动，如"酷中国—全民低碳行动"项目和"JMC 轻卡低碳中国行暨全国巡回节油体验营"系列公益活动。"酷中国—全民低碳行动"项目由环境保护部宣传教育中心、国家应对气候变化战略研究和国际合作中心、美国环保协会主办，中国国际民间组织合作促进会绿色出行基金协办，深入学校，在全国各地采取线上"学校+社区/孩子+父母"的互动模式，学生可在酷中国网站（www.5igree.org）注册成为"低碳小管家"，负责记录家庭每月的能源消耗情况，并在线提交相关数据，网上碳计算器可以准确地算出"低碳小管家"的家庭温室气体排放量，并对家庭碳排放情况做出分析，提出改进建议，最后根据小管家们的积分及项目参与积极度，评选出优秀低碳小管家参加夏令营。这种以孩子为核心的家庭参与模式，不仅培养了下一代的低碳意识，也使整个家庭都深入了解并践行低碳生活。"JMC轻卡低碳中国行暨全国巡回节油体验营"系列公益活动由中华环保联合会青少年环境友好行动委员会、江铃汽车股份有限公司、中国汽车报社、中国汽车新闻工作者协会联合发起并主办，旨在唤起卡车人对环保的关注，更为卡车人提供了一个展示环保理念、比拼节油技能的舞台。鼓励他们不断提升节油技能、提高低碳意识；主办方还向公众宣传低碳环保的理念，赠送植物种子、盆栽和《低碳生活手册》，深入学校开展了"校园低碳课堂"、"社区低碳课堂"与"低碳环保绘画比赛"等活动，向社会公众特别是孩子们传递低碳环保的知识和生活理念。

（二）建立健全低碳消费的保障机制

1. 建立碳足迹制度

建立产品碳足迹标示制度也是改变人们消费观念的有效方法。碳足迹是指一个人的能源意识和行为对自然界产生的影响，也就是标示一个人或者团体的"碳耗用量"。产品碳足迹是指产品、行为或服务，计算它们直接或间接的在原料、制造、运输、使用到废弃的整个过程中，所产生的二氧化碳排放量，注明在产品上，就是产品的碳足迹标识。英国、美国、加拿大等国的碳标识市场发展都比较迅速，许多企业已经开始将碳足迹的分析运用到管理和优化生产运输流程中。通过碳足迹分析企业可以向消费者提供产品的碳足迹信息，让消费者得到一个量化认识，了解产品对环境所造成的影响，进而引导大众向低碳消费决策转变。我国应该大力推广碳足迹方面的科普知识，尽快建立碳足迹标示制度，以此在全社会倡导合理的物质消费，让普通百姓都能参与到低碳消费的转变中来。

2. 实行低碳产品认证制度

低碳产品认证传达产品碳排放的信息，在一定程度上也完善气候变化信息的发布渠道，拓宽公众参与渠道，通过消费选择，促进广大公众和社会各界参与减缓气候变化的行动，把关注气候变化的观念融入普通公众的日常生活。2013年3月，国家发改委19日发布我国首个《低碳产品认证管理暂行办法》，国家建立统一的低碳产品认证制度。实行统一的低碳产品目录，统一的标准、认证技术规范和认证规则，统一的认证证书和认证标志。同时还规定了从事低碳产品认证、检测活动的机构及人员的资质条件，明确了实施程序、监督管理要求和相关法律责任从而规范低碳产品认证活动，引导低碳生产和消费，促进我国低碳产业发展。我国近几年已实行了多项节能、环保产品认证。推行了包括节能节水产品认证、能源管理体系认证、新能源认证、产品碳足迹认证、ISO 14064企业碳排放核查、CDM和自愿碳减排项目的审定与核查等一系列与低碳生活相关的认证服务。目前，低碳产品认证的试点工作已在广东、重庆、湖北三省市全面展开。

3. 强化财税激励

一方面，政府应通过减免税费、提供财政补贴等措施调节居民消费行为，鼓励低碳产品的消费，减少消费者因使用低碳产品增长的开支，实现低碳消费；另一方面，还要通过财税政策抑制消费主体的高碳消费方式。现行的法规政策多偏向于促进和激励低碳消费的发展，而缺少惩罚性的法规和政策。目前我国已经出台了为小排量车、高效能的家电和节能灯等提供补贴等鼓励政策，对那些使用寿命长、可升级、可拓展性能较强的产品给予税收优惠。同时，还应对购买奢侈型、高碳排放的消费品加征消费税，通过对上市的产品进行信息跟踪和评估定性，对那些生产碳排放和环境代价高的产品就要加征惩罚性税收，对严重破坏自然环境、浪费资源的高碳消费行为予以制止和取缔。

4. 建立客户绿色档案，发展绿色消费金融

我国的绿色信贷政策虽起步比较晚，但自实施以来，得到了社会各界的积极响应，成为推进环境保护的重要经济手段。当前进一步发展绿色信贷的主要任务是联合各商业银行统一行动，制定统一的环境风险评级标准、具体的信贷指导目录和实施细则，完善环保与金融部门的信息沟通和共享机制。建立统一的环保资信档案，对那些环境污染企业以及环境保护信誉不良的客户限制贷款，而对那些低碳环保企业以及环保资信良好的消费者个人要适当放宽贷款额度，降低贷款利率，从而有效引导企业和个人行为，使环境保护、低碳生产和消费成为全社会共同的责任。

（三）建立良好的低碳消费环境

1. 加强对消费市场的监管

发展低碳消费只依靠政府的法规政策和消费者的自觉是不够的，还需要加大政府对消费市场的监管力度、净化消费市场，为民众提供低碳消费的环境。首先要建立与低碳经济相适应的产品市场准入制度，为低碳产品的市场化提供制度保证。运用市场机制不断减少能源密集型的产品，实现低碳合理的商品供应结构。同时，要严厉打击在能源耗能产品上的假冒伪劣行为，净化商品销售市场。其次，建立健全能耗产品的质量监督制度，通过行政执法强制淘汰超过国家标准的高耗能产品及设备。三是扩展和完善产品的能效标识体系，拓宽消费者产品的选择面。目前，我国已对冰箱、洗衣机、空调等家电实施了能效标识，建立了白色家电的能效标识体系。要尽快让能效标识向更多领域的产品覆盖，使居民在生活的各个方面都能进行低碳消费的选择。在相关产品上标明消费者在使用时所产生的二氧化碳的排放量，如汽车注明其每公里所产生的二氧化碳排放量，这样居民就可以考虑其采用何种交通工具出行将更为合理，还可以标明为生产此产品产生的二氧化碳量，在促使企业更加的注重生产过程中的节能

与环保的同时，方便消费者做出购买选择。

2. 完善低碳基础设施建设

首先，将低碳理念引入城市规划设计规范，合理规划城市功能区布局，提倡环保、节能的生活理念，为中国未来的低碳发展创造条件。

其次，加快住房节能改造，引领低碳环保居住。2008年国家曾下达建筑必须节能50%的硬性标准，2009年住建部更是明确了2020年完成70%建筑节能改造的目标。然而，目前我国真正符合国家标准的低碳住宅很少。低碳住宅不仅仅是要在建造房子的各个环节使用低碳环保的材料，更重要的是在整个建筑在使用的生命周期内可以实现零碳循环，减少石化能源的使用、提高能效，最终降低二氧化碳排放量。各级政府要严格按照国家下达的节能建筑标准和节能改造目标，加大政府投资推进建筑节能改造的进程。实施民用供暖节能改造，通过更换供暖方式、改善管网系统的调节、提高热源效率等办法达到减低能耗的目的；提供低碳节能照明产品和节能节水装置，降低城市住宅能耗；规模化推广和应用高性能、低能耗、可再生循环利用的建筑材料，实行低碳材料的市场化。政府还可根据中国的人文伦理观，设计制定人均住房面积标准，引导城市居民购买面积适度的住房，减少对取暖、采冷、照明等热能和电能的需求和减少二氧化碳的排放量。

第三，加大公共投入发展城市公共交通，引导低碳出行。发展城市公共交通、引导市民低碳出行，是政府提供公共服务、引领市民参入低碳消费的重要途径。加强多种运输方式的衔接，发展城市轨道交通，建立大运量的快速公交系统，设立便利的公共服务点和优化的公交系统，对公共交通进行低碳化改造，并提倡选乘公交车、骑自行车或步行等低碳环保的出行方式，建设形成机动车、自行车与行人和谐的道路体系，使居民减少使用私家车的频率，选择公共交通方式出行。建设现代物流信息系统，加强智能管理系统建设，实行现代化、智能化、科学化管理，减少运输工具空驶率。研发混合燃料汽车、电动汽车等新能源汽车，使用柴油、氢燃料等清洁能源，减轻交通运输对环境的压力。

参考文献

[1] 庄贵阳. 中国经济低碳发展的途径与潜力分析 [J]. 太平洋学报, 2005 (11): 79-87.

[2] 吴晓青. 将加快研究制定国家低碳经济发展战略 [J]. 创新科技, 2008 (5): 5.

[3] 胡鞍钢. "绿猫"模式的新内涵——低碳经济 [J]. 世界环境, 2008 (2): 26-28.

［4］金乐琴．中国如何理智应对低碳经济的潮流［J］．经济学家，2009（3）：100-101.

［5］金乐琴．中国低碳发展：市场失灵与产业政策创新［J］．北京行政学院学报，2010（1）：56-59.

［6］李国强．低碳经济下政府的消费引导政策探析［J］．改革与战略，2012（1）：42-44.

［7］张剑英，陈桂东，孟建东．碳税对中国经济和就业的影响［J］．经济纵横，2011（10）：39-41.

［8］苏礼华．论中国低碳经济发展战略中的政府角色定位［D］．财政部财政科学研究所，2011.

［9］温辉，杨洁．低碳经济发展中的财税支持政策研究［J］．求索，2010（6）：82-83.

［10］陈志恒．日本构建低碳社会行动及其主要进展［J］．现代日本经济，2009（6）：1-5.

［11］李胜，陈晓春．低碳经济：内涵体系与政策创新［J］．科技管理研究，2009（10）：41-44.

［12］陈炳才，陈安国．我国应对气候变化的战略建议［J］．广西经济，2009（12）：56-57.

［13］张剑波．低碳经济法律制度研究［M］．北京：中国政法大学出版社，2013.

［14］杜婉音，毛红燕，董宇坤，等．低碳经济发展中的法律问题研究［J］．经营管理者，2014（2）：261-262.

［15］何鹰．低碳经济法制保障体系的建立与相关法制完善［J］．华南师范大学学报：社会科学版，2012（03）：131-135，164.

［17］贾甲．中国发展低碳经济的法律问题研究——基于法经济学的视角［D］．吉林大学，2012.

［18］鲁伟．我国发展低碳经济的立法问题研究［D］．江西农业大学，2013.

［19］徐楚锟．政府引导下的低碳经济融资方式研究——以商业银行为例［D］．江西财经大学，2010.

［20］杨飞龙．中国产业结构低碳化研究［D］．福建师范大学，2013.

［21］李祖超，聂飒．产学研协同创新问题分析与对策建议［J］．中国高校科技，2012（8）：24-25.

［22］高煜，曹大勇．我国产业政策的低碳化转型［J］．生态经济，2011（4）：95-101.

[23] 王文军，赵黛青，陈勇．我国低碳技术的现状、问题与发展模式研究［J］．中国软科学，2011（12）：84-91．

[24] 李平．低碳产业体系的构建与政策建议［J］．生态经济：学术版，2013（2）：285-289．

[25] 李文钰．低碳经济视域中的政府管理创新［J］．文史博览（理论），2012（1）：45-48．

[26] 陈晓春，王小艳．低碳视角下政府绩效评价体系研究［J］．中国行政管理，2012（10）：65-68．

[27] 郭万达，刘宇，刘艺娉．低碳政府指标体系的构建与评估［J］．开放导报，2011（04）：32-35．

[28] 寇艺明．政府低碳办公初探［D］．北京林业大学，2012．

[29] 刘航．中国清洁发展机制与碳交易市场框架设计研究［D］．中国地质大学，2013．

[30] 张晴．全国碳市场顶层设计思路明确：预计投资超一亿美元［N］．21世纪经济报道，2013-10-15．

[31] 段茂盛，庞韬．碳排放权交易体系的基本要素［J］．中国人口·资源与环境，2013（3）：110-117．

[32] 刘刚．中国碳交易市场的国际借鉴与发展策略分析［D］．吉林大学，2013．

[33] 唐姨军．我国低碳消费存在的问题与对策研究［D］．湖南大学，2010．

[34] 李良旭．政府引导型低碳经济发展研究［D］．燕山大学，2011．

[35] 马辉，低碳经济的理论基础与税收政策研究［J］．经济研究导刊，2010（35）：100-102．

[36] 邢继俊．发展低碳经济的公共政策研究［D］．华中科技大学，2009．

[37] 张康之．建立引导型政府职能模式［J］．新视野，2000（1）：44-46．

[38] 张康之，政府职能的历史变迁［J］．学术界，1999（1）：1-4．

[39] 屈伟平．清洁煤发电的CCS和IGCC联产技术［J］．化学装备技术，2010（3）：57-63．

[40] 郑玲玲．福建省合同能源管理的现状、存在的问题和对策［J］．能源与环境，2013（3）：7-9．

[41] 李健，高杨，李祥飞．政策工具视域下中国低碳政策分析框架研究［J］．科技进步与政策，2013（121）：112-117．

[42] 刘胜．低碳经济政策体系：英国的经验与启示［J］．社会科学研究，2013（6）：32-37．

[43] 郑国光. 应研究制定《应对气候变化法》[N]. 人民政协报, 2010-7-26, 第B01版.

[44] 李艳芳. 各国应对气候变化立法比较及其对中国的启示[J]. 中国人民大学学报, 2010（4）: 58-66.

第七章 低碳社会

自工业革命以来，人类社会化石燃料消耗量持续攀升，大量的二氧化碳被不加限制的排放到空气中，最终引起了全球气候的灾害性变化，人类的生存和发展面临着严峻的考验，气候变化问题已经成为人类21世纪的必须面对的史上最大的"市场失灵"问题。"市场失灵"的背后是高碳经济的发展模式，高碳经济不仅带来能源安全和气候变化等问题，而且还涉及粮食安全、产业结构和和谐社会等问题，因此，进行低碳社会建设或许能够在一定程度上解决此类问题。

第一节 低碳社会的内涵及构成

自工业革命以来，人类社会化石燃料消耗量持续攀升，大量的二氧化碳被不加限制地排放到空气中，最终引起了全球气候的灾害性变化，人类的生存和发展面临着严峻的考验，21世纪的气候变化问题成为人类必须面对的、史上最大的"市场失灵"问题。

一、低碳社会的提出及研究现状

人类认识到经济发展再也不能走高能耗、高污染、高排放的老路，低碳经济应运而生。随着研究的深入，低碳经济的发展需要依托低碳社会大环境的构建已经成为共识。

从学科角度来看，目前对低碳社会构建的研究主要从社会学、经济学和生态学等角度进行。从研究内容来看，目前关于低碳社会构建的研究主要集中在3个方面：国内外经验研究低碳社会构建的模式途径探索和低碳社会构建的评价体系。

其中，国外经验研究主要集中于日本、瑞典、巴西、美国、丹麦、挪威等国家。美国社会科学核心刊物《气候政策》在2008年组织编写的论文集《低碳社会的远景方案》中，对不同国家的不同低碳方案进行了深入的调查，总结了不同国家建设低碳社会在经济含义、社会反响、技术发展等方面的经验，并总结了各个国家具体政策的优缺点，提出了在各个国家使低碳社会成为可能的政策措施。国内学者在经验研究方面做了大量工作，希望从中挖掘出对中国低碳社会建设的金玉良策。由于日本在低碳社会构建的理论和实践方面的长期探索，很多国内学者以日本为主要参照对象，总结了在国家战略、具体政策、低碳技术、能源革命等方面值得我国借鉴的经验。对瑞典的研究则以邱鹏为代表，详述了瑞典建设低碳城市的具体路径，包括调整能源结构，垃圾低碳化处理，低碳技术研发，政府对低碳城市建设的资助等。由于巴西和中国同属发展中大国，国情有很多相似之处，国内很多学者也总结了巴西在垃圾回收方面的独特经验。

对于低碳社会构建的途径，不同学者从不同的角度进行了探索。英国学者克里斯·古多尔（Chris Goodall）在2007年出版的《如何践行低碳生活——防止气候变暖指南》一书中，通过对英国民众日常生活中的能源消耗量化的统计，转换成二氧化碳排放量，强调了低碳生活方式和消费方式对于低碳社会构建的重要作用，并且得出了英国民众日常生活二氧化碳排放量的低碳标准，探索了在不改变目前生活水平及福利标准的基础上，减半英国家庭人均碳排放量的具体实施方法。美国学者Fujimoto Jun, Poland Dean 和 Matsumoto Mitsamaka 于2009年发表了《低碳社会方案：信息技术与生态设计》一文，文章以民调数据，专家研究数据为基础进行量化分析，强调了技术对低碳社会构建的重要意义。

国内外学者在对于低碳社会构建的评价体系方面的研究，远不及对于低碳经济的评价体系方面细致深入。美国哈佛大学经济学教授爱德华·L. 格拉什（Edward L. Glaser）以城市碳排放量为研究对象，探索了城市碳排放量计算方法，并进行了应用分析，对美国10个典型大城市中心与郊区单位家庭采暖、交通、空调及生活能耗进行了实证研究，提出了城市不同区域的碳排放标准应该是不同的。国内学者针对低碳社会的构建提出的具体指标和计算方法较少，缺乏实证科学分析的直观数据支撑是重要原因之一。

本报告系统地提出了一种以政府为启动力量和推动力量，以企业的低碳技术创新为支撑，特别强调非营利性低碳社会组织的核心作用，低碳社会系统模式是以民众为最终落脚点的。并组织设计了低碳社会的可持续发展的社会系统模式。针对目前能够取得的数据，提出了低碳社会指标体系的改进方向。

二、低碳社会的内涵

低碳社会是相对高碳社会而言的，为适应全球气候变化，能够有效降低碳排放、为低碳经济提供保障的一种社会发展模式，依托政府、社会组织、企业、民众四大主体，主要表现在发展和建设低碳政治、低碳文化、低碳生活、低碳意识等方面，以低碳技术的不断创新为先导，以社会制度的创新为保障，最终达到社会各主体价值观的转变，实现人类发展与环境保护和谐共进的社会发展模式。具体而言，低碳社会有以下特点。

(一) 低碳社会的相对性

低碳社会是相对传统的不计碳排放对环境的影响的高碳社会而言的社会发展模式。以较低的碳排放量，获取更高的经济发展。在低碳社会中，社会各主体在追求经济利益最大化的同时，兼顾经济发展对环境造成的影响，不断减少碳排放量，使碳排放量限制在环境可承受范围内，最终实现人类发展和环境保护的双重目标。低碳社会的衡量标准是不断变化的，是相对而言逐步提升的。

(二) 四大主体为主要依托

社会是人们通过各种各样社会关系联合起来的集合，整个社会的发展必然需要社会各主体的协同推动。低碳社会是渗透到各个社会主体价值观的一项深层次的价值观的革命，低碳社会的构建也最终要依靠社会成员低碳意识的增强。如图7-1所示，构建低碳社会的四大主体是政府、社会组织、企业和民众。要全面实现由片面追求个体经济利益最大化到考虑环境成本和人类的长远发展的价值观的转变，需要政府、社会组织、企业和民众的长期协同努力。政府是构建低碳社会的启动性和推动性力量；企业是构建低碳社会的基础，是节能减排的主力军，更是推动低碳技术发展的中坚力量；低碳社会组织是指区别于政府组织、营利性企业，以低碳化发展为目标而建立的人们共同活动的群体，是构建低碳社会的体系的重要纽带，在政府、企业和民众之间起到凝聚作用；民众的广泛参与则是构建低碳社会的落脚点，只有民众转变消费观念，树立起低碳意识，才可能成功实现整个社会的低碳转型。四大主体的协同努力需要制度创新作保障，凸显每个主体的责任，规范每个主体的义务，使各主体在低碳社会的建设中发挥最大效用，并使低碳社会可持续发展。

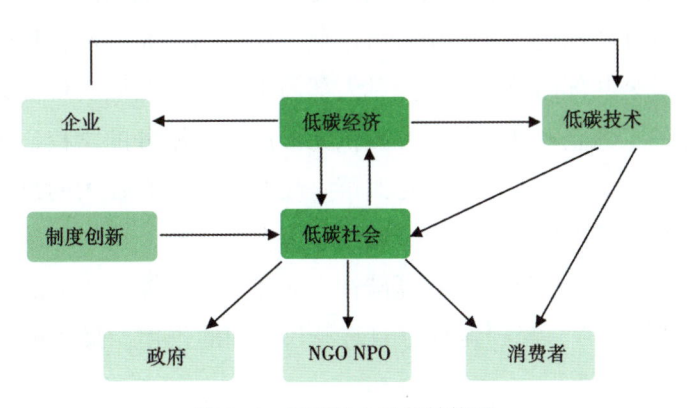

图7-1 低碳社会系统结构图

(三) 低碳技术的支撑作用

低碳社会的发展离不开低碳科技的进步，没有低碳技术的不断更新进步，就只能付出限制经济发展速度和水平的惨痛代价以换取社会的低碳化，这样的低碳化是不可持续的，也是不符合人类经济社会发展规律的。低碳技术在低碳社会的构建中起重要支撑作用，而低碳技术创新的主体是企业，所以在设计低碳社会的制度体系时，要特别重视对企业进行低碳技术创新的激励机制的设计。政府、低碳社会组织和民众是低碳技术的推广者和使用者，低碳技术的发展需要来自社会各主体的广泛支持，才能使低碳技术在低碳社会的构建中发挥支撑作用。

三、低碳社会建设主体作用分析

低碳社会的建设是长期复杂的系统工程，需要政治、经济、文化多方面的协同推动，这就意味着需要社会多元行为主体的协同参与，形成合力。

（一）政府是构建低碳社会的启动和推动力量

政府手中拥有的国家力量和政府的公共利益最大化的行为目标使政府必然成为了推动低碳社会建设的最强大助推力。政府应该充分尊重与运用经济规律，调动、整合社会各方面的力量，建立起可持续、可循环、科学运行的低碳社会建设推进机制，最终推动整个社会的低碳化转型。

政府的作用主要体现在三方面，一是政府自身要实现低碳化，树立低碳意识，减少行政成本，摒弃高碳行为。减少公务用车数量，在允许范围内利用现代科技以降低办公成本，增强服务意识、提高服务效率，不搞面子工程等，这些都应该是低碳政府的应有之义。要在政府行为的方方面面细节树立低碳意识，建立合理有效的公务员激励机制。要树立资源节约意识，科学、可持续发展的观念应该首先由政府以身作则，在社会上起到积极的模范引导作用。

二是由政府提供的公共物品要实现低碳化，如住宅建筑物的建设、交通基础设施建设、自然资源的开发利用等。消费者可以免费获得的、通过预算程序来供给的公共提供物品，无论是公共部门承担，还是私人部门承担，都应该实现低碳化。生产有形产品和提供服务的工商企业和单位，和提供无形产品和服务的学校、医院、文艺团体等，都应该增强低碳意识，实现低碳化改革。政府手中拥有强大的财政力量，可以对低碳改革产业增加扶持力度，提供资金以及政策上的支持，这对低碳社会建设初期的启动工作意义重大。同时，政府要在低碳社会的建设中发挥"有形的手"的作用，配合市场这只"无形的手"，起到强有力的监督和管理的作用。最终推动多种所有制的经营主体全面低碳化改革。

三是政府要积极推进低碳社会的制度设计及其实现，这对低碳社会的建设至关重要，能起到牵一发而动全身、事半功倍的效果。社会改革的车轮在启动之时需要强大的政府力量推进，在行进过程中则需要完善的制度体系保障其持续前进。建设低碳社会是一项整体性的战略发展，要求政府必须有科学的发展规划，建立完整的制度体系启动和保障低碳社会的运行。要设立配套的负责机构，充分发挥助推器的作用。归根到底，制度是硬约束，是被迫的，政府更应该思考如何改变民众的思维方式，增强民众的低碳意识，使低碳化成为一种人人追求的新潮流、新时尚。要充分调动社会各主体的积极性，使整个社会走上低碳化的轨道。

(二) 企业是构建低碳社会的基础

所谓低碳生产，是指在可持续发展理念指导下实现对新能源、新技术和现有资源的开发利用，尽可能减少煤炭等高碳能源的消耗，减少温室气体的排放，达到经济社会发展与生态环境双赢的局面。具体来说，以下几点是应该做到的：一是把握经济转型机遇。当今社会，低碳化风潮愈演愈烈。对现行的生产方式来说，既是挑战，又是机遇。生产企业要加快产业、管理等结构调整，更加注重环境与效益协调增长，生产出"绿色"产品，才能赢得广大绿色消费品市场，否则在"绿色消费"盛行的今天，企业也将无立足之地。二是要确立企业发展的新标准。出台行业性的发展标准，把质量最优、耗费最低作为强化、优化管理的目标，把优先发展高新技术及其产业作为节约资源、降低能耗和保护环境的重要方向，转变过去仅仅注重产值和效益的"毁灭式"生产观念，均衡考虑生产模式的均衡性和可持续性，注重生产过程中对人与自然环境和生态资源的调和。图7-2所示是低碳社会企业和消费者子系统结构图。

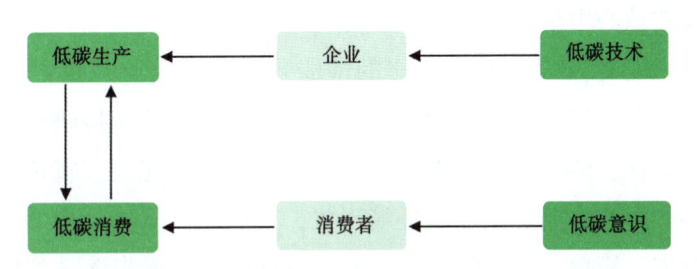

图 7-2 低碳社会企业和消费者子系统结构图

另外，技术创新的效益性使企业成为低碳技术创新的主体。低碳社会的发展必须要低碳技术作为支撑，企业在技术创新方面的作用不容忽视。美籍奥地利学者约瑟夫·熊彼特认为技术创新的主体是企业家，企业家的创新活动是经济兴起和发展的主要原因，并认为创新是由大企业内部的经济力量所形成的。在低碳技术的发展问题上，首先要重视大企业作用，增强大企业的社会责任感。因为技术创新的积累性、不确定性，所以必须依靠大企业的雄厚力量进行低碳技术创新。同时，要特别重视树立企业家的低碳意识。另外，政府是企业技术创新的重要外部动力之一，政府要施行配套的激励政策，如财政刺激、公共采购、风险投资、中小企业政策、专利政策和放松政府管制的政策等。政府还要协调大学、科研机构、中介机构等其他组织，协助推动企业进行低碳技术的创新活动。最后，要重视需求推动的企业技术创新。民众广泛的树立低碳消费意识，需求的低碳化将有效推动企业技术创新活动。

(三) 低碳社会组织是构建低碳社会的核心力量

低碳社会的建设中，最关键的一环是介于政府和民众之间的低碳社会组织，低碳社会组织是活跃于社会领域的区别于政府、营利性组织的为构建低碳社会而建立的共同活动的群体，具体包括以低碳社会构建为目标的社团、民办非企业单位、基金会、城市社区社会组织、农村专业技术协会、业主委员会等形式，甚至是未经工商登记注册的草根组织。低碳社会组织可以成为政府建设低碳社会的有力抓手，更可以凝聚民众力量，真正推动低碳社会建设，从而改变政府在低碳社会的构建中缺少着力点、民众在低碳社会的构建中往往心有余而力不足的现状。

低碳社会的构建是为低碳经济营造低碳环境的努力，可以称得上是民众由传统的生活方式向低碳的生活方式转型的一种社会运动，一种革命。低碳社会的构建不仅需要政府自上而下强有力的推进，民众自下而上广泛的响应，更需要低碳社会组织在两者之间实现重要的枢纽作用。而低碳社会组织非营利性的特点，使其区别于活跃于市场领域的以营利为目的企业，最终将成为低碳社会建设的中流砥柱。同时，低碳社会组织不易受政治影响，能够有效完善国家对市场在低碳社会建设方面的监督作用，能够将分散的社会力量组织起来，有效实现民众维权，畅通民众低碳诉求表达通道，更是低碳宣传教育的核心力量。

低碳社会组织能有效弥补政府工作的薄弱环节，在企业兴致索然的领域大展拳脚。低碳社会组织发挥的作用是桥梁性的，它能够整合资源，将政府、企业、民众连接在一起，使低碳社会的制度设计更加完善和可持续。首先，在宣传方面，低碳社会组织可以采用多种形式，向公众展示环境现状，宣传构建低碳社会的迫切性，传达政府政策，倡导具体、简单、易行的低碳行动，将低碳意识逐步渗透到民众意识中，弘扬低碳精神。其次，低碳社会组织可以为政府大量收集信息，便于政府制定合理的政策，增加政策的可参与性，减少政策执行过程中不必要的摩擦。再次，低碳社会组织在引导低碳技术发展方向、传播低碳科技方面等方面也大有作为，关键是低碳社会组织在民众和政府的支持下积极与企业开展多层次的交流。另外，低碳社会组织可以把分散的民众凝聚起来，有助于援助环境侵权问题，也有利于加强国际交流。再者，由于低碳社会组织在法律范围内具有相对独立性，并且有着广泛的群众基础，所以能够依法监督政府低碳政策的执行、监督企业是否有破坏环境的行为，监督企业向生产低碳化、产品低碳化发展。

不容忽视的是，低碳社会组织离不开政府的培育和保护。低碳社会组织一般是在政府扶持下成立、发展起来的，政府是其发展的重要推动力，低碳社会组织的发展还需要完善的法制环境，这就要求政府逐步完善法律法规，从根本上保障低碳社会组织的权利。低碳社会组织的登记、注册须报政府批准，政府可以通过宏观手段和微观手段对其进行适当的调整，必要的时候要给予低碳社会组织资金方面的政策优惠，乃至适度的财政拨款。

低碳社会组织在构建低碳社会的过程中要与政府、企业、民众形成组织间的"相互依赖"关系。低碳社会组织有其自身的局限性，只有在相互的支持中，才能共同推动低碳社会的发展。

（四）民众的广泛参与是构建低碳社会的落脚点

人是社会的最基本组成部分，民众的参与是构建低碳社会的最终落脚点。只有民众有了浓厚的低碳意识，形成崇尚低碳生活的理念，进而推动整个社会的低碳文化的形成，低碳社会才能得到根本的建立。

低碳生活，要求在日常消费中努力减少二氧化碳的排放，甚至做到"零排放"。从更广泛的意义上来讲，这是一种态度，是人类对自身的可持续发展负责任的态度。低碳生活是指民众在低碳消费、低碳排放的意识指导下，在生产、生活的实践中自觉做到低能耗、低排放，推崇以低能耗、低污染、低排放为基本特征的低碳生活、生产模式。简而言之，就是尽一切可能减少二氧化碳排放量的生活。民众生活的低碳化可以通过增强消费过程中的低碳偏好和使用过程中的节约化、循环化两个主要方面来实现。

要努力消除使用"一次性"用品的嗜好，努力消灭"面子消费"、"奢华消费"等不良消费观。只有树立了低碳的消费观，才有可能真正有低碳消费行为。如果不改变一味追求住大房子、不计环境成本驾驶小汽车的消费偏好，即使低碳技术再发达，也不过是在更高碳排放水平上的低碳行动，只能成为低碳社会构建华而不实的表面文章而已。在消费活动中，面对丰富的功能类似的产品，要优先选择在生产过程和使用过程中低碳排放的产品，如：更多选择对能源的消耗和对环境的污染相对较少的大麻纤维、棉衣，少穿相对高碳排放的化纤制品的衣服；选择低碳旅游、低碳交通模式，更多的选择步行、骑车、少开车、多乘坐公共交通并挑选节能效果明显的健康路线，缓解城市交通压力；选择低碳建筑，按照家庭人口需要选择户型，大房子会增加不必要的碳排放，选择低碳的家具装饰材料，避免过度对房屋进行装修，尽可能地减少空调等大功率电器的使用频率；低碳饮食，提倡合理范围内更多摄取素食。

另外，日常生活的节约化和循环化也是十分必要的。节约能源——油、电、水、气等，比如提倡多用手洗衣服，替代机洗，洗衣多用冷水或温水，替代热水，也能有效减少二氧化碳的排放量；在保障正常的生活要求的前提条件下，节约使用各种消费品；节约粮食，合理安排饮食，避免浪费，烹饪过程中尽可能地减少油烟直接排放等。家庭循环使用水资源，做好垃圾分类处理的工作，减少废弃物，尽可能地做到回收再利用。

低碳生活，是一种以减少碳排放为目标的生活，通过民众在选择过程、使用过程、回收过程中的优先选择、节约合理使用、循环多次利用来实现。民众的低碳生活反过来会促进低碳技术的进步，民众的广泛参与成为构建低碳社会的最终落脚点。

第二节 低碳社会建设的国际、国内经验

关于低碳社会构建问题，如果考察其实践，国际和国内也有较为成功和成熟的案例，日本从法律源头出发，以政府为主导立法，为建设低碳社会提供法律依据和保障；巴西采用拾荒者合作社的运营模式建设低碳社会；中国上海采取多种综合模式建设低碳社会。无论国外还是国内建设低碳社会的案例都为低碳化发展提供了可借鉴、可参考的宝贵经验。但低碳城市没有一成不变的模式，城市由于发展阶段、产业结构、历史传承、文化积淀各不相同，因此，低碳城市发展路径不可能完全相同。因此，必须考虑不同城市的特点，选择合适的低碳发展道路。

一、低碳社会建设的国际经验之日本

日本建设低碳社会的国家战略起步早，对相关问题研究深入，并逐步建立了具体的应对策略，取得了阶段性的成果。

（一）低碳社会建设提升至战略高度，由日本政府主导，立法先行，具体建设路线清晰

日本政府把低碳战略提升至国家战略的高度，重视应对气候变化等环境问题，制定了"21世纪环境立国战略"，并且把应对气候变化的低碳战略列为首位，把发展低碳经济、构建低碳社会作为有效途径。

为促进创建低碳社会，日本近年来不断出台重大政策（表7-1）。日本从2004年开始着手规划低碳社会的发展目标和具体路线，日本环境省设立的"面向2050年的日本低碳社会情景"研究计划中，提出了技术创新方面、制度变革方面和生活方式转变方面的具体对策。在2008年的《面向低碳社会的十二大行动》中，行动内容更加具体，十二项行动具体包括住宅、工业、交通、能源转换以及其他相关交叉行业，不仅指明了行动目标，也细化了对策。日本政府于2008年提出的"全球气候变暖新对策"，标志日本的低碳战略的正式形成，内容包括发展低碳经济、构建低碳社会、创新低碳技术、制度变革和生活方式转变。日本政府2008年出台的"低碳社会行动计划"，正式拉开了日本构建低碳社会的帷幕（表7-2）。

《低碳社会行动计划》提出的目标已经在日本逐步得到了实现，对日本建设低碳社会起到了重要的指导作用。使日本早日实现低碳社会。

表 7-1　日本低碳社会建设重大举措时间表

时间	举措
2004 年 4 月	"面向 2050 年的日本低碳社会情景"研究计划
2008 年 5 月	《面向低碳社会的十二大行动》
2008 年 6 月	全球气候变暖新对策
2008 年 7 月	《低碳社会行动计划》
2008 年 11 月	设立了低碳社会的研究机构"低碳研究推进中心"
2009 年 4 月	公布《绿色经济与社会变革》政策草案

表 7-2　"低碳社会行动计划"的主要内容

编号	主要内容
1	在 2020 年前实现二氧化碳捕捉及封存技术的实际应用。将目前每吨约 4200 日元的二氧化碳回收成本降低到 2000 日元以下
2	力争在 2020—2030 年间，将燃料电池系统的价格降至目前的约 1/10
3	到 2020 年将太阳能发电量提高到目前的 10 倍，2030 年时提高到 40 倍。利用 3 年到 5 年时间将发电系统的价格降至目前的一半左右
4	探讨减轻可循环能源成本负担的理想方式，研究有效的鼓励政策及新的收费系统
5	到 2020 年为止，实现半数新车转换成电动汽车等新一代汽车的目标
6	2008 年 10 月开始试行建立国内排放量交易制度
7	研究"地球环境税"等相关课题
8	在 2008 年内制定指导标准，从 2009 年开始对商品从制造到使用过程中的二氧化碳排放总量进行试标注
9	在 2008 年前调查采用夏令时制度的效果及成本

日本"低碳研究推进中心"，是为落实"创设低碳社会行动计划"而设立的研究机构，先后发布了《为扩大利用太阳能发电的行动计划》《绿色经济与社会变革》等政策草案，推动了日本低碳经济、低碳社会的发展。

日本为创建低碳社会，立法先行。日本是低碳经济立法最完善的国家，制定了详细的与低碳有关的法律、法规，形成了完善的低碳经济法律体系（表 7-3）。

表 7-3　日本建设低碳社会主要法律依据

编号	主要法律名称
1	《促进建立循环社会基本法》
2	《循环型社会形成推进基本法》
3	《关于促进新能源利用的措施法》
4	《化学物质排出管理促进法》
5	《新能源利用的措施法实施令》

续表

编号	主 要 法 律 名 称
6	《关于促进利用再生资源的法律、合理用能及再生资源利用法》
7	《环境保护法》
8	《促进资源有效利用法》
9	《废弃物处理法》
10	《家用电器回收法》
11	《绿色采购法》

(二) 凝聚社会各主体的力量，共同建设低碳社会

政府主导、全民参与是日本建设低碳社会的典型特点。从政府到企业，再到国民，形成低碳建设的社会体系，积极参与到建设低碳社会的过程中来，扭转大量生产、大量消费甚至浪费的现象，分工合作，协同作战。特别重视民众的行为方式的转变，倡导低碳化的生活方式，比如夏天穿便装，男士不打领带；提倡夏季将空调温度由26℃调到28℃；提倡上班骑自行车、乘坐公共交通工具，少开私车；提倡购买低碳环保商品等，比如仅夏天调高空调温度2℃一项，便可节能17%。

(三) 以解决能源问题为核心构建低碳社会

日本政府倡导发展低碳经济、创建低碳社会，不只是为了应对气候变化，也是旨在缓解能源压力的必然选择。注重产业结构的调整，停止或者转移高能耗产业，详细规定产品能耗标准。为降低温室气体排放量，近10年来，日本政府多次修改《节约能源法》。同时，大力推广清洁能源、再生能源，提高能源利用率，投巨资开发利用太阳能、风能和燃料电池等替代能源和可再生能源，并积极开展潮汐能、水能、地热能等方面的研究。通过城市集中供暖等途径，提高能源利用率，减少温室气体排放。根据日本内阁府2008年9月公布的数字，在科技预算中，仅单独立项的环境能源技术的开发费用达近100亿日元，其中新型太阳能发电技术的预算为35亿日元。在2008年1月，日本政府宣布今后5年日本将投入300亿美元来推进"环境能源革新技术开发计划"。

(四) 发展低碳技术，增加碳汇

日本始终注重低碳新技术的研究。在2008年1月，日本政府宣布今后5年日本将投入300亿美元来推进"环境能源革新技术开发计划"，旨在率先开发快中子增殖反应堆循环技术、生物质能应用技术、气温变化监测与影响评估等技术。2008年3月5日，日本政府公布了"凉爽地球能源技术创新计划"。该计划制定了到2050年的日本能源创新技术发展路线图，明确了21项重点发展的创新技术，即：高效天然气火力发电、高效燃煤发电技术、二氧化碳的捕捉和封存技术、新型太阳能发电、先进的核

能发电技术、超导高效输送电技术、先进道路交通系统、燃料电池汽车、生物质能替代燃料、革新型材料和生产技术加工技术、革新型制铁工艺、节能型住宅建筑、新一代高效照明、固定式燃料电池、超高效热力泵、电子电力技术、氢的生成和储运技术等。2008年5月19日，日本公布的"低碳技术计划"，提出了实现低碳社会的技术战略以及环境和能源技术创新的促进措施，内容涉及快中子增殖反应堆循环技术、智能运输系统等多项创新技术。与此同时，大力推进开发二氧化碳的碳捕集及封存技术。预计到2020年处理1吨二氧化碳的成本由目前5000多日元，下降到1000多日元。日本还计划制定《能源环境技术革新方案》，加速研发节能技术，推广生物燃料的生产技术以及燃料电池的商业化运用，并且长期探索温室气体零排放的划时代技术。❶

另一方面，日本特别重视加强绿化，增加碳汇，例如日本政府重视森林吸收二氧化碳的作用，大力提倡植树造林。同时，着力加强城市绿化，大面积推广在城市的楼顶上种草、种花，增加碳汇。

（五）日本低碳社会建设的创新之路❷

日本在构建低碳社会的过程中，注重社会体系的保障作用，重视低碳与经济发展目标的共存性，最终目标定位于与自然共生。尤其重视创造性的探索低碳之路，对世界各国有很多借鉴意义。可以结合不同的国情，有选择性地引入一些日本的低碳实现路径。

（1）碳足迹制度与碳排放的可视化制度。碳足迹制度是指反映商品从生产制造、运输、消费、废弃的全过程中所排放的二氧化碳数量的制度，包括排放量的测定方法、碳足迹标识和第三方验证机制。通过实施碳足迹制度，让消费者"看得见"商品和食品以及服务中的温室气体排放量，即碳排放的可视化，从而为其选择低碳产品和食品提供参考依据，以此促进低碳社会建设。福田首相宣布日本于2009年首先在消费领域推行二氧化碳排放量可视化，开始进行碳足迹制度和食物运送里程制度试验。

（2）碳抵消制度。"碳抵消"是指通过在"A场所"的节能与减排活动直接或间接吸收（抵消）在"B场所"由经济活动和日常生活消费所排放出的二氧化碳。日本航空公司（JAL）从2009年2月开始为乘客提供JAL碳抵消服务，流程是乘客在网上购买机票时确认因为乘坐该航班所产生的二氧化碳排放量，然后通过购买"碳信用额"，也即"碳抵消费"，或是把与自己在乘坐该航班过程中产生的二氧化碳排放量相当的碳抵消费捐赠给二氧化碳减排项目。日本已经开始制定《碳抵消推进法》，确立碳抵消的原则和相关的行动计划。

（3）在家电领域实施"领跑者计划"。"领跑者计划"是日本的节能创新制度，

---

❶ 王新，李志国. 日本低碳社会建设实践对我国的启示 [J]. 特区经济，2010（10）：96-98.
❷ 蓝虹. 日本构建低碳社会战略的政策与技术创新及其启示 [J]. 生态经济，2012（10）：72-77，92.

是指以家电和办公用机器设备等为对象，把节能标准设定在市场上最出色的产品之上，即领跑者，并根据有关法律，对生产、销售未能达到领跑者节能标准产品的企业，将公开其及产品的名单，且处以罚款，以此促进节能产品的开发与普及。具体措施如下：一是推进"领跑者家电计划"。2008—2012年，对购买超过领跑者标准家电的消费者，由政府财政实行更新购置补贴，以促进低碳技术的家电在日本家庭普及。二是创设家电清洁开发计划（家电CDM）制度。按照日本《地球变暖对策法》的规定，对那些为消费者提供超过节能标准商品的企业及其成果进行奖励。

（4）实施住宅和办公大楼的低碳化。为了大幅度削减住宅、办公大楼以及超市等商业设施二氧化碳排放量，日本采取了加强管制、提供财政支援等措施。具体做法如下：一是创设住宅领跑者计划制度。制订低碳化住宅建设标准，并且要求开发商实施。这些标准包括采用高效节能的住宅装修设备、利用太阳能发电和地热的标准，安置可以显示并掌握电和煤气消费量的系统设备。修改住宅贷款减税条例，对节能型住宅实行税收优惠。二是实施办公大楼领跑者计划制度。对办公大楼中的业务用冰箱、冷冻库、展示窗（柜）、复合打印传真机以及大型路由器等实施领跑者计划，对使用高效率机器设备和系统的企业实行优惠税收，并将继续扩大税收优惠的对象范围。

（5）促进交通运输领域的低碳化。汽车产业是日本的核心产业。目前，日本最紧急的任务是加快"低碳汽车"，即"环保车"的技术开发。为促进研发进程，日本政府建立领跑者计划制度，对开发成功者提供补助。一是根据汽车的二氧化碳排放量制定新的汽车税制，奖励使用低碳汽车的消费者。对更换购买低碳汽车者实行税收优惠。二是政府充分发挥政策扶持作用，鼓励开发可通过家庭用电源充电的小型轻量低价格的新一代电池、新一代燃料电池（氢能源）以及制造技术和氢输送技术，加快建设低碳汽车基础设施，如低碳汽车的供电站、氢的供给站等，确保日本在低碳汽车领域的绝对优势。另外，采取有效的扶持政策，促进飞机、船舶、铁路等交通运输的低碳化。

（6）加快建立碳会计制度。碳会计制度是要求企业和事业单位定期核定并公开发布经营活动中温室气体排放量等相关数据信息的会计制度。碳会计的数据信息不仅会直接影响社会对企业的评价，而且会影响企业的经营活动。具体表现为：在消费品市场上，消费者将根据碳会计的数据选择低碳产品和服务；在资本市场上，投资者将根据企业的碳会计数据选择买入或卖出企业的股票。日本经济产业省已于2008年6月设立了日本金融市场"环境力"评价手法研究会，专门研究企业和事业单位公开发布温室气体排放量信息的方法，抓紧制订其在经营活动中二氧化碳排放量和减排量信息的会计准则。2009年，日本政府已开始实施部分企业和投资机构参与的碳会计制度示范项目。

二、低碳社会建设的国际经验之巴西

生活垃圾低碳处理符合低碳社会发展的理念，能够回收和利用垃圾处理过程中产生的能源，减少对土地等资源的占用，有效减少温室气体排放，是低碳社会建设的重要组成内容。我国目前尚未建立起城市生活垃圾低碳处理机制，常见的垃圾填埋等传统处理方式占用资源多，更是温室气体排放重要的来源之一。巴西与中国同属发展中国家，在发展过程中有很多相似之处，在处理城市垃圾方面的具体经验有更多的可借鉴之处。特别是巴西的拾荒者合作社，是低碳社会构建中依靠低碳社会组织的典型案例。

（一）巴西拾荒者合作社的运营模式

社会居民是城市垃圾的主要制造者，也是垃圾分类处理的起点。在巴西，居民要负责把垃圾初步分成干垃圾和湿垃圾，又称有机垃圾和包装物垃圾。其中干垃圾指的是可以回收再利用的垃圾，湿垃圾是不可再利用的生活垃圾。政府环卫部门负责从居民手中分类回收干、湿垃圾。湿垃圾直接进行填埋或者焚烧处理，干垃圾则交由拾荒者合作社进行二次细化分类，经过细化分类的垃圾在由拾荒者合作社销售给企业进行回收再利用。巴西垃圾处理模式中最核心的做法就是将城市中散落的拾荒者组织起来，成立拾荒者合作社。巴西大城市失业问题严重，很多从农村到城里打工的人没有工作，靠拾荒为生。这一点与我国国情十分相似。拾荒者合作社由政府提供免费土地，环保组织、企业等非政府组织赞助设备、培训拾荒者进行科学的垃圾分类。合作社内部实行民主管理，拾荒者人均收入是巴西最低工资的2倍。目前，巴西有约50万人从事垃圾回收利用产业。拾荒者合作社这样的方式充分利用了发展中国家低素质劳动力过剩的现状，也使他们找到了社会归属感，有利于社会的稳定和谐。可以看出，巴西垃圾回收资源再利用的成功经验的核心点就是拾荒者合作社。

另外，巴西本土公司和跨国公司也都将回收利用废弃包装材料作为自己的社会责任，支持拾荒者合作社的发展。早在1992年，利乐、可口可乐、百事可乐等公司就在巴西发起成立了非营利性环保组织"塞普利"。该组织致力于促进巴西城市固体垃圾的综合治理，提高垃圾回收利用水平，加强固体垃圾治理方面的环保教育。利乐巴西公司在回收利用包装材料方面表现尤为突出。利乐公司与企业合作，在世界上率先开发出复合纸包装盒等离子处理技术。此前，回收厂只能做到把纸浆从纸盒包装中提取出来，塑料和铝仍然混合在一起，而等离子技术能使纸盒中的纸、铝和塑料3种成分都彻底分离出来，使无菌纸盒包装真正实现了100%的回收。有了回收再利用技术和销售渠道的保证，拾荒者合作社在巴西收效显著。

拾荒者合作社成为解决拾荒者生存问题和垃圾分类回收再利用问题的一剂良药，间接为低碳社会的建设起到了重要作用。通过使用这种垃圾处理模式，巴西的再生资源利用率大大提升,据巴西有关行业协会统计,2004年巴西回收铝易拉罐90亿个,回收率达到96%,高居世界第一。巴西的回收率如下:钢易拉罐为88%,纸箱为79%,玻璃为47%,PET饮料瓶为48%,无菌包装纸盒为22%,塑料为21%,均居世界前列。巴西作为人口基数大、资源丰富的发展中大国,与我国国情有很多相似之处,认真研究借鉴巴西的经验对认识低碳社会组织在低碳社会构建中发挥的重要作用有重要意义。

(二) 拾荒者合作社中国化模式设计

垃圾分类处理在我国依然处于起步阶段,设计完整的市场机制运行模式是十分必要的。垃圾从居民日常生活中产生,应该在居民处进行初次分类。考虑到中国的国情和发展阶段,这首先要求分类的标准不能过于细化,可简单分为"可回收再利用垃圾"和"不可回收再利用垃圾"。其次,为了鼓励居民进行这样的分类工作,要对居民进行适当的鼓励,建立有效的激励机制。如以略高于零散的废品收购者的价格回收可回收垃圾,或者对居民产生的不可回收垃圾按照重量收取垃圾处理费,增强民众减少垃圾意识。考虑到现状,可暂缓收取不可回收垃圾处理费。居民对垃圾进行初次分类以后,由环卫部门统一分类回收。不可回收垃圾要建立绿色处理系统,填埋或者焚烧发电,发电产生的经济效益可以用来补偿环卫部门回收可回收垃圾时付给居民的费用。环卫部门将居民的可回收垃圾收集起来后,交由拾荒者合作社进行二次分类,出售给有废品回收再利用资质的企业。

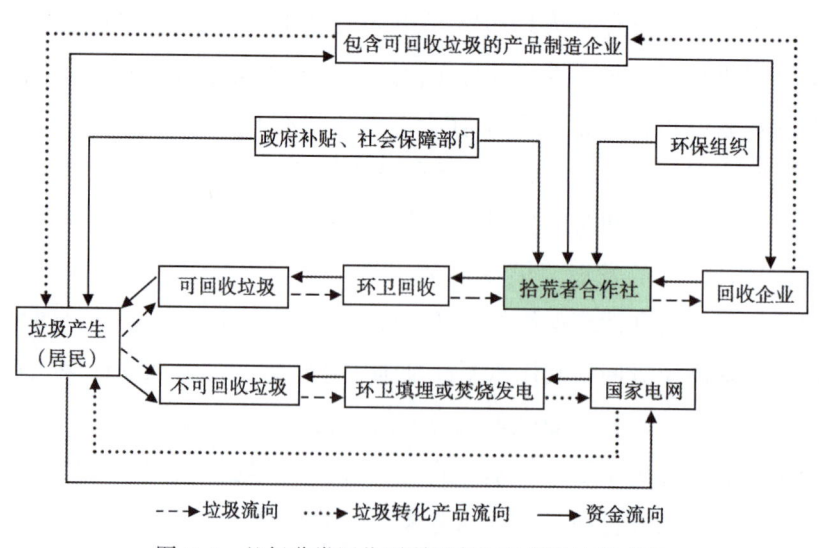

图7-3 垃圾分类回收再利用市场制度设计模式图

同时,企业要增强社会责任意识,特别是一些跨国企业,不能对中国"区别对待"。企业产品产生的可回收垃圾从产品生产开始就要进行明显的、统一的标注,便于居民分类，企业有责任从拾荒者合作社回收本企业产品产生的可回收垃圾，并支付一定的费用，客观上这也逼迫企业改进生产技术，对两型社会的建设起到重要作用，同时也要防止企业通过产品价格把负担转移给消费者。另外，政府和环保组织对拾荒者合作社的支持也起到重要作用。不难看出拾荒者合作社在垃圾分类回收再利用链条中处于核心地位，它的作用的有效发挥关系着整个垃圾回收链条能否长期有效运行。

从拾荒者合作社模式设计中，不难看出低碳社会组织在低碳社会建设中发挥的重要作用，应该广泛探索类似的模式，充分发挥低碳社会组织在政府、企业和民众之间发挥的重要纽带作用。

三、低碳社会建设的国内经验之上海

上海低碳经济竞争力综合排名由2010年的高碳地区行列上升至中碳地区，这与在建设低碳社会方面取得的进步密切相关——2008年之后，上海在低碳社会指标中的排名持续上升，从第30名上升到第19名。这对上海低碳化发展起到了至关重要的作用。

上海是中国特大型城市之一，地处长江入海口，东临东海，南濒杭州湾，西与江苏、浙江两省相接，是中国最大经济区"长三角经济圈"的龙头。自2012年起，上海成为国内唯一GDP总量超过两万亿的城市，居全国城市之首。在第6次人口普查中，上海以2300多万人口成为仅次于重庆市的全国第二大人口大市。纵观中国经济社会发展史，上海一直扮演着先试先行的领头雁角色。在中国城市化飞速发展、经济转型关键时期的今天，上海在把自己打造成国际金融、航运和贸易中心的同时，也探索出了一条建设低碳社会、低碳城市的示范性道路。2008年，世界自然基金会（WWF）联合中国原建设部以上海市为试点城市，启动了"中国低碳城市建设"项目。以此为契机，上海作为我国建设低碳城市的先行者开展了建设低碳社会的探索和实践。

（一）优化产业结构，淘汰落后产能

过去10年来，上海的产业结构调整和生态建设加强，特别是"十一五"规划以来以"二氧化碳和其他污染物协同控制，城市环境问题与全球环境问题协同解决"为导向的节能减排，为上海建设低碳城市打下了很好的基础条件。

提升产业结构合理程度对于经济的发展、社会的进步以及低碳城市的建设都具有重要的作用。通过对落后产能和高能耗、高污染产业的淘汰、整顿，上海市优化了产业结构，降低了单位GDP能耗，节约了能源使用量。同时，对有利于优化产业结构、减少能源使用的新技术、新方法，政府出台鼓励政策与措施，进行补贴和扶持，提高高新技术及节能产业在经济中所占的比重。上海产业结构趋于优化，能源强度不断下降。作为一个传统的工业城市，上海工业基础庞大，结构偏重，企业数量多，布局分

散。"十一五"期间，实施"退二进三、二三产业融合发展"的战略，第二产业比重从48.6%下降至42.3%，第三产业比重从50.4%提高到57%。"十二五"期间，上海将继续以在发展调整中提升为主线，加快构建以战略性新兴产业为先导、先进制造业为基础、生产性服务业为支撑的现代工业体系。同时，加大污染企业淘汰力度，逐步调整淘汰104个工业区块以外的"两高"行业和重点风险企业。

（二）大力提倡使用低碳清洁能源

上海市在全市范围内倡导减少使用传统石化燃料，转而使用新型低碳清洁能源。以世博会为例，世博园区的所有建筑都是使用低碳环保的可循环材料，同时通过全新的建筑设计和节能环保技术，使园区内建筑可节省电250万千瓦时，减少二氧化碳排放量2500吨。同时，园区内及园区附近的交通压力由超过1000辆新能源汽车分担。所有新公交车都是纯电动车、燃料电池车以及混合动力车型，确保了世博园区内温室气体的零排放以及市区的低排放。

上海在能源结构调整方面得到了全国范围的支持，"外来电"比重逐步提高，清洁能源也占到了一定比例，煤炭在一次能源中的比重逐年下降，到2010年底已降至49.9%。"十二五"期间，上海将坚持"优化结构、清洁发展、节能降耗、高效发展"的原则，进一步优化一次能源结构，严格控制煤炭消费增长，同时还要提高能源利用效率，推动城市生产、生活的能源消费模式和消费结构调整。

（三）以低碳技术发展作为节能减排的突破点

在低碳城市的建设中，低碳技术是必不可少也是极为重要的一个部分。为了顺利建设低碳城市，上海市高度重视低碳技术的研发、创新和推广。2005年，上海市科委设立了节能减排科技专项资金用于对低碳技术发展的扶持和奖励，主导立项或支持了涵盖工业、交通、新能源各领域在内的超过200项低碳技术研发项目，为上海市建设低碳城市打下了良好的技术基础。

上海拥有成为世界低碳技术研发转化基地的得天独厚条件：有在全国乃至全世界位于前列的众多高校作为研发主体，有配套完善的产业作为转化主体，有长三角乃至辐射全国的市场作为支撑。发展低碳技术，是这座有着全国最高CO_2排放密度的金融城市向低碳经济转型的关键。

（四）2010年上海世博会

2010年的上海世博会吸引了全世界关注的目光，世博会的主题为"城市，让生活更美好"，包含了低碳、循环、节能等等理念，向全世界展示了中国建设低碳社会的决心和行动。世博会在低碳社会的建设中发挥的推进作用是历史性的。在低碳理念上给国人乃至世人都留下了深刻印象，更为低碳技术的应用提供了绝佳的平台，更是用事实验证了低碳的经济效应。从世博会的筹备，到运营，再到后续过程，都体现了低碳的理念。技术效应则通过企业广泛的参与实现。世博会对上海的低碳城市建设和长三角地区的区域经济社会发展都有重要推动作用,企业则是重要推手。企业在世博会上展示低碳技术和低碳产品,客观上也为开拓了新市场,提供了新的发展机遇。世博会确实为低碳社会的建设作出了重要的贡献,但是,过于依赖政策的支持,没有形成内生基础和自我增长机制,进而无法对传统的高碳模式实现全方位的转变。因此,如何能够延长上海世博会带来的低碳效应,在更广泛的范围内建设低碳社会,将成为我们必须认真研究的问题。

(五) 建设崇明、临港和虹桥商务区三个低碳示范区

"十二五"期间,上海确立崇明、临港和虹桥商务区3个地区为低碳示范区。这3个地区依托经济、科技和人才等方面的优势,为建设低碳上海起到了带动作用。其中,崇明生态岛将在三方面进行低碳实践:低碳社区建设,引进全国乃至全世界最先进的技术,运用到当地建筑、交通、能源、资源循环技术等各领域;发展低碳农业,使岛上80万亩农田实现现代化;探索新型旅游发展方式,在岛上引入交通诱导系统、减少私家车比例,提高新能源轿车的使用率,使崇明成为"绿色旅游"的榜样。同时,临港新城和虹桥商务区将在低碳功能区建设方面进行探索。临港是上海制造业的重要基地,将在风能、光电、智能化港区、绿色物流等方面推进低碳实践。临港新城以太阳能发电为发展特色,通过低碳产业园区的建设,大力发展高端制造业、港口服务业等低碳产业,促进低碳技术的集成应用。虹桥商务区的低碳核心,主要表现在城市空间布局、交通组织、能源利用及建筑设计4个方面,舒适的步行环境、节能通风的绿色建筑、发达的公共交通,都将在这里一一实现。虹桥商务区作为上海首个低碳商务区,其核心区内全部为国家标准一星级以上绿色建筑,其中二星级绿色建筑超过50%以上,三星级绿色建筑达6座以上[1]。

(六) 建筑节能低碳

建筑节能是整个节能减排中的重要环节。在建筑密集的城市当中,上海有强大的科技团队作保障。在低碳城市发展项目计划里,世界自然基金会(WWF)与上海市建设与交通委员会、上海市建筑科学研究院合作,从上海办公楼、宾馆、商场等大型商业建筑中选择试点建筑,对其能耗情况进行调查、统计,并公开能源消耗情况,进行能源审计,以期找到提高大型建筑能效的途径。同时,对公共建筑的物业人员进行培训,提高其节能运行的认识和能力。除此之外,还在研究关于生态建筑发展的政策建议,并选择具体项目进行实施和示范。上海崇明东滩生态城建设就是示范项目之一。WWF与保定可再生能源产业化基地、保定高新开发区联手打造"太阳能示范城"

---

[1] 陈建国. 低碳城市建设:国际经验借鉴和中国的政策选择 [J]. 现代物业(上旬刊), 2011 (2): 86-94.

和新能源制造基地[1]。

上海作为我国第一大城市和经济金融中心，在建设低碳城市方面具有先天的优势。较为合理的产业结构、全国领先的技术环境以及充裕的资金支持使得上海的低碳城市建设走在了全国前列，也为其他城市的低碳化发展提供了可借鉴、可参考的宝贵经验。低碳城市没有一成不变的模式，城市由于发展阶段、产业结构、历史传承、文化积淀各不相同，因此，低碳城市发展路径不可能完全相同。因此，必须考虑不同城市的特点，选择合适的低碳发展道路。

第三节 我国建设低碳社会的现状

本书对中国建设低碳社会现状的分析采取 SWOT 分析模式，即从中国建设和发展低碳社会的内部劣势和优势出发，比如节能政策制度、产业结构、节能技术和节能融资等成为中国建设低碳社会的一个内在劣势，但后发优势、二元经济结构、传统文化等又为中国建设低碳社会提供了市场优势，构建低碳社会的机遇和挑战主要表现在能源结构、经济结构、科技水平、体制机制等方面。

一、我国建设低碳社会的劣势和优势

我国低碳社会的建设主要以低碳城市的规划建设为依托，截至 2011 年 11 月，我国正在规划、建设的低碳城市，已经形成四大区域集聚发展的格局分布，即以环渤海、珠三角、长三角、西南地区 4 个经济区为重点聚集分布。未来低碳城市建设将以点带面呈辐射式发展，由四大区域开始，逐步扩展至全国。低碳城市的建设与城镇化的过程在发展中统一，体现以人为本，人与自然和谐共生的发展理念。当然，在低碳城市、低碳社会的建设过程中，我们也面临了经济、社会、文化等方面的重重阻碍。

（一）我国构建低碳社会劣势分析

古老的中国有着悠久历史，今天的发展不会是空中楼阁，发展中遇到的问题也必然会有相应的历史根源。处于工业化中后期的中国要成功实现转型，发展低碳经济、构建低碳社会，面临着一系列难题。

1. 中国长期的能源和能源消费结构

我国人口众多，人均能源水平低，尤其是中国的能源结构呈现"富煤、少气、缺油"的特征。2007 年我国原煤产量超过 25 亿吨，占一次能源比重超过 70.4%，对煤的依赖远大于世界其他国家，并且这种能源结构在相当长时期内难以改变，使中国低

---

[1] 刘志林，戴亦欣，董长贵，齐晔. 低碳城市理念与国际经验［J］. 城市发展研究，2009（6）：1-7，12.

碳能源的选择有限。在电力中，水电占比只有20%左右，火电占比达77%以上，"高碳"占绝对的统治地位。据计算，每燃烧一吨煤炭会产生4.12吨的二氧化碳气体，比石油和天然气每吨多30%和70%，尤其是未来20年中国能源部门电力投资将达1.8万亿美元。火电的大规模发展对环境的威胁可想而知。

我国的能源结构是以煤为主。煤是排放二氧化碳里面最多的一种能源，在我国的能源结构当中，煤炭占60%~70%的比例，与石油、天然气等燃料相比，产生单位热量燃煤引起的碳排放比燃用石油、天然气分别高出约36%和61%。由于调整能源结构在一定程度上受到资源结构的制约，以煤为主的能源供给和消费结构在未来相当长的一段时间将不会发生根本性的改变，使得中国在降低单位能源的CO_2排放强度方面比其他国家面临更大的困难。与用石油天然气相比，比控制温室气体排放的难度更大，所以这里面就要求调整能源结构。我国能源消费总量及构成见表7-4。

表7-4 能源消费总量及构成

时间	能源消费总量（万吨标准煤）	占能源消费总量的比重（%）			
		煤炭	石油	天然气	水电、核电、风电
1978	57144	70.7	22.7	3.2	3.4
1980	60276	72.7	20.7	3.1	4.0
1985	76682	75.8	17.1	2.2	4.9
1990	98703	76.2	16.6	2.1	5.1
1991	103783	76.1	17.1	2.0	4.8
1992	109170	75.7	17.5	1.9	4.9
1993	115993	74.7	18.2	1.9	5.2
1994	122737	75.0	17.4	1.9	5.7
1995	131176	74.6	17.5	1.8	6.1
1996	135192	73.5	18.7	1.8	6.0
1997	135909	71.4	20.4	1.8	6.4
1998	136164	70.9	20.8	1.8	6.5
1999	140569	70.6	21.5	2.0	5.9
2000	145531	69.2	22.2	2.2	6.4
2001	150406	68.3	21.8	2.4	7.5
2002	159431	68.0	22.3	2.4	7.3
2003	183792	69.8	21.2	2.5	6.5
2004	213456	69.5	21.3	2.5	6.7
2005	235997	70.8	19.8	2.6	6.8
2006	258676	71.1	19.3	2.9	6.7
2007	280500	71.1	18.8	3.3	6.8
2008	291448	70.3	18.3	3.7	7.7

续表

时间	能源消费总量（万吨标准煤）	占能源消费总量的比重（%）			
		煤炭	石油	天然气	水电、核电、风电
2009	306647	70.4	17.9	3.9	7.8
2010	324939	68.0	19.0	4.4	8.6
2011	348002	68.4	18.6	5.0	8.0
2012	361732	66.6	18.8	5.2	9.4

2. 构建低碳社会"合力"难凝聚

我国建设低碳社会需要实现有效的整合，形成社会合力。但这是极其困难的。一项调查表明，英国、德国、法国、日本等国家，有半数以上的民众认为全球变暖是一个严重问题，在日本的这一比例达到73%，即使是对建设低碳社会不积极的美国，这一比例也有42%。在所有受访国家中，中国的这一比例最低，只有24%。[1] 西方发达国家在发达的经济基础上已经整体进入了后物质主义社会，对于建设低碳社会，它们已经有比较强的民意基础。而在发展中的中国，很多人对于低碳经济、低碳社会还非常陌生，中国人最关注的仍然是经济利益。在此背景下，要以建设低碳社会为中心形成社会主流价值非常困难。

对于利益层面的整合。这一点是中国国内面临的问题，也是发达国家和发展中国家面临的问题。既得利益地区即使转型相对容易，却也不愿意舍弃既得利益。我国经济社会发展非常不均衡，地区性差距、阶层间差距都很大。这就对构建低碳社会的各项政策提出了更高的要求。必须以建设低碳为中心整合现有各项政策，而要实现这种整合，损失一些地区、行业、阶层的利益是肯定的，这就可能扩大原有差距，甚至导致新利益冲突。

3. 制度缺失和社会发展不平衡造成难以持续构建低碳社会

一是建设低碳社会需要有持续的社会经济效果。我们面临的困难首先就是制度整合。原有的经济政治制度框架很难有效解决人类现在面临的气候变化问题，调整、重组我们现有的整体制度是必行之路。没有整合的、有效的制度支撑，低碳社会建设也许可以取得一时一地的效果，但注定是不可推广、不可持续的。

二是目前不可持续的社会结构制约了持续有效的低碳社会建设进程，在分配领域的问题最终影响了低碳社会的建设。我们物质财富在相对较短的时间内快速积累，蛋糕做好了之后，分蛋糕的结果却不尽如人意。少数人在得到了大块的蛋糕后开始了奢侈的享用，甚至是铺张浪费，与此同时，更多的人却只分到了很少的蛋糕，甚至没有

---

[1] 唐代兴. 可持续生存式发展：建设低碳社会的根本之道 [J]. 中共四川省委省级机关党校学报，2012（06）：112-118.

蛋糕。中国还有接近1亿的绝对贫困人口，他们生活艰难，得不到必要的社会服务，不能共享经济发展的成果。这样一种分配结构直接导致社会不稳定，不能保证持续的低碳社会建设。同样的问题其实也反映在国际社会上发达国家和发展中国家共同建设低碳社会的问题中。

三是我们对下一代的教育。社会学理论认为，一个社会可持续的重要机制是社会化，通过这个过程使新生社会成员接受并内化现有社会的价值观和行为规范。教育是社会化的重要形式。我们目前并没有形成一致有效且符合建设低碳社会所需要的价值观以及行为规范，这对于我们培养下一代的低碳意识是很不利的。在现行的教育内容中，低碳教育、环保教育的分量很轻，不被重视。

四是各区域和部门的协同作用微弱。人类生活在同一个大气层中，不能分割。全球低碳社会的构建必须要各个区域和部门协同推进。在低碳社会构建这一问题上，全人类是患难与共，利益同享的。一方面，这种区域间的协同努力是十分艰难的，原因有很多，逃避责任，缺乏约束机制等；另一方面，低碳工作本身就是一个多部门协调的工作，没有哪一个部门可以单独完成，这样既容易出现多部门协调难及工作推诿的现象，也容易出现各部门之间政策相互打架的现象，即政出多门的问题。

五是制度层面的整合较慢。中国在构建低碳社会的问题上是迈步在前，却没有保持领先的情况。中国是最早制订并且实施《应对气候变化国家方案》的发展中国家，节约能源法、可再生能源法、循环经济促进法、清洁生产促进法、森林法、草原法和民用建筑节能条例等一系列法律法规也逐步颁布实施，但我们缺少的是能够把高高在上的法律落到实处的制度。一方面的问题是制度不够完善、细致，另一方面是执行效果不良。这样类似的需要完善制度的问题在中国的经济社会发展中有很多。

4. 低碳社会建设的内外源融资压力较大

内源融资受到企业内生动力不足的制约。占比高达80%的中小企业经营规模小、资金积累能力弱；宏观经济外部冲击、市场需求萎缩、生产要素成本上升、企业税负偏高、企业库存压力增加、企业盈利水平下降，导致企业依靠内源融资的渠道受限。此外，能源价格改革滞后，加之低碳投资具有投入成本高、回报周期长、收益相对低等特点，企业对低碳新技术、新工艺投入不多，积极性也不高，即使具有较强的内源融资实力，也缺乏足够的动力推进节能减碳。这一点尤其体现在县域经济层面。以浙江省象山县为例，该县在总结2007年、2008年连续两年没有完成低碳目标时，把企业科研投入、低碳技改投入不足列为重要原因。[1]

---

[1] 据统计，2007年，象山县规模以上工业企业共投入科研经费2亿元，仅占规模以上工业总产值的0.7%。全县工业企业全年共实施节能和循环经济技术改造项目50项，实际投入3320万元，占全县技改投入比重不到1%。参见http://www.xiangshan.gov.cn/art/2009/1/5/art_225_32551.html。

同时，外源融资受到发展环境不优的约束。在政府主导的投融资体制背景下，上市或债券融资门槛高，在直接融资市场，公司债券征收20%的利息税，不仅增加了上市公司的融资成本，而且增加了债券融资难度。因此，导致直接融资规模受限；金融部门垂直化管理、金融市场市场化步伐滞后，加之低碳激励政策多是针对企业，缺乏对金融机构的激励，在信用审核机制和担保机制尚不健全、信贷分配存在体制性主从次序的背景下，银行缺乏足够动力将贷款分配给节能减碳领域、中小企业及经济发展滞后地区，导致占低碳投资资本来源主导地位的间接融资供给不足。

（二）构建低碳社会优势分析

组织机构的内部因素，具体包括：有利的竞争态势、充足的财政来源、良好的企业形象、技术力量、规模经济、产品质量、市场份额、成本优势、广告攻势等。

中国低碳社会的建设存在很多劣势，但是这种分析并不意味着我们无法启动低碳社会建设进程。事实上，我们也有一些优势，也取得了一些效果。

1. 经济发展的后发优势

据荷兰环境评估机构PBL以及欧盟联合研究中心JRC所发布的最新研究报告，2012年中国人均碳排放量比2011年上涨了9%，达到每人7.2吨，同期欧盟成员国人均碳排放7.5吨，而美国人均碳排放量17.3万吨，高居全球碳排放量榜首。中国经济目前仍然处于高速发展过程中，相对发达国家，我们的人均水平还较低，存在较强的后发优势，这有利于中国通过引进先进的低碳技术跨越式发展低碳社会。

2. 新农村的直接推动

中国二元经济结构造成的城乡差距一直受到各方的广泛关注，如何缩小差距，实现共同富裕，一直是理论家和实践家不断探寻的方向。在低碳社会构建这一问题上，中国农村大有可为。借着新农村建设的东风，通过引入新的低碳技术、低碳理念，把中国农村建设成为低碳农业和相关产业低碳化的低碳区域，将为中国低碳社会建设作出重要贡献。对低碳社会的建设来说，城乡差距既是危机更是机遇。

3. 传统文化崇尚节俭

中国文化源远流长，崇尚节俭，反对奢侈，亲近自然，一直是受到中国人推崇的生活方式。"中国传统文化中最隐秘、最深刻的内核都是俯仰天地、取譬万物、与自然无障碍交流的产物"。这样的传统有利于中国构建低碳社会。我国是最早提出垃圾分类收集的国家之一。勤俭节约是中华民族的传统美德，回收废品几乎成了普通中国人的生活传统。收集牙膏皮、橘子皮、杏核、桃核、碎布头、废纸等，换钱贴补家用，是每个家庭再普通不过的做法。诚然，一定程度上这是由于生产能力落后、物质资料匮乏所造成的，多少有些不得已。但是，在经济发展、物资资料丰富的今天，中国人渐渐忘记了这些传统，大量可以回收再利用的资源被严重地浪费了。市场经济体制下，消费作为拉动经济的主要力量之一，作用不容忽视，但科学合理、低碳的消费方式，应该成为低碳社会的应有之义。

4. 市场经济体制的不断完善

改革开放以来，中国从没有改变朝着完善市场经济体制的方向发展的道路。

这就有利于市场机制在资源配置和技术创新方面对低碳社会建设发挥重要作用。虽然中国目前的单位 GDP 能耗和主要产品能耗仍然高于发达国建先进水平，但随着市场经济的不断完善，我国的单位 GDP 能耗、主要产品能耗都有下降的趋势。因此，不断坚持市场经济体制，也是中国构建低碳社会的重要途径之一。

5. 环保社会组织蓬勃发展

改革开放 30 多年来，民间环保社团组织蓬勃发展。它们在传播环境知识信息、开展环境宣传教育、进行社会动员、推动政府开展环境保护工作等方面确实发挥着重要作用。中国不断成长的公民社会是推动中国低碳转型的一支重要力量。大力发展低碳社会组织，培育中国民间环保力量，促进民间力量与政府的合作，是推动中国环境保护的重要路径。

6. 中国政府的强大推动力量

中国政府在中国的经济社会中占据着中心地位，并有着深厚的传统文化、心理基础。这种强政府虽有弊端，但因其强大的决策、执行能力，调动协调能力等也有利于凝聚合力，对中国经济社会产生了不容忽视的强大助推力。改革开放中国经济创造的奇迹也与中国政府的强大作用是分不开的。低碳社会是一种社会变革，需要自上而下的导向，这里正好可以发挥中国强政府的优势，利用我们的体制优势，充分发挥政府的启动、推动、引导作用，协调好企业、低碳社会组织和民众之间的关系。当然，在政府应该更加尊重市场经济体制，按照市场经济规律办事，提升国家综合治理能力。

二、我国建设低碳社会的机遇与挑战

当前我们进行的节能减排，发展低碳经济，为我国经济发展带来了一个很好的契机，为我们推动产业结构调整，转变发展方式提供了一个新的市场动力。为此，我们必须认清发展低碳经济面临的机遇，充分利用我国发展低碳经济具备的有利条件，发挥经济低碳化的驱动效应，使之成为我国发展转型升级的重大机遇和抓手。我国正处于现代化转型时期，需要实现的目标很多，这些目标有些是有内在的矛盾的。我们面临的困境甚至超越了"鱼与熊掌不可兼得"。如果简单地选择迅速降低碳排放总量，发展低碳经济，而不顾及其他社会目标，这种做法就是自杀性的，最终将导致对我国经济毁灭性的打击，甚至引起社会动荡。另一方面，如果现在仍然不重视建设低碳社会，就是慢性自杀，必将在不远的将来毒发身亡。这样的现实给中国的低碳社会建设提出了更高的挑战，我们必须做到统筹兼顾。

（一）构建低碳社会机遇

1. 国际经济结构的转型大潮，中国顺潮而流

作为一种新的经济发展模式，众多国家已经开始在低碳领域大展拳脚，出台各种新政策，开发各种新技术，抢占低碳经济市场的制高点。2003年，英国率先提出了发展低碳经济，把低碳经济作为重大的发展战略，出台了一系列的政策；欧盟制定了一揽子低碳政策，提出2020年温室气体排放要在1990年的基础上减少20%，能效要提高20%，可再生能源的比重要提高20%，并将低碳经济作为国际合作的核心要素，极力推广碳交易管理的做法。低碳经济在中国的构建和发展；美国奥巴马政府将发展新能源作为摆脱经济衰退，创造就业机会，抢占未来发展制高点的重要战略产业。提出在未来3年内可再生资源的产量将增加一倍，未来10年投资1500亿美元建立清洁能源研发基金，主要是用于太阳能、风能、生物燃料和其他清洁可再生资源项目的研发和推广。日本提出了低碳社会的概念，倡导在低碳排放和气候安定的条件下要建设一个富裕、可持续发展的社会，并实施了一系列相关的政策措施。俄罗斯、巴西等经济转型国家纷纷将低碳发展作为转型的突破口，一些发展中国家也在陆续开展低碳经济研究和应用。国际金融危机进一步激发了各国发展低碳经济，寻求新的经济增长点的热情，低碳经济已经成为后经济危机时代各国谋篇布局的首选，都将低碳经济作为调整经济结构，转变发展方式的重要发展低碳经济符合全球应对气候变化的共识，顺应国际社会低碳发展的潮流。

作为最大的发展中国家，中国探索低碳发展之路符合世界能源、经济"低碳化"的发展趋势。一方面，在与气候变化相关的科学研究、经济社会及政治外交领域，一系列重大事件正推动着应对气候变化的国际行动不断深入，低碳经济与低碳发展道路在国际上越来越受到关注。另一方面，减排温室气体和应对气候变化需要世界各国尤其是主要国家和经济体的共同努力，其中发达国家因其历史责任和当前能力应当率先承担更多的责任。在这种情况下，中国发展低碳经济既有助于承担必需的国际责任，又能够顺应世界大势、融入国际潮流，充分展现负责任的发展中大国形象。

2. 发展低碳经济是我国转方式、调结构的重要内容和实现途径

转变经济发展方式、调整优化经济结构是贯彻落实科学发展观的需要，也是国内实现经济社会可持续发展的内在要求。从这个意义上讲，我国大力发展低碳经济是实现国民经济科学发展和可持续发展的重大机遇。因为发展低碳经济有利于突破我国经济发展过程中资源和环境瓶颈性约束，有利于顺应世界技术变革的潮流，推动我国产业升级和企业技术创新，并形成完善的促进可持续发展的政策机制和制度保障体系，当然也有利于打造我国未来的国际核心竞争力。尤其是在当前世界各国正在应对国际

金融危机的情况下，以低碳能源发展为代表的低碳产业，不仅可以为传统产业的振兴提供支撑，且其自身也可以在这一过程中找到发展机遇，形成新的经济增长点并影响世界发展格局和竞争格局。

3. 发展低碳经济有利于改善我国能源供给结构，保障国家能源安全

能源是经济发展的基础动力，我国正处于工业化和城镇化快速发展的阶段，对能源的需求将刚性增长。世界能源发展的长期方向是"低碳富氢"和新能源，逐步从"碳基能源"向"氢基能源"或无碳能源转向。中国目前的能源结构是以煤为主，在能源的供需品种结构、地区结构和结构性污染方面都与环境保护的要求极不相称。一方面，今后相当长时期内能源消费将会持续增长，另一方面能源结构的转变又异常艰难。发展低碳经济根本上要求以提高能源利用效率和创建清洁能源、可再生能源为抓手，大力发展风能、核能、太阳能、地热能、潮汐能和生物质能等，这有利于改善我国能源供给结构，保障国家能源安全。

4. 发展低碳经济有利于充分利用国际低碳技术资源，助力提升我国的自主创新能力

发展低碳经济的核心和关键是低碳技术。先进的低碳技术大多掌握在发达国家手中，《联合国气候变化框架公约》和《京都议定书》就发达国家向发展中国进行技术支持进行了专门规定，并在某种程度上将之视为发达国家的一种责任和义务。中国总体技术水平落后，实现低碳发展要求在技术上必须有所突破，否则发展低碳经济、应对气候变化便是一句空话。比如，如果没有及时的技术转让以帮助中国对燃煤机组进行技术升级，中国到2030年可能多排放近60亿吨CO_2，并产生巨大的"锁定效应"。国际约定对发达国家的要求、应对气候变化的共同愿望和适度的利益机制，都有利于我国充分利用国际低碳技术资源，突破发达国家对我们的技术封锁和限制，展开充分的技术合作，使得符合世界发展趋势的能效技术、节约能源技术、可再生能源技术和温室气体减排技术不断涌现并广泛采用。并通过原始创新、集成创新和消化吸收再创新，逐渐掌握具有自主知识产权的核心技术，最终达到提升自主创新能力的目的。

(二) 构建低碳社会的挑战

1. 发展阶段的制约

通过各发达国家的工业化及城市化历史，我们能够注意到，城市化基本和工业化是同步进行的。城市化要关系到人口、土地、经济方方面面的内容。人口的过度集中，便需要有能满足人们生产生活相配套到城市设施，维持一个城市系统正常的运作，城市的能源保障的数量我们便可想而知。中国正处于工业化、城市化加快推进的阶段，工业的快速发展、粗放的增长方式决定了需要大量的能源资源消耗支撑；城市化加速推进，人口大量转入城市，对城市基础设施需求剧增，能源需求快速增长。这种情况就导致我国经济的主体限制，中国经济的主体是第二产业，这决定了能源消费

的主要部门是工业，而工业生产技术水平落后，又加重了中国经济的高碳特征。在这种发展阶段下，要实现全面小康的中期目标，致力于改善和提高 13 亿人民的生活水平和生活质量，必将带来能源消费的持续增长和碳排放的剧增。

随着我国国力的增强，人民生活水平的提升，人们对高质量生活的追求，在人们生活方面消耗的能源资源势必越来越多。世界各国的发展历史和趋势表明，人均 CO_2 排放量、商品能源消费量和经济发达水平有显著正相关关系。中国是正处于工业化初期的发展中国家，经济增长方式粗放、能源结构不合理、能源技术装备水平低和管理水平相对落后，导致单位 GDP 能耗和主要耗能产品能耗都高于主要能源消费国家平均水平。未来随着中国经济的发展，能源消费和 CO_2 排放量必然还要持续增长，减缓温室气体排放将使中国面临开创新型的、可持续发展模式的挑战。

2. 产业结构的挑战

中国产业结构的主体是第二产业，2008 年三次产业结构为 11.31∶48.62∶40.07。工业部门耗能水平高，其能源消耗量占我国能源消费量的 70%以上，加上我国工业生产技术水平总体较为落后，加重了中国经济的高碳特征。在工业内部，采掘、钢铁、建材水泥、造纸、化工、电力等高耗能行业比重较高，耗能严重。所以，我国发展低碳经济面临二产为主的产业结构制约，工业内部面临传统高耗能行业比重较高的制约，调整优化产业结构、提升工业生产技术和能源利用水平，是一个重大课题。

3. 低碳经济的市场环境和技术基础还尚待完善

我国还是一个发展中的大国，发展低碳经济，必须要考虑到全国经济发展的不平衡性，实际上中国就像世界南北的发展差距一样，在中国也是世界的一个缩影。东西部地区要在发展经济、降低二氧化碳强度方面有所不同，这就进一步提高了我们对于发展低碳经济的政策体系和管理机制提出了更高的要求，即发展低碳经济的市场环境差异性较大，难以构建统一的低碳经济市场环境。

同时发展低碳经济从根本上依靠高水平的低碳技术，无论是提高能源转换效率、减少能源消耗，还是开发利用可再生能源、优化能源结构，都依赖于先进技术的研究开发与推广。中国经济由"高碳"向"低碳"转变的最大制约，是整体科技水平落后，技术研发能力有限。尽管《联合国气候变化框架公约》规定，发达国家有义务向发展中国家提供技术转让，但实际运作中障碍重重，发达国家以种种理由拒绝本应承担的技术转让责任。这些障碍包括知识产权障碍、资金障碍、政策障碍、信息障碍、机构障碍和促成环境不足的障碍等。这些问题直接影响着我国在应对气候变化过程中发展路径的选择，如果不能切实有效解决，将给我国的低碳经济发展增加巨大的额外成本，这显然是尚不富裕的中国不能承受之重。

4. 体制机制的挑战

发展低碳经济必须以体制机制的创新为保障。但我国目前的状况是宏观管理机构能力不足、能源管理职能分散、能源价格改革滞后、法律制度综合效率不高。应对气候变化、发展低碳经济极其复杂、涉及面广、责任重大，而我们应对气候变化的正式管理机构（国家发改委气候变化司）成立不久，管理能力面临严重考验，极易造成能力和必须承担责任的不对称；能源管理职责分散造成政出多门，缺乏协调，缺乏具有长远战略眼光的宏观调控；能源价格改革滞后不易形成对于节能、技术进步和结构调整的正向激励，各经济主体动力不足；法律体系不完善，不同法律之间相互抵触，各成体系又缺乏必要的配套制度，严重削弱了法律制度的综合效率。

5. 其他方面的挑战

除上述一些挑战之外，中国发展低碳经济面临的挑战还有：中国在国际贸易分工中处于产业链的低端，大量的能源和温室气体排放随出口产品间接出口；技术创新能力不足，低碳技术转让存在障碍等；发展低碳经济还有体制机制障碍，如能源价格政府管制，补贴较大；企业节能减排仍存在政策障碍，动力不足；推进节能减排主要靠行政手段，缺乏市场化的解决方式。

三、本节总结

在挑战与机遇并存的情况下，发展低碳经济首先要统一思想，坚定信心，要以科学发展观为指导，准确把握时代发展的趋势，勇于迎接挑战，善于抓住机遇，立足国情，循序渐进，要以减缓气候变化，培育新兴产业和促进可持续发展为目标，以技术创新，制度创新为动力，以节能，提高能源的利用效率，优化能源结构为重点，综合运用经济、科技、法律、行政等手段，促进低碳经济积极有序地开展。

其次要坚持统筹兼顾，加强政策引导，要统筹经济发展和应对气候变化，统筹国内和国际两个大局，统筹现实需要和长远利益，综合推进低碳经济与清洁生产、循环经济、节能减排等工作。要建立健全鼓励低碳经济发展的各项配套的政策措施，发挥政府的政策引导作用，更多的要依靠市场的机制和技术进步。

最后要继续深入开展节能减排工作，优化产业结构，降低高耗能产业的比重，继续加大重点行业和耗能大户的节能技术改造，加强节能管理。

总的来说，就是要综合运用市场、政府和社会三者的合力来促进低碳社会构建，在接下来的章节，我们会具体谈一谈我国应该如何因地制宜地构建低碳社会。

第四节 我国建设低碳社会的对策建议

人类社会的发展路径是趋于效率与公平统一轨迹的，也就意味着人类发展路径和发展方式是一个不断转变和否定之否定的过程，低碳经济亦是如此。表面上低碳经济是为减少温室气体排放所做努力的结果,但实质上,低碳经济是经济发展方式、能源消费方式,及人类生活方式的一次新变革,它将全方位地改造建立在化石燃料基础之上的现代工业文明,转向生态经济和生态文明。所谓生态经济和生态文明,实质上是构建低碳社会的基本要求,因此,笔者认为,为达到这种基本要求,必须理清并充分发挥市场、政府和社会等3个行为主体在构建低碳社会中的不同分工和作用,构建市场型低碳社会。

一、促进低碳社会运行效率,充分发挥市场的决定性作用

低碳经济是应对全球气候变化的必然选择,它与实现人类经济、社会和环境可持续发展休戚相关。应对气候变化既要着眼长远,更要立足当前。由于气候变化是公共品,是"最大的市场失灵",虽然仅仅通过市场是解决不了的,但并不能就此否定市场在构建低碳社会中的作用。

市场作为经济运行的一个重要的行为主体,在十八届三中全会以后,市场在我们国家的国民运行的作用由配置资源的基础性作用转变为配置资源的决定性作用。虽然市场有其固有的缺陷,理论和长期的实践都告诉我们,市场配置资源的效率是最高的,必须让市场在资源配置中起决定性作用。

低碳社会是相对于高碳社会而言的,低碳经济作为构建低碳社会的重要组成部分,重要性也就不言而喻了。发挥市场的决定性作用,探讨低碳经济的内涵和外延,研究低碳经济低碳社会构建和发展的影响,既是理论发展的要求,也有现实发展的需要。低碳社会的内涵就是改变传统的经济发展方式,而在西方国家,碳排放总量的刚性约束改变了发达国家的能源政策和发展模式,西方国家制定并实施了发展低碳经济的中长期战略规划;以低碳技术创新作为重点;以开发新型清洁的可再生能源作为主要手段。发展中国家正面临着高碳与低碳不同经济发展方式的痛苦抉择。

虽然这种抉择是痛苦的,但二者都归属于对经济运行期望效率的预期,但高碳经济发展模式已经侵蚀并正在侵蚀人类的生存福祉,已经遭到质疑和渐进式抛弃,同时,发展低碳经济并不意味着经济效率的低下,二者并不矛盾。市场经济优胜劣汰的原则,低碳经济模式本就是题中之意,按照低碳经济低能耗、低排放、低污染的要求,必须充分发挥市场配置资源的决定性作用,淘汰涉及高碳经济的诸多发展模式,要逐步优化传统的投资、出口和消费这"三驾马车"的比例和速度,进一步优化经济结构,发展低碳新技术,破解日益突出的资源能源环境难题,促进经济社会稳定持续的发展,按照市场的竞争性原则的要求,发展低碳技术。发展低碳技术的一个关键就是国民经济整体的发展,只有按照市场配置资源的原则,把蛋糕做大,才有基础去发展低碳技术,否则就是无源之水,所谓的低碳经济就只是停留在理论上的低碳经济。

上面我们论述了低碳经济与市场的关系，下面简单说明发展低碳技术的市场要求。

在低碳技术领域，发达国家的综合能效达45%，我国仅为35%。我国在整体煤气化联合循环技术、高性价比太阳能光伏电池技术、混合动力汽车的相关技术等方面与国外还有较大差距。一方面要加强低碳技术的自主研发和引进吸收，按照市场的原则，不断加强低碳技术的研发，降低利用成本，研发主体应该由国有企业转向中小企业，分散市场风险，促进市场竞争，促进低碳技术和产品的多元化发展，活跃低碳技术和产品市场；另一方面，按照以人为本的原则，即按照符合消费主体需求的原则，利用风能、太阳能、地热资源、小型水电、生物质能等可再生能源促进消费市场消费需求的改变。

二、发挥政府的宏观调控作用，弥补市场失灵的缺陷

虽然我们强调市场在资源配置中的决定性作用，但并不是否定政府在发展构建低碳社会中的作用。实质上，在低碳经济问题上，政府的宏观调控作用较为明显而直接，因为前面也提到由于气候变化是公共品，是"最大的市场失灵"。在低碳社会构建过程中，一般可以认为政府的引导和规范作用不可忽视，在过去的高碳时代，经济发展是按照市场原则，追求期望效用最大化的原则开展的，即国民经济按照市场的原则运行，出现了很多偏差或者问题，而今天提出构建低碳社会，发展低碳经济，实质上是政府纠错行动和表现，而政府在这一过程中并不决定市场如何进行资源配置的问题。

在发展低碳经济的过程中，政府该引导的事情必须引导；该干预的事情必须要干预；该监管的事情必须监管到位。政府只有做到在低碳经济运行过程中不越位和不缺位。那么，经济结构的调整和优化具有较为乐观的预期。具体而言，在低碳社会构建中，就发展低碳经济而言，政府可以从以下几个方面入手。

（一）战略高度、后发优势、完善法律体系、顶层设计

根据当前世界形势，结合先行国家的发展经验，我国有必要在可持续发展的框架下，把发展低碳经济、建设低碳社会提升到国家战略的高度，摆在优先发展的战略地位。我国构建低碳社会起步较晚，但可以发挥其后发优势，选择使用一系列低碳科技成果，实现跨越式发展。我国正处于发展转型期，因此，我国应从战略高度把握发展时期，抓住构建低碳社会的历史性机遇，充分利用后发优势，吸取日本等发达国家在发展低碳经济的经验与教训，加大自主研发能力，实现高起点跨越式赶超。

立法须先行，完备的低碳法律体系可以保障低碳社会的可持续发展。现阶段我国有《煤炭法》《电力法》《节约能源法》和《可再生能源法》等法律，存在的问题是法律体系不完善、不健全，应该更多借鉴国外相关法律，尽量缩短法律颁布、实施、

调整的周期，为发展低碳社会提供法律的保障。

其次，政府要逐步完善低碳社会的顶层设计，细化低碳政策。可以参考日本政府在构建低碳社会中的扶持政策，充分利用财政等手段，推进低碳社会建设。如，对生产高效低碳低污染产品实施企业所得税优惠政策；实施绿色信贷和绿色保险政策；研究针对企业和公众的环境补贴政策等。

我们缺少建设低碳社会的成熟经验，实践中必须考虑中国复杂的、发展中的国情，如东中西部存在的较大差距等等问题，可以借鉴日本试点的做法，逐步进行推广。

（二）把握城镇化机遇，把建设低碳社区、低碳城市作为重要着力点

2013年末，中国城镇人口占总人口比重已经升至53.73%。建设低碳社会必须把握这一历史性的机遇，在全国建立一批低碳社会实践区、低碳产业实践区、低碳城市和低碳社区实践区，积极获取建设低碳社会的经验。同时，应积极争取世界自然基金会等国际组织扩大中国低碳城市试点。目前，贵阳、德州、无锡、吉林、珠海、南昌、厦门等多个城市提出了建设低碳城市的构想，还有不少城市正在加入打造低碳城市名片的行列。当然，低碳城市未来走向的研究和实践内容还包括：发展低碳技术，破解"碳锁定"研究；调整产业结构，发展低碳产业，转变发展模式研究；为低碳城市发展保驾护航，完善政策法规和制度建设研究等。发展低碳城市是建设低碳社会的必由之路，是转变经济发展方式，实现国民经济又好又快发展的必然要求，也是科学发展观在城市建设中的实际运用。

发展低碳城市，构建低碳社会是我国经济发展的长期目标，是一个艰巨的任务。目前，国内很多城市已经提出了建设低碳城市的设想，也逐步出台了一些可操作的实施办法，但得到的效果并不明显。所以，还需要进一步积累实践经验，深入理论研究，明确低碳城市的内涵、定位、建设途径以及评价指标体系，唯如此，才能将低碳的理念真正落到城市建设的实际行动中，最终推动社会的低碳发展。

（三）低碳社会指标体系改进建议

完善的指标体系有助于低碳社会的可持续发展。由于政府在低碳社会构建中发挥的重要作用，建议将政府办公节能措施是否具体化、制度化，有无相应的惩戒措施，政府采购是否符合低碳要求等纳入指标体系。低碳社会组织的数量以及发展状况、影响力，应重点纳入指标体系。另外，由于低碳技术对低碳社会建设的重要支撑作用，建议将企业开发创新的低碳产品数量纳入指标体系考察范围。在建筑方面，新增建筑面积、旧房改造面积、旧房拆迁面积、低能耗建筑比重等指标应确立适当的指标核算方式，便于纳入指标体系。此外，与民众生活息息相关的指标也应该纳入计算范围，如：公共交通便捷程度和使用率；垃圾分类回收处理比率；社会阶段性一次性消费品

占同类消费品比重；电视、广播、报纸等社会公共媒体有无低碳宣传窗口，收视率如何；教育机构、社区组织有无宣传低碳的途径等。

（四）明晰产权，构建碳汇权制度体系

温室气体排放及发展低碳经济是最大的市场失灵，这主要表现为作为世界最大外部性的低碳经济、作为全球公共物品的低碳经济以及发展低碳经济中的搭便车问题。发展低碳经济中市场失灵的主要原因是缺乏有保障的财产所有权以及温室效应。因此，一方面要通过制度创新建立有保障的财产权，从源头上减少对化石燃料的开采；另一方面还要公平地分配排放权。发展低碳经济面临着市场失灵，但我们并不能因此否定市场机制在发展低碳经济中的基础性作用，而是要通过制度创新来修正、调整市场，从而有利于低碳经济的建立和运行。为了人类社会的可持续发展，我们必须调整或改变市场经济配置资源的规则，要把减排、低碳、环保等因素通过规则、制度及政策嵌入到市场的制度框架中。

而公平的分配排放权涉及碳汇问题，碳汇是指由绿色植物通过光合作用吸收固定大气中的二氧化碳，将大气中的二氧化碳储存于生物碳库。据科学测定，一亩茂密的森林，一般每天可吸收二氧化碳67千克，放出氧气49千克，可供65人一天的需要。过去由政府主导，鼓励植树造林，我国植树造林取得的成绩是毋庸置疑的，在进一步加强植树造林工作的同时应该注重人工林的经济效益，合理开发森林资源，注意树种的多样化，使人工林可持续发展。但这种鼓励和引导具有公共性，搭便车的现象较为严重，即碳排放的社会成本远远高于私人成本，仅仅依靠过去产权主体不明确的主体植树造林不具有可持续性。因此，政府可以考虑构建碳汇权制度体系，即高碳企业或产业对碳汇权的购买或者置换，由政府制定规则，高碳企业或产业排出一定的二氧化碳后，必须按照市场原则购买碳汇权。也可以考虑借鉴日本的做法，高碳企业或产业排除排出一定的二氧化碳后，必须在规定的时间和规定的地点种草、种花（政府必须监管所种植物的种类和成活情况），这样不仅起到了绿化的作用，而且又增加碳汇。

三、引导低碳社会意识和行为，构建市场型低碳社会

气候变化是全人类共同面临的问题。遏制气候变暖，拯救地球家园，是全人类共同的使命，每个国家和民族，每个企业和个人，都应当责无旁贷地行动起来。因此，构建低碳社会也不仅是市场或者政府的事情，更是每一个人的事情，因此，作为社会中的单个行为主体应该树立低碳意识。通过低碳经济制度的构建，使高碳经济发展方式的外部性内在化。而在制度构建过程中，社会的认知水平在一定程度上影响着制度变迁。传统经济学将生产和消费都作为经济发展的重要动力，但对生产和消费过程中的环境消耗和生态破坏一直采取先污染后治理的发展思维。环境问题是人类认识有限

理性的结果。还有人们往往把环境保护与经济发展对立起来,把环境保护与降低成本、科技创新对立起来。波特假设及实践表明,严格的环境规制有利于降低成本和技术创新。但是认知上的转变是一个比较缓慢的过程。若每个经济主体都认识到发展低碳经济的好处,并付之于行动,那么人类社会的福利会大大地改善。但人的认知是有限的。因此,构建低碳社会的逻辑应该遵循从市场化到市场社会的改革。市场社会不是市场化的社会,而是强调要重塑市场的社会基础,体制转型与社会转型并重,形成市场化的社会支撑。我国30多年改革的成就在于实现经济体制转轨,经济上高歌猛进;而与此相伴的环境和生态逐渐凸显。因此,在未来的低碳社会构建中,应该重视低碳经济的社会基础。

从正向来说,市场社会建设就是要在社会领域或社会发展领域不断建立和完善各种能够合理配置社会资源和社会机会的社会结构和社会机制,并相应地形成各种能够良性调节社会关系的社会组织和社会力量;从逆向来看,就是根据构建低碳社会中出现的新表现、新特点和新趋势,创造正确处理新问题的新机制,更好地弥合分歧,化解矛盾,引导低碳社会意识和行为,构建市场型低碳社会,只有这样才能真正构建兼顾效率和公平的低碳经济,从而进一步促进现代低碳社会建设。对于如何发挥社会个体在低碳经济中的作用,引导社会意识和行为,可以从以下两个方面入手。

(一) 广泛树立低碳意识,构建社会低碳文化

提倡低碳消费方式和生活方式。低碳社会的构建意味着要从生产方式到生活方式的全面变革。改革开放以来,很多中国传统的生活观念,比如节俭,这样的中华民族的传统优秀品质逐渐被侵蚀,很多不良的习惯、不正之风反而找到了滋生的土壤。消费拉动经济增长的作用是毋庸置疑的,但是不能忽视我们的资源、环境的承载能力。树立低碳意识,崇尚低碳生活,低碳生产,通过各种途径构建低碳文化,才能从根本上实现低碳社会的构建。这就要求民众不能忽视日常生活的点滴小事,从我做起,最终形成合力,为构建低碳社会,做出贡献。

(二) 以低碳社会组织为核心,设计可持续的低碳社会体系

社会中的一些民间组织,由于社会奉献的道德力量和对公平的核心价值认可的驱动使得社会不公平或不平等程度得到有效缓解低碳社会组织可以将分散的社会力量有效地组织起来,且不易受政治影响。在宣传中贴近群众生活,有具体性、长期性等优点,能够采用群众喜闻乐见的方式,让更多的民众参与到低碳社会的建设过程中来,同时便于政府持久地开展具体的监督工作,并有效影响公共政策,较少受到利益关系或政策调整的影响,能够有效协调企业、政府之间的关系,成为体系的有效维护着和纽带。

同时,我国社会组织的发展也进入了机遇期。从2000年到2012年间数量增大了

6倍。

另外，低碳社会组织的动力机制是利益与权利的推动，发展的目标也是经济效益与社会效益的双赢、保障和实现公民权利，这决定了低碳社会组织在构建低碳社会中的纽带作用是持续的。

"凡社会能办好的，尽可能交给社会力量承担"。应该大力推动低碳社会组织的发展，政府通过税收优惠、财政补贴、购买服务、场地供给、专业辅导等方式助力低碳社会组织的发展，必将起到事半功倍的效果。但同时也要注意关注低碳社会组织的发展，使其建立完善的制度，提高组织化的效能，提高低碳社会组织专业化水平。

总的来说，我国发展低碳经济要以科学发展观为指导，立足国情，掌握好低碳发展的节奏，勇于迎接挑战，善于抓住机遇，要以减缓气候变化，培育新兴产业和促进可持续发展为目标，以技术创新，制度创新为动力，以节能，提高能源的利用效率，优化能源结构为重点，综合运用经济、科技、法律、行政等手段，促进低碳经济积极有序地开展。同时，要统筹经济发展和应对气候变化，统筹国内和国际两个大局，统筹现实需要和长远利益，综合推进低碳经济与清洁生产、循环经济、节能减排等工作。建立健全鼓励低碳经济发展的各项配套的政策措施，发挥政府的政策引导作用，更多地要依靠市场的机制和技术进步。继续深入开展节能减排工作，优化产业结构，降低高耗能产业的比重，继续加大重点行业和耗能大户的节能技术改造，加强节能管理。加快建立以低碳排放为特征的能源、工业、建筑、交通体系。

参 考 文 献

[1] Neil Strachan, Tim Foxon, Junichi Fujino. Modelling Long-term Scenarios for Low Carbon Societies (Climate Policy) [M]. London: Routledge, 2008.

[2] "2050 Japan Low-carbon Society" Scenario Team. Japan Scenarios and Actions towards Low-carbon Societies (LCSs) [R]. 2008.

[3] Andrew Sentence. Developing Transport Infrastructure for the Low Carbon Society [J]. Oxford Review of Economic Policy, 2009, 25 (3): 391-410.

[4] Skea Jim, Nishiok Shuzo. Policies and Practices for a Low-carbon Society [J]. Climate Policy (Earthscan), 2008 (8): S5-S16.

[5] Norman J. Company High and Low Residential Density: Life Cycle Analysis of Energy Use and Green House Emission [J]. Journal of Urban Planning and Development, 2006 (3): 9-12.

［6］ Klaus H, Kuishuang F, Bin C. Changing Lifestyles towards a Low Carbon Economy: An IPAT Analysis for China［J］. Energies, 2012（5）: 22-31.

［7］ Abdeen M O. Opportunities for Sustainable Low Carbon Energy Research Development and Applications［J］. Low Carbon Economy, 2011（2）: 173-191.

［8］ 齐晔. 中国低碳发展报告: 回顾"十一五"展望"十二五"（2011—2012）［M］. 北京: 社会科学文献出版社, 2011.

［9］ 李士, 方虹, 刘春平. 中国低碳经济发展研究报告［M］. 北京: 科学出版社, 2011.

［10］ 新能源与低碳行动课题组. 低碳改变生活［M］. 北京: 中国时代经济出版社, 2011.

［11］ 蓝虹. 日本构建低碳社会战略的政策与技术创新及其启示［J］. 生态经济, 2012（10）: 72-77.

［12］ 陈志恒. 日本低碳经济战略简析［J］. 日本学刊, 2010（4）: 53-66.

［13］ 张良, 郑大勇. 借鉴国际低碳交通经验良性发展我国低碳交通［J］. 汽车工业研究, 2011（7）: 28.

［14］ 何建坤. 我国"十二五"低碳发展的形势与对策［J］. 开放导报, 2011, 8（4）: 9-1.

［15］ 鲍健强, 王学谦, 叶瑞克, 陈明. 日本构建低碳社会的目标、方法与路径研究［J］. 中国科技论坛, 2013（7）: 136-142.

［16］ 王新, 李志国. 日本低碳社会建设实践对我国的启示［J］. 特区经济, 2010（10）: 96-98.

［17］ 中国人民大学气候变化与低碳经济研究所. 中国低碳经济年度发展报告（2012）［M］. 北京: 石油工业出版社, 2012.

［18］ 孟祥远, 吴炜. 城市拾荒者的社会流动与生存抗争［J］. 前沿, 2012（22）: 110-111.

［19］ 周大鸣, 李翠玲. 拾荒者的社区工作: 都市新移民聚落研究［J］. 广西民族大学学报, 2008（30）: 36-41.

［20］ 傅尔基. 论上海建设低碳化国际大都市［J］. 中国发展, 2011（10）: 68-75.

［21］ 汤伟. 上海世博会低碳效应研究［J］. 上海经济研究, 2010（7）: 86-93.

［22］ 洪大用. 中国低碳社会建设初论［J］. 中国人民大学学报, 2010（2）: 19-26.

［23］ 周文, 赵方. 改革的逻辑: 从市场体制到市场社会［J］. 教学与研究, 2013（05）: 5-13.

［24］ 鲍健强, 苗阳. 低碳经济: 人类经济发展方式的新变革［J］. 中国工业经济,

2008（04）：153-160.

［25］陈端计，杭丽．低碳经济理论研究的文献回顾与展望［J］．生态经济，2010（11）：32-38.

［26］单宝．欧洲、美国、日本推进低碳经济的新动向及其启示［J］．国际经贸探索，2011（01）：12-17.

［27］卢现祥，柯赞贤．论发展低碳经济中的市场失灵［J］．当代财经，2013（01）：12-22.

第四部分
低碳经济发展的政策体系

中国的低碳经济发展尚处于起步阶段,各方面发展都不成熟,更需要政策先行、政策引领、政策支撑和政策保障。从整体层面做出科学而可操作性强的总体规划,所以低碳经济发展的顶层设计又显得尤为重要。促进低碳经济发展的顶层设计既要做到统筹考虑整体中的各要素,又要做到统领全局,从最高层次上寻求低碳经济科学发展的道路。

第八章　促进低碳经济发展的顶层设计

目前我国处在工业化转型升级的新时期，传统的粗放型经济增长模式已经难以适应新时期新阶段经济发展的新要求。深化改革，转变经济增长方式需要更加注重经济增长速度、效率和质量的统一。过去传统粗放型的经济增长模式所带来的日益严重的生态问题和环境问题对于新时期转型升级工业化发展方式和提高经济增长质量都产生了不可忽视的阻碍所用，所以现阶段亟需高度重视低碳经济的发展。而低碳经济的发展又需要从整体层面做出科学而可操作性强的总体规划，所以低碳经济发展的顶层设计又显得尤为重要。促进低碳经济发展的顶层设计既要考虑整体中的各个要素，又要做到统筹全局，从最高层次上探索低碳经济科学发展的道路。

第一节　低碳经济发展顶层设计的总体思路

促进低碳经济的发展首先要立足于我国的基本国情。我国现阶段处在工业化转型和经济增长方式转变的新时期，传统粗放型的经济增长模式产生的高能耗、高排放和高污染现状要求我们将节能减排、控制碳排放作为低碳经济发展工作的核心内容。

落实控制碳排放必然需要做出整体的发展战略和发展规划，具体操作过程中更需要各职能机构进行规划决策以及监督管理。而不管在中央还是地方，现阶段都需要出台各项专门针对低碳经济发展的专项规划，这也需要各管理职能机构的不断改进和完善。

另外，社会主义市场经济的发展需要完善法制建设，而促进低碳经济发展更需要法律法规作出原则性、规范性和约束性的指导，来保证整体战略规划以及专项规划的顺利实施进行，从而有效地落实控制碳排放工作，从而更好地促进低碳经济的发展。

以上即为低碳经济发展顶层设计的总体思路，设计构架可见图8-1。

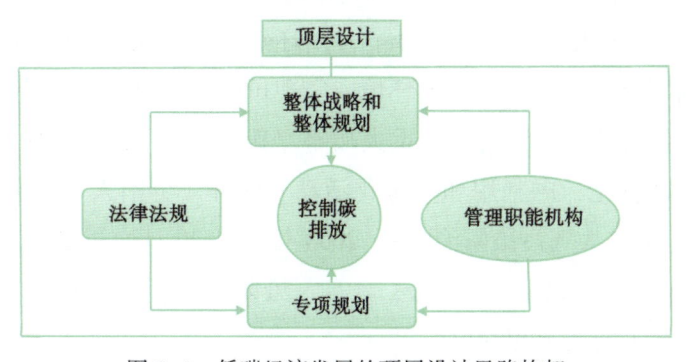

图8-1　低碳经济发展的顶层设计思路构架

第二节　颁布和完善促进低碳经济发展的法律法规

法律法规在经济社会中具有重要的规范性及约束性作用，在我国现阶段由高碳向低碳转型的时期中，相关法律法规的颁布对于我国低碳经济的建设都将具有重要意义。我国目前高碳的主要成因是传统粗放的经济增长模式不注重生产过程中的低排放、低消耗和低污染，因此现阶段低碳经济发展的核心是节能减排。针对节能减排，目前我国已经颁布了一系列相关的法律法规。

一、中央颁布的法律法规

在中央层面，早在1989年12月26日全国人大常委会就通过了《环境保护法》来保护和改善生活环境和生态环境，促进社会主义现代化建设。全国人大常委会2002年6月29日通过了《清洁生产促进法》，第一次规定了石油等3个行业的清洁发展标准，2012年2月29日又通过其修正案，强化了政府职责，增强了其操作性和强制性。2005年2月28日，全国人大常委会通过了《可再生能源法》，旨在促进可再生能源的开发利用，增加能源供应，改善能源结构，保障能源安全，保护环境，实现经济社会的可持续发展（第1条）。同时，《可再生能源法》将可再生能源的开发利用列为能源发展的优先领域，且明确指出可再生能源是风能、太阳能、水能、生物质能、地热能、海洋能等非化石能源（第2条）。2012年12月26日全国人大常委会通过了《可再生能源法》（修正案），更加注重可再生能源开发利用的因地制宜、统筹兼顾、合理布局和有序发展（第9条）。2007年10月28日全国人大常委会通过了《节约能源法》，推动全社会节约能源，提高能源利用效率，保护和改善环境，促进经济社会全面协调可持续发展（第1条），并将节约能源规定为我国的基本国策，国家实施节约与开发并举、把节约放在首位的能源发展战略（第4条），实行有利于节能和环境保护的产业政策，提出限制发展高能耗、高污染行业，发展节能环保型产业（第7条）。2008年8月29日全国人大常委会通过了《循环经济促进法》，旨在促进循环经济发展，提高资源利用效率，保护和改善环境，实现可持续发展（第1条），且将发展循环经济列为国家经济社会发展的一项重大战略（第3条），逐步实现在生产、流通和消费等过程中的减量化、再利用和资源化活动。此外，全国人大常委会分别于2000年4月29日通过了《大气污染防治法》，2004年4月29日通过了《固体废弃物污染环境保护法》，2008年2月28日通过了《水污染防治法》等，针对不同方面的环境污染问题作出法律上的规定和约束。

以上都是全国人大常委会所制定的在全国范围内具有普遍约束力的综合性法律法

规。在全国人大常委会的精神指导下，国务院各部门也针对本部门的具体问题制定了相应的部门规章。例如，国土资源部于2009年通过了《矿山地质环境保护规定》，交通运输部于2005年通过了《防治船舶污染内河水域环境管理规定》，国家发改委、科技部和外交部于2011年联合发布了《清洁发展机制项目运行管理办法》。针对具体的企业生产过程，国资委于2011年发布了《中央企业节能减排监督管理暂行办法》来督促中央企业落实节能减排社会责任，建设资源节约型和环境友好型企业。

从以上法律法规和部门规章等的颁布来看，随着我国经济社会的进一步发展，针对在经济发展过程中出现的问题，政府也在相应地制定各项解决及预防措施，来保证我国经济社会的全面协调可持续发展。

另外，从所颁布的法律法规的内容来看，在资源节约型和环境友好型社会的建设中，节能减排一直都是低碳经济的核心内容，而节能减排工作的进行与降低生产过程中的能源消耗，减少污染物的排放，促进资源的循环再利用等又有密不可分的联系，因此在相关的法律法规制定中，与能源和污染防治问题相关的法律又占据了重要位置。此外，针对不同的自然资源和现阶段的突出污染问题有关部门也作出了相应地规范和约束。

但是以上都是中央层面颁布的对全国具有普遍约束力的综合性法律法规。而低碳经济发展的顶层设计不仅需要中央在宏观上加以引导，也需要地方参与到中国低碳经济建设的工作中来。针对不同的区域，不同的发展程度及发展模式使得经济社会的各部分对于综合性法律法规的贯彻执行程度也有不同。所以，各地方政府也需要针对自身的具体情况在法律法规层面进行相应更加具体的规定和补充。

二、地方颁布的法律法规——以江苏省为例

在地方层面，各省市自治区也颁布了大量与低碳经济相关的规范性文件。以江苏省为例，江苏省地跨长江、淮河南北，地理位置独特，自然资源丰富，人口密集，经济繁荣。1992年起全省GDP连续21年保持两位数增长。2012年，全省经济在转型升级中平稳增长，实现生产总值54058.2亿元，增长率达到10.1%[1]。作为全国的经济大省，江苏省在可持续发展问题上也紧跟中央的步伐，颁布了一系列促进有关节能减排，防治污染和保护环境的地方性法规，例如江苏省人大常委会曾先后通过并颁布了《江苏省环境保护条例》《江苏省节约能源条例》《江苏省排污收费和罚款试行办法》《江苏省机动车排气污染防治条例》《江苏省环境噪声污染防治条例》《江苏省固体废物污染环境防治条例》《江苏省水资源管理条例》《江苏省海洋环境保护条例》《江苏省内河水域船舶污染防治条例》《江苏省长江水污染防治条例》《江苏省湖泊保护条

---

[1] 资料来源，江苏省统计局，http://www.jssb.gov.cn/jssq/jjgk/201107/t20110725_1138.htm.

例》《太湖水源保护条例》《江苏省辐射污染防治条例》等。这些法律法规更有针对性与具体性地体现了我国现阶段建设资源节约型和环境友好型社会的要求，体现了可持续发展的路径要求，从而在低碳经济发展方面也都具有重要意义。值得一提的是，江苏省所制定的相关条例不仅与中央制订的综合性法律法规相匹配，同时，考虑自身的地理因素和资源特点，如内河湖泊在其自然资源构成中的重要性，江苏省也有针对性地制定了有关内河水域污染、长江水污染以及太湖水源保护等的条例。同时，江苏省也秉承与时俱进的思想，针对新时期的新问题，如核辐射问题，制订《江苏省辐射污染防治条例》来防治核辐射问题。这些都体现了地方政府在执行中央政策与法律法规时应该遵循的具体问题具体分析的方法，因地制宜，针对自身的特点有选择地取舍和补充，这是值得各地方政府学习和借鉴的。

在低碳经济发展的顶层设计中，中央与地方政府制订与颁布的法律法规对于低碳经济发展中的各项政策及实施战略具有规范性及约束性的作用，同时，法律法规也是实际操作过程中的原则性依据，因此法律法规的科学制订对于各项政策、战略规划的实施都具有重要意义。

三、不足与思考

从以上的论述我们可以看到，我国目前在低碳经济方面的法律法规并不十分完善，目前已制订和颁布的法律法规主要是针对能源方面的节能减排和对污染问题的防治，而专门针对促进低碳经济发展的法律法规还比较欠缺。

在内容方面，各法规的内容分布零散，还难以形成体系。尤其在地方层面，因为经济发展的程度不同，不同经济区域在这方面的立法完善程度差距较大，东部沿海和南部发达省份在可持续发展方面的完善程度要优于西部经济比较落后的地区。另外，由于法律法规的滞后性，在实际操作过程中，法律的强制力并不一定能够很好地得到贯彻，从而法律的有效性也不一定能够得到保证。

这些问题都需要在发展的过程中逐步解决与完善。低碳经济的发展需要科学而强有力的法律法规作为依据和支撑，完善法律法规从而更好地促进低碳经济的发展将是一个长期的过程。同时，中央与地方也要尽可能多地进行政策、信息等的双向传递，从而在部分与整体之间更好地协调，进而更好地完善低碳经济发展方面法律法规的制订。

第三节 研究促进低碳经济发展的整体战略和整体规划

促进低碳经济发展，需要法律法规在原则性层面做出指导、规范和约束。在实际实施操作过程中，在法律法规的依据下制定出的整体战略和发展规划也将具有全局性的指导作用。在低碳经济的发展中，在传统的粗放型经济增长模式影响下，目前我国发展低碳经济的主要目标是达到低能耗、低污染、低排放，其核心是节能减排，控制碳排放。因此付允等将低碳经济的发展模式归纳为以低碳发展为发展方向，以节能减排为发展方式，以技术创新为发展方法的绿色经济发展模式❶。而在实际发展过程中，低碳经济的发展方法不仅仅是技术层面的创新，也将包括管理和制度方面等的创新，具体框架见图8-2。所以研究制订低碳经济的整体战略和发展规划可以从这3个层面做出相应的部署与探究。目前我国中央与地方各级政府也分别制订了不同层面的导向性政策来保证"两型"社会的建立以及可持续发展模式的坚持，以下将分别针对低碳经济发展模式的3个方面的内容进行论述。

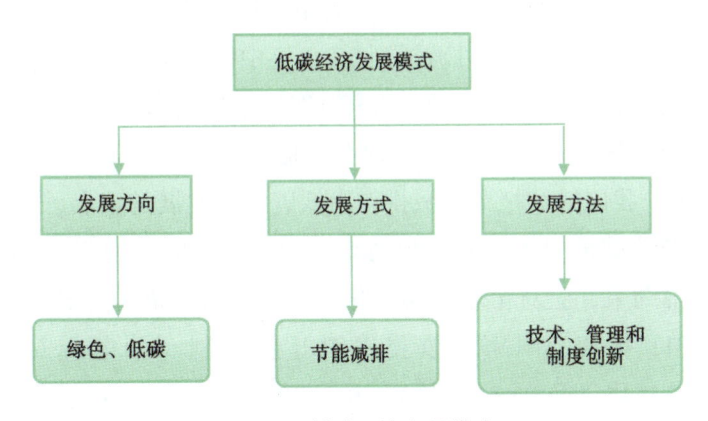

图 8-2　低碳经济发展模式

一、发展方向

"十一五"期间，我国政府提出落实节约资源和保护环境的基本国策，建设能循环、可持续的国民经济体系和资源节约型、环境友好型社会，提出了发展循环经济的目标。"十二五"规划纲要进一步提出树立绿色、低碳发展理念，健全激励和约束机制，加快构建资源节约、环境友好的生产方式和消费模式，增强可持续发展能力，提高生态文明水平。党的十八大也首次将大力推进生态文明建设纳入到建设中国特色社会主义的"五位一体"总体布局中，这为我国的绿色、低碳发展提供了根本保障。党的十八届三中全会也进一步提出建设生态文明，提出建立系统完整的生态文明制度体制，用制度保护生态环境。同时健全自然资源资产产权制度和用途管制制度，划定生态保护红线，实行资源有偿使用制度和生态补偿制度，改革生态环境保护管理体制。这些都体现了中央宏观上在低碳经济发展上的绿色、低碳的方向，为低碳经济的发展

---

❶ 付允，马永欢，刘怡君，牛文元. 低碳经济的发展模式研究［J］. 中国人口·资源与环境，2008 (3): 14-19.

战略和发展规划提供了总体的指导性原则。

二、发展方式

将促进节能减排作为低碳经济的发展方式。"十一五"期间提出把节能减排作为调整经济结构、转变经济发展方式、推动科学发展的重要抓手和突破口,并且取得了显著成效。同时,在"十一五"期间,全国单位国内生产总值能耗降低19.1%,二氧化硫、化学需氧量排放总量分别下降14.29%和12.45%,扭转了"十五"后期单位国内生产总值能耗和主要污染物排放总量大幅上升的趋势,为保持经济平稳较快发展提供了有力支撑,为应对全球气候变化作出了重要贡献,也为实现"十二五"节能减排目标奠定了坚实基础❶。2007年,国家发改委组织编制了《中国应对气候变化国家方案》(以下简称《国家方案》),明确了到2010年中国应对气候变化的具体目标、基本原则、重点领域及其政策措施。该《国家方案》继续将节能减排作为工作的重要内容,努力建设资源节约型和环境友好型社会,提高减缓和适应气候变化的能力。在"十二五"规划中,我国继续把节能减排作为低碳经济发展的重点。2012年8月6日,国务院印发了《节能减排"十二五"规划》,确保实现"十二五"节能减排约束性目标,缓解资源环境约束,应对全球气候变化,促进经济发展方式转变,建设"两型"社会。此外,2011年初,国家发改委组织开展编制《国家应对气候变化规划(2014—2020年)》(以下简称《规划》),并于2013年起草完成上报国务院。《规划》充分分析了中国气候的变化趋势及影响、应对气候变化的工作现状、应对气候变化所面临的形势,提出到2020年前应对气候变化的主要目标、重点任务和保障措施,对中国开展应对气候变化的工作进行了整体部署。

三、发展方法

低碳经济发展的技术、管理和制度创新既需要国家在宏观层面做出政策指导,更需要地方和各行业部门针对本地区、行业部门的具体情况进行协调。根据国务院颁布的《节能减排"十二五"规划》,中央提倡完善机制,创新驱动,完善有利于节能减排的价格、财税和金融等经济政策,充分发挥市场配置资源的基础性作用,形成有效的激励和约束机制,增强用能、排污单位和公民自觉节能减排的内生动力。加快节能减排技术创新、管理创新和制度创新,建立长效机制,实现节能减排效益最大化❷。

在技术创新方面,政府加强对于与节能减排相关的国家科技重大专项和国家科技

---

❶ 参见《国务院关于印发"十二五"节能减排综合性工作方案的通知》,国发〔2011〕26号. 资料来源:中央政府门户网站. http://www.gov.cn/zwgk/2011-09/07/content_1941731.htm.

❷ 参见《国务院关于印发节能减排"十二五"规划的通知》,国发〔2012〕40号. 资料来源:中央政府门户网站. http://www.gov.cn/gongbao/content/2012/content_2217291.htm.

计划的支持，提倡技术研发，在节能环保关键技术领域取得突破。同时鼓励企业加大研发投入，加强国际交流合作，加快国外先进适用节能减排技术的引进吸收和推广应用。

在管理创新方面，"十二五"期间，政府强调强化目标责任评价考核，国务院每年组织开展省级人民政府节能减排目标责任评价考核，并将考核结果作为各地领导干部综合考核评价的重要内容，并纳入政府绩效管理。同时开展万家企业节能低碳行动，同时落实目标责任，建立能源管理师制度，提高企业能源管理水平。

在制度创新方面，完善促进节能减排的经济政策，深化资源性产品价格改革，完善节能减排的财政税收政策，推进碳金融、碳交易等的创新，推进节能减排的市场化机制建设。

以上都是党和中央在最高层次上做出的宏观战略部署，具有较强的整体性。而促进低碳经济的发展也需要更加具体可操作的战略规划。各部门、各地区之间不仅需要制订出适用于本部门、本地区的战略规划，而且更需要中央与地方之间的协调，以及各部门之间的协调，从而达到宏观、中观与微观之间的协调。

第四节　逐步完善促进低碳经济发展的管理职能机构

促进低碳经济发展的法律法规和战略规划需要在实际操作过程中得到落实，而单靠市场必然不能克服低碳经济发展过程中的市场失灵问题，因此保证各项法律法规、战略规划的贯彻落实需要各级管理职能部门的监督与约束。

目前我国还没有专门负责低碳经济的职能机构，与低碳经济发展相关的职能分散于不同的管理部门。

一、中央管理机构设置

在中央层面，现阶段设有中华人民共和国环境保护部（前身是国家环境环保总局），主要负责有关环境保护的事项。针对现阶段应对气候变化和节能减排工作，国务院成立了"国家应对气候变化及节能减排工作领导小组"，领导小组的日常工作有分设的两个小组承担，即国家应对气候变化领导小组和国务院节能减排领导小组，两个小组办公室均设在国家发改委。财政部、商务部、农业部、建设部、交通部、水利部、国家林业局、中国科学院、国家海洋局和中国民航总局等均派出有关负责同志担任小组成员，形成各部门之间相互协调合作的负责模式。该领导小组主要研究制定国家应对气候变化的重大战略、方针和对策，统一部署应对气候变化工作，研究审议国际合作和谈判方案，协调解决应对气候变化工作中的重大问题，组织贯彻落实国务院有关节能减排工作的方针政策，统一部署节能减排工作，研究审议重大政策建议，协调解决工作中的重大问题。

二、地方管理机构设置——以四川省广元市为例

在地方，各地方政府也以中央政策及机构设置为导向，将低碳经济的建设管理划分给不同的部门，各部门共同协调进行低碳经济建设。

以四川省广元市为例，广元市作为全国第二批低碳试点城市积极开展有关低碳经济的各项建设，2013年广元市委印发了《2013年低碳城市试点工作重点及任务分工》（表8-1❶），根据广元市低碳发展工作的重点及任务分工安排，同时结合不同地区、行业和产业的实际，在不同部门作出相应地管理职能安排。同时，又强调了各部门之间的互相协作和信息沟通，从而更好地推行低碳绿色发展的新模式。

表8-1 广元市2013年低碳城市试点工作重点及任务分工

序号	工作任务	负责单位
1	规划编制	牵头单位：市发展改革委（市低碳发展局） 责任单位：各县区人民政府，市经济和信息化委、市规划建设和住房局、市交通运输局、市农业局，广元经济技术开发区管委会
2	天然气勘探开发与利用	牵头单位：市天然气综合利用工业园区管委会 责任单位：苍溪县、旺苍县、剑阁县、利州区、元坝区人民政府，广元经济技术开发区
3	新能源开发利用	牵头单位：市发展改革委（市能源局） 责任单位：各县区人民政府
4	地热资源开发利用	牵头单位：市国土资源局 责任单位：各县区人民政府
5	水能资源开发利用	牵头单位：市发展改革委（市能源局） 责任单位：苍溪县、青川县、利州区人民政府，市水务局、市扶贫移民局
6	发展低碳农业	牵头单位：市农业局、市畜牧食品局 责任单位：各县区人民政府
7	推进低碳工业发展	牵头单位：市经济和信息化委 责任单位：各县区人民政府，广元经济技术开发区
8	培育生态旅游	牵头单位：市旅游局 责任单位：各县区人民政府
9	生态工程和城乡绿化建设	牵头单位：市林业园林局 责任单位：各县区人民政府

---

❶ 整理自《关于印发<2013年低碳城市试点工作重点及任务分工>的通知》，广委办〔2013〕43号．资料来源：广元市发展和改革委员会网站http：//www.gysfgw.gov.cn/article_view.aspx？aid=1382.

续表

序号	工作任务	负责单位
10	实施环保工程	牵头单位：市环保局 责任单位：各县区人民政府
11	绿色小城镇建设	牵头单位：市规划建设和住房局 责任单位：各县区人民政府
12	生态小康新村建设	牵头单位：市委农工办、市农业局 责任单位：各县区人民政府
13	强化工业节能降耗	牵头单位：市经济和信息化委 责任单位：各县区人民政府，广元经济技术开发区
14	推动建筑节能减排	牵头单位：市规划建设和住房局 责任单位：各县区人民政府
15	加强公共机构节能减排	牵头单位：市直机关工委 责任单位：各县区人民政府、市级各部门
16	建立低碳交通运输体系	牵头单位：市交通运输局 责任单位：各县区人民政府
17	完善低碳城市基础设施	牵头单位：市规划建设和住房局、市水务局、市林业园林局 责任单位：苍溪县人民政府、利州区人民政府
18	探索建立温室气体排放数据统计、核算和管理体系	牵头单位：市统计局 责任单位：市发展改革委、市科技和知识产权局、市经济和信息化委、市国土资源局、市环保局、市林业园林局、市气象局、市低碳经济发展研究会
19	编制 2010 年温室气体清单	牵头单位：市科技和知识产权局 责任单位：各县区人民政府、市统计局
20	探索县区碳排放控制指标分解和考核体系	牵头单位：市发展改革委 责任单位：市经济和信息化委、市林业园林局、市统计局、市低碳经济发展研究会
21	编制重点低碳工业园区标准及实施方案	牵头单位：市经济和信息化委 责任单位：各县区人民政府
22	编制低碳农业园区标准及实施方案	牵头单位：市农业局 责任单位：各县区人民政府
23	深入开展低碳宣传和试点示范	牵头单位：市委宣传部、市发展改革委 责任单位：各县区人民政府、市级各部门

由此可以看出，贯彻落实可持续发展的道路，发展低碳经济，不管在中央还是地方都是各部门之间进行共同合作，工作重点和任务安排呈现交叉的状态，目前专门针对低碳经济发展的负责部门还比较欠缺。结合我国目前的国情和政治经济体制，这样的安排存在一定的合理性，也是现阶段能够在低碳经济发展方面所能做出的可操作的

安排。另外，从广元市的管理职能机构来看，广元市成立了市低碳经济发展研究会，这是在管理职能机构方面的改革与创新，是值得推广和各地借鉴的。完善促进低碳经济发展的管理职能机构，形成科学的管理体系，也是低碳经济发展顶层设计中的重要内容，对于促进我国的低碳经济发展将具有重要意义。

第五节　逐步推进碳排放总量控制及其分解落实

由于目前我国发展低碳经济的核心是节能减排，因此控制碳排放总量控制必然成为节能减排工作的重要内容。2009年11月，国家发改委发布了《中国应对气候变化的政策与行动——2009年度报告》，公布了控制温室气体排放的行动目标：到2020年全国单位国内生产总值二氧化碳排放比2005年下降40%~45%。根据《"十二五"控制温室气体排放工作方案》，控制温室气体排放是我国积极应对全球气候变化的重要任务，对于加快转变经济发展方式、促进经济社会可持续发展、推进新的产业革命具有重要意义。要围绕到2015年全国单位国内生产总值二氧化碳排放比2010年下降17%的目标，大力开展节能降耗，优化能源结构，努力增加碳汇，加快形成以低碳为特征的产业体系和生活方式。

控制碳排放总量不仅需要中央和地方制定的总体目标，实际操作中的各项具体工作同样重要，碳排放总量的控制需要在各个层面得到分解落实，对此我们可以从以下几个方面进行论述。

一、碳排放总量由中央到地方的分解

中央制定的控制碳排放的计划需要地方具体执行，针对这一方面，《"十二五"控制温室气体排放工作方案》在各省市自治区节能目标分解的基础上，综合考虑各地"十二五"时期能源消费结构变化、可再生能源发展状况和森林碳汇潜力等因素，以及个别地区的特殊情况和地区间的平衡，明确了"十二五"各地区单位国内生产总值二氧化碳排放下降指标（表8-2），这是首次把单位生产总值二氧化碳排放下降指标作为约束性指标分解到地方，对于推动我国低碳经济发展有标志性意义。[1] 同时，为了规划能够更好地得到贯彻落实，2013年，国家发改委会同有关部门组织对省级人民政府进行节能目标责任评价考核，将考核结果作为对地方领导班子和领导干部综合考核评价的参考内容，纳入政府绩效管理，从而进一步保障了降低碳排放工作的有效进行。

---

[1] 参见《国务院关于印发"十二五"控制温室气体排放工作方案的通知》，国发〔2011〕41号．资料来源：中央政府门户网站 http://www.gov.cn/zwgk/2012-01/13/content_2043645.htm．

表8-2 "十二五"各地区单位国内生产总值二氧化碳排放下降指标

地区	单位国内生产总值二氧化碳排放下降（%）	单位国内生产总值能源消耗下降（%）
北京	18	17
天津	19	18
河北	18	17
山西	17	16
内蒙古	16	15
辽宁	18	17
吉林	17	16
黑龙江	16	16
上海	19	18
江苏	19	18
浙江	19	18
安徽	17	16
福建	17.5	16
江西	17	16
山东	18	17
河南	17	16
湖北	17	16
湖南	17	16
广东	19.5	18
广西	16	15
海南	11	10
重庆	17	16
四川	17.5	16
贵州	16	15
云南	16.5	15
西藏	10	10
陕西	17	16
甘肃	16	15
青海	10	10
宁夏	16	15
新疆	11	10

以上指标是中央将总体的碳排放控制量下放分解到各地方。另一方面，由于现阶段我国在发展低碳经济方面的不成熟和不完善，中央于 2010 年确定在广东、辽宁、湖北、陕西、云南 5 省和天津、重庆、深圳、厦门、杭州、南昌、贵阳、保定 8 市开展低碳试点工作❶。2012 年底又确定在北京市、上海市、海南省和石家庄市、秦皇岛市、晋城市、呼伦贝尔市、吉林市、大兴安岭地区、苏州市、淮安市、镇江市、宁波市、温州市、池州市、南平市、景德镇市、赣州市、青岛市、济源市、武汉市、广州市、桂林市、广元市、遵义市、昆明市、延安市、金昌市和乌鲁木齐市等 29 个省区和城市开展低碳试点工作❷。

二、地方在不同方面的落实

地方在具体落实碳排放控制工作时应当在中央总体政策的导向下进行科学合理的规划。地方政府可以编制低碳经济发展战略规划，制定支持低碳绿色发展的配套体系，构建以低碳排放为特征的产业体系，建立碳排放数据统计和核算体系，倡导低碳绿色的生活方式和消费方式，将碳排放控制指标具体分解到各行业、各企业和居民生活中，从而层层推进碳排放总量控制的分解和落实。

（一）编制低碳经济发展战略规划

发展规划是各项工作部署中具有整体性与指导性的政策文件，不仅需要中央制定在全国范围内具有统筹意义的整体战略和发展规划，地方政府也需要制定与本地区的自然资源、产业结构、经济特点等相适应的战略和发展规划。例如在第二批低碳试点城市中，广元市在中央政策的引导下编制了《广元市"十二五"低碳经济发展规划》，针对广元市的具体发展状况作出总体的部署安排，明确本地区的控制碳排放的行动目标、重点任务和具体措施，从而有效地控制碳排放量，更好地促进低碳经济的发展。

（二）制定支持低碳绿色发展的配套体系

各地区要积极探索有利于节能减排和低碳产业发展的体制机制，在本地区同样实行控制碳排放的目标责任制，将控制碳排放的责任层层落实。

同时，地方政府也要积极运用市场机制推动碳排放目标的落实，探索制定有效的经济政策，在产业政策、税收政策等方面制定相应的措施，引导碳税、碳金融、碳交易等方面的变革。

---

❶ 参见《国家发展改革委关于开展低碳省区和低碳城市试点工作的通知》，发改气候〔2010〕1587 号．资料来源：中央政府门户网站 http：//www.gov.cn/zwgk/2010-08/10/content_1675733.htm.

❷ 参见《国家发展改革委关于开展第二批低碳省区和低碳城市试点工作的通知》，发改气候〔2012〕3760 号．资料来源：21 世纪网 http：//www.21cbh.com/HTML/2012-12-3/3ONDE3XzU3NTk3OA.html.

(三) 构建以低碳排放为特征的产业体系

由于我国目前的高碳国情主要由传统的粗放型经济增长模式所造成,因此发展低碳经济的重要内容就是转变经济发展方式,促进产业结构的升级,构建以低碳排放为特征的产业体系。在这一方面,重要的工作是要地方结合当地的产业特色和发展战略,加快技术创新,推进低碳技术研发、示范和产业化,支持节能环保、新能源等战略性新兴产业的发展。

具体到实际操作中,各地可以建设低碳产业园区来探索改造传统产业,推进技术创新,促进不同产业之间、能源之间的低碳循环,注重清洁生产,构建低能耗能源体系,并且做到集约利用园区的自然资源,升级产业结构,保持良好的生态环境。

苏州市于2009年建立了全国首个低碳经济产业园区——中国节能投资公司(苏州)环保科技产业园。该产业园区集低碳产业的研发、试验、教育、示范、展示、生产和销售等功能集于一体,从规划设计阶段就充分考虑节能减排的要求,采用包括日光照明技术,垂直绿化、屋顶绿化技术,地源、湖水源热泵技术,健康全新风技术,太阳能风光互补路灯、屋顶发电,适应性围护结构技术,智能遮阳技术,雨水综合回收技术,绿色生态展示技术,行为节能人文生态等在内的十大节能环保技术体系来达到较高的资源循环利用率,实现整体的节能减排。

(四) 建立碳排放数据统计和核算体系

碳排放统计数据和核算体系能够科学客观地为控制碳排放的有效进行提供参考,找出突出的问题所在,从而更好地进行下一步的工作部署。但是目前我国各地的碳排放数据统计和核算体系还不完善,因此需要在此方面加大政策支持力度。

根据《广元市"十二五"低碳经济发展规划》,广元市政府在这方面进行了值得推广和各地借鉴的规划安排,将建立排放检测和核算体系作为重点任务之一。广元市根据国家和省的统一部署,对全市耗能单位用能情况、新能源和可再生能源利用情况和温室气体排放源进行调查摸底,建立能源消耗与温室气体排放清单。完善能源消耗统计制度、增加新能源和可再生能源利用统计体系、建立温室气体排放监测体系以及统计考核体系,建立低碳经济公报制度,加强对目标责任、工作进度的跟踪检查和阶段性问责。对CO_2排放量、新能源和可再生能源利用效益与碳减排潜力,设计专属的统计方法和计量体系,保证指标体系评价的有效性和可靠性,使碳减排可测量、可评价、可核算[1]。

(五) 倡导低碳绿色的生活方式和消费方式

各地要积极倡导低碳绿色的生活方式和消费方式,开展宣传教育普及活动,鼓励

---

[1] 参见《广元市"十二五"低碳经济发展规划》,广府办发〔2012〕34号. 资料来源:广元政府网 http://www.cngy.gov.cn/ht/2012/10/145286.html。

低碳生活的方式和行为，弘扬低碳生活理念。首先，地方政府要积极探索低碳基础设施、低碳交通和低碳社区等的建设。其次，地方政府也要鼓励广大市民在日常生活的衣、食、住、行等方面形成低碳生活方式和消费方式。

具体而言，在低碳基础设施建设方面，政府应当进一步增强本区域的绿化建设，在供水、供热、污水和垃圾处理等方面积极采用节能减排技术，倡导新能源的开放与利用，完善基础设施的低碳建设。在低碳交通建设方面，政府应推广使用低碳能源交通工具和推广低碳交通出行方式。鼓励生产使用节能环保型车辆，开发新能源、可再生能源等作为清洁燃料，倡导绿色出行，倡导公共交通和混合动力汽车、电动车、自行车等低碳或无碳方式，同时也丰富出行生活。在低碳社区建设方面，政府应提倡促进社区建筑的低碳化，居民在衣、食、住、行方面践行低碳理念，提供低碳生活指南，倡导清洁炉灶、低碳烹饪、健康饮食，完善社区居民低碳生活服务，开展低碳宣传教育，从而强化社区居民的低碳生活理念，更好地践行低碳生活方式和消费方式。

第六节　出台促进低碳经济发展的专项规划

2011年至2015年是我国第12个"五年计划"建设时期，中国的"十二五"发展规划纲要提出了绿色、低碳的发展理念，将低碳经济的发展作为"十二五"期间的重要工作内容，绿色发展建设资源节约型和环境友好型社会。在《"十二五"规划纲要》的指导下，国务院及各部门也制订了有关绿色低碳发展的各项规划（表8-3）。

表8-3　我国各部门出台的促进低碳经济发展的专项规划

编号	部门	专项规划
1	国务院及国务院办公厅	《"十二五"节能减排综合性工作方案》、 《全国地下水污染防治规划（2011—2020年）》、 《"十二五"节能环保产业发展规划》、 《节能减排"十二五"规划》、 《国家环境保护"十二五"规划》、 《"十二五"全国城镇污水处理及再生利用设施建设规划》、 《能源发展"十二五"规划》等
2	国家发改委	《天然气发展"十二五"规划》、 《煤炭工业发展"十二五"规划》等
3	科技部	《"十二五"国家应对气候变化科技发展专项规划》、 《绿色制造科技发展"十二五"专项规划》
4	工业和信息化部	《工业清洁生产推进"十二五"规划》、 《工业节能"十二五"规划》、 《太阳能光伏产业"十二五"规划》

续表

编号	部门	专项规划
5	国土资源部	《矿产资源节约和综合利用"十二五"规划》
6	环境保护部	《"十二五"全国环境保护法规和环境经济政策建设规划》、《国家环境保护"十二五"科技发展规划》、《重点区域大气污染防治"十二五"规划》、《全国生态保护"十二五"规划》、《国家环境保护"十二五"环境与健康工作规划》、《全国环境宣传教育行动纲要（2011—2015年）》、《"十二五"危险废物污染防治规划》、《化学品环境风险防控"十二五"规划》等
7	住房城乡建设部	《"十二五"城乡绿色照明规划纲要》、《"十二五"建筑节能专项规划》等
8	交通运输部	《公路水路交通运输环境保护"十二五"发展规划》、《公路水路交通运输节能减排"十二五"发展规划》
9	林业部	《林业应对气候变化"十二五"行动要点》
10	能源局	《国家能源科技"十二五"规划》、《生物质能发展"十二五"规划》、《太阳能发电发展"十二五"规划》
11	海洋局	《全国海洋环境监测与评价业务体系"十二五"发展规划纲要》

此外，国务院和各部门制订的其他规划中也包括很多与绿色低碳发展相关的规划条例。

同时可以看出，在中央层面，与低碳经济有关的发展规划主要分散于各部门不同方面的发展规划中，目前并没有专门针对低碳经济的综合发展规划，在下一步的工作计划中，这应该成为要逐步完善的方面。

在地方，各地方政府不仅根据中央政策规划导向在"十二五"期间制订了与绿色低碳、节能减排和建设资源节约型、环境友好型社会相关的发展规划，部分低碳试点城市也制订了或者正在研究制订与本地区的发展情况相适应的专门针对低碳经济发展的专项规划。深圳市于2012年审议并通过了《深圳市低碳发展中长期规划（2011—2020年）》，此专项规划提出了多项降低碳排放的具体举措，结合深圳低碳发展的情况提出了调控指标体系[1]。广元市于2012年审议并通过了《广元市"十二五"低碳

---

[1] 参见《关于印发深圳市低碳发展中长期规划（2011—2020年）的通知》. 资料来源：中国政府公开信息整合服务平台 http://govinfo.nlc.gov.cn/gdsszfz/xxgk/szsfzhggwyh/201310/t20131018_4071973.shtml?classid=416.

经济发展规划》❶。苏州市、青岛市等也在研究制定适合本地区的低碳经济发展规划，并争取早日出台和落实。

要真正有效促进低碳经济的发展需要在各专项规划具体开展各项工作，但是现阶段这一工作内容并不完善，这需要各级政府作出进一步的改进和补充。从低碳经济的具体实践探索中发现问题并逐步解决问题才能更好地促进低碳经济的发展，更好地建设"两型"社会，更好地坚持绿色、低碳、可持续发展的发展道路。

参 考 文 献

[1] 齐晔．中国低碳经济发展报告（2013）[M]．北京：社会科学文献出版社，2013．

[2] 付允，马永欢，刘怡君，牛文元．低碳经济的发展模式研究 [J]．中国人口·资源与环境，2008（3）：14-19．

[3] 陈亚雯．西方国家低碳经济政策与实践创新对中国的启示 [J]．经济问题探索，2010（8）：1-7．

[4] 马勇．我国城市低碳经济治理体系研究——基于苏州发展低碳经济模式的经验借鉴 [J]．商业时代，2011（18）：133-134．

[5] 郭兆晖．中国碳市场之顶层设计 [J]．低碳世界，2012（06）：31-35．

[6] 卜永生．发达地区的低碳经济立法促进与保障——以苏州为例 [J]．生产力研究，2011（6）：98-100．

[7] 杜炳富．关于我国低碳经济法律体系的浅析 [J]．中国证券期货，2013（09）：81-82．

[8] 张梓太．气候变化背景下我国低碳城市立法初论 [J]．鄱阳湖学刊，2010（4）：43-48．

[9] 黄栋，胡晓岑．低碳经济背景下的政府管理创新路径研究 [J]．华中科技大学学报：社会科学版，2010（4）：100-104．

[10] 涂正革．中国的碳减排路径与战略选择——基于八大行业部门碳排放量的指数分解分析 [J]．中国社会科学，2012（3）：78-94，206-207．

[11] 赵志凌，黄贤金，赵荣钦，赖力．低碳经济发展战略研究进展 [J]．生态学报，2010，30（16）：4493-4502．

---

❶ 参见广元政府网 http://www.cngy.gov.cn/ht/2012/10/145286.html．

[12] 张焕波，齐晔. 中国低碳经济发展战略思考：以京津冀经济圈为例 [J]. 中国人口·资源与环境，2010，20（5）：6-11.

[13] 常凯，王苏生，徐民成. 碳排放交易机制下碳排放量控制效率的经济解释 [J]. 统计与决策，2012（21）：156-159.

[14] 宋帮英，苏方林. 碳排放量和能源利用效率不公平及其原因探析——基于中国37个规模以上工业行业数据研究 [J]. 华东经济管理，2010（09）：25-30.

[15] 耿泽洲，杨大鹏. 碳税和碳交易研究动态 [J]. 安徽农学通报. 2012，18（13）：19-22.

[16] 李建，周慧. 中国碳排放强度与产业结构的关联分析 [J]. 中国人口·资源与环境，2012（1）：7-14.

[17] 谢守红，王丽霞，邵珠龙. 中国碳排放强度的行业差异与动因分析 [J]. 环境科学研究，2013（11）：1252-1258.

第九章 低碳经济发展政策框架

我国在促进低碳经济发展方面已经形成了较为配套的政策体系,充分发挥政府的宏观调控、市场的自我调节以及公众的自愿性,从各个方面促进了低碳经济的发展,但还存在着很多的不足尚待完善。发展低碳经济,政府政策具有全局导向性的作用,只有总结已有政策的不足,借鉴国外已有的经验,同时注重结合我国的现状具体问题具体分析才能在政策制定方面作出合理科学的改进,才能更好地促进低碳经济的发展,并实现我国经济社会的绿色、可持续发展。

第一节 促进低碳经济发展政策框架概述

在气候变化、环境污染与资源短缺的重重压力之下,发展低碳经济已经成为世界各国应对气候变化、减少碳排放、促进经济社会和谐发展的重要途径。自2003年英国提出"低碳经济"的概念以来,部分发达国家已经出台一系列相关政策,对低碳经济的发展产生了很大的促进作用。部分发达国家的低碳政策类型及相关具体案例可见表9-1。

表9-1 发达国家低碳政策类型及案例

政策类型		国家案例
强制命令型	法律法规	英国《气候变化法草案》,美国《低碳经济法案》等,德国"二氧化碳捕捉和封存"法规,欧盟关于禁用白炽灯和其他高耗能照明设备的法规等
	制度标准	德国、丹麦、英国等国制定严格的产品能耗效率标准与耗油标准;对贸易商品例如电冰箱、空调等认定进口的能耗标准;建筑物节能标准
经济激励型	碳排放税	英国大气影响税、日本环境税、德国生态税等
	财政补贴	德国、丹麦等对可再生能源生产、投资补贴
	碳基金	英国节碳基金、亚洲开发银行"未来碳基金"
	碳排放交易	欧盟碳排放交易、美国芝加哥碳排放交易市场
劝说鼓励型	标签计划	意大利白色认证、绿色认证等;韩国低碳标签
	自愿协议	日本经济团体联合会自愿减排协议
	低碳消费	发达国家的绿色包装、绿色采购、绿色物流、绿色社区等政策

资料来源:罗宏,裴莹莹,冯慧娟,吕连宏.促进中国低碳经济发展的政策框架[J].资源与产业,2011。

通过观察这些国家所出台的低碳政策类型可以看出，国外发达国家的低碳政策有以下这些特点：（1）发挥政府的宏观调控作用，重视对法律法规的制订，使得低碳经济发展有法可依；（2）重视利用市场的调节机制，实行经济激励，比如财政补贴、征税、碳交易等，政策工具多样化；（3）积极制定鼓励性政策，发挥公众的自我意识，引导公众低碳生活和低碳消费。

中国作为一个碳排放大国，在减少碳排放、促进低碳经济发展方面责无旁贷。从目前来看，虽然我国的低碳经济发展尚处于起步阶段，各方面发展都不成熟，但是我国在促进低碳经济发展、减少碳排放、积极应对气候变化、实现可持续发展方面做了很多工作，并取得了一定的成效。截至2013年底，我国综合利用政府的宏观调控和市场的自我调节机制，出台了大量相关政策以促进低碳经济的发展，并取得很大成效。

本章内容主要针对我国已出台的相关促进低碳经济发展的政策框架进行梳理，使得我们能够对已有政策有明确认识，并通过现有政策反思不足，以期对我国未来低碳经济发展提出一定的建议与思考。按照国外发达国家低碳政策制订的特点，对中国的低碳经济发展政策进行梳理，总的来说主要分为3类：（1）命令强制型，主要包括法律法规、相关排放控制与排放标准、规划技术指南等；（2）经济激励型，主要包括补贴政策、税收政策、投融资政策、碳交易政策等；（3）劝说鼓励型，主要包括低碳消费引导、低碳出行鼓励、低碳生活指导等。具体的中国促进低碳经济发展政策框架见图9-1。

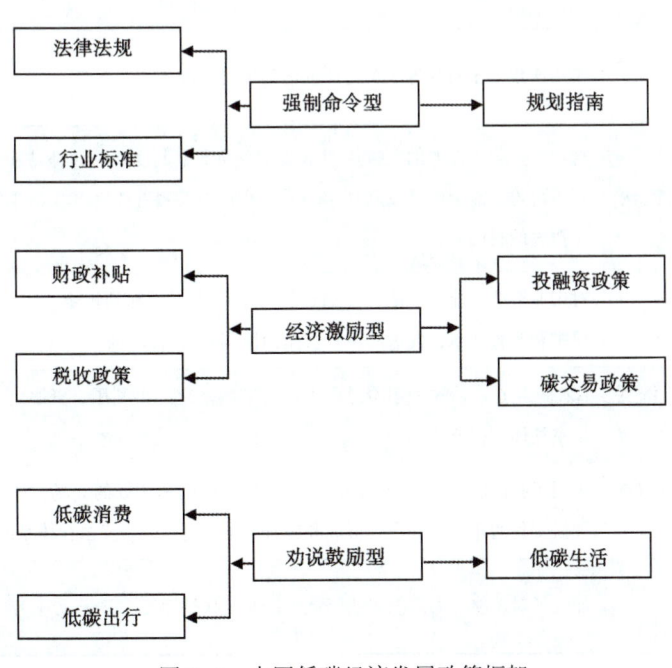

图9-1 中国低碳经济发展政策框架

第二节 促进低碳经济发展的强制命令型政策

强制命令型政策是促进低碳经济发展的基石，低碳经济的发展和推进离不开强制命令型政策的支持和保证。本节主要从国家所颁布的与促进低碳经济发展相关的法律法规、行业标准、规划指南3个方面来阐述强制命令型政策框架，并针对此提出自己的思考与建议。

一、相关法律法规

法律法规是国家进行各项工作的依据，低碳经济的发展必须要遵循相关法律法规的规定，同时法律法规也要对各项生产工作进行约束和规范。自2002年以来，我国一方面制订了《清洁生产促进法》《可再生能源法》《循环经济促进法》等相关法律法规以保证生产发展的同时，减少污染物的排放、提高能源利用效率、降低碳排放、保护和改善环境；另一方面又与时俱进，根据经济发展状况和当前发展目标，对《节约能源法》《可再生能源法》《清洁生产促进法》等进行修订，以适应时代的发展，并对低碳经济发展提出新的要求。具体的相关法律法规的颁布时间、名称以及内容目的可见表9-2。

表9-2 我国促进低碳经济发展的相关法律法规

时间	名称	内容和目的
2002.06	《清洁生产促进法》	第一次规定了石油等3个行业的清洁发展标准
2005.02	《可再生能源法》	规定了可再生能源的发展规划制度、专项基金制度、财政补贴和税收优惠措施，以促进可再生能源的开发和利用，增加非化石燃料在生产和生活中的比重，达到减少碳排放的目的
2007.10	修订通过《节约能源法》	对工业节能、建筑节能、交通运输节能做出了详细的规定，以提高能源利用效率，保护和改善环境，促进经济社会全面协调和可持续发展
2008.08	《循环经济促进法》	保障在生产、流通和消费过程中进行的减量化、再利用、资源化，最大限度地减少温室气体的排放
2009.08	《关于应对气候变化的决议》	表明了我国应对气候变化的态度、坚持的原则和所处的立场，提出"要把加强应对气候变化的相关立法作为形成和完善中国特色社会主义法律体系的一项重要任务"
2009.08	《可再生能源法》修正案	加大了对风能、太阳能光伏等低碳产业的扶持力度，并于2010年4月1日起实施

续表

时间	名称	内容和目的
2012.02	《清洁生产促进法》修正案	扩大了对企业实施强制性清洁生产的审核范围，将超过单位产品能源消耗限额标准构成高耗能的企业列入了强制性审核范围；充分发挥社会监督作用，明确要求实施强制性清洁生产审核的企业，应当将审核结果向所在地县级以上地方人民政府负责清洁生产综合协调的部门、环境保护部门报告，并在本地区主要媒体上公布，接受公众监督，但涉及商业秘密的除外；强化了政府有关部门对企业实施强制性清洁生产审核的监督责任，同时规定实施强制性清洁生产审核所需费用纳入同级政府预算；在规范强制性审核的同时，鼓励企业自愿实施清洁生产

资料来源：中国节能产业网 http://www.tageofbuy.com/。

从上述表格可以看出，我国基本上已经形成了一套应对气候变化的法律框架：在能源使用上，一方面减少化石能源的使用并强调化石能源的清洁利用与发展，另一方面开发利用新的可再生能源，加大对其的扶持力度；在生产过程中，一方面对部分企业实施强制性清洁生产，另一方面保障生产、流通和消费过程中的减量化、再利用和资源化，以最大限度地减少碳排放。但是，在促进低碳经济发展的法律法规的制订方面，我们也存在着以下这些问题：第一，没有专门针对低碳经济发展的法律，从而使得我国在低碳经济发展方面的法律法规不够系统化、体系化，使得低碳经济在发展过程中，没有专门的法律法规可循；第二，对低碳经济发展的法律法规在细节上尚待完善。

二、行业标准

法律法规在低碳经济发展方面提供基本的发展方向，奠定了低碳经济发展的基石，行业标准则从日常生产和消费活动中对企业和个体的行为进行规范。国家通过制订相关行业的排放标准与能耗标准，对污染企业排放污染物的量和浓度、汽车排放标准、工业单位能耗标准等进行强制性规定，从而能够直接减少碳排放、减少环境污染，促进低碳经济的发展。能耗标准着眼于产品的生产过程，从过程进行控制；而排放标准则着眼于产业末端，从最终污染物的排放进行限制。

（一）相关能耗标准

2012年国家质检总局共批准发布了53项能效和能耗限额标准、3项节水标准和一批重要绿色制造技术标准。当年新增节能产品认证证书9815张、环保产品认证证书2753张、节水产品认证证书1064张、可再生能源产品认证证书928张。该局在标准、认证、生态原产地产品保护、能源计量、特种设备节能等方面主动作为，促进了节能减排工作。

2013年10月1日，国家之前发布的单位产品能耗限额标准开始实施，包括工业硫酸单位产品能源消耗限额、水泥单位产品能源消耗限额、镁冶炼企业单位产品能源消耗限额、甲醇单位产品能源消耗限额第1部分：煤制甲醇、工业冰醋酸单位产品能源消耗限额煤炭井工开采单位产品能源消耗限额、煤炭露天开采单位产品能源消耗限额、选煤电力消耗限额等28项单位产品能耗限额标准。

同时，2013年国家发布了煤直接液化制油单位产品能源消耗限额、煤制天然气单位产品能源消耗限额、煤制烯烃单位产品能源消耗限额、电解铝企业单位产品能源消耗限额、炼油单位产品能源消耗限额等21项单位产品的能耗限额标准，并定于2014年开始实施。

（二）相关排放标准

排放标准是国家对人为污染源排入环境的污染物的浓度或总量所作的限量规定。其目的是通过控制污染源排污量的途径来实现环境质量标准或环境目标，污染物排放标准按污染物形态分为气态、液态、固态以及物理性污染物（如噪声）排放标准。这里主要介绍相关的大气污染物排放标准。气体污染物的排放直接关系着空气质量的好坏，与人们的日常健康与生活有着莫大关联。控制CO_2、碳氢化合物以及氮氧化物等温室气体的排放，对于减少碳排放有着重要作用。目前，我国已经施行的相关工业气体排放标准及相关规定见表9-3。

表9-3 我国相关工业气体排放标准实施时间及相关规定

标准名称	实施时间	相关规定
《大气污染物综合排放标准》（GB 16297—1996）	1997.01.01	规定了33种大气污染物的排放限值，同时规定了标准执行中的各种要求
《工业炉窑大气污染物排放标准》（GB 9078—1996）	1997.01.01	按年限规定了工业炉窑烟尘、生产性粉尘、有害污染物的最高允许排放浓度、烟尘黑度的排放限值
《饮食业油烟排放标准》（GB 18483—2001）	2002.01.01	规定了饮食业单位油烟的最高允许排放浓度和油烟净化设备的最低去除效率
《煤炭工业污染物排放标准》（GB 20426—2006）	2006.10.01	规定了煤炭地面生产系统大气污染物排放限值
《炼焦化学工业污染物排放标准》（GB 16171—2012）	2012.10.01	规定了炼焦化学工业企业水污染物和大气污染物排放限值、监测和监控要求，以及标准的实施与监督等相关规定
《水泥工业大气污染物排放标准》（GB 4915—2013）	2014.03.01	规定了水泥制造企业、水泥原料矿山、散装水泥中转站、水泥制品企业及其生产设施的大气污染物排放限值、监测和监督管理要求
《锅炉大气污染物排放标准》（GB 13271—2014）	2014.07.01	规定了锅炉大气污染物浓度排放限值、监测和监控要求

资料来源：政府公开信息网 http://www.zhb.gov.cn/gkml/hbb/bgg/201312/t20131227_265773.htm。

可以看出，我国在会造成较大空气污染的工业部门和领域都已出台相关排放标准，这些标准对于规范企业生产行为、降低空气污染、减少碳排放有重要作用，而且还能促进清洁技术的创新。但也反映出我国在制定大气污染物排放标准方面的不足，首先，部分标准比如《大气污染物综合排放标准》《工业炉窑大气污染物排放标准》不够与时俱进，不能够与经济发展和环境发展相适应。再者，只是一些相关重要工业部门有污染物排放标准的限制，还有很多别的部门也需要适合的标准限制。

三、相关规划指南

国家规划，即国家制定的比较全面长远的发展计划，是对未来整体性、长期性、基本性问题的思考和考量，设计未来整套行动的方案。不同于法律法规在低碳经济发展方面所提供的基本的大方向，规划指南则提供了低碳经济发展的具体方向。近两年，国家在促进低碳经济发展方面已出台了多项规划，具体时间及内容见表9-4。

表9-4 我国在低碳经济发展方面的规划指南

时间	规划名称	规划重点
2012.07	《国务院关于印发"十二五"国家战略性新兴产业发展规划的通知》	明确了中国节能环保、新一代信息技术、生物、高端装备制造、新能源、新材料、新能源汽车等7个战略性新兴产业重点领域
2012.08	《"十二五"节能减排规划》	对"十二五"单位国内生产总值能耗下降16%、主要污染物排放总量下降8%~10%的总体目标进行了分解，提出各行业、重点领域和主要耗能设备的具体目标
2013.01	《能源发展"十二五"规划》	通过实施能源消费强度和消费总量双控制对能源消费总量进行控制，从源头上把住温室气体排放的脉搏
2013.04	《"十二五"绿色建筑和绿色生态城区发展规划》	以绿色建筑发展与绿色生态城区建设为抓手，引导我国城乡建设模式和建筑业发展方式的转变，促进城镇化进程的低碳、生态、绿色转型
2013.06	《清洁生产评价指标体系编制通则》	对已发布的清洁生产评价指标体系、清洁生产标准、清洁生产技术水平评价体系进行整合修编
2013.08	《可再生能源发展"十二五"规划》	水电、风电、太阳能、生物质能4个专题规划正式发布，我国可再生能源进入更大规模发展的新阶段
2013.08	《关于加大工作力度确保实现2013年节能减排目标任务》	要求切实做好节能减排工作，确保完成2013年目标任务，并为实现"十二五"节能减排约束性目标奠定基础
2013.09	《大气污染防治行动计划》	提出了10条35项综合治理措施，分解落实责任，建立协作机制，加强综合治理，出台配套政策，完善监测预警应急体系

续表

时间	规划名称	规划重点
2013.12	《中国发电企业温室气体排放核算方法与报告指南（试行）》，《中国钢铁生产企业温室气体排放核算方法与报告指南（试行）》等	帮助企业科学核算和规范报告自身的温室气体排放，制定企业温室气体排放控制计划，积极参与碳排放交易，强化企业社会责任
2014.01	《节能低碳技术推广管理暂行办法》	要求加快节能低碳技术进步和推广普及，引导用能单位采用先进适用的节能低碳新技术、新装备、新工艺，促进能源资源节约集约利用，缓解资源环境压力，减少二氧化碳等温室气体排放

资料来源：中国节能产业网 http://www.tageofbuy.com/。

可以看出，我国在促进低碳经济发展方面提出了一系列规划指南，基本上已经指明未来低碳经济发展的具体方向。从表9-4所列规划指南来看，我国在促进低碳经济发展方面的工作方向主要聚焦在两点：第一是节能减排，重点是发展可再生能源、扶持新能源产业发展、降低重点领域工业耗能；第二是防止污染，重点是加大对大气污染防治投资，加强综合治理。

第三节　促进低碳经济发展的经济激励型政策

经济激励型政策是通过对经济上的鼓励或者限制，进而达到规范企业或个人的行为的政策。经济激励型政策虽然缺乏一定的强制性，但其通过经济手段对企业和个人进行引导，也能达到很好的效果。目前，我国在促进低碳经济发展的经济激励型政策方面主要有财政补贴、税收、投融资、碳交易等。其中，财政补贴和税收是对促进低碳经济发展相关产业的直接物质奖励，投融资政策则是针对相关绿色产业的发展给予经济上的支持，以上3种政策都是政府宏观调控下的产物，而碳交易则是充分调动市场调节机制，达到减少碳排放的目标。

一、财政补贴政策

财政补贴是市场导向型公共政策，对生产环节的财政补贴，通过作用于市场价格，激励低碳技术创新，从而促进低碳经济的发展；对消费环节的财政补贴，通过影响消费者的收入，实现对消费者的低碳消费引导。目前我国为减少碳排放、促进低碳经济发展对相关产业和部门实施了一系列的财政补贴政策。这里主要选择对碳排放较大领域的财政补贴进行介绍。

首先，在交通运输业方面，根据财政部2013年6月20日发布的消息，自中央财政设立交通运输节能减排专项资金以来，补助资金总额达到 7.5 亿元，大大推动了交通运输行业的节能减排。为支持交通运输领域开展节能减排，2011 年财政部联合交通运输部设立了交通运输节能减排专项资金，通过确定交通运输节能减排优先支持范围和领域，开展专项资金支持项目申请和审核工作。两年来，中央财政通过对 413 个项目的"以奖代补"，拉动了 200 亿元的交通运输节能减排投资，形成了年节能量为 15.8 万吨标准煤，替代燃料 26.2 万吨标准油，减少 CO_2 排放 69.9 万吨的规模。此外，我国还针对购买新能源汽车给予一定的补贴，按动力电池容量确定补贴 3000 元人民币/千瓦时，插电式混合动力车每辆最高 5 万元，纯电动乘用车每辆最高 6 万元，混合动力汽车被列为节能汽车，每辆 3000 元标准一次性补贴。

其次，在火力发电方面，2013 年 8 月 30 日，国家发改委发布的关于调整可再生能源电价附加标准与环保电价有关事项的通知称，自 2013 年 9 月 25 日起，除居民生活和农业生产用电之外，其他可再生能源电价附加标准由每千瓦时 0.8 分提高到每千瓦时 1.5 分；燃煤发电企业脱硝电价补偿标准由每千瓦时 0.8 分提高到每千瓦时 1 分；对烟尘排放浓度低于 30 毫克/立方米的燃煤发电企业实行每千瓦时 0.2 分的电价补偿。对燃煤机组脱硝和除尘的环保电价共计 0.4 分的上调，以 2012 年的发电量来计算，共计 152 亿元，而这部分是为了促进火电企业达到环保标准设立的，随着各大发电企业火电厂脱硝和除尘的达标，该部分资金最终将通过补偿形式归还给燃煤电厂。除云南省和四川省未作调整外，29 个省市均下调了上网电价，平均降幅为 1.4 分/千瓦时。国家发改委强调，在保持现有销售电价总水平不变的情况下，主要利用电煤价格下降腾出的电价空间解决上述电价调整的资金来源。

最后，在细分领域方面，2013 年 7 月 24 日财政部发出《关于分布式光伏发电实行按照电量补贴政策等有关问题的通知》，规定对分布式光伏发电项目按电量给予补贴，补贴资金通过电网企业转付给分布式光伏发电项目单位。补贴标准综合考虑分布式光伏上网电价、发电成本和销售电价等情况确定，并适时调整。2013 年 3 月 26 日，工信部印发的《2013 年工业节能与绿色发展专项行动实施方案》通知提出，其中 2013 年将重点推进实施电机能效提升专项计划。对高效节能的中小型三相异步电动机、高压三相异步电动机和稀土永磁三相同步电动机分别给予 15~40 元/千瓦、12 元/千瓦和 40~60 元/千瓦的补贴。专项行动实施的目标为：实现全国工业用电节约 1%（300 亿千瓦时左右），探索工业节能与绿色发展的模式和实现途径，实现以点带面，带动工业节能与综合利用整体工作取得进展。

二、税收优惠与管制政策

税收政策是促进低碳经济发展的财政政策中的重要一环，财政补贴只是针对相关领域和部门，覆盖面比较小，但是税收政策则是面对大多数的企业，覆盖面更为宽广。通过在税收方面对企业生产和消费者消费方面实行一定的税收优惠政策，对促进低碳经济发展的生产和消费给予一定的税收优惠，促进低碳生产和消费；税收管制则在于保护资源、限制污染，间接促进低碳经济发展。

（一）税收优惠政策

低碳生产的税收优惠主要涉及增值税优惠和企业所得税优惠。财政部和国家税务总局联合发布了《财政部 国家税务总局关于资源综合利用及其他产品增值税政策的通知》（财税〔2008〕156号）和《财政部 国家税务总局关于再生资源增值税政策的通知》（财税〔2008〕157号）。设立涉及环境保护的增值税的目的在于通过优惠政策来鼓励资源的综合利用，促进废旧物资回收，鼓励清洁能源和环保产品的生产，鼓励环境基础设施的建设。涉及低碳发展的企业所得税的减免政策主要包括：一是企业利用"三废"免税政策；二是淘汰消耗臭氧层生产线企业所获得的"议定书"多边基金的赠款免税政策；三是对专门生产当前国家鼓励发展的环保产业设备（产品）实行免税政策；四是对国家鼓励发展的环保产业设备实行投资抵免、加速折旧政策；五是公益性捐赠扣除；六是对从事污水、垃圾处理业务的外商投资企业实行免税政策；七是外国企业为科学研究、开发能源、发展交通事业、农林牧生产以及开发重要技术提供专有技术所取得的特许权使用费。例如，在车辆购置税中，对于小排量的汽车所给予的优惠补贴在2009年和2010年出台，优惠税率2009年为5%，2010年为7.5%。❶

环境保护增值税从鼓励资源的回收和利用着手，利用税收引导生产和流通，促进资源的有效利用，促进循环经济的发展；鼓励清洁能源和环保产品的生产，实现环境友好型发展，同时也促进了低碳经济的发展。企业所得税的优惠则是从多方面入手，覆盖面更广，从资源的回收利用、环保产品的生产和使用、废弃物处理处置等方面全面综合促进低碳经济的发展。

（二）税收管制政策

在税收管制政策方面，我国主要出台了以下4种税收约束与管制来促进低碳经济的发展：

第一，资源税。资源税是以各种应税自然资源为课税对象，为了调节资源级差收入并体现国有资源有偿使用而征收的一种税。目前我国的资源税征税范围还比较窄，仅选择了部分级差收入差异较大，资源较为普遍，易于征收管理的矿产品和盐列为征税范围，具体就是原油、天然气、煤炭、其他非金属矿原矿、黑色金属矿原矿、有色金属矿、盐这7类。但此税种单位税额过低，只能部分地反映资源的级差收入，并不能反映其内在价值，容易造成资源的过度使用。同时，从量计征不能体现资源价格的

---

❶ 以上资料来自中国节能产业网 http://www.tageofbuy.com/.

涨跌，使征收资源税的初衷难以很好体现。

第二，消费税。这是1994年税制改革在流转税中新设置的一个税种，是政府从批发商或零售商手中征收的关于消费品的税项。国家可以根据宏观产业政策和消费政策的要求，有目的地、有重点地选择一些消费品征收消费税，以适当地限制某些特殊消费品的消费需求，比如奢侈品、高能耗及高档消费品等。消费税在削弱和缓解贫富悬殊以及分配不公的同时，也配合了国家消费政策实施，比如2009年实施的燃油税改革理顺了成品油的价格关系，使价格变动直接传导到最终消费者，提高了消费者资源节约的意识。但是消费税同样存在课税范围过窄的问题，许多容易给环境带来污染的消费品如煤炭、干电池等都没有列入征税范围。

第三，车船税。车船税是指对在我国境内应依法到公安、交通、农业、渔业、军事等管理部门办理登记的车辆、船舶，根据其种类，按照规定的计税依据和年税额标准计算征收的一种财产税。从2007年7月1日开始，购车消费者需要在投保交强险时缴纳车船税。现行的车船税基本上是根据车船的吨位数或固定税额进行征收，与其使用的强度频率无关，所以也未能很好地体现保护环境、限制污染、促进减排的税收意图。

第四，车辆购置税。车辆购置税是由车辆购置附加费演变而来，专门对在我国境内购置规定车辆的单位和个人征收的税项。2001年，我国将原来的车辆购置费改为车辆购置税，税率确定为10%，以加强对排放大户车辆的有效调节。

总的来说，税收政策在较大范围内对促进低碳经济发展发挥了重要的作用，对污染类企业在税收方面实行一定的管制，不仅有利于环境改善，还能够有效促进企业环保技术的创新；对环保类企业实行一定的税收优惠，既能达到对该类企业的政策和资金支持，又传递出一种市场信号，诱导企业转型。但是，我国在促进低碳经济发展方面的税收体系还不完善，一方面缺少像碳税、环境税等这样针对性较强的税种，另一方面某些税种如资源税、消费税等征税范围过窄，未能很好地实现低碳经济的发展要求。

三、投融资政策

投融资政策是指政府对于促进低碳经济发展类的产业在投融资方面实行一定的优惠，在政策上对低耗能低污染的环保产业进行鼓励，对于高耗能高污染产业发展进行限制，从而达到促进低碳经济发展的目的。目前，我国在此方面的投融资政策主要有绿色信贷以及国家对重点产业的投资政策等。

（一）绿色信贷

绿色信贷是环保总局、人民银行、银监会三部门为了遏制高耗能高污染产业的盲目扩张，于 2007 年 7 月 12 日联合提出的一项全新的信贷政策——《关于落实环境保护政策法规防范信贷风险的意见》。绿色信贷的目标是帮助和促使企业降低能耗、节约资源，将生态环境要素纳入金融业的核算和决策之中，扭转企业污染环境、浪费资源的粗放经营模式，避免陷入先污染后治理、再污染再治理的恶性循环。

绿色信贷政策发布后，得到了大部分地区金融系统和环保部门的回应。其中，江苏、浙江、河南、黑龙江、陕西、山西、青海、深圳、宁波、沈阳、西安等 20 多个省市的环保部门与所在地的金融监管机构联合出台了有关绿色信贷的实施方案和具体细则。据统计，2007 年 5 家大型国有商业银行（中国工商银行、中国农业银行、中国建设银行、中国银行和交通银行）共发放支持节能减排重点项目贷款 1063.34 亿元。中国工商银行在 2007 年率先在国内同业制定绿色信贷政策，全面推进绿色信贷建设，不仅制定出了系统的绿色信贷政策，还确定了严格的环保准入标准，实行"环保一票否决制"。

2012 年 2 月 24 日，为贯彻落实《国务院"十二五"节能减排综合性工作方案》（国发〔2011〕26 号）、《国务院关于加强环境保护重点工作的意见》（国发〔2011〕35 号）等宏观调控政策，以及监管政策与产业政策相结合的要求，推动银行业金融机构以绿色信贷为抓手，从战略高度推进绿色信贷，加大对绿色经济、低碳经济、循环经济的支持，积极调整信贷结构，有效防范环境与社会风险，更好地服务实体经济，促进经济发展方式转变和经济结构调整，银监会制订了《绿色信贷指引》。

近年来，银行业金融机构以绿色信贷为抓手，创新信贷产品，调整信贷结构，积极支持节能减排和环境保护，取得了初步成效。许多银行将支持节能减排和环境保护作为自身经营战略的重要组成部分，建立了有效的绿色信贷促进机制和较为完善的环境、社会风险管理制度。积极创新绿色信贷产品，通过应收账款抵押、清洁发展机制（CDM）预期收益抵押、股权质押、保理等方式扩大节能减排和淘汰落后产能的融资来源，增强节能环保相关企业融资能力。截至 2011 年末，仅国家开发银行、中国工商银行、中国农业银行、中国银行、中国建设银行和交通银行等 6 家银行业金融机构的相关贷款余额已逾 1.9 万亿元。

（二）产业投资

由清华大学气候政策研究中心和社会科学文献出版社共同发布的 2012 年低碳发展蓝皮书《中国低碳发展报告（2011—2012）》指出，"十一五"期间，中国对新能源和可再生能源的投资额不仅远高于历次 5 年计划，而且跃居全球第一。5 年间共投入 1.73 万亿元支持新能源和可再生能源领域。相比而言，处于全球第二位的美国，在这 5 年间的投资总额相当于中国的 86%。其中，水电投资 6218 亿元，占比 35.9%；核电投资 3668 亿元，占比 21.2%；风电投资 4699 亿元，占比 27.1%；太阳能光伏投资1997亿元,占比11.5%,生物质能投资749亿元,占比4.3%。"十一五"期间能效领域总投资规模为8592亿元,其中中央政府财政投入为851亿元,地方政府财政投入为410亿元,社会资金7331亿元。中央和地方财政资金1261亿元,占全社会总额的14.7%。工业领域累计投资5511亿元,占全社会节能领域投入资金总额的64.1%;建筑领域累计投资2593亿元,占资金总额的30.2%;其他节能领域投资占5.7%。蓝皮书分析认为,无论是新能源及可再生能源领域,还是在能效领域,中国政府及社会的投资都在"十一五"期间迅速增长。"十一五"期间,大量资金投入到风电场建设和风电机组的产能扩张中,风电投资每年平均增长82.4%,太阳能光伏的投资每年平均增长101.4%。能效领域同样如此,企业节能投资每年平均增长65.5%。快速的投资增长说明低碳发展在"十一五"期间加速,低碳经济已成为中国经济的重要发展方向。同时,蓝皮书还指出,4万亿元人民币经济刺激计划对中国低碳投资的影响深远,对水泥、建筑、钢铁等高耗能行业刺激明显,对未来的低碳投资将产生深远意义。另外,其对低碳投资的影响更多地体现在对投资的引导上,五大发电集团、三大石油集团等大型国企以及一些能源投资公司,纷纷对新能源制造业和发电项目加大投入。新能源企业在资本市场上也受到各类私募股权基金与风险投资基金的热烈追捧。大型新能源发电项目陆续开工,风电与太阳能发电设备制造投资也空前活跃。此外,以商用充电站建设为代表的新能源汽车应用产业也在深圳开始了破冰之旅。

2012年6月底印发的《"十二五"节能环保产业发展规划》中提出,要拓宽投融资渠道,要研究设立节能环保产业投资基金,该规划提出的节能环保产业8项重点工程的总投资为9000亿元。

四、碳交易政策

碳交易即把二氧化碳排放权作为一种商品,从而形成了二氧化碳排放权的交易,简称"碳交易"。按照《京都议定书》的规定,协议国家承诺在一定时期内实现一定的碳排放减排目标,各国再将自己的减排目标分配给国内不同的企业。当某国不能按期实现减排目标时,可以从拥有超额配额或排放许可证的国家(主要是发展中国家)购买一定数量的配额或排放许可证,以完成自己的减排目标。同样地,在一国内部,不能按期实现减排目标的企业也可以从拥有超额配额或排放许可证的企业那里购买一定数量的配额或排放许可证以完成自己的减排目标,排放权交易市场由此而形成。

碳交易是一个与社会、经济、政治以及百姓生活相关联的事情,中国实施碳交易试点也势在必行。2011年底,国家发改委发布通知,将北京市、天津市、上海市、重庆市、深圳市以及广东省、湖北省7个省市地区作为开展碳交易工作的试点城市,率先开展相关工作,逐步建立国内碳交易市场,以较低成本实现2020年控制温室气体排放行动目标。

2013年是中国碳交易元年。2013年6月18日,深圳碳交易市场在全国7家试点省市中率先启动交易。《深圳市碳排放权交易管理暂行办法》2013年11月初开始公开征求意见。截至2013年11月11日,深圳碳交易所累计实现碳交易金额823万元,交易量12.8万吨,约6成控排企业参与交易。作为国内首个强制碳排放交易试点城市,与欧洲市场碳价格一路狂跌不同,深圳碳价格从6月开市以来便坐上了过山车。从最初的28元/吨一度飙升至10月中旬的超过140元/吨,4个月暴涨5倍,此后一路回落,1个月之间跌去将近50%。深圳碳市场运行稳定,深圳在运用市场机制实现低碳发展方面担负起探路者的角色。

2013年11月25日,上海环境能源交易所公布《上海环境能源交易所碳排放交易规则》,对交易市场、会员管理、配额买卖和风险管理等方面进行了规定。11月26日,上海市碳排放交易正式启动。2013年配额(SHEA13)价格26元,2014年(SHEA14)和2015年(SHEA15)配额价格为25元。在启动的几分钟内有了3笔成交,其中2013年配额成交了6000吨,价格升至27元;2014年配额成交了5000吨,价格升至26元;2015年配额成交了1000吨,以初始价格25元成交。

2013年11月26日,广东省公布了《广东省碳排放权配额首次分配及工作方案(试行)》,于2013年12月正式启动碳交易试点。参与碳交易的首批控排企业202家,首批新建项目企业40家。首批配额总量由控排企业配额和储备配额构成。2013—2014年配额总量约为3.88亿吨,其中,控排企业配额3.5亿吨,储备配额0.38亿吨,储备配额包括新建项目企业配额和调节配额。二级市场方面,先后有10多家投资机构、几十名个人到广州碳交易所开户,参与二级市场交易。在发放方法方面,配额实行部分免费发放和部分有偿发放。2013—2014年控排企业、新建项目企业的免费配额和有偿配额比例为97%和3%,2015年比例为90%和10%,"十三五"以后根据实际情况再逐步提高有偿配额比例。

2013年11月28日,北京市碳交易市场正式开市交易。北京市发展改革委表示,本市已顺利完成第一个年度的碳排放权履约工作,基本建成了碳交易市场,试点建设取得了明显成效。自2013年11月28日开市以来,截至2014年9月22日,北京市碳市场共成交676笔,累计成交量约204.8万吨,累计成交额突破亿元。其中,线上公开交易共成交650笔,成交量97.6万吨,成交额5875.7万元,成交均价60.23元/吨;协议转让共成交26笔,成交量107.2万吨,成交额4254.4万元。在市场配额总量较少的情况下,市场累计成交量和成交额位居7个试点前列。北京市碳交易价格从开市初的50元/吨逐步波动式上涨,最高时达到80元/吨。价格波动始终处于合理区间,客观反映了市场供求关系总体稳定,供需基本平衡。

通过开展碳交易，有力助推了合同能源管理、节能改造、新能源与可再生能源等项目的实施，促进了节能低碳新技术新产品的推广应用，培育了一批从事碳资产、碳投资、碳金融等新兴企业，促进了节能低碳环保产业发展。

第四节 促进低碳经济发展的劝说鼓励型政策

低碳经济发展在我国尚处于起步阶段，还有很多公众对此不是特别了解。为了从各个方面积极推进低碳经济的发展，就需要政府对公众进行适当的引导，使得低碳消费、低碳出行、低碳生活的观念深入人心，发挥公众的力量，全方位低碳化。对此，政府可以推行促进低碳经济发展的低碳出行鼓励政策、低碳消费引导政策和低碳生活指导政策。低碳出行主要集中在出行方面，因为交通运输业的碳排放在总的碳排放领域占据较大比例，所以倡导低碳出行对于减少碳排放有重要意义。低碳消费主要集中在消费领域，在消费层面进行引导。低碳生活则集中于衣、食、住、行各个方面，本节主要以上海市的低碳生活方案为例，希望能起到一定的借鉴作用。

一、低碳出行引鼓励政策

在出行中，主动采用能降低二氧化碳排放量的交通方式，谓之"低碳出行"。其中包含了政府与旅行机构推出的相关环保低碳政策与低碳出行线路，个人出行中携带环保行李、住环保旅馆、选择二氧化碳排放较低的交通工具甚至是自行车与徒步等方面。

低碳出行不仅最大程度地降低了汽车尾气对环境生态的破坏，减小雾霾发生的可能性，而且所代表的亲近自然、健康活力的生活方式，更将是现代都市的新趋势。

在低碳出行鼓励政策方面，我国正在践行的有世界无车日、绿色交通等一些旨在倡导环保交通的鼓励政策。

（一）世界无车日

9月22日是"世界无车日"。在这一天，倡导各单位封存公务车，市民停开私家车，选择低碳、绿色环保的出行方式。2013年世界无车日的主题是"绿色交通清新空气"，这一天，西安公益组织"爱暖人间"将组织志愿者骑自行车，从明德门出发，在东西南北大街向市民宣传绿色出行方式。

从2007年开始，每年无锡市交管部门都会在"世界无车日"这一天的7时至19时对中山路（胜利门—朝阳广场）实施临时交通限制措施，除公交车、出租车等公共交通车辆及警车、消防车、救护车、工程救险车等特种车辆外，禁止其他机动车辆通行和停放。此外，在9:30—11:00这一时间段，市交通运输局、市交通产业集团、市地铁集团、市运管处、市公交公司、锡惠公交公司、新区公交公司、地铁运营分公司、客运公司、市民卡公司、交通场站公司将在无锡中央车站北广场二楼铁路进站口广场举行无车日广场活动,现场将开展低碳出行宣传、咨询答疑、问卷调查、免费发放公交线路指南、IC卡现场充值等活动。

(二) 绿色交通

绿色交通(Green Transport),广义上是指采用低污染,适合都市环境的运输工具,来完成社会经济活动的一种交通概念。从交通方式来看,绿色交通体系包括步行交通、自行车交通、常规公共交通和轨道交通。从交通工具上看,绿色交通工具包括各种低污染车辆,如双能源汽车、天然气汽车、电动汽车、氢气动力车、太阳能汽车等。绿色交通还包括各种电气化交通工具,如无轨电车、有轨电车、轻轨、地铁等。绿色交通是一个全新的理念,它与解决环境污染问题的可持续性发展概念一脉相承。它强调的是城市交通的"绿色性",即减轻交通拥挤,减少环境污染,促进社会公平,合理利用资源。其本质是建立维持城市可持续发展的交通体系,以满足人们的交通需求,以最少的社会成本实现最大的交通效率。

现阶段我国已有多个城市为倡导低碳出行、发展绿色交通而采取了切实行动。

绿色交通在温州已不再是口号,而是实实在在的实际行动。强化交通节能和减碳措施,完善城市慢行系统,鼓励低碳出行,正成为温州大都市建设的一项重要任务。细心的市民会发现,温州市区"混合动力"的公交车越来越多了。温州市在组织实施公共交通便民行动计划,构建轨道交通、公交车、出租车、免费单车、水上巴士"五位一体"的大公交体系,鼓励低碳出行,减少路面交通碳排放。倡导市民少开私家车、多乘公交车、多骑自行车。随着绿色交通形式的多样化,低碳出行慢慢融入了更多人的生活。截至2013年6月18日,鹿城公共自行车已经建成210个借车点,投放6000辆自行车,发放借车卡11万多张,被借用累计769万人次。瓯海、龙湾的公共自行车网络也正在铺开。

在常熟市,截至2013年3月,该市投用公共自行车已达1万辆,投资已超2000万,建有站点355个,各站点平均间隔300~500米。累计发放借车卡超过12万张,日均借还车辆7万次,每天有3.5万市民使用公共自行车。同时,常熟市新能源公交车数量达到240辆,占城市公交车数量的62%,营运线路17条,新能源公交车正逐渐成为虞城公交的运营主力。新能源公交车燃料是液化天然气,污染物排放少且节能效益突出,据有关资料统计,按照每辆新能源公交车每天运行200千米、每年运营300天计算,与使用柴油的公交车相比,240辆新能源公交车一年可节省燃料费900多万元,在实现能源节约利用的同时提升了城市空气环境质量。

2013年4月25日至5月25日,山西省环保厅、山西省交通运输厅、山西省教育厅举办以"节能环保低碳畅行"为主题的征文活动,旨在通过活动引导民众树立正确的环保价值观,倡导积极健康的绿色低碳生活态度,倡导在公共出行中使用 ETC(高速公路电子不停车收费系统)。ETC 收费每辆车通过收费站进口和出口只要约 3 秒钟,而人工收费口约需 30 秒钟。在节油方面,ETC 也是一把好手。由于减少了车辆刹车、起步的频率,使用 ETC 通行进口、出口可分别节油 0.0083 升和 0.0211 升。使用 ETC 最主要可以减少环境污染,每条 ETC 车道与人工收费车道相比,减少排放二氧化碳近 50%、一氧化碳约 70%、碳氢化合物约 70%。

二、低碳消费引导政策

低碳消费是指在个人基本需要得到满足的同时,保证实现气候目标的一种更好的消费方式。由于"低碳程度"不同,涉及的具体内容也各异。在目前我国社会条件下,广义的低碳消费方式涵义包括 5 个层次:一是"恒温消费",即消费过程中温室气体排放量最低;二是"经济消费",即对资源和能源的消耗量最小最经济;三是"安全消费",即消费结果对消费主体和人类生存环境的健康危害最小;四是"可持续消费",即对人类的可持续发展危害最小;五是"新领域消费",即转向消费新能源,鼓励开发新低碳技术、研发低碳产品,拓展新的消费领域。

在低碳消费引导政策方面,到目前为止我国也推行了一系列相关政策。2007 年 12 月 31 日,国务院办公厅下发了《关于限制生产销售使用塑料购物袋的通知》,明确规定:"从 2008 年 6 月 1 日起,在所有超市、商场、集贸市场等商品零售场所实行塑料购物袋有偿使用制度,一律不得免费提供塑料购物袋",其目的就是要引导广大市民树立"减少或不用"塑料购物袋的观念,改变购物习惯,遏制"白色污染",促进资源综合利用,保护生态环境。

2010 年 1 月 28 日,国内绿色金融的积极倡导者、首家"赤道银行"——兴业银行联合北京环境交易所在京推出国内首张低碳主题认同信用卡——中国低碳信用卡。这是中国银行业应对气候变化、践行节能减排的创新性举措,也是中国个人消费向低碳领域迈出的实质一步,标志着聚集高端群体的中国信用卡市场正式开启绿色消费、引领低碳生活。兴业银行信用卡中心总经理严学旺介绍,作为国内首张低碳主题的信用卡,兴业银行中国低碳信用卡具有以下独创特征:一是携手我国权威环境权益交易机构——北京环境交易所搭建信用卡碳减排量个人购买平台,为个人购买碳排放交易提供首个银行交易渠道;二是与北京环境交易所联合建立国内首个"个人绿色档案"系统,实现个人低碳交易记录的可追溯可查询,鼓励持卡人积极参与碳减排,倡导低碳生活。中国低碳信用卡在产品设计上也处处体现了低碳和环保的理念:该卡以新型可降解绿色材料制成,减小了传统 PVC 卡片废弃后对于环境的威胁;采用电子化账单，减少了纸质账单在制作和邮寄过程中的资源消耗和碳排放；并在低碳信用卡的推行过程中向持卡人赠送《低碳生活指引》手册，帮助其了解在日常生活中如何有效地实现碳减排；建立低碳信用卡专属网站，为持卡人测算自身碳排放量以及购买碳减排量实现个人碳中和提供便利；建设低碳信用卡俱乐部，邀请持卡人参与绿色低碳旅游或其他特色活动。为积极倡导绿色刷卡理念，兴业银行还设置了"低碳乐活"购碳基金：客户持中国低碳信用卡每刷卡消费1笔，即可捐赠1分钱至该基金账户，于每年4月22日世界地球日集中购买碳减排量，使持卡人的每一笔刷卡消费，都产生减排效应。

三、低碳生活指导政策：以上海市为例

低碳环保生活，就是指生活作息时所耗用的能源要尽力减少，从而减少碳，特别是二氧化碳的排放量，进而减少对大气的污染，减缓生态恶化。低碳环保生活主要是从节电、节气和回收3个环节来改变生活细节。

以上海市为例，来看一看上海市2013年市民低碳行动方案。

（一）主题和目标

以"城市生活，乐享低碳"为主题，倡导健康、环保、时尚的低碳生活方式，依靠每个人的"举手之劳"，享受践行低碳带来的生活乐趣和身心愉悦。聚焦"衣、食、住、行、用"5个方面，针对市民家庭、商家、办公楼宇、企事业单位、校园等5个领域，通过专项实践行动和主题宣传活动，倡导夏减冬增"一件衣"、舌尖享受"拒浪费"、洗漱用品"自己带"、健康生活"走出来"、手帕水杯"随手带"等低碳行为，力争实现3个目标：一是推进全社会形成崇尚低碳、践行低碳的社会风尚；二是发现、培育一批低碳典型和示范；三是探索建立市民践行低碳的长效机制。

（二）指导思想

围绕"低碳生活方式的形成"，通过宣传教育、倡导践行、树立典型等多种方式，积极引导全社会形成合理消费、适度消费、共享式消费等节能低碳消费观念和生活方式。在行动开展过程中贯彻以下指导思想：

（1）注重实践性。围绕市民日常生活，推出"简单、易行、实践性强"的低碳行为，发动一批率先践行的单位和个人，通过征集、倡议和媒体宣传等方式，使得"低碳生活"理念深入人心。

（2）注重自愿性。鼓励单位和个人自愿参与，通过先行先试者的切身体验，感染带动更多的市民加入，以扩大行动的参与面，增强市民的社会责任意识。

（3）注重成效性。突出重点、注重实效，在已有低碳宣传活动的基础上，针对薄弱环节，创新活动形式和内容，推动全社会加快形成绿色低碳的生活方式和消费模

式。同时，体现节约和低碳的理念。

(4) 注重持续性。注重在活动过程中加强总结提炼，在各个领域形成被市民广泛认可、可实践、易推广的低碳行动指南和行为规范；充分发挥各级机关、文明行业、文明单位、文明社区（街镇）、文明社区（村）、社会团体、中介组织、志愿者等的积极性和创造性，形成活动持续开展、市民持续践行的长效机制。

(三) 专项实践行动

在市民家庭、商家、办公楼宇、企事业单位、校园开展低碳专项行动。

1. 市民家庭低碳行动

倡导鼓励市民践行以下行动：

(1) 减少食物浪费，外出就餐适量点餐，剩菜打包，争做"光盘族"（吃光盘中餐）。

(2) 减少一次性用品使用，外出住宿自带"6小件"，购物优选简包装，减少使用塑料购物袋，重拾手帕、菜篮子。

(3) 低碳出行，践行"135行动"（出行距离1千米以内步行，3千米以内骑自行车，5千米以内乘公共交通工具）。

(4) 垃圾分类，积极响应"百万家庭低碳行，垃圾分类要先行"活动，对生活垃圾进行干湿分类，对废旧灯管、衣物、玻璃、电池等定点投放。

2. 商家低碳行动

倡导鼓励商家践行以下行动：

(1) 餐饮单位

减少提供一次性餐具，开展适量点餐、"半份菜"服务和剩菜打包提醒，对"光盘"顾客给予一定的优惠鼓励。

(2) 旅游饭店

减少提供"6小件"，在订房、入住时主动提示住客自带"6小件"，并对践行住客给予一定的优惠鼓励。

(3) 零售商业

减少采购销售过度包装商品，优先采购和上架"简包装"商品。

3. 办公楼宇低碳行动

倡导国家机关、各级单位、社会组织、商务楼宇及其办公人员践行以下行动：

(1) 落实空调夏季26摄氏度、冬季20摄氏度的节能要求，鼓励员工按季穿衣，夏季不穿西装，冬季加件毛衣。

(2) 减少一次性茶杯使用，倡导参会人员自带水杯。

(3) 尽量采用自然光，养成随手关灯、关闭电脑等办公电器的习惯。

4. 企业事业单位低碳行动

倡导企事业单位和员工践行以下行动：

（1）立足自身岗位，查找"跑、冒、滴、漏"，节约"煤、电、油、水、汽"等。

（2）开展小发明、小革新、小改造、小设计、小建议等"五小"创新创效活动，为单位节能减排做贡献。

5. 校园低碳行动

倡导鼓励学校和师生践行以下行动：

（1）在本市中小学开展"走路去上学，低碳我行动"活动。

（2）积极争创"无浪费食堂"，通过优化学校食堂供餐模式、提高饭菜质量、强化师生节约意识、开展"光盘"行动等多种形式，减少食物浪费。

（四）主题宣传和实践活动

在重要节点，举办"地球一小时""世界地球日""节能宣传周""全国低碳日""世界无车日"等主题宣传活动，开展"百万家庭低碳行，垃圾分类要先行""上海青少年低碳环保行动""我为节能减排做贡献"等形式多样、内容丰富的实践活动，倡导绿色低碳生活方式和消费模式。结合这些活动，表彰、鼓励一批践行低碳的典型单位和个人，发动更多的市民公众响应践行"低碳生活"，在全社会逐步形成了解低碳、崇尚低碳和践行低碳的风尚，使得低碳理念深入人心。

（五）组织保障

1. 加强市级层面协调

为推进本市市民低碳行动，成立"上海市市民低碳行动推进小组"（以下简称"推进小组"），由市发展改革委担任组长单位，市委宣传部、市文明办、市教委、市总工会、团市委、市妇联担任副组长单位，市经济信息化委、市商务委、市公安局、市财政局、市建设交通委、市旅游局、市绿化市容局、市交通港口局、市机管局、市金融办等作为成员单位。推进小组下设办公室，设在市发展改革委资源节约和环境保护处。

推进小组各成员单位要加强协调、各司其职，合作推进，并积极倡导发动有关行业协会、社会组织、企事业单位参与组织开展各类低碳践行活动。结合本领域工作的推进，研究确定下阶段鼓励动员全社会践行低碳、共同参与节能减排的重点任务和行动安排，不断丰富低碳行动内涵，持之以恒地传播低碳理念，促进全社会"低碳生活方式"的形成和持续推进。

2. 发挥区县政府作用

各区县政府要结合全市活动的开展，配合市有关部门积极宣传发动本区县机关和企事业单位、社区居民响应倡议，践行低碳；结合区域特点，开展形式多样的宣传和践行活动，并重点围绕市民低碳行动的年度主题，于低碳日当天，在辖区内主要商业中心、广场、地铁站等人流密集区域，组织开展主题宣传活动。

3. 调动社会各界参与积极性

各参与践行单位要积极做好相关践行活动的信息发布、宣传教育、组织动员等工作，通过张贴海报、下发通知、适当提醒等方式，充分调动单位职工、消费者等参与低碳行动的积极性，并做好有关阶段性总结等；鼓励各类社会团体、中介组织围绕低碳主题开展丰富多样的活动；引导参与践行的市民通过微博等渠道积极分享践行活动心得，并影响、鼓励、倡导更多的市民群众践行低碳生活，享受低碳乐趣。新闻媒体要加大宣传力度，充分宣传反映市民参与践行低碳行动的典型案例和好的做法，加强对重大节点活动的宣传报道；要播放节能低碳公益宣传片，制作市民喜闻乐见、易于参与的节目等，营造浓厚的社会氛围，为建设美丽上海做出积极贡献。[1]

低碳对于普通人来说是一种生活态度，同时也成为人们推进潮流的新方式，它给我们提出的是一个"愿不愿意和大家共同创造低碳生活"的问题，但是我们应该积极提倡并去实践低碳生活，要注意节电、节气、熄灯一小时……从这些点滴做起。除了植树，还有人买运输里程很短的商品，有人坚持爬楼梯，形形色色，有的很有趣，有的不免有些麻烦。但前提是在不降低生活质量的情况下，尽其所能的节能减排。

第五节　低碳经济发展政策总结与建议

综上所述，我国在促进低碳经济发展方面已经形成了较为配套的政策体系，充分发挥政府的宏观调控、市场的自我调节以及公众的自愿性，从各个方面促进了低碳经济的发展，但还存在着很多的不足尚待完善。

从法律法规的制订来说，虽然有不少于低碳经济发展相关的法律，比如《清洁生产促进法》《可再生能源法》《循环经济促进法》等，但是还缺少专门针对低碳经济的法律，比如类似美国《低碳经济法案》的法律，使得低碳经济发展真正做到有法可依，有法必依。这一方面反映了我国政府对低碳经济的认识还不明确，另一方面也反映了政府对于低碳经济发展没有给予足够的重视。

从相关控制与排放标准来说，虽然我国已经制订了各行业控制与排放标准，但这些标准多是从国外发达国家照搬过来的，其中存在很多与中国实际不适应的地方，所以也导致了现在有法难依的局面，所以现阶段也需要各级政府结合实际，制订出合适的标准。

---

[1] 以上资料来自中国碳排放交易网 http://www.tanpaifang.com/。

从规划技术指南来说，我国在低碳经济发展方面做的规划数量实在不少，但是其中与低碳经济指标体系、碳预算等关于低碳经济真正切实相关的政策却少之又少，而且这些已有的政策在实际操作中与现实也有较大的脱节，以至于现阶段还难以推广。

总之，从强制型政策方面来看，一方面我国缺乏专门的法律法规及相关政策规定，另一方面政策与现实脱节难以推广，所以需要政府在这两方面加大投入，解决这两方面的问题。

从经济激励型政策来看，首先，我国目前的财政政策缺乏灵活性，比例失调。另外，对于节能减排的技术研发与扩散的支持较少，阻碍了环境经济的发展，没有充分发挥激励性政策的作用。除此之外，对补贴政策、碳税、环境税、碳交易等政策还有待进一步深入研究。

从劝说鼓励型政策来看，我国在这方面的举措尚需进一步探索与实施。首先，涉及面比较窄，只是部分较大城市推行了这些政策，在三四线城市中还需要进一步推广。其次，在政府采购和产品标识认证中，缺少温室气体减排的相关规定，不能很好地引导政府和公众绿色消费意识。此外，在低碳生活的指导、信息公开与公众参与方面的工作尚需进一步加强。

参 考 文 献

[1] 蔡博峰，冯相昭. 中国交通领域的低碳政策与行动 [J]. 环境经济，2011（10）：38-45.

[2] 薛睿. 论中国低碳能源发展的财政政策 [J]. 经济研究导刊，2010（33）：195-196.

[3] 查盛沛. 我国控制二氧化碳排放的经济激励型政策工具研究 [J]. 科技创业月刊，2011（3）：37-38.

[4] 陈卫锋，钱丹阳，於英姿，等. 我国低碳政策实施现状与对策研究——以"限塑令"为例 [J]. 河北软件职业技术学院学报，2011（3）：15-20.

[5] 杨洋，李煜. 运用税收杠杆促进低碳经济的发展 [J]. 全国商情（理论研究），2010（22）：59-60.

[6] 罗宏，裴莹莹，冯慧娟，吕连宏. 促进中国低碳经济发展的政策框架 [J]. 资源与产业，2011（1）：20-25.

[7] 许禄，王群伟，朱莉萍，等. 低碳城市建设的概念、实践与启示 [J]. 能源技术与管理，2013（5）：1-3.

[8] 贾若祥. 城市化地区低碳政策体系探析［J］. 中国经贸导刊, 2014（12）: 51-54.

[9] 李振凯. 关于低碳经济法律体系的研究［J］. 经济研究导刊, 2014（14）: 293-294.

第五部分
低碳经济发展的实际与展望

> 党的十八届三中全会把"推进国家治理体系和治理能力现代化"作为了全面深化改革的总目标之一。政府与市场作为两种资源配置的方式,在低碳经济发展中各自发挥着不同的作用,共同为低碳经济发展提供一个有序竞争的环境。在低碳发展的顶层设计下,总结政策执行与试点进展的经验,构建一整套既能使市场在低碳发展中起决定性作用,又能更好发挥政府对低碳发展作用的管理、激励、监督及惩罚机制的现代化治理体系,成为未来低碳经济发展的关键任务。

第十章　低碳经济发展相关实践效果

虽然低碳经济对于中国是一种比较新颖的经济发展方式，但是十几年来中国在应对气候变化领域已经积累了不少的实践经验，这些经验主要是通过低碳试点来获得的。分析从中获得的经验能够为政府制定法律、法规、政策提供依据，这也就使得政府成为低碳经济发展中的重要主体。政府有其自身内在的缺陷，无法有效地激发各主体参与的积极性，这时就需要市场来参与低碳经济的发展。

第一节　政府与市场在低碳经济发展中的关系

政府与市场是两种资源配置的方式，在经济发展中各自发挥着不同的作用。对于低碳经济也不例外，政府在低碳经济发展中的作用主要体现在为低碳经济提供政策支撑，为此必须采取低碳试点的方式来获得有关低碳经济的实践经验；市场在低碳经济中的作用在于为不同利益主体提供表达自己利益诉求的手段；政府和市场共同为低碳经济发展提供一个公平平等竞争的环境。

一、政府与市场的关系

曾经，在不少地方，市场的活跃往往伴随着政府作用的弱化，而政府作用的发挥往往又是以市场功能的萎缩为代价，非此即彼。但是在我国很多省，市场的活跃和政府的有为并没有形成对立，反而在博弈中实现了较好的互补。因为双方存在着合作的基础，有着共同的利益，互相需要。

首先是政府需要市场。改革开放以来，我国地方政府的性质和作用发生了重大的变化，地方政府已从过去主要作为中央政府的分支机构变成了一级相对独立的利益主体。随着财政包干制、中央和地方分税制等财政体制的逐步实行，地方政府的责、权、利也实现了相对的统一。中央政府下放了更多的权力和利益，同时也下放了更多的责任。地方政府在具有了管理本地事务的更大权力、可以为本地争取更多利益的同时，也必须对本地区的发展承担起更大的责任。在地方政府要履行的各种责任中，经济发展无疑是最基本和最主要的内容，没有经济的发展，不能有效摆脱贫穷落后的状态，一个地区任何其他方面的发展都将难以长期持续。而要快速发展经济，就必须尽快摆脱计划经济的束缚，充分发挥市场机制的作用。正是通过市场高效率的资源配置，浙江很快形成了民营经济、股份制经济、专业市场、产业集群等经济特色和优势，经济获得了快速的发展。而这正是从粗放型经济向低碳经济转变的国家的政府所最需要的。

同样，市场的发展也需要政府。以浙江为例，从政府与市场关系的角度分析浙江改革开放30年来的发展历程，可以发现，浙江市场优势的形成，尽管有着许多复杂的原因，但其中非常重要的一个影响因素，恰恰是政府。浙江之所以能够先于其他地方形成市场优势，浙江各级政府不同形式的支持和扶植是一个不可缺少的重要因素，其中最基本有效的，是浙江各级政府为市场的发展在制度供给方面发挥的积极作用。正是这种有效的制度供给，最终成就了浙江的市场优势。在市场经济不发达的发展中国家，经济发展面临的最根本问题是缺乏市场经济发展的制度基础，如法律和秩序、产权的界定、支配交易和分担风险的法规等。

由于缺乏公平合理的市场竞争环境，市场的发育和经济的增长遇到了难以逾越的障碍，成为这些国家经济长期落后的重要根源。因此，在发展中国家，如何发挥政府在制度供给中的积极作用，既制定出公开平等的市场竞争规则体系，又能建立起防止政府寻租、以权谋私的政府行为规范体系，为市场经济的发展提供公平合理的制度环境，就成为实现市场经济顺利转型并高速运作的必不可少的条件。浙江各级政府在制度供给方面进行了卓有成效的努力，设法使政府主导的制度供给与民间诱致性制度供给相结合，政府的制度供给与政府的政策供给相结合，激发市场活力与调动基层政府积极性的制度供给相结合，推动经济发展的制度供给与约束市场损人利己行为、制约官员以权谋私的制度供给相结合，从而为浙江市场的发展提供了良好的制度环境。

对于低碳经济而言，仍然需要政府与市场相互配合，才能更好地促进其发展，为实现经济社会可持续发展提供政策支持和公平竞争的环境。

二、政府在低碳经济发展中的作用

现代经济是以市场为主要运行机制的有机综合体，各类市场主体追求自身利益最大化的选择，这有可能导致总体经济社会利益的非最大化，或者产生以牺牲长期利益为代价的短期利益最大化的后果，或者只能产生经济利益的最大化，而不能产生经济、社会、生态总体利益的最大化。市场经济运行机制的这种固有缺陷或不足，被称为市场失灵。市场失灵主要为产权不完全性、竞争不完善性、信息不对称性、调节不完全性等方面。在市场经济条件下，完全消除市场失灵需要具备完全竞争的市场、充分完备的信息和资源完全流动性、各类产权清晰的界定、有效遵守的合理契约等条件，上述条件在任何市场经济条件下都不可能完全具备，情境的变化或行为主体的变化会改变市场运行的原有构成，形成新的非均衡状态。因此，长期的政府部门或公共部门的介入成为现代经济体制有效运行的必然条件。低碳经济也是经济发展方式的一种，因此也需要政府为其发展提供一些必要的政策支撑。

然而，低碳经济对于我国是一种较为新颖的经济发展方式，这就需要一定的理论知识和实践经验来为政府制定政策提供依据。从哲学上来讲，我们只能从理论上探讨低碳经济的含义及其实现方式。但是，现阶段我国实践经验比较缺乏，而实践又是检验真理的唯一标准，不可能在没有实践经验的前提下提出非常切合我国国情的低碳经济政策。为了积累实践经验，就必须先进行低碳经济的实践。

任何实践都是需要付出一定的人力、物力、财力的，如果在低碳经济发展初期，我国就在全国范围内开展，那么必然会产生一定的风险、较大的成本。为了降低实践的成本、风险，最好的办法就是首先选择比较具有代表性的区域进行试点，通过缩小范围能降低实践的成本，通过试点的试验能够减小大范围推广低碳经济而最终效果不明显的风险，通过试点还能够获得我们对已有的低碳经济概念、实现方法的验证。

三、市场在低碳经济发展中的作用

市场是一切商品或劳务交换的场所和交换关系的总和，是市场机制运行的载体和表现形式。市场是社会生产力发展到一定阶段的产物，随着生产力的变革而演化。市场机制是通过市场价格的波动、市场主体对各自利益的竞争、供求关系的变化调节经济运行的机制。而市场经济就是以市场机制为基础来配置经济社会资源和调节行为主体关系的一种经济运行方式和经济调节手段。因此，市场机制是现代社会资源配置的一种主要手段和方式。

市场机制调节经济社会运行，是发展史上人类行为规则演化的基础性突破。市场机制是现代社会运行的基础机制。首先，市场机制是微观经济均衡的自动调节器，从而直接调节国民经济。现代企业是市场机制发挥作用的微观主体，产权制度是市场机制建设的基石，二者构成市场机制的微观要素。其次，市场机制在资源配置中发挥基础性作用，推动资源的优化重组和合理使用。市场机制的资源配置作用需要通过有效的竞争来实现，明晰的产权制度是有效竞争的重要前提，同时，政府也需要健全市场竞争的相关法律法规，规范企业的竞争行为。再次，市场机制可以有效传递市场信号，既促进企业之间的横向协调，也有利于国家与企业之间的纵向协调。市场传递的信号具有自发性、盲目性，这需要政府建立相关的信息公开平台，完善价格机制，改进信息传递机制。最后，市场机制是利益调整的驱动机制，各经济主体为实现自身利益，积极参与市场交换活动，从而推动福利的最大化。市场自发的利益调节机制可能会忽视生态环境的需求，政府应建立相应的利益协调制度，不仅满足人类的生存和发

展需要，也要顾及生态环境、代际公平等。❶

第二节　低碳试点相关情况

低碳试点工作是低碳经济发展的一项重大任务，是推动生态文明制度建设的重要抓手和切入点。我国按照党的十八大和十八届三中全会的要求，努力把低碳试点引向深入，带动绿色、低碳、循环发展取得新的进展，为加快转变经济发展方式、建设美丽中国做出贡献。

一、低碳经济发展的试点省市总体情况

2010年7月19日，国家发改委下发《关于开展低碳省区和低碳城市试点工作的通知》，确定在广东、辽宁、湖北、陕西、云南5省和天津、重庆、深圳、厦门、杭州、南昌、贵阳、保定8市开展试点工作。经过两年多的试点工作，"五省八市"为推动我国落实"2020年单位国内生产总值二氧化碳排放比2005年下降40%~45%"的目标积累了经验。在此基础上，2012年11月26日，国家发改委下发《关于开展第二批低碳省区和低碳城市试点工作的通知》，确定了包括北京、上海、海南和石家庄等29个省市低碳试点。

第一批和第二批低碳试点省市共计6个省级和36个市级单位。在地域分布上包括（图10-1）：处于东北亚经济枢纽带、具有优越产业、资源、经济、文化和高新技术研发条件的华北地区，如北京、天津、保定、秦皇岛等；自然环境条件优越、物产资源丰富、全国综合技术水平最高的华东地区，如上海、苏州、杭州、宁波、温州、淮安、镇江等；自然资源丰富、资源类型多样、经济增长速度较快的西南地区，如重庆、贵阳、遵义、昆明等；经济发展最为迅速和活跃的华南地区，如广州、深圳、厦门、赣州、海南等；另外还有地域辽阔、矿产资源丰富，但经济欠发达的西北地区，如乌鲁木齐、金昌等；森林和矿产资源丰富、属于老重工业基地的东北地区，如辽宁、吉林、呼伦贝尔和大兴安岭地区。以上六大区块涵盖了我国华北、华东、华南3个经济发达地区，处于经济快速增长时期的我国西南地区，以及中西部经济欠发达地区和东北老工业区。

经济和社会发展数据方面，2010年，试点地区的GDP总值约占全国的57%，人口总数约占全国的42%，能源消费总量约占全国的58%，基于化石能源消费的二氧化碳排放总量约占全国的56%。总体来说，试点地区用低于全国半数水平的人口和高于半数水平的能源，创造了高于全国半数水平的GDP和二氧化碳排放，已经率先实现

---

❶ 程恩富. 现代政治经济学新编［M］. 上海：上海财经大学出版社，2008，231-250.

了单位人口经济增长效率的提升，却尚未实现发展与化石能源用量的脱钩。

从碳排放和能耗指标来看，试点省市充分涵盖了不同能耗和碳排放水平的地区，包括低于全国平均水平、接近或稍高于全国平均水平、严重高于全国平均水平的省市。2010年，42个试点省市中，30个试点省市的人均碳排放水平高于全国平均水平（5.48吨二氧化碳/人），其中碳排放水平超过全国2倍排放水平的省市共计11个，人均排放水平最高的3个城市分别为秦皇岛（18.60吨二氧化碳/人）、济源（24.24吨二氧化碳/人）和金昌（25.09吨二氧化碳/人）。类似地，万元GDP能耗水平最高的省市同样为金昌（1.79吨标煤/万元）、秦皇岛（1.91吨标煤/万元）和乌鲁木齐（1.94吨标煤/万元）。共有26个试点省市万元GDP碳排放水平高于或与全国平均水平（1.83吨标煤/万元）持平，共计6个省市的万元GDP碳排放水平超过全国平均水平1倍以上，排放水平最高的省市为济源（4.80吨二氧化碳/万元）、金昌（5.00吨二氧化碳/万元）和秦皇岛（5.98吨二氧化碳/万元）。

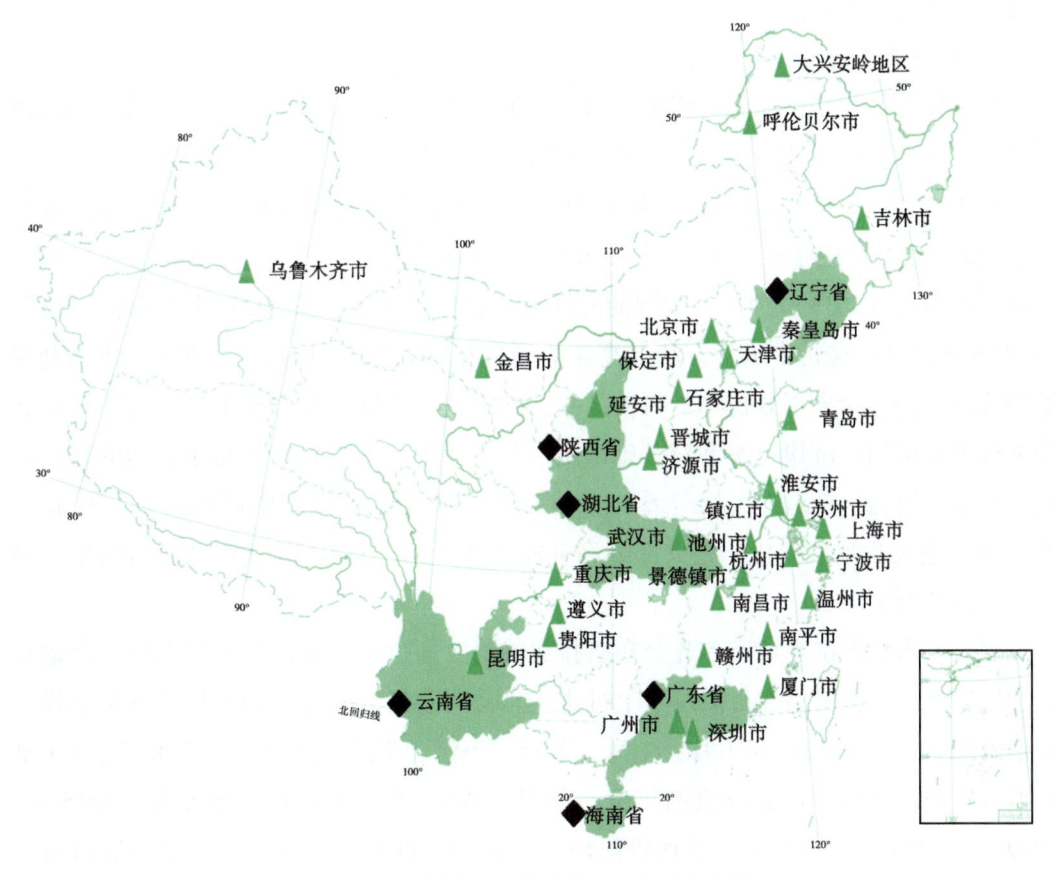

图10-1 低碳试点省市的地理位置分布图

二、低碳经济发展的试点省市工作扎实推进

首批低碳试点省市经过 3 年多的实践、第二批试点省市经过 1 年多的实践，低碳发展的工作都取得了显著的成果。本书中主要关注低碳试点中与总量控制、排放许可、碳评估制度相关的经验。

（一）实施温室气体排放总量控制

建立温室气体排放总量控制制度，是发达国家实现其量化减排目标、开展碳交易的重要保证。从发达国家实施总量控制的经验与条件来看，提出总量控制是在后工业化阶段、经济高度发达、掌握的减排技术先进、能够对企业的碳排放量进行准确测量和监控的情况下进行的，其对经济发展的影响比发展中国家要小得多。目前，我国正处于工业化、城镇化发展的关键时期，科技水平不高，经济增长方式粗放，为解决民生问题还需要保持经济高速增长，进行温室气体排放总量控制必须处理好经济发展与能源消费之间的关系。

1. 围绕峰值倒闭结构调整

碳排放峰值就是预测出的将来二氧化碳的最大排放量，对碳排放峰值的预测是进行温室气体总量控制和国家制定长期发展战略的前提。

在 2012 年召开的哥本哈根气候大会上，中国官方首次明确提出温室气体排放的峰值预期为 2030 年到 2040 年之间。2014 年 1 月 4 日发布的《气候变化绿皮书：应对气候变化报告（2013）》预计，中国能源活动二氧化碳排放将在 2025 年前后达到峰值，约为 85.6 亿吨。这是中国官方和最高学术研究机构首次公开表述中国碳排放达到峰值的确切年份。绿皮书分析称，目前，我国的钢铁、建材以及有色金属、化工产量已经能够满足中国经济快速发展对基础设施以及工业生产的需要。从每年新增的建筑面积、机场、道路、铁道、大坝等看，目前基本已经处于顶峰。中国的经济结构将在 2020 年之前发生重大变化，绝大部分高耗能工业产品产量在 2020 年之前达到生产峰值，之后开始下降。

国家要求低碳试点城市首先公布碳排放峰值，通过峰值来倒逼低碳发展，倒逼企业加快转型升级，努力在更高层次上推进生态文明建设，引导人们加快转变生活模式和消费观念。截至 2014 年 1 月，上海、苏州、镇江、宁波、温州、淮安和广元 7 个试点城市，初步确定了达到峰值的年份，分别为 2030 年、2020 年、2019 年、2015 年、2019 年、2025 年、2030 年。之所以提出碳排放峰值的到达时间，一方面是履行试点城市应尽的义务和责任，另一方面也是自我加压、加快实现现代化建设的必然要求。

具体峰值是怎么确定的，每个城市采取的方法不同，但总体来说，都是根据 2014 年来能源消费结构、产业结构以及人口等的变动趋势，结合未来一个时期产业结构调

整、经济转型升级的目标，对碳排放峰值进行分析和预测。其中，镇江在综合考虑人口、GDP、产业结构、能源结构等因素的基础上，运用环境经济学模型进行回归分析，建立了市碳排放变化趋势模型。

同时，国家发改委开展的低碳省区和低碳城市试点进展展览也显示，北京、上海、广东、深圳、宁波、青岛、广州、武汉、苏州、镇江、温州、吉林、石家庄、南平、济源等15个试点省市有望在2020年前达到峰值。低碳试点省市峰值的实现将为中国碳排放峰值的实现提供必要的保证。

2. 能源消费总量

2012年中共十八大报告明确了"控制能源消费总量"的战略任务；2014年初召开的全国能源工作会议指出，2014年的首要任务是控制能源消费总量过快增长，实施控制能源消费总量工作方案，实行能源消费总量和能耗强度双控考核。这将对地方政府在能源消费总量方面形成一定的制度约束。

国家发改委已将能源消费总量和用电总量目标分解到各省，各省均在制定总量控制实施方案。地方省份在制定方案时，将能源消费总量和电量在不同地区和不同行业之间分解，采取"共同有区别责任"方式，根据不同区域发展和行业特征差异，核定不同目标，采取不同考核办法。

在国家绩效考核层面，国家发改委将第三产业增加值比重、战略性新兴产业增加值比重、能源科技投入、工业能效、绿色建筑、绿色交通作为重要考核依据。在北京、上海、湖南等地的控制能源消费总量方案中，均提出建筑节能、交通节能、工业节能等目标，这进一步体现了工业、建筑、交通三大领域是主要的高耗能领域，也必然是提高能效的重要领域。除了三大领域外，有的省份还对电信、商业、旅游饭店、金融、公共机构、居民生活等行业进行了指标分解。

（二）大力探索碳排放许可制度

1. 碳配额

自2013年6月，深圳碳交易启动以来，配额如何分配始终是各方关注的焦点，也是活跃中国碳交易市场的关键环节。

从当前全球范围内温室气体排放交易市场制度设计来看，碳排放权配额的分配方式主要有：免费发放、拍卖发放，以政府规定的固定价格购买配额，以行业为基准的混合配额法。直观地看，有偿发放似乎比免费方法更能激励企业减排，因为有偿分配使得企业支付了成本，而免费分配的过程中企业没有成本支出，但这种观点似乎忽略了企业的机会成本。如果企业的减排成本低于市场交易的配额价格，企业可通过减排达到配额约束后将免费的配额出售并获得利益。因此，在有效交易市场的情况下，免费分配也能达到减排的约束目的。

有偿分配配额的模式主要是指拍卖。拍卖分配法是指根据"谁污染，谁付费"的原则，受规制的各个企业要对配额的取得支付相应的价格，承担减排费用；同时，政府在获取拍卖收入之后，将拍卖所得仍然投入到节能减排中，实现良性的循环发展。另一种有偿分配的方式是固定价格出售，即将每单位配额以固定价格出售给需要需求企业。如果政府可以掌握各个企业的减排成本，就可以根据明确的减排目标量确定配额价格。由于实践中存在信息不对称的问题，政府很难准确测算企业的减排成本，而且测算中企业存在对政府隐瞒减排成本的冲动，使得出售价格难以确定。

有偿分配最明显的优势是可以增加政府的收入，但同时也增加了企业的成本，降低该企业在国际和国内市场中的竞争力，因此在实际操作中，免费发放更易推行，而有偿发放会受到利益相关者的抵制。

国际上现行的主要初始分配方式是以免费分配为主，公开拍卖、固定价格出售为辅的混合机制。免费分配占主导地位并不是因为其在各方面要优于其他的分配方式，而是考虑到政策推行之初的一些阻力因素，在初期采用免费分配，并逐步过渡到以拍卖为主的分配方式上。虽然北京、深圳、上海、广东4个省市均在碳排放交易管理方案中提出了将开展配额的有偿发放，但迄今为止，广东省是唯一正式开展有偿配额发放的试点。因此，广东的配额分配一方面具有鲜明的市场化特色，即实行部分免费发放和部分有偿发放，另一方面也为其他省市实行拍卖配额提供了经验和教训。

从广东省3次配额拍卖过程中可以看出，一级配额拍卖进展并不是很顺利，只有在首次拍卖过程中申报量超过了发放量。这就说明现在我国的碳交易市场供给充足，缺乏有效需求。有效需求不足的主要原因是企业对国家实施的低碳发展政策持侥幸心理，认为低碳发展可能是短期的政策，同时参与碳配额拍卖的收益不足以吸引企业。为了促进控排企业和新建项目参与拍卖以解冻免费配额，必须采取更为有力的约束政策，如行业准入制度等。

2. 行业准入制度

在落实淘汰落后产能这一强制任务方面，首批低碳试点中的湖北、厦门和陕西将吊销许可证和行业准入制度作为政策工具。湖北省对未按期淘汰的企业，依法吊销排污许可证、生产许可证和安全生产许可证；厦门市实行行业准入制度，政府从法规上设置准入门槛，对国家禁止发展的行业和在厦门市内无竞争能力的劣势产业，在规定期限内予以关闭或转移；陕西省在《陕西省循环经济促进条例》中规定，固定资产投资项目未进行节能审查，或者节能审查未能通过的，审批、核准机关不得审批、核准，建设单位不得开工建设。

除此之外，天津在固定资产投资项目合理用能评估和审查工作中，严把项目能耗准入门槛；贵阳对促进低碳发展的重大工程和重点项目在市场准入给予优惠支持；广东省在新建建筑领域实施节能准入制度。

在第二批低碳试点中，武汉市提出针对新建项目的碳核准准入机制。碳核准准入机制是指在严格执行新建项目节能评估审查、环境影响评价及环保"三同时"制度的同时，增加新建项目碳排放量指标。

国家应该在上述试点城市实施碳配额分配、行业准入制度的基础上，根据碳排放总量控制制度要求，确定行业排放标准，设立碳排放准入门槛，研究制定碳排放配额分配方案。

（三）推广使用碳排放评估制度

碳排放评估制度主要体现在碳监测、碳核算两个方面，监测为核算提供了技术支撑，核算为碳市场提供了数据支持。

1. 碳监测

为了有效地实施温室气体排放控制制度，公司应该了解自身碳排放的情况、哪些环节产生的碳排放最大、哪些环节更具减排的潜力，从而更科学地制定碳减排方案。所谓碳监测指对温室气体的常规或临时的数据收集、监测和计算（这里的温室气体是《京都议定书》所规定的包括二氧化碳在内的 6 种气体）。

首先，碳监测应遵循一系列标准方法。国际上较为通用的是温室气体议定书（GHG Protocol）或 ISO 14064 温室气体核证标准。

其次，碳监测还要有软硬件的支持。硬件可用于监测具体的排放源或相关指标，软件可用于信息收集、计算、统计和分析。软硬件的有机结合可以获得更精确、更及时的碳监测效果。南京擎天科技有限公司是一个很好的例子。该公司在 2011 年在借鉴英国碳排放先进管理经验的基础上，并严格按照 IPCC 制定的能源数据统计方法和碳排放核算标准，自主研发了适合中国国情的城市碳排放监测监管系统软件。该软件主要包括碳排放数据计算和碳排放监管查询两大平台。碳排放数据计算平台的第一期工业碳排和城市碳汇已经建成，即城市工业生产时产生的二氧化碳排放量和水域、绿地等吸收二氧化碳的能力都可以通过软件计算出来，该软件在无锡投入使用。这样一套系统实现了碳监测的精细化和流程化。

大气本底监测站分为全球大气本底站和区域大气本底站。全球大气本底监测站必须严格按世界气象组织有关大气本底监测的规范和标准，在全球基准大气本底条件下开展包括温室气体、大气臭氧、气溶胶、太阳辐射、气象和边界层气象、降水化学等多个方面的观测。大气本底的系统观测资料，是世界气象组织全球大气监测计划的重要组成部分，将对未来大气成分的变化起着早期预警、监视作用，将长期、稳定、连续地获取全球基准大气本底监测资料，为研究、评价、预测大气成分变化进而研究对气候变化的影响提供科学依据。

截至 2005 年，我国有 1 个全球大气本底监测站和 3 个区域大气本底监测站。青海瓦里关大气本底监测站是全球 22 个大气本底站之一，是世界上唯一设在欧亚大陆腹地的一个大气本底监测站；我国已有的 3 个区域大气本底站包括：北京上甸子、浙江临安和位于黑龙江省南部的龙凤山区域大气本底监测站。为更好地满足气候与环境变化科学研究以及气候预测与预报业务的需求，中国气象局于 2005 年决定在新疆阿克达拉、云南香格里拉朱张、湖北金沙再建 3 个区域大气本底监测站。

在 2008 年中国第 24 次南极科学考察期间，来自中国气象科学研究院的研究人员在南极中山站成功建立了一个大气本底监测站，这使中国具备了对中山站附近的南极大气本底进行连续监测的能力。

为了更好地实施碳监测，不仅国家在积极建立大气本底监测站，有些省份也在积极探索建立温室气体监测站。如，山西省气象局在 2011 年开展了"山西省温室气体监测网站建设项目"，一期工程包括温室气体监测中心站，太原、大同和临汾三个市级监测站。太原站作为省域超级站，仪器配置较全，配备了温室气体监测仪器、反应性气体监测仪器、颗粒物监测仪器、黑碳监测仪器、太阳光度计和浊度仪等。其监测数据将作为山西省温室气体减排工作的重要指标，为全省温室气体减排战略的制定和区域、部门产业及能源结构的调整等相关政策提供了科学依据，有助于政府全面了解山西省不同地区温室气体浓度分布及变化特征。2013 年 1 月该项目正式投入业务运行，山西省成为我国第一个在线布网监测温室气体浓度的省份。2012 年 6 月，首个温室气体在线监测系统在湖北省气象局调试成功并投入使用，标志着湖北在全国 5 个低碳试点省份中率先实现温室气体在线监测。该系统可实时获取武汉城市圈主要温室气体（CO_2 和 CH_4）浓度数据，实现了每 5 分钟显示一次大气中二氧化碳、甲烷、水汽含量指标的实时监测，具有集成度高、灵敏度高、自动化程度高等特点，不仅能对固定点进行监测，还可根据需要对重点区域和敏感行业进行流动监测。

2010 年 4 月，长沙市完成了首个温室气体试点监测站的验收，海口、贵阳、杭州、南昌、西安、成都、银川、南宁、武汉等城市的温室气体监测站也相继通过验收并投入使用，对甲烷、二氧化碳等指标进行连续自动监测。

2. 碳核算

温室气体清单是目前较常用的温室气体核算方法，能够清晰地反映温室气体排放水平、排放结构和排放特征。2008 年，国家发展和改革委员会启动中国省级应对气候变化方案项目，其基础工作就是要求各省（自治区、直辖市）对城市温室气体排放量进行核算。

为了积累省级温室气体清单编制经验，国家发改委于 2010 年确定广东、湖北、辽宁、云南、浙江、陕西、天津7个省市作为编制2005年温室气体排放清单试点省市，先行开始编制。清单编制涉及5个领域：能源、工业、农业活动、土地利用变化、城市废弃物处理。各试点省市均提前完成2005年温室气体排放清单编制工作，部分还安排专项资金，加强统计核算体系建设和能力培训。其中，湖北、云南、天津还完成了2010年的清单编制工作。

在温室气体清单编制的基础上，需要进行碳核算，核算要遵循一系列标准和方法。国家发改委于2013年11月公布了首批10个行业企业温室气体排放核算方法与报告指南（试行），这将为开展碳交易、建立企业温室气体排放报告制度、完善温室气体排放统计核算体系等相关工作提供参考标准。

2013年9月，国内首个全面核算城市温室气体排放的工具——城市温室气体核算工具（测试版1.0）由世界资源研究所（WRI）、中国社会科学院城市发展与环境研究所、世界自然基金会（WWF）和可持续发展社区协会（ISC）在北京共同发布。该测量工具是依据国内外权威标准、专门针对中国城市开发的，而且是免费下载的。该工具对IPCC国家温室气体清单指南中要求的温室气体排放/吸收进行了全面核算，包括能源活动、工业生产过程、农业活动、土地利用变化和林业，以及废弃物处理，还额外关注了工业、建筑、交通这三大城市排放较为集中的重点领域。

（四）加强组织领导和综合协调

从目前来看，不少地区推进低碳建设的协调组织方式基本都采取了成立"低碳建设领导小组"、并设立相应办公室的做法，详见表10-1。由于低碳建设工作涉及方方面面，一些地区将相应的协调部门设立到具有综合职能的发改部门，无疑具有相当的合理性。而且发改部门的工作重点是管理项目的审批，地区的低碳发展必然会与相应的重点工程和项目所挂钩，因此由发改委来牵头协调开展地区低碳发展工作，也是十分必要的。除此之外，各省（自治区、直辖市）管理体系逐步完善，辽宁、湖北、陕西、广东发展改革委成立了专门的应对气候变化处，深圳市成立了碳交易监管办公室，广元市成立了低碳发展局。北京、天津、广东成立了应对气候变化或低碳发展研究机构。不少试点地区还成立了低碳发展专家委员会、低碳发展促进会，广东还成立了全国首个省级低碳联盟。

表10-1 "五省八市"低碳试点工作领导小组

省/市	领导小组	组长	办公室	办公室主任
广东	原应对气候变化与节能减排工作领导小组	省长	发展改革委、经信委	发展改革委主任、经信委主任
湖北	原应对气候变化与节能减排工作领导小组	省长	发展改革委	发展改革委主任
重庆	原应对气候变化与节能减排工作领导小组	市长	发展改革委	发展改革委主任

续表

省/市	领导小组	组长	办公室	办公室主任
深圳	原应对气候变化与节能减排工作领导小组	市长	发展改革委	发展改革委主任
辽宁	在原应对气候变化与节能减排工作领导小组的基础上进行调整,成立低碳试点工作领导小组	省长等主要领导	发展改革委	
陕西	在原应对气候变化与节能减排工作领导小组的基础上进行调整,成立低碳试点工作领导小组	省长等主要领导	发展改革委	
天津	在原应对气候变化与节能减排工作领导小组的基础上进行调整,成立低碳试点工作领导小组	市长等主要领导	发展改革委	
南昌	在原应对气候变化与节能减排工作领导小组的基础上进行调整,成立低碳试点工作领导小组	市长等主要领导	发展改革委	
保定	在原应对气候变化与节能减排工作领导小组的基础上进行调整,成立低碳试点工作领导小组	市长等主要领导	发展改革委	
云南			发展改革委	
厦门			发展改革委	
杭州		市委书记	发展改革委	发展改革委主任
贵阳			发展改革委	

然而同时也可以看到,低碳发展实际上要落实到具体的领域,包括上述的建筑、交通、工业、林业等。任何一个具体低碳发展的行动或政策,都是要由切实的领域所发起,有专门性的主管部门和专业性的政策措施。事实上很难有一个空泛的、名义上的低碳发展和低碳政策,真正的低碳发展必然要与具体的领域和专门的政策相挂钩。而发改委作为一个综合性的部门,就暴露出其相应的不足,即相对缺乏专业性的领域和专门性的措施。换句话说,就是发改委难有"切实的政策抓手"来推动各个具体领域的低碳发展。

在此情况下,地区低碳发展的规划和具体的落实往往形成"两张皮",综合性部门和专业性部门缺少真正有效地沟通,各自出台的政策也缺乏协调。

三、低碳交通试点发展现状

一方面,根据《国务院关于印发节能减排"十二五"规划的通知》,交通节能与建筑节能、工业节能构成了节能三大重点领域。另一方面,作为人类生产和生活的中心,城市是交通要素集聚地和交通活动的重要空间,城市交通对于传统化石能源的消耗以及温室气体的排放都占全行业的较大比重。因此,在城市层面开展试点工作,有利于突出重点、抓住关键、整合资源、系统推进,为加快交通运输全行业低碳发展奠定基础。为此,交通运输部于2010年正式启动了"建设低碳交通运输体系"的进程,

2011年以来已经组织了两批共26个城市开展低碳交通运输体系建设试点，旨在通过试点积极探索交通运输低碳发展的各种可行模式和合理路径，在试点基础上总结经验，形成加快建立以低碳排放为特征的交通运输体系的有效推进机制。试点领域以公路、水路交通运输和城市客运为主，试点的内容主要包括建设低碳交通基础设施、推广应用低碳型交通运输装备、优化交通运输组织模式及操作方法、建设智能交通工程、提供低碳交通公众信息服务、建立健全交通运输碳排放管理体系等6个方面。接下来，以首批试点城市为例，重点分析试点工作中公路运输、水路运输、城市客运发展的情况。

公路工程是关系国民经济和社会发展全局的民生工程，同时又是能源消耗和资源占用大户。公路工程的低碳化，是交通运输行业节能降耗的重要环节，是实现交通运输行业可持续发展的重要领域。选择有代表性的工程开展低碳公路的示范试点，旨在积极探索公路建设的合理途径，达到经验积累、重点突出、以点带面的目的。低碳公路是通过技术创新和新材料、新设备、新工艺的利用，使公路在全生命周期内的建设与维修养护所产生的碳排放量显著降低的一种公路发展理念。其建设范围涉及设计、材料、、施工、养护、运营、重建（改建）多个阶段。2013年首批绿色循环低碳公路试点项目包括广东广中江高速公路、云南麻昭高速公路、河南三淅高速公路、河北京港澳高速公路（京石段和石安段）、江苏宁宣高速公路、成渝高速公路合计854.697千米。试点工作主要围绕3个方面进行：一是规划与设计，包括绿色设计理念、技术、装备；二是建设与施工，包括施工工艺及标准化、施工设备能耗管理、施工过程组织管理；三是运营与管理，包括用户效益、运营与养护、绿色低碳公路科普。

在水运交通方面，从地理区位、资源禀赋、发展现状等来看，首批试点城市的发展存在较大差异，可以划分为3类。第一类为沿海港口城市，水路交通以海运为主，包括天津、深圳、厦门等3市。其中，天津是我国北方海运与工业中心，拥有我国第四大工业基地和第三大外贸港口，港口总吞吐能力达4亿吨；深圳是珠三角地区国际和国内连接的重要交通枢纽城市，具有毗邻香港、辐射内地的地缘优势，港口集装箱吞吐量位居全球前列；厦门市作为滨海旅游城市，水运集装箱、旅客运输增长迅速，位居国内沿海港口前列。第二类为沿江、沿河城市，水路交通以内河运输为主，包括重庆、杭州、南昌、武汉、无锡等5市。其中，重庆、武汉分别为长江上游、中游航运中心，港口货运吞吐能力达到1.8亿吨/年、1亿吨/年；杭州、无锡分别为东南地区、华东地区的交通枢纽，均位于内河水网地区，以京杭运河、钱塘江、新安江等为主的内河航道网络四通八达；南昌则主要依托赣江、鄱阳湖航道发展水路客货运输。第三类为内陆城市，水路交通以旅游客运为主，包括贵阳、保定等两市。如表10-2所示。

表 10-2 首批试点城市水运发展基本特征

城市	城市属性	区位特点	水运发展基本特征
天津	直辖市	北方沿海	我国北方海运与工业中心，第三大外贸港口，干散货、集装箱运输为主
重庆	直辖市	西南沿江	西南综合交通运输枢纽，长江上游航运中心，拥有长江上游最大港口群
深圳	计划单列市	南方沿海	国际集装箱干线港
厦门	计划单列市	东南沿海	集装箱干线港、旅游客运
杭州	东部省会城市	东部沿海、沿江	东南地区交通枢纽，内河航道以京杭运河、杭申线、杭甬运河、钱塘江、新安江为主
贵阳	省会城市	西部内陆	长江水系支流区域，水运以旅游运输为主
南昌	省会城市	中南部沿江	内河集装箱运输
保定	地级城市	北方内陆	水运以旅游运输为主
武汉	省会城市	中部沿江	综合交通运输枢纽，长江中游航运中心
无锡	地级城市	东部沿江	华东地区交通枢纽，以京杭运河为主的内河航道网络发达

在城市客运方面，主要集中在以下几个方面：第一，积极发展新能源汽车。深圳作为国内节能与新能源汽车示范推广试点城市，新能源一直是其发展的重点。截至2013年底，深圳市推广新能源汽车累计6363辆，居全球前列，年实现减碳15万吨。第二，改善交通结构。贵阳市大力推进交通结构低碳化，加快落实"公交优先"发展战略，建立以公共交通为主导的城市交通体系，在城市中心区完善步行等非机动出行基础设施，同时大力倡导水运、铁路运输发展。截至2014年4月，贵阳市在交通领域开展的工作已初见成效，全市主要线路2800辆公交车已经全部实现"油改气"；投运气电混合动力公交车200辆，投放油气混合动力物流专用车150辆；建成44座电动汽车充电桩、两个电动公交充电桩，并开工建设了贵阳市轨道交通一号线、二号线，在观山湖区建成自行车专用通道20千米，完善了慢行交通体系。第三，积极倡导绿色出行。南昌市注重把低碳发展与市民生活有机结合起来，积极倡导绿色低碳的出行方式，免费公共自行车就是这种出行方式的集中体现。南昌市在红谷滩新区、高新区、南昌县实行自行车免费租赁，投放免费公共自行车近9000辆、建成便民服务站点112个，日节省燃油8000升，减少二氧化碳排放50余吨。其中，全国百强县之一的南昌县在全国首开县级城市公共自行车租赁的先河。南昌自行车公共服务社会化模式体现了经济和社会发展的水平，反映了政府的创新能力。这种政府政策支持、企业投资建设运营的模式落地生根。

第三节　碳交易市场试点的现状与发展

我国"十二五"规划明确提出，要"逐步建立碳交易市场"。2011年11月，国家发改委发布《关于开展碳排放权交易试点工作的通知》，同意北京市、天津市、上海市、重庆市、广东省、湖北省、深圳市开展碳交易试点。我国开展的五市两省碳交易试点的目的是利用碳排放权配额分配和交易，以市场机制降低全社会减排成本和提高减排实效。同时，2012年6月，国家发改委印发了《温室气体自愿减排交易管理暂行办法》，从另一个角度，为逐步建立总量控制下的碳交易市场探索道路和积累经验，同时也为发展更加完善的碳交易规则提供新的基础性认识。

一、我国碳交易市场的发展

对于中国来说，自愿碳交易市场是中国碳交易市场的过渡阶段。表10-3说明了中国从政府到其他组织参与构建全国统一的碳市场的方式。

表10-3　中国设立碳交易试点的实施方案

步骤	政策及管制	政府	技术支持 国内	技术支持 国际
中心政策	"十二五"规划	发展改革委	科技部	世界银行—市场合作伙伴
中心政策	"十二五"控制温室气体排放工作方案	气候变化司	国家发展和改革委员会能源研究所	亚洲开发银行—北京绿色金融战略、天津碳交易试点设计
中心政策	低碳试点	社会发展司	中国社会科学院	英国战略方案基金—广东碳交易试点设计
碳排放交易所市场设计	碳排放交易试点	价格司	核能与新能源技术研究院（清华大学）	欧盟—中国欧盟低碳和环境可持续发展计划
碳排放交易所市场设计	VER管制	价格司	核能与新能源技术研究院（清华大学）	欧盟—中国欧盟低碳和环境可持续发展计划
碳排放交易所市场设计	碳排放交易试点实施方案	工业和信息技术部	核能与新能源技术研究院（清华大学）	欧盟—中国欧盟低碳和环境可持续发展计划
市场基础设施真正的发展	碳排放交易所交易规则	工业和信息技术部		
市场基础设施真正的发展	温室气体核算和监测标准	省/市政府—批准碳交易试点实施方案		
市场基础设施真正的发展	第三团体认证过程	本地发展改革委—设计、提交批准碳交易试点实施方案		
市场基础设施真正的发展	平台交易规则	经信委—经济活动数据、能源消耗数据、转移至工信部的集权		
市场基础设施真正的发展	基于管制的市场	交易平台—市场监管		

2013年6月18日，深圳正式启动碳交易，开启我国第一个正式运行的强制碳交易市场。紧接着，上海、北京、广州、天津也相继启动碳交易。2011年开始的碳交易

试点政策是我国在低碳经济领域中的市场机制创新,预计湖北、重庆也将很快启动地方碳市场。中国碳交易市场正在走出一条越来越明晰的发展道路,这条道路将是一条类似于中国经济体制中宏观调控与市场相结合的道路,将是一条强制交易与自愿减排相结合的道路。毫无疑问,2013年,中国碳交易市场发生了一场革命。天津、深圳碳市场对市场主体的限制较为宽松,都允许个人参与交易。表10-4列出了我国碳交易试点排放权交易市场构建的相关情况。

表10-4 中国碳交易市场构建情况

交易所名称	成立时间	业务定位	碳交易开市
北京环境交易所	2008年8月5日	集各类环境权益交易服务为一体的专业化市场平台	2013年11月28日,北京市碳交易在北京环境交易所开市,开盘价51.25元/吨。重点目标是大型公共建筑、热力行业和制造业
上海环境能源交易所	2008年8月5日	服务全国、面向世界的国际化综合性的环境能源权益交易市场平台,集环境能源领域的物权、债券、股权、知识产权等权益交易服务于一体的专业化权益性资本市场服务平台	2013年11月26日,上海碳排放交易启动,在2013—2015年试点阶段上海纳入配额管理的范围试点企业一共有191家,涉及钢铁、石化、化工、有色、电力等工业行业以及航空、港口、商业、宾馆、金融等非工业行业,各年度碳排放的配额全部实行免费发放,开盘价25元/吨
天津排放权交易所	2008年9月25日	全国综合性环境权益交易机构,利用市场化手段和金融创新方式促进节能减排的国家化交易平台	2013年12月26日,天津排放权交易所正式启动碳交易,交易市场涵盖来自钢铁、化工、电力、热力以及油气开采行业的二氧化碳排放,总共纳入114家主要排放企业,开盘价28元/吨
湖北环境资源交易所	2009年3月27日	污染物排放权交易平台,集环境领域的物权、债券、股权、知识产权等权益交易服务于一体的专业化权益性资本市场服务平台	湖北将钢铁、化工、水泥、造纸、有色、玻璃几大行业纳入试点范围
广州环境资源交易所	2009年3月27日	集环境资源领域内物权、债券、股权、知识产权等各类权益交易服务于一体的专业化市场平台	2013年12月19日,广东省碳交易今日正式启动,首批纳入碳排放权管理的企业涉及电力、钢铁、石化、水泥以及新建项目,共242家,有偿配额比例为3%,此次碳市开盘价60元/吨,高于北京、上海和深圳。重点覆盖目标是钢铁、陶瓷、电力、水泥这四大当地的高排放行业

续表

交易所名称	成立时间	业务定位	碳交易开市
深圳排放权交易所	2010年9月30日	从事温室气体排放权、污染物排放权和减排量等环境权益登记和交易的专业平台	2013年6月18日，深圳正式启动碳交易，深圳成为全国首个正式启动碳排放交易试点的城市，开盘价28元/吨
重庆环境资源交易中心	2011年1月18日	主要污染物排放权交易	

（一）中央和地方政府积极推进强制碳交易与自愿碳交易

北京环境交易所率先完成了第一笔自愿减排量的交易。2009年8月5日，天平汽车保险股份有限公司用277699元人民币购买了8026吨自愿碳减排量，但是这次交易没有基于国际认可的标准，其减排量是某一研究机构认定的。2011年3月29日，中国商业地产企业方兴地产有限公司通过北京环境交易所成功购买16800吨首次使用"熊猫标准"签发的自愿碳减排量。2013年11月28日，东北中石油国际事业有限公司和龙源（北京）碳资产管理技术有限公司以16元人民币的交易价成交1万吨碳排放量，这是国内第一笔核证自愿减排量（CCER）的交易，开启中国自愿减排新篇章。

北京环境交易所也致力于改善交易平台。2011年8月1日，经北京市政府授权的北京市老旧机动车淘汰更新交易平台系统正式上线，通过经济鼓励和强化监管相结合方式，促进老旧机动车淘汰更新，优化机动车存量，实现机动车污染减排目的。2012年3月28日，北京市碳交易电子平台系统启动，这是自国家发改委确定北京等7省市开展碳交易试点以来推出的首个碳交易电子平台系统，标志着北京市碳交易试点工作进入了一个新阶段。

上海环境能源交易所是全国首家环境能源交易机构，2011年12月23日改制为股份有限公司，成为国内首家股份制环境交易所，该交易所实行会员制。上海环境能源交易所香港分所于12月14日在香港揭牌，上海环境能源交易所香港分所的建立，旨在为国际投资者了解大陆碳交易市场提供窗口和平台。

天津排放权交易是全国第一家综合性排放权交易机构，在国内首先按照国际自愿减排标准进行了一笔自愿减排交易。2009年11月17日，上海济丰纸业包装股份有限公司向厦门赫仕环境工程有限公司成功购买了6266吨的碳排放量，用于抵消自2008年1月1日至2009年6月30日在上海济丰运营过程中产生的碳排放量。2011年6月10日上午，天津排放权交易所又促成了一笔基于英国标准协会的PAS2060碳中和标准的企业自愿碳减排交易。为实现国际济丰纸业集团下属的8家子公司2010年全年碳中和，国际济丰纸业集团将购买25078吨自愿碳减排量，全部来自于甘肃黄河柴家峡水电项目，按照自愿碳减排标准（Voluntary Carbon Standard）签发，由荷兰CVDT

公司负责开发。2011年6月20日至22日，天津排放权交易所在亚太经合组织低碳示范城镇论坛会场设立服务站点，为自愿参与本次论坛碳中和的参会代表提供交易服务。这是天津排放权交易所首次尝试现场服务。

2009年12月27日，天津排放权交易所与中国石油天然气集团公司宁夏石化分公司和北京水木能环科技有限公司签署协议，这是中国首笔通过排放权交易市场达成的合同能源管理项目。

2010年6月3日，我国首个温室气体自愿减排电子公示查询系统——天津排放权交易所自愿减排服务平台上线试运行，为各类机构和公众参与温室气体自愿减排活动提供便利。广州碳交易所举办国内首期碳交易师培训。2013年10月27日，国内首期碳交易师培训在广州碳交易所顺利开班。培训内容精炼、充实且系统，涵盖了中国低碳经济政策解读、碳交易原理、广东省碳排放权配额管理和交易规则解析、碳盘查方法学、碳报告与核查制度、低碳转型与企业竞争升级新机遇等理论与实务。随着国内碳交易市场的逐步兴起，碳资产管理师、碳交易师、碳审计师将有望与注册会计师、律师一样，成为新的就业热门。

2013年12月19日，作为全国"两省五市"碳交易试点之一的广东正式启动碳市场交易。首日共完成7笔广东碳排放权配额（GDEA）交易。尽管广东不是中国首个开锣的地区碳市场，但相比于早前启动的深圳、上海和北京，广东碳市场依旧创下了多个第一：碳配额规模第一（深圳的10倍多、北京的6倍多、上海的2倍多）、首日交易量第一（北京的3倍、深圳的6倍、上海的10倍）、首日成交单价第一（北京50元/吨、深圳28元/吨、上海25~27元/吨）、首日交易额第一（北京的3.6倍、深圳的11.6倍、上海的22倍）。

2013年6月18日，深圳市率先正式启动碳交易试点。首日交易共完成8笔，成交21112吨配额，其中3笔为企业交易，5笔为个人交易，最低成交价为每吨28元，最高成交价为每吨32元。

"现货交易"作为一种操作更为简便，行情显示更为直观快捷的交易方式被深圳排放权交易所使用。2013年12月20日，深圳排放权交易所正式开通这种全新的碳交易方式，全面提升交易效率，提高交易服务。对于交易所而言，"现货交易"方式能够实现最大的交易量和最优的交易价格，有利于交易所充分发挥交易平台促进交易、降低成本、鼓励减排的积极作用。

2012年6月，国家发改委印发了《温室气体自愿减排交易管理暂行办法》，引导和规范国内开展的自愿交易活动。6月18日，深圳启动碳排放权配额交易，是全国7个碳交易试点中最早启动市场交易的城市。10月24日，国家发改委主办的中国清洁发展机制网右侧的相关链接中出现了"自愿减排交易信息平台"。在此平台上，自愿减排项目可以完成审定、注册、签发的公示，而签发后的减排量即可进入交易所交易。这标志着中国 CCER 的交易迈出了实质性的一步（表 10-5）。

表 10-5　中国碳交易标的、主体及 CCER 交易规则

交易所	北京环境交易所	天津排放权交易所	上海环境能源交易所	广州碳交易所	深圳排放权交易所	湖北碳交易中心
交易标的	二氧化碳排放配额、允许参与主体通过项目交易获取核证自愿减排量	碳配额产品	以碳排放权配额为主，经国家或本市核证的基于项目的温室气体减排量为补充	以碳排放权配额为主，经国家或我省备案，基于项目的温室气体自愿减排量作为补充交易产品	碳排放配额和核证减排量	分配给企业的碳排放权配额；在本省行政区域内产生的核证自愿减排量（含森林碳汇）
交易主体	年二氧化碳直接排放量与间接排放量之和大于1万吨（含）的单位为重点排放单位，需履行年度控制二氧化碳排放责任，是参与碳交易的主体；年综合能耗2000吨标准煤（含）以上的其他单位可自愿参加，参照重点排放单位进行管理。符合条件的其他企业（单位）也可参与交易	本市钢铁、化工、电力、热力、石化、油气开采等重点排放行业和民用建筑领域中2009年以来排放二氧化碳2万吨以上的企业或单位（以下称纳入企业）纳入试点初期市场范围	行政区域内钢铁、石化、化工、有色、电力、建材、纺织、造纸、橡胶、化纤等工业行业 2010—2011 年中任何一年二氧化碳排放量2万吨及以上（包括直接排放和间接排放）的重点排放企业，以及航空、港口、机场、铁路、商业、宾馆、金融等非工业行业 2010—2011 年中任何一年二氧化碳排放量1万吨及以上（包括直接排放和间接排放）的重点排放企业，应当纳入试点范围	政府纳入控制碳排放总量的企业	一是年碳排放总量达到5000吨二氧化碳当量以上的企事业单位，二是建筑物面积达到20000平方米以上的大型公共建筑物和10000平方米以上的国家机关办公建筑物	行政区域内 2010—2011 年中任何一年综合能源消费量6万吨标准煤及以上的重点工业企业；合法拥有经核证的自愿减排量的法人机构；湖北省碳排放权储备机构；其他符合条件自愿参与碳交易活动的法人机构
配额分配	《北京市碳交易试点配额核定方法（试行）》	根据各年度总量目标，综合考虑纳入企业历史排放水平的节能减碳措施及未来发展计划等，制定纳入企业 2013 年—2015 年各年度二氧化碳排放配额分配方案	《上海市 2013—2015 年碳排放配额分配和管理方案》	《广东省碳排放权配额首次分配及工作方案（试行）》	实施碳强度约束下的配额交易	
CCER 进入规定	抵消比例为5%，且有部分优先考虑西部地区项目	CCER 的使用限制为年配额的10%	CCER 的使用限制为年配额的5%	用于抵消的 CCER 需为省内产生或省内备案的项目，比例为10%	抵消比例为10%	用于抵消的 CCER 需为省内产生或省内备案的项目，比例均为10%

(二) 各个碳交易所研究自愿碳交易的标准与体系

随着一些自愿碳交易的进行，一些交易所也开始研究建立自己的交易标准与交易体系。

北京环境交易所推动自愿碳交易的中国标准，称为"熊猫标准"（Panda Standard）。2009年9月23日，北京环境交易所和法国Blue Next交易所宣布，双方共同启动中国第一个自愿碳减排标准——"熊猫标准"的开发。熊猫标准1.0版在2009年12月的哥本哈根气候峰会上发布。这个自愿碳交易的标准适用于中国的农林及其他土地利用项目活动（Agriculture Forestry and Other Land Use）。2011年11月10日，北京环境交易所开始在网上公示熊猫标准的第一份方法学——竹林碳汇方法学（退化土地上的竹子造林方法学）。

2010年6月5日，北京环境交易所与美国硅谷清洁技术投资基金（Vantage Point Partner）在北京地坛论坛共同推出全球第一个中国低碳指数（China Low Carbon Index）。2011年2月16日，优化调整后的中国低碳指数正式发布，该指数主要为反映中国相关领域境内外上市公司的整体表现，并为投资者提供了新的投资标。中国低碳指数基日为2006年12月31日，基点为1000点，代码为H11113，简称为"中国低碳"。2011年6月26日，北京环境交易所发布《中国合同能源管理投融资交易平台操作指南》，该指南为实施节能项目投融资交易和合同能源管理项目收益权交易奠定了坚实的基础。

北京环境交易所也在推进企业层面的自愿碳交易市场的构建。2010年1月8日，北京环境交易所成立了中国碳中和联盟，开始招募会员企业，为会员提供碳足迹测算与核证、碳中和交易与认证、碳资产管理与咨询等服务。2011年1月28日，由环境交易所联合30多家国内外知名的金融机构、碳交易相关方、绿色投资企业共同发起的北京绿色金融协会成立，这是中国第一家聚焦绿色金融、着力碳市场发展的同业协会组织。2011年6月26日，中国企业自愿减排2010年度排行榜在京发布，该排行榜创立了自愿减排领域真实的披露体系，成为国内外各机构践行自愿减排、履行社会责任的风向标。2013年3月27日，北京绿色金融协会在京召开主题为"碳披露、碳融资与低碳发展"的会员大会，同时宣布成立建筑减排专业委员会和启动中国企业碳披露项目。

天津排放权交易主要通过沿着其股东芝加哥交易所的制度与交易方法推动中国的自愿碳交易。2009年9月8日，天津排放权交易所发起"中国企业自愿减排联合行动"首次推介会，希望试点建立符合中国国情和企业实际的CO_2温室气体测量、报告、核实体系，以及减排和交易体系等。2010年6月10日，天津排放权交易所开发的温室气体自愿减排服务平台上线试运行并为首批项目37.59万吨自愿减排量提供电子编码和公示服务。

上海在国内率先制定出台了碳排放核算指南及各试点行业核算方法，确定了全市碳排放统一的"度量衡"。同时，在分配方法方面，采用了国际上较为普遍的"历史排放法"和"基准线法"。将对试点企业免费分配发放初始碳排放配额，部分经国家或本市核证的基于项目的温室气体减排量可作为补充，纳入交易体系。

上海环境能源交易所为2010年上海世界博览会构建了自愿碳交易机制和交易平台。2009年8月4日，上海环境能源交易所对外宣布，已正式启动"绿色世博"自愿碳交易机制和交易平台的构建，在世博会会展期间，由各国参观者通过这个平台来购买支付自己行程中的碳排放，实现自愿减排。上海环境能源交易所也开始积极推动一些自愿碳交易的基础性工作。2011年3月起，上海环境能源交易所对首批9家上海虹口区的重点工业企业展开碳核算，正式启动了上海企业碳核算试点工作。

2013年1月16日，上海正式印发了《上海市温室气体排放核算与报告指南（试行）》以及钢铁、电力、建材、有色、纺织造纸、航空、大型建筑（宾馆、商业和金融）和运输站点等9个上海碳排放交易试点相关行业的温室气体排放核算方法，旨在指导和规范相关企业、部门和专业机构统一、科学地开展相关碳排放监测、报告、核查和管理工作，为上海科学开展碳排放交易工作提供了重要技术支撑。

2012年11月，深圳市出台并正式实施《深圳经济特区碳排放管理若干规定》，这是中国首部规范碳排放交易的地方法规，为以后建立统一规范的全国碳排放权管理市场、构建相关的法律制度提供了经验。

除了中国国家发展和改革委员会批准的五市两省作为碳交易试点省市积极推进碳交易平台建设外，还有一些省份也在探索开展地方性碳交易平台建设。如辽宁碳交易中心交易平台于2013年11月28日在沈阳市铁西区国家级生产性服务业聚集区正式启动，该交易中心电子交易系统的用户不需要在电脑上下载及安装客户端，交易系统全部集成在网页内部，用户甚至通过一部手机，就可以实现其交易。各个省市在碳交易方面的积极行动为我国建立规范统一的全国碳交易市场奠定了良好的基础。

（三）其他市场主体参与碳交易的行动

碳排放主要来源于生产和消费过程中，各个碳交易所以及政府制定的政策都是在生产过程中排放碳的企业，在消费过程中，中国的银行、饭店等都在积极行动，为减缓气候变暖贡献自己的一份力量。

兴业银行是中国首家碳交易资金的存管、清算、监管银行。2011年11月，兴业银行上海分行与上海环境能源交易所签署战略合作协议，是两个行业领域的首度战略合作，并为该所研究开发出碳交易资金清算系统。

北京环境交易所推出中国首张低碳信用卡。2010年1月28日北京环境交易所与国内绿色金融的积极倡导者、首家"赤道银行"——兴业银行联合在京推出国内首张低碳主题认同信用卡——中国低碳信用卡。这既是中国银行业应对气候变化、践行节能减排的创新性举措,也是中国个人消费向低碳领域迈出的实质一步,标志着聚集高端群体的中国信用卡市场正式开启绿色消费、引领低碳生活。北京环境交易所将全程为中国低碳信用卡的减碳提供全方位支持,并将定期公布由该卡产生的碳减排交易情况,确保实现碳减排量的"可测量、可报告、可核查"。

深企开发饭店业服务碳标签。2011年9月17日,中国饭店协会、深圳排放权交易所与深圳中南海滨绿色连锁酒店股份公司签署了关于行业碳排放标准研究及酒店服务碳标签开发的合作协议。酒店董事长陈祝新承诺:以2009年为基准年,到2013年,全集团营业面积碳排放量将下降18%。由于传统酒店业是个高排放的行业,因此该酒店公开承诺碳减排目标不仅是深圳酒店业发展的一个重要标志,也是中国酒店业、低碳经济发展的一个重要标志。不仅中国的民众在参与中国的低碳经济产业,国际上一些知名的企业也在积极帮助中国发展低碳经济,为构建一个低碳的地球共同努力。

在2005年,英国气候变化资本集团(CCC)制定了在中国的发展战略,即通过清洁发展机制(CDM)融资投资中国的低碳产业,进而为全面股权投资打下扎实基础。此后,这个集团就开始游走在中国大型电力企业之间,运作参与CDM项目、购买CERs,以及对一些CDM项目的前期融资。截至2012年8月,CCC在华投资规模已近30亿元人民币,并联手中国企业一道实现了超过4000万吨的减排量。[1] 据中国社会科学院可持续发展研究中心主任潘家华粗略估计,截至2010年聚集在国内投资运作碳交易的外资资金量已经超过百亿元人民币。除了英国气候变化资本集团,还有包括瑞典碳资产在内的欧美多家碳交易投资资本公司,都在2006年前后进入到了中国市场。[2]

二、碳交易市场面临的问题

虽然在2013年深圳、上海、北京、广州、天津先后启动碳交易,开启中国碳交易元年,但中国的碳交易市场仍然是不完善的、不统一的,挑战才刚刚开始。中国排放权交易市场面临的问题主要有:

(1)交易所数量显著,但成交数量不尽人意。虽然很多省市都成立了环境交易所或碳交易所,但交易额却不尽人意。如成都环境交易所挂牌成立一年半,未成交一笔排污权交易。2013年2月18日,根据四川省清理整顿各类交易场所工作领导小组最

---

[1] http://forum.home.news.cn/thread/115625909/1.html.
[2] http://finance.people.com.cn/GB/11862900.html.

新下发的通知，成都环境交易所已进入"被整合"的程序。

（2）法律体系不完善，碳排放源监测、监管不力。当前，我国涉及碳交易的立法相对缺失。尽管2005年国家出台了《清洁发展机制项目运行管理办法》，但这仅仅是部门的行政规章，其法律地位较低。而且《清洁发展机制项目运行管理办法》对于清洁发展机制项目实施双方的权利、法律责任和义务以及清洁发展机制项目优先领域、技术转让、防止CERs交易价格恶性竞争、CDM项目操作风险控制等方面都没有规定。

（3）碳交易价格形成机制缺位。作为稀缺资源，碳排放权有望成为继资本、人才、土地之后的社会第四大生产要素，碳交易开闸之后，市场价格的走向将成为各方关注的焦点。深圳、广州碳交易的价格较高，而北京、天津的价格较低，总体波动幅度都很大，比如自深圳碳市场开放以来，最低成交价28元/吨，最高达130元/吨。

（4）中介市场不完善。由于CDM交易规则十分严格，开发程序复杂等因素，非专业机构难以具备此类项目的开发和执行能力。因此，目前国内缺乏专业的技术咨询体系来帮助企业进行项目分析、评估来规避交易风险。在VER的核算上，经验还比较匮乏。

（5）企业温室气体排放报告及其核查制度的建立迫在眉睫。基础数据收集尚需时日，建立企业温室气体排放报告及其核查制度非常重要。碳交易目前在中国为摸索和成长期，尤其是在温室气体清单的编制方面，尚缺乏经验丰富的人才。2004年我国发布了1994年国家温室气体清单；2010年9月27日国家发改委下发《国家发展改革委办公厅关于启动省级温室气体排放清单编制工作有关事项的通知》，要求各省（自治区、直辖市）启动省级温室气体2005年清单的编制工作。依照欧盟排放交易体系的经验，碳交易体系的搭建是一个"金字塔"结构——从基础排放数据的统计到技术和规则的配套，再到交易管理办法和管理平台的设计，而我国目前绝大多数地方还没有基础数据作为金字塔塔底的支撑。因此碳盘查工作成为完善碳市场交易体系的基础性工作[1]。

（6）碳排放交易量的分配难度极大。怎么分配，试点城市虽然有一定的经验，但是对全国来说，各个省市的情况不同，分配碳排放量采取的方式必然有所不同。比如今后在确定碳排放总量之后，交易总量、排放总量怎么分配，是各省市、各行业进行分配，还是企业直接进行分配，都需要继续认真研究。要给责任主体分配配额，具体是分配给各省市，还是分配给企业，或是发挥分级管理的方式进行逐级分配，也需要进行研究。

---

[1] 范文钦. 中国碳交易市场的现状与前景分析［J］. 广东化工，2013（16）：106-108.

三、我国发展碳交易市场的政策建议

针对上述碳交易市场中存在的问题,结合各试点已有的经验,对我国发展碳交易市场提出以下政策建议:

(1) 推广各个碳交易试点网站的特色,为构建全国统一的碳交易市场提供平台支撑。

如北京环境交易所的"大事记"栏目做得非常细致;天津排放权交易所的"市场建设"栏目是独一无二的;深圳排放权交易所的"排交所电子期刊"、上海环境能源交易所的"碳市场快讯"是碳交易市场电子期刊发展的一个方向……这些都是值得政府、交易所继续坚持和推广的特色。

(2) 完善碳交易相关政策法规,为构建全国统一的碳交易市场提供法律支撑。

法律法规的完善是市场经济条件下碳交易公平有效进行的重要保障,应尽快构建一整套与发展全国统一碳市场相关的法律法规体系。一是应尽快研究制定应对气候变化的相应法律法规,例如《应对气候变化法》或《低碳经济法》,适时征收碳税、实行碳排放许可制度,逐步完善减缓和适应气候变化的政策体系和激励机制。二是在现有《清洁发展机制项目运行管理办法》以及地方碳交易管理条例的基础上,先行制定《碳交易管理条例》,待碳交易运行机制逐步成熟以后,再制定专门《碳交易法》,规范跨区域交易以及排放交易市场管理,提高排放交易市场运行的稳定性,使碳交易有法可依。

(3) 完善碳交易的价格机制,为构建全国统一的碳交易市场提供动力支撑。

在公正合理的基础上,建立与国际接轨的价格机制,逐步实现国际国内统一的交易市场。同时发挥市场对资源配置的基础性作用,通过市场竞争形成合理价格。

(4) 鼓励与碳交易相关的中介机构的发展,为构建全国统一的碳交易市场提供沟通渠道。

中介机构可以提供技术咨询服务,推广有助于发展低碳经济的技术;同时中介机构服务的范围应该包含碳排放指标的设计、项目设计文件编制、项目审定、减排量核证等。

(5) 进一步加快温室气体清单编制工作,为构建全国统一的碳交易市场提供数据支撑。

编制温室气体清单是应对气候变化的一项基础性工作。通过清单可以了解各部门排放现状,识别出关键排放源,预测未来减缓潜力,从而有助于制定有效的政策措施。

无疑,我国碳交易市场发展工作的近期重点,是保证各地碳交易试点工作顺利推

进，如进一步加强企业碳资产意识和碳交易主动性，加强引导和监管，并在逐步扩大碳交易规模的基础上，探索适合中国国情的碳交易机制政策设计和发展模式，考虑整合各个分市场，为建设区域性碳交易市场打基础，同时也将为推动建设全国性碳交易市场探索路径。

参 考 文 献

[1] 王伟光，郑国光．应对气候变化报告（2013）聚焦低碳城镇化［M］．北京：社会科学文献出版社，2013．

[2] 齐晔．中国低碳发展报告（2013）政策执行与制度创新［M］．北京：社会科学文献出版社，2013．

[3] 齐晔．中国低碳发展报告（2014）［M］．北京：社会科学文献出版社，2014．

[4] 雷立军，邢哲峰．国际碳交易市场发展对中国的启示［J］．中国人口·资源与环境，2011（4）：30-36．

[5] 江淑敏．我国碳市场构建的设想［D］．山东师范大学，2009．

[6] 周伟．低碳公路交通运输体系发展研究［J］．交通运输部管理干部学院学报，2013（2）：8-11．

[7] 马力宏．政府与市场关系的浙江模式——浙江30年变化的一个分析视角［J］．中国行政管理，2008（12）：33-37．

[8] 苏礼华．论中国低碳经济发展战略中的政府角色定位［D］．财政部财政科学研究所，2011．

[9] 黄丽雅．低碳交通试点城市水运低碳发展思路与实践［C］//第十六届中国科协年会——分8绿色造船与安全航运论坛论文集，2014．

[10] 浙江省应对气候变化工作领导小组办公室．2013年浙江省低碳发展报告［J］．浙江经济，2014（13）：38-39．

[11] 刘兴增，李盛霖强调 突出重点务实推进交通运输节能减排［J］．交通标准化，2011（17）：27．

[12] "低碳在行动"系列报道．发改委网站．http：//qhs.ndrc.gov.cn/dtjj/index_1.html.2014-10-16．

第十一章 低碳经济发展的法律保障

当前,随着世界工业经济的快速发展,人口的剧增,二氧化碳大肆的排放,导致了臭氧层受到了前所未有的破坏,世界气候发生了很大的改变,全球气温升高,给人类带来的灾难也愈演愈烈。面对全球变暖,低碳经济成为了顺应潮流的一种经济发展方式。如何运用法律机制确保低碳经济快速平稳的发展,成为人们普遍关注的焦点,探索全球化形势下我国低碳经济立法的完善机制非常迫切和必要。

第一节 低碳经济立法的必要性

我国改革开放 30 多年来取得了举世瞩目的成就,但我们要清醒地看到,发展不是没有代价的,近年来出现的各种恶性环境污染事件是大自然对我们不顾自然规律只顾发展的报复、警告。我国传统的经济增长模式是劳动力密集和资源、能源高消耗型的,在一味追求经济增长速度的思想指导下,势必造成环境破坏的恶果。当今世界,新的经济增长模式正在出现和发展,有些国家甚至已经基本成型,那就是以低能耗、零排放、低污染为特征的经济模式,即低碳经济。

与传统的经济增长模式不同的是,过去的经济发展是建立在资源、能源、劳动力等要素上的,当今的经济发展即低碳经济发展则主要依靠科技、制度、信息。但这两种经济增长都不能离开法律规范。法律便是把那些在无组织状态下,可以招致冲突和浪费的能源组织起来的各种条件的一种说明书。我国的低碳经济立法势在必行,主要体现在以下几个方面。

一、低碳经济立法是顺应世界低碳经济发展的必然趋势

"低碳经济"提出的大背景是全球气候变暖对人类生存和发展构成了严峻挑战。低碳经济最早提出,是在 2003 年的英国能源白皮书《我们能源的未来:创建低碳经济》,该白皮书正式提出将实现低碳经济作为英国能源战略的首要目标。在同一年,美国学者莱斯特·布朗在《B 模式:拯救地球延续文明》一书中提出两种发展模式的讨论。"A"模式是指现行的以化石燃料为基础、以破坏环境为代价、以经济为绝对中心的传统发展模式;"B"模式是指以人为本,以利用风能、太阳能、地热资源、小型水电、生物质能等可再生能源为基础的生态经济。他指出用"B"模式取代"A"

模式将会减少碳排放、提高能源利用效率。虽然低碳经济在理论上已经得到了认可，但是在相当长的一段时间内，低碳经济并没有引起国际社会的足够重视、形成强有力的行动措施，如澳大利亚自基廷政府到霍华德（Howard）政府执政的长达16年的时间，都拒绝履行带有约束性的应对气候变化国际行动，本国内部也没有出台具有法律约束力的减缓气候变化策略。

然而，自从联合国政府间气候变化专门委员会（IPCC）第四次评估报告和《斯特恩报告》发表之后，温室气体减排开始逐步由科学共识走向全球行动，欧美国家在大力推进"低碳技术"的同时对产业、能源、技术、贸易等政策进行重大调整。如，2007年7月，美国《低碳经济法案》提交参议院审议，该法案确立起从2012年到2030年的美国中长期碳减排战略目标，明确到2020年将美国的碳排放量减至2006年的水平，到2030年减至1990年的水平；2007年6月，挪威环境部发布了《2006—2007环境白皮书》，提出挪威低碳发展的政策和目标，2008—2012年挪威减少温室气体排放超过在《京都议定书》中承诺量的10%，到2020年在全球范围内减少温室气体排放量相当于挪威1990年排放量的30%，到2050年在全球范围内减少温室气体排放量相当于挪威产生的排放量，成为碳中性国家。至此，低碳经济并成为推动国际经济社会可持续发展的强大动力。

低碳经济发展要求世界各国在可持续发展观的指导下，通过技术创新、制度创新、产业转型、新能源开发等多种手段，尽可能地减少煤炭、石油等高碳能源的消耗，减少温室气体的排放，缓解经济发展带来的环境恶化的压力，达到经济社会发展与生态环境保护双赢的可持续经济发展形态。表11-1列出了世界各国共同应对气候变化的一些重大措施。

表11-1 世界各国共同应对气候变化的措施

1992年	《联合国气候变化框架公约》	世界各国一同应对气候变化，但尚未形成具体的方案
1997年	《京都议定书》	建立了发达国家量化减排的方案
2003年	英国能源白皮书《我们能源的未来：创建低碳经济》	首次明确提出发展"低碳经济"的概念
2007年	巴厘岛联合国气候变化大会	制定了应对全球气候变化的"巴厘岛路线图"
2008年	G8峰会	八国共同达至2050年把全球温室气体排放量减少50%的长期目标
2009年	哥本哈根联合国气候大会	提出了将全球平均温升控制在工业革命以前2℃的长期行动目标
2011年	德班联合国气候大会	《京都议定书》第二承诺期在2013年1月1日生效，并在2012年5月1日前提交各自的量化减排承诺，到2017年12月31日结束，目标是发达国家到2020年将温室气体排放总量在1990年的基础上减少25%至40%

续表

1992年	《联合国气候变化框架公约》	世界各国一同应对气候变化,但尚未形成具体的方案
2012年	多哈联合国气候大会	通过了有关长期气候资金、《联合国气候变化框架公约》长期合作工作组成果、德班平台以及损失损害补偿机制等方面的多项决议,但加拿大、日本、新西兰及俄罗斯已明确不参加《议定书》第二承诺期
2013年	华沙联合国气候大会	敦促发达国家进一步提高2020年前的减排力度,加强对发展中国家的资金和技术支持;同时围绕资金、损失和损害问题达成了一系列机制安排

从哥本哈根、坎昆、德班、多哈到华沙,每一次的联合国气候大会都是鼓励各国政府参与节能减排。尽管每一次联合国气候大会都存在很多分歧,但最终都达成了某些共识。之所以会这样,根本原因在于,所有人都在同一个地球上,低碳和可持续发展是人类社会的共同利益,节能减排是可持续发展的内在需求;我们处在全球一体化的时代,每个人、每个国家之间的经济利益区分起来比较容易,但大气污染是没有界限的,随着自然条件的变化,会扩散到相邻的国家,而海洋污染更严重,随着时间的变化会扩散到全部国家的领海。所以,气候谈判的唯一出路是合作共赢。

但是要想发展低碳经济,只有国际法是远远不够的,原因在于国际法本身的特性决定了如无实施条件,国际法便难以发挥效力的现实。因为,国际法效力的发挥必须依靠各国内部的机制来实现。换言之,国际法只有内化为一国的国内法,国际法的效力才能得以发挥。就发展低碳经济而言,尽管它依据国际公约而产生,体现了国际法理念,但其实现必须在各国内部进行,通过各国独自的努力最后形成合力,实现全球气候环境的稳定,完成其被赋予的历史使命。这一进程既说明发展低碳经济的国际法义务必须由世界各国共同来履行,没有各国的共同参与,低碳经济的应对全球气候变化的最终目标便难以实现;也说明低碳经济必须在一国内部来实施,该国际义务必须内化为各国的国家义务,并通过与国际法接轨的国家机制保障其实现,而这种机制便是一国的国内法机制。那么,中国作为目前世界上温室气体的排放大国之一,通过制定和推出一系列法律和政策来发展低碳经济是势在必行的,这既有利于本国发展低碳经济,同时更是顺应了世界低碳经济立法的潮流。

二、低碳经济立法是增强应对全球气候变化能力的必要条件

工业革命以后,世界经济得到迅速的发展,加上人口的剧增,人们向空气中排放了大量的二氧化碳、臭氧、甲烷、氯氟烃、一氧化碳等温室气体,致使全球气温普遍升高。目前,全球气候变暖已经对人类的生存和发展构成了严重的威胁和挑战。有人

认为 CO_2 不会导致气温升高，相反是气温升高引起 CO_2 增多。"气候门事件"❶ 更让社会大众对气候变暖问题的国际科学认识高度存疑。气候变化科学的基础仍然十分脆弱，对不同时间尺度上气候变化原因的研究与解释仍然存在极大的不确定性和争议，气候变化问题仍有许多未解之谜。全球气候对温室气体浓度的敏感性、2 摄氏度升温阈值的科学基础、地球气候系统的自调节能力和恢复弹性、人类对地球气候变暖的适应能力和适应弹性、未来的气候变暖趋势等一系列问题都没有确定无疑的答案。气候科学界对气候科学一些基础问题的解释都难以自圆其说，气候科学界以外的社会大众对气候变暖问题就更加无所适从。虽然在有关气候变化的成因上还存在着"科学上的不确定性"，但二氧化碳排放量大量增加导致全球温室效应基本形成了共识，二氧化碳的排放量越大，对环境、大气的压力也就越大。近 100 年多来，全球地表的平均温度每年升高约为 0.2 摄氏度，而中国每年的升高温度则高于世界平均温度，大约为 0.5~0.81 摄氏度。据科学家预测，与 1990 相比，2100 年全球平均地表气温将会上升 1.4~5.8 摄氏度；与 2000 年比较，到 2020 年中国的年平均气温将增加 1.1~2.1 摄氏度，2030 年增加 1.5~2.8 摄氏度，2050 年增加 2.3~3.3 摄氏度。❷ 因此，减少二氧化碳排放量，被认为是当前和今后一段时期内应对气候变化的主要方法。

我国经济社会发展的现实状况和基本国情决定了我国在应对气候变化问题上承受着比发达国家更为沉重的压力和面临更为严峻的挑战。我国人口多，经济总量大，当前二氧化碳排放总量已与美国相当，均占全世界排放量的 20% 左右，成为世界最大的两个排放国之一。❸ 尽管依据"共同但有区别的责任"原则，作为发展中国家，目前中国对于应对气候变化的问题上不需要承担和发达国家同等的减排责任，但是我国在经济发展的同时，温室气体排放急剧上涨的趋势越来越引起国际社会的高度关注，国际上要求我国承担更多减排任务的情绪也越来越激烈。在如此严峻的形势下，通过国内立法来发展低碳经济成为增强我国应对气候变化能力的一项必要条件。

国家只有通过法律来规范低碳经济的发展，低碳技术才能得到积极创新，公民、企业和政府等在发展低碳经济方面的行为才能井然有序。美国、日本、欧盟、英国和新西兰等国家都从立法上更好地应对气候变化。而我国也为应对气候变化制定了大量

---

❶ 2009 年 11 月，某黑客入侵在英国的隶属东安格里亚大学的气候研究小组（CRU：Climate Research Unit）的服务器，将存储在上面的个人档案以及发现的电子邮件发布于网络上（亦有人认为并非黑客所为，而是内部告发）。1996 年以后的 1000 封以上的电子邮件以及 3000 份以上的内部文件被盗取。对温室效应持有反对意见的团体认为，那些电子邮件通信是为了将气候变迁归咎于人类活动，而对数据进行篡改的密谋。他们将此事件作为科学史上的一大丑闻进行宣传，并模仿水门事件（Watergate）将此事件命名为"气候门（Climategate）"。来自维基百科：http：//zh.wikipedia.org/wiki/气候门。

❷ 宋秀慧. 应对气候变化构建我国低碳经济法律体系的设想［D］. 广西师范大学硕士学位论文，2012.

❸ 何建坤. 发展低碳经济. 光明日报，2010（2）。

的法律法规和政策。总体上说，我国的科技水平比较低，研发和创新能力不足，这是制约我国从高碳经济向低碳经济转变的最主要的因素。因此，我们要就加大投资力度，大力发展科学技术，发展低碳经济，加快低碳能源资源技术、二氧化碳收集储存技术、可再生能源技术的开发等。发展低碳经济，可以避免产生一定的碳排放和污染，可以促进太阳能、风能、水能、核能等新型能源技术的研发。我国掌握了世界领先技术、核心技术和知识产权，能够增强我国在国际上的话语权，更好地开展国际合作，更积极主动地参与国际"游戏规则"的制定；提高我国的国际地位，在国际分工体系中改变我国处于"微笑曲线"❶下端的局面。从长远来看，应对气候变化，发展低碳经济，更有利于我国中长期的发展和长治久安。

三、低碳经济立法是提高公民法制观念、减碳意识的现实需要

由"人治"走向"法治"我们经历了很长的一段时间。"法治"代表民主、"人治"代表专制，人们要"法治"而不要"人治"。以人民当家做主为本质特征的社会主义"民本位"政治文化是一种法治文化、程序文化；"官本位"政治文化内涵的还有宗法"人治"观念，这无疑又与社会主义"民本位"政治文化是根本冲突的。在中国封建社会，政治的主要内容就是"治人"。"治人"的方式和手段主要是"人治"。几千年来，我国实行的都是"人治"，没有"法治"的传统。封建社会说的"法治"，实质上还是"人治"，还是皇帝和官员说了算。皇帝、君王凌驾于法律之上，他们把国家权力集于一身。正是在这种"人治"思想的长期熏陶下，中国人习惯于把自己的命运交给统治者主宰，很少想到自己做自己的主人，只是常常把命运寄托在能出一个"好皇帝"、"清官"、"贤人"、"圣人"上。这种"人大于法"、"权大于法"的传统仍存在于现代人的观念之中，它不仅积淀到了一般社会大众的意识结构中，而且残留于一些干部的潜意识的结构中，影响着社会生活的方方面面。"文化大革命"的十年浩劫则使中国共产党和中国人民通过切身体验知道，即使在共产党的领导下，没有"法治"也会造成极大的危害，"人治"是靠不住，也无法控制。在邓小平的领导下，从党的十一届三中全会以后，国家逐步走上"法治"轨道。到1997年党的十五大，我们党明确把"依法治国，建设社会主义法治国家"定为治国方略，并于次年以"修正案"写入宪法。在这一过程中，随着社会文明程度的提升，人们的法律意识也日益增强，他们逐渐认识到"法治"的重要性，越来越希望贯彻"依法治

---

❶ "微笑曲线"是微笑嘴型的一条曲线，两端朝上，在产业链中，附加值更多体现在两端，设计和销售，处于中间环节的制造附加值最低。微笑曲线中间是制造；左边是研发，属于全球性的竞争；右边是营销，主要是当地性的竞争。当前制造产生的利润低，全球制造也已供过于求，但是研发与营销的附加价值高，因此产业未来应朝微笑曲线的两端发展，也就是在左边加强研发创造智慧财产权，在右边加强客户导向的营销与服务。来自：http://baike.baidu.com/view/635911.htm?fr=aladdin

国"的治国理念。虽然法律不能事无巨细地对所有的社会关系起到调节和规范作用，但是低碳经济法律关系作为一种重要的经济法律关系，必然要求法律予以调整。

不管是国际组织还是各个国家和地区，在发展低碳经济的道路上，技术是关键，法律是保障。人们清楚地意识到如果不通过相关的法律和政策来引导和规范发展低碳经济的行为，一方面，将不可能建立一个和谐有序的低碳社会，生产方式和生活模式的低碳转型也不可能实现；另一方面，在这种情况下，不仅会出现盲目注重经济、追求GDP的现象，甚至在破坏环境的同时阻碍经济的发展。只有通过立法才能有效提高公民的低碳法律意识，在该意识的指导下使人们自觉参与低碳社会的建设，形成健康的绿色消费模式。

四、低碳经济立法是实现社会可持续发展的必然要求

可持续发展是环境法的一项基本原则，也是科学发展观的基本要求之一。然而如今中国经济可持续发展面临着艰巨的挑战。有资料显示，作为世界第一大能源消耗国，美国以世界6%的人口消耗了世界30%的能源，而我国的单位GDP能耗是日本的8倍，人口是美国的好几倍。按照这种发展模式，我们缺乏持久的发展能力，环境恶化和能源短缺将是今后50年我国发展过程中最大的瓶颈。[1] 如果我们在发展经济的同时毁掉了人们赖以生存的环境、消耗完地球上的资源，我们将无法面对子孙后代。为了实现我国经济和社会发展的可持续发展，为了有效降低在经济发展过程中对资源的高消耗，降低对生态环境的破坏，我国应该转变发展思维，尽快推进实施低碳经济的步伐。

从本质上来讲，低碳经济就是可持续发展经济，是生态经济的新发展，也是循环经济发展的要求。低碳经济要求实现人们的经济活动从高能耗、高污染、高排放的不可持续发展经济到低资源能源消耗、低环境污染与低排放的可持续发展经济的根本性转变。发展低碳经济的根本方式就是可持续发展。发展低碳经济，能够有效地控制温室气体的排放量，通过改善能源结构，调整产业结构，提高能源效率，增强技术创新能力，增加碳汇等措施，以及减少能源消费和增加可再生能源及清洁能源使用，也可以起到减少碳排放总量，防治空气污染，保护环境的作用。

然而，试图将这种转变寄望于市场本身调节是不可能的。这是因为市场经济首先是法制经济，市场主体的"理性人"特性使得他们在追求自身利益最大化的过程中，不愿意支付较高的成本降低二氧化碳的排放量，更不愿意彻底放弃原有的生产与盈利方式而转产。马克思说过："追求利益是人类一切社会活动的动因，人们奋斗所争取的一切都同他们的利益有关。"因此，要想真正发展低碳经济，建立低碳型社会，就

---

[1] 谢军安，郝东恒，谢变. 我国发展低碳经济的思路与对策 [J]. 当代经济管理，2008（12）：1-7.

必须完善低碳经济立法，为之建立一套完善的法律机制，以平衡当代人的长远利益和眼前利益、当代人的利益和后代人的利益，并加强公众的低碳经济法律意识，进而实现经济发展、社会和谐、环境保护的有机统一。

五、低碳经济立法是发展低碳经济的坚实保障

众多欧美发达国家针对低碳经济出台并完善很多相关法律法规，从而有效保障了低碳经济的实施和发展。相比之下，我国在这方面则已经落后，有关低碳经济方面的法律屈指可数。因此，我国必须加强低碳经济立法工作的力度，加快低碳经济立法的速度。

首先，法律制度具有规范性的作用。低碳经济的发展，不能单靠经济杠杆来调节，必须同时需要依靠法律进行规范。低碳经济旨在协调经济增长与环境保护的关系，但是在传统的经济发展模式在我国仍然占据主导地位的现阶段，二者的利益冲突在短时间内无法完全消除，这也决定了我们必须依靠法律的强制作用来规范低碳经济的发展，使低碳经济的可持续发展方式逐渐取代传统的粗放型经济增长模式。

其次，法律制度具有引导性的作用，能有效规范和约束公民、社会组织和国家机关的行为，进而为发展低碳经济提供保障。低碳经济涉及面广、影响大，而低碳发展需要全社会的广泛参与，需要政府主管部门的支持，需要不同领域、学科专家的参与，但是目前广大公众对于气候变化、低碳经济的认识还不足，特别是缺乏选择低碳经济这种生活方式自觉意识。在低碳经济的法律制度中有效引入评价机制能提高公众参与低碳经济的积极性、扩大公众参与低碳经济的范围，能有效针对环境资源立法进行矫正和调试以适应经济社会发展的需求，进而采取联合行动，共同抵御气候变化可能带来的风险，更好地促进低碳经济的发展。

最后，法律制度具有促进和约束作用，有了法律制度就能保障政府的低碳经济政策的实施，就能对各类环境资源违法行为进行相应的惩罚，就能对相关责任人进行制裁，保障立法目标的实现，进而促进低碳经济的实施和发展。发展低碳经济是对传统伦理观和发展观的重新审视，也是对传统经济模式、生产方式的全面变革。尽管我国已经开展了低碳经济的宣传推广和试点工作，使得低碳经济理念日趋深入人心，但低碳经济在我国还是一个新兴事物，其发展还存在着社会、经济等方面的障碍。法律对低碳经济进行观念表达、价值判断和行为规范，可以形成低碳经济的统一标准、发展环境和推广氛围。相关的法律制度对低碳经济的发展提出明确的要求，对违反低碳经济法律法规的行为进行惩处，并在全社会起到威慑作用，进而使其成为一种深入人心的行为规则。

历史上任何一种经济模式的健康运行都离不开符合该经济理念的法律体系保障。

通过上文对低碳经济立法的必要性的分析也得出，立法是保障低碳经济稳定有效运行发展的必然选择。

第二节　我国现行低碳经济法律体系现状及存在问题

随着经济全球化的发展、我国社会主义市场经济的逐步推进以及国际化进程的加快，我国已经融入世界经济发展的大潮中，低碳经济也已经成为我国经济发展的必然选择，而构建完整的低碳经济法律体系将是我国低碳经济有序发展的坚实保障，其条件已经基本具备，并且已经有了一定的法律基础。只不过，由于我国处于低碳经济发展的起步阶段，低碳相关的法律制度虽然存在但不完善，存在诸多方面的问题。全面梳理我国低碳经济法律体系的已有成果，分析其存在的问题，无疑是进一步完善我国低碳经济法律保障的认知前提。

一、我国低碳经济法律体系的现状

关于低碳经济发展，中国早在"十五大"就提出了有关发展模式改革的观点，当时用的措词是"经济增长方式的根本转变"，当时转变的主要是工业经济部门的粗放式生产模式，主要手段是调整产业的区域、技术和组织结构以提高效益；"十六大"将关注点放在"走新型工业化道路"，转变的主要仍是工业经济部门的高消耗、高污染的情况；"十七大"进一步提出了"加快经济发展方式转变"，把"增长"改成了"发展"，视角开始从经济数量关系转变为经济质量关系，并同时提出了"生态文明"和全面协调可持续发展；"十八大"将"生态文明"提高到了建设中国特色社会主义的"五位一体"的总布局之一，成为全面建成小康社会任务的重要组成部分，标志着中国现代化转型正式进入了一个新的阶段。

同时，我国一直把保护生态环境和节约资源作为基本国策，把实现可持续发展作为国家战略，将节能减排作为国家发展规划的硬性指标，采取了相关的政策措施，制定了一系列促进低碳经济发展的法律法规，具体见表11-2。

表11-2　我国关于低碳经济发展领域的主要法律法规

已经颁布的法律	《环境保护法》：城乡建设应当结合当地自然环境的特点，保护植被、水域和自然景观，加强城市园林、绿地和风景名胜区的建设；新建工业企业和现有工业企业的技术改造，应当采用资源利用率高、污染物排放量少的设备和工艺，采用经济合理的废弃物综合利用技术和污染物处理技术。 《大气污染防治法》：防治燃煤产生的大气污染、防治机动车船排放污染、防治废气、尘和恶臭污染。 《水土保持法》：组织单位和个人植树种草，扩大林草覆盖面积；禁止开垦、开发植物保护带。 《水法》：建设水力发电站，应当保护生态环境，兼顾防洪、供水、灌溉、航运、竹木流放和渔业等方面的需要；国家鼓励开发、利用水运资源。

续表

已经颁布的法律	《防沙治沙法》：保护和恢复植被与合理利用自然资源相结合；改善生态环境与帮助农牧民脱贫致富相结合；沙化土地所在地区的县级以上地方人民政府应当按照防沙治沙规划，划出一定比例的土地，因地制宜地营造防风固沙林网、林带，种植多年生灌木和草本植物；保护草原植被，防止草原退化和沙化。 《草原法》：在具有重要生态功能和经济科研价值的草原地区建立草原自然保护区。 《森林法》：对森林实行限额采伐，鼓励植树造林、封山育林，扩大森林覆盖面积；国家设立森林生态效益补偿基金，用于提供生态效益的防护林和特种用途林的森林资源、林木的营造、抚育、保护和管理；植树造林、保护森林，是公民应尽的义务；各级人民政府应当制定植树造林规划，因地制宜地确定本地区提高森林覆盖率的奋斗目标；防护林和特种用途林中的国防林、母树林、环境保护林、风景林，只准进行抚育和更新性质的采伐。 《海洋环境保护法》：国务院和沿海地方各级人民政府应当采取有效措施，保护红树林、珊瑚礁、滨海湿地、海岛、海湾、入海河口、重要渔业水域等具有典型性、代表性的海洋生态系统；沿海地方各级人民政府应当结合当地自然环境的特点，建设海岸防护设施、沿海防护林、沿海城镇园林和绿地。 《气象法》：各级气象主管机构应当组织对城市规划、国家重点建设工程、重大区域性经济开发项目和大型太阳能、风能等气候资源开发利用项目进行气候可行性论证。 《电力法》：国家提倡农村开发水能资源，建设中、小型水电站，促进农村电气化；国家鼓励和支持农村利用太阳能、风能、地热能、生物质能和其他能源进行农村电源建设，增加农村电力供应。 《煤炭法》：国家提倡和支持煤矿企业和其他企业发展煤电联产、炼焦、煤化工、煤建材等，进行煤炭的深加工和精加工；国家鼓励煤矿企业发展煤炭洗选加工，综合开发利用煤层气、煤矸石、煤泥、石煤和泥炭；国家发展和推广洁净煤技术。 《矿产资源法》：耕地、草原、林地因采矿受到破坏的，矿山企业应当因地制宜采取复垦利用、植树种草或者其他利用措施；国家指导、帮助集体矿山企业和个体采矿不断提高技术水平、资源利用率和经济效益。 《固体废物污染环境防治法》：禁止在人口集中地区、机场周围、交通干线附近以及当地人民政府划定的区域露天焚烧秸秆；城市人民政府应当有计划地改进燃料结构，发展城市煤气、天然气、液化气和其他清洁能源。 《节约能源法》：国家实行有利于节能和环境保护的产业政策，限制发展高耗能、高污染行业，发展节能环保型产业；国家鼓励、支持开发和利用新能源、可再生能源；县级以上地方各级人民政府应当优先发展公共交通，加大对公共交通的投入，完善公共交通服务体系，鼓励利用公共交通工具出行；鼓励使用非机动交通工具出行；国家鼓励开发和推广应用交通运输工具使用的清洁燃料、石油替代燃料。 《可再生能源法》：国家鼓励和支持可再生能源并网发电；国家鼓励清洁、高效地开发利用生物质燃料，鼓励发展能源作物 《车船税法》：对节约能源、使用新能源的车船可以减征或者免征车船税；可以对公共交通车船，农村居民拥有并主要在农村地区使用的摩托车、三轮汽车和低速载货汽车定期减征或者免征车船税。 《循环经济促进法》：电力、石油加工、化工、钢铁、有色金属和建材等企业，必须在国家规定的范围和期限内，以洁净煤、石油焦、天然气等清洁能源替代燃料油，停止使用不符合国家规定的燃油发电机组和燃油锅炉；内燃机和机动车制造企业应当按照国家规定的内燃机和机动车燃油经济性标准，采用节油技术，减少石油产品消耗量。 《城乡规划法》：省域城镇体系规划的内容应当包括为保护生态环境、资源等需要严格控制的区域；城市新区的开发和建设，应当严格保护自然资源和生态环境。 《建筑法》《水污染防治法》《环境影响评价法》《清洁生产促进法》《放射性污染防治法》

续表

列入《国务院2013年立法工作计划》		《能源法》 《环境保护税法》 《海洋环境保护法》 《草原法修订草案》 《大气污染防治法修订草案》 《固体废物污染环境防治法修订草案》 《矿产资源法修订》 《森林法修订》 《湿地保护条例》 《生态补偿条例》 《城市公共交通条例》 《气候资源开发利用和保护条例》
重要行政法规	条例	《退耕还林条例》 《民用建筑节能条例》 《公共机构节能条例》 《规划环境影响评价条例》 《城镇排水与污水处理条例》 《废旧家电回收处理管理条例》 《废弃电器电子产品回收处理管理条例》
	办法	《煤炭经营监管办法》 《清洁生产审核暂行办法》 《能源效率标识管理办法》 《清洁发展机制项目运行管理办法》 《中国清洁发展机制基金管理办法》 《应对气候变化领域对外合作管理暂行办法》
	目录	《资源综合利用目录》 《产业结构调整指导目录（2011年本）》（《国家发展改革委关于修改<产业结构调整指导目录（2011年本）>有关条款的决定》）
	政策	《钢铁产业发展政策》 《汽车产业发展政策》 《中国应对气候变化的政策与行动》
	其他	《能源发展"十二五"规划》 《节能减排全民行动实施方案》 《全国人民代表大会常务委员会关于积极应对气候变化的决议》 《国务院关于发布实施<促进产业结构调整暂行规定>的决定》 《节能产品政府采购实施意见》

资料来源：中华人民共和国中央人民政府，http://www.gov.cn/。

二、我国低碳经济法律体系存在的问题

虽然，我国已经制定上述促进低碳经济发展的法律体系，该法律体系为我国构建完善的低碳经济法律体系提供了基础，但由于我国处于发展低碳经济的起步阶段，低碳相关的法律体系存在诸多方面的问题，现有的低碳经济法律体系一方面在促进我国低碳经济发展的过程中存在缺陷，另一方面，现有的法律体系也存在一定的问题。具体体现在以下几个方面：

（一）立法滞后，未能跟随时代发展

法律的滞后性并不是现在才出现的，法律诞生的那天起就具有滞后性。历史法学派的萨维尼反对德国的统一民法典制定的一个理由就是，民法典一旦制定出来就落后了。所以滞后性是法律天生的缺陷。一方面，法律作为规范，其内容是抽象、概括的、定性的，制定出来之后有一定的稳定性。法律不能朝令夕改，否则就会失去其权威性和确定性。另一方面，它要处理的现实生活是具体的形形色色的、易变的，中国经济发展速度如此之快，以至于人们的道德素质的提高不能紧跟经济发展的速度，从而会产生各种各样的新问题。这就形成了一对矛盾。

低碳经济立法不可避免存在滞后性。当前我国虽然已经颁布了一些法律法规，如《可再生能源法》《大气污染防治法》《循环经济促进法》等，但是还没有形成一定的法律体系。从目前我国的法律制度来看，与低碳相关的立法重点仅仅在环境、气候、能源等领域，其他具有更广泛的法律效力的法律，如《宪法》《经济法》《行政法》等均无与低碳经济发展相关的法律条文，缺乏完整的立法体系。

2008年10月，中国发布《中国应对气候变化的政策与行动》白皮书；2009年6月颁布的《中国应对气候变化国家方案》等应对气候变化的措施仍停留在基本的政策层面，正式的专门的法律尚未出台，制约了气候变化问题的有效解决。[1]

碳交易、碳税、碳金融等作为低碳经济的重要制度，已经成为各国低碳经济法律制度建设的一个重点。而在我国，虽然已经有了相关方面的实践，但相关领域立法几乎是一片空白，例如，尽管我国在相关政策中提及将通过税收优惠、财政补贴等措施来激励公众与企业参与节能减排与实施清洁生产与生活。政府也已经积极实施了该政策，在企业所得税方面，对履行了环境保护职责、实施了节能节水行动、进行了资源综合利用及安全生产、促进技术创新和科技进步的，政府给予明确的税收优惠，税收杠杆在促进我国低碳经济发展方面已经开始发挥作用。但却没有出台税收及财政专门立法或专门条款，在缺乏法律的强制作用和规范作用下该政策对发展低碳经济的促进作用非常有限。再如，碳交易是低碳经济的重要一环，但我国没有专门立法加以规

---

[1] 邓敏. 国外气候变化立法经验及借鉴 [M]. 中国经济学教育科研网.

制，导致地方碳交易市场的建立是在地方政府的政策导向及企业的自发行为基础上建立起来的，市场分散而难以形成规模效应，市场在碳排放控制方面的作用难以充分发挥。并且，尽管绿色金融已经成为世界金融发展的一大趋势，我国的金融行业也出台措施支持开展服务于碳减排技术和项目的直接投融资、碳权交易和银行贷款等金融活动。但是，这些措施都是零星的、自发的，缺乏相应的法律规范，会给我国低碳经济的发展带来隐患，也暴露出我国在低碳法制建设方面的缺陷。

（二）立法超前，预期作用有局限

中国政府已经制定了一系列的应对气候变化政策措施。例如2008年10月，中国发布《中国应对气候变化的政策与行动》白皮书；2009年6月，中国颁布《中国应对气候变化国家方案》。但是，由于我国还处于工业化、城市化快速发展的阶段，高能耗、传统的粗放型经济增长模式仍然存在，加上在应对气候变化上起步较晚，有些地方根本不具备实现低碳经济的条件，但法律过于理想化，一方面导致法律缺乏操作性，另一方面容易形成逆向反差。

低碳经济立法超前会使得法律缺乏可操作性，这就形成了法律预期作用与实现条件不具备之间的落空反差，即法律条文规定的某些内容，因显示不具备相应条件而无法得到实施或真正实现，使法律的预期作用落空。例如，2013年12月16日，广州碳交易所成功组织广东省2013年度首次配额有偿发放竞价活动，这也是国内组织的首次碳排放权配额的有偿发放。首次竞价活动异常火爆，有效申报量为507.3921万吨，超过发放总量69.13%。28家控排企业和新建项目单位竞价成功，拍卖成交价为底价60元，竞买总量为300万吨，总成交金额为1.8亿元人民币。2014年1月6日，广州碳交易所再次实施广东省2013年度第二次配额有偿发放竞价活动，发放量为500万吨。46家控排企业和新建项目单位竞价成功，竞买总量为389.2761万吨，总成交金额为2.3357亿元人民币。2月28日，广州碳交易所举行了2013年度第三次配额拍卖，本次发放配额总量为200万吨，最终有效申报量为113.0557万吨，24家控排企业和新建项目单位竞价成功。从这3次配额拍卖过程中可以看出，一级配额拍卖进展并不是很顺利，只有在首次拍卖过程中申报量超过了发放量。为了促进控排企业和新建项目参与拍卖以解冻免费配额，必须制定更有激励性的法律法规。

低碳经济立法超前会形成法律的预期作用与实现效果之间的逆向反差，即法律规定在形式上得到实施，但实施的效果导致了一个间接性的后果，这个间接后果又反过来直接影响了法律的预期目的，结果不仅没有实现预期目标反而损害了预期目的。例如，虽然国家制定了各省（自治区、直辖市）二氧化碳排放强度的目标，但仍然要考核当地的GDP，当地政府会有选择要求对当地经济发展贡献较小的企业减少碳排放，对当地经济发展、就业贡献较大的企业的碳排放采取"睁一只眼，闭一只眼"的方式的对待，即地方政府会对本地企业采取保护主义行为。

（三）立法理念及制度设计与低碳经济发展存在差距

我国现行与低碳经济有关的立法都不是专为发展低碳经济而设计的，其立法理念与低碳经济发展理念存在差距，其法律机制也并非完全适应低碳经济的发展要求。例如，我国的《循环经济促进法》是低碳经济配套立法之一，但是其目的是发展循环经济，循环经济是按照自然生态系统物质循环和能量流动方式运行的经济模式，它以资源的高效利用和循环利用为目标，在生产、流通和消费等过程中实现资源的减量化、再利用和资源化。而低碳经济理念是能源利用的低能耗、低排放、低污染，尽管其内涵与循环经济有所重叠，但二者还是存在较大差别。正是二者理念上的差异，《循环经济促进法》所设计的相关制度便主要围绕资源的减量化、再利用、资源化而展开，并非以二氧化碳等温室气体的减量排放为目的，因此在确保低碳经济理念的落实方面存在缺陷。[1] 这种并非以发展低碳经济为目的，但其部分内容和低碳经济发展理念相重叠的相关立法成为我国低碳经济配套立法的主体。事实上，这些法律中连低碳概念都还未能引入，完整的低碳经济发展理念更不可能贯穿于这些立法中，导致低碳经济相关立法数量不少，但涉及温室气体排放的却不多，并缺乏系统性。

（四）缺乏协同控制温室气体、大气污染物的制度

相较于温室气体排放控制，我国大气污染物的减排开展得比较早，经验也比较丰富。以1973年国务院第一次全国环境保护会议为标志，我国开展了以工业点源治理为主的大气污染防治工作；20世纪80年代我国正式颁布了《中华人民共和国大气污染防治法》，在法律上确立了以防治煤烟型污染为主的大气污染防治基本方针，点源治理进入综合防治阶段；从20世纪90年代开始，我国大气污染防治工作从浓度控制向总量控制转变，特别是"十一五"规划要求实施污染物排放总量控制、排放许可和环境影响评价制度，国家开始将二氧化硫污染物的总量目标分解到各地市和排污单位，并建立了责任追究制度，并于2010年首次实现5年环境保护规划目标；从"十二五"规划开始，大气污染物总量控制又增加了氮氧化物的指标。我国温室气体排放的控制工作主要以节能降耗，优化能源结构为主；2009年中国公布控制温室气体排放的行动目标：到2020年单位国内生产总值二氧化碳排放比2005年下降40%~45%；"十二五"规划首次纳入控制温室气体排放，提出碳强度指标，并分解到了各省（区、市），还在加强组织领导和评价考核方面提出了明确要求。

总体而言，我国目前温室气体和大气污染物排放控制的突出问题是管理体制的分割性比较强。虽然在国家层面，中央通过体制创新主动实现大气污染物和温室气体协

---

[1] 参见：中华人民共和国循环经济促进法. http://www.gov.cn/flfg/2008-08/29/content_1084355.htm, 2008-8-29。

同控制，例如成立了国家应对气候变化及节能减排工作领导小组，作为国家应对气候变化和节能减排工作的议事协调机构。但是在实际的管理过程中，国家发改委承担国家应对气候变化及节能减排工作领导小组的具体工作，因此主要负责节能和温室气体减排工作，环境保护部则主要负责污染物减排的工作。虽然在不同部门间有一些相应的合作机制，但是在政策的制定和实施上还是相对独立的。这导致了全局性统筹规划难以推行，基础性管理资源难以共享，重复核算浪费行政资源等情况的发生，进而在实际上对实现温室气体与大气污染物的协同控制产生不利影响。

第三节　低碳经济法律体系的国际经验

尽管"低碳经济"理念的明确提出始于 2003 年，但实际上，发达国家低碳经济发展的实践自 20 世纪 80 年代后期就已经开始。进入 21 世纪以来，特别是金融危机以来，世界各国更是加大了发展低碳产业的力度，制定并颁布实施了一系列法律，这些新政策涉及应对气候变化、节能减排、循环发展、低碳技术研发、新能源开发利用等广泛领域。他山之石，可以攻玉。低碳经济概念源起于西方，低碳经济立法源起于国际社会。因此，考察、分析西方代表国家的低碳经济法律体系建设，既有追根溯源之意义，也对我国低碳经济法制建设的借鉴意义。

一、英国的低碳法律概况

英国是倡导和实践低碳经济发展最早的国家，其将发展低碳经济作为国家战略，其与低碳相关的法律框架、实施机制建设处于世界前沿，制定了很多切实可行的法律。

为摆脱能源进口的束缚有效降低温室气体的排放，英国率先采取法律路径来应对气候变暖和能源危机。英国颁行的低碳法律主要有：1995 年的《家庭能源节约法》；1999 年的《污染预防与控制法》，该法试图对环境可能产生重大环境影响的工业活动进行控制，针对不同行业部门的实施活动还制定了具体的时间表；2002 年英国颁布《可再生能源强制条例》。为了确保英国有长期而持续的、多样性的能源供应，英国颁布了一系列能源法案。《2004 能源法案》（Energy Act 2004）以贯彻执行 2003 年政府能源白皮书《我们的能源未来：创建低碳经济》的承诺为主要目的，[1]该法主要包括民用核工业的发展，可持续、可再生能源资源的开发利用，能源市场及其管理三方面内容。2006 年 6 月颁布实施《气候变化与可持续能源法案》（Climate Change and Sustainable Energy Act 2006）[2]，其实质是促进英国能源利用的低碳化发展。该法明确鼓

---

[1] 张剑波. 低碳经济法律制度研究 [D]. 重庆大学博士学位论文，2012.
[2] 张剑波. 低碳经济法律制度研究 [D]. 重庆大学博士学位论文，2012.

励微型电热生产设备的使用,并对该设备进行了定义,即以低碳途径小规模生产热能或电能的生产装置,包括太阳能、微型风能、微型水能热力泵,微型热能与电能联合装置、燃料电池等,这些技术设备的使用能够以低碳途径给家庭、社区和小型商业物业提供热能和电能。《2008能源法案》则就小型低碳电力生产的税收返还方面做了专门的条文规定,鼓励该装置在英国的推广应用,以此实现电力生产的节能化、低碳化。该法案专门对小型低碳电力生产做了界定:利用可再生或低碳途径的电力生产方式,诸如风力涡轮机、太阳能光伏面板、微型热电联供装置等的电力生产。这些设备的就近安装使用既能够降低电力传输过程中的能源损耗,又可以将企业、社区、家庭从被动的电力使用者变为主动的使用者,使其更加注重电力的节约。[1]《2010能源法案》是为了落实2009英国"低碳经济转型计划"中的相关内容而在过去能源法基础之上专门修订而成的,转型计划承诺英国到2020年碳排放水平在1990年基础上削减26%,2050年则削减80%,同时保证能源供给安全,最大限度地创造经济机会,保护脆弱的消费者。该法案正是给该计划的顺利实施提供基本法律保障。[2]在落实国家低碳经济发展战略方面,该法案的一个重点内容便是确立起"碳捕获与封存"相关条款,并出台激励措施支持在英国建立4座商业级的碳捕获与封存示范项目,同时规定所有新建燃煤电厂至少要对其产能的25%安装碳捕获与封存设备,不具备碳捕获与封存能力的燃煤电厂则应关闭,以此促进该技术在未来英国低碳经济发展中的广泛应用,法律同时要求政府提交电力企业的减碳进程及"碳捕获与封存"推广应用报告。[3]《2011能源法案》在致力于提高家庭和商业物业能效方面做了专门的规定。如,该法创制了新的财政资助体系,专项资助家庭和商业物业在提高能源利用效率方面所付出的成本花费,确保家庭和非家庭物业能源的高效利用。并且,法律规定,就私人家用物业而言,从2016年4月始所有私人业主不得拒绝租住者提出的符合相关法律规定的提高能源效率的合理化要求。而到2018年4月,出租未达到国家规定的最低能源利用效率的私人和商业物业将被视为非法。同时,法律还就低碳技术的推广应用、进一步推动能源利用效率与能源安全的提高、强化能源企业的责任、扩大燃煤管理部门职能等方面做了详细规定,以此确保本国为发展低碳经济而确立的碳减排目标的实现,为落实转变经济发展方式奠定了坚实的法制基础。[4]《能源法案2012—2013》主要内容是调整英国国内能源消费结构,发展低碳经济。该法案规定,政府支持包括可再生能源、新的核能、燃气及碳捕捉和封存技术的多元化能源架构建设,以防止经济发展受困能源短缺瓶颈。根据该法案,能源公司将有权提高消费者的电力价格,从

---

[1] 张剑波. 低碳经济法律制度研究 [D]. 重庆大学博士学位论文,2012.
[2] 张剑波. 低碳经济法律制度研究 [D]. 重庆大学博士学位论文,2012.
[3] 张剑波. 低碳经济法律制度研究 [D]. 重庆大学博士学位论文,2012.
[4] 张剑波. 低碳经济法律制度研究 [D]. 重庆大学博士学位论文,2012.

而补偿能源公司为可再生能源、新的核能和其他低碳环保措施付出的成本;消费者将要支付"绿色能源"税。该法案预计到2020年,在英国的能源结构中可再生能源所占比例将提高到30%,这远远超过了欧盟制定的20%目标。❶

为巩固其在国际减排领域的领导地位,2007年英国公布了《气候变化法案(草案)》,该草案的主要内容为:(1)设定了具有法律拘束力的碳减排标准。2020年温室气体减排26%~32%(以1990年为基准),2050年之前削减60%;(2)搭建了有法律执行力的碳预算体系,规定5年为一个减排周期,计划15年实现长期减排目标;(3)出台了明确的战略框架,《气候变化战略框架》指明了低碳经济发展的长远目标,注重发挥民间资本优势,鼓励企业和个人投资低碳技术;(4)提出成立气候变化委员会,落实碳减排方面的具体政策。

2008年英国实施了《气候变化法》,成为世界上第一部落实温室气体减排目标的国内法,也是促进低碳经济发展的法律典范。该法是对草案内容的认可和执行,其主要特点为:(1)该法将应对气候变化与减排纳入法律约束体系,有助于贯彻有关气候变化政策,也有助于提升英国在气候变化问题上的国际形象;(2)规定了节能减排的阶段性目标;(3)规定了气候风险评估工作的具体程序:报告公共机构及法人具体的用能现状→评估其行为风险→制定评估指南→起草行动计划→公布新的能源应用战略。

该法将减少温室气体排量与适应气候变化相结合,倡导对可再生能源的利用,减少对高能耗的传统能源的依赖,倡导发挥市场的激励作用,不断发展低碳产业的规模、降低成本。这为各国在低碳立法方面提供了借鉴。

二、美国的低碳经济法律概况

美国虽未签署《京都议定书》,但并不代表它不关注气候变暖和能源危机,相反美国特别注重运用法律的方式来实现节能减排,并在低碳经济法律制度建设方面走到了世界前列,成为低碳经济立法数量多、立法范围广的国家。其原因主要在于,美国将发展低碳经济作为增强经济活力、应对经济危机、抢占世界未来经济发展先机的战略性选择。

早在1990年美国就出台了《清洁空气法》,确立起联邦制定标准而地方负责落实的空气质量控制原则,即空气质量标准由联邦政府制定,而各州则制定符合联邦政府标准的具体实施方案。在标准制定中,大众健康须作为首要考虑因素,而社会公共福利则是标准制定的第二位考虑因素,联邦环境保护署依据该因素,制定"主要国家空

---

❶ 英国出台新《能源法案》,可再生能源比例加重. http://news.xinhuanet.com/politics/2012-12/06/c_124054855.htm. 新华网. 2014-10-13。

气质量标准"和"次要国家空气质量标准",各州则根据联邦的空气质量标准,在各自辖区内独立行使空气质量监管职责。2005年通过了《能源政策法》,该法既强调能源效率的提高,也十分重视新能源的开发利用。其主要内容:为提高家用和商用电器效率,设定新的最低能效标准;为提高家庭用能效率,提供消费税优惠;为提升国内电网能源基础设施,通过税收优惠,废止过时的不利于基础设施投资的规定;为减少对国外能源的依赖,通过减税等措施促进可再生能源的开发利用,并支持生产高能效汽车。❶ 2007年7月,美国参议院公布了《低碳经济法案》,该法案的主要目的是减少温室气体在能源生产与应用中的排放,推进美国经济向着低碳化方向的发展。该法案确立起从2012年到2030年的美国中长期碳减排战略目标,即到2020年碳排放量减至2006年水平,而到2030年减至1990年水平。该法案还制定了综合性的碳交易配额制度、政府对低碳经济的补贴制度、鼓励企业技术改造制度、低碳技术商业化应用激励制度、低碳消费与低碳生活激励制度、低碳经济的国际合作制度等推动美国低碳经济发展的制度。2007年12月通过了《美国气候安全法案》,一方面该法案对《议定书》列出的6种温室气体进行了详细规定;另一方面该法案还提议创建一个带有期限性和强制性的总量控制和排放交易体系,如规定以2005年作基准,2020年的碳排放量降至1990年水平,而2050年要比1990年的排放水平减少65%。

2009年2月奥巴马签署了名为《美国复苏与再投资法案》(American Recovery and Reinvestment Act of 2009),俗称"刺激法案"的专门立法,旨在提振严重金融危机下的美国经济,涉及金额高达7870亿美元,主要用于新能源的开发与使用,包括发展高能效电池、智能电网、碳捕获与封存项目、可再生能源如风能和太阳能等。2009年6月,众议院通过了《美国清洁能源与安全法案》,这是美国第一个以限制污染应对气候变化的一揽子方案,希望通过总量控制手段来约束温室气体的排放。该法案由绿色能源、能源效率、温室气体减排、低碳经济转型等4部分组成,其核心是限制碳排放量,通过设定碳排放上限,对美国能源密集型企业如电力生产、炼油、化工等行业的企业实施碳排放限量管理,要求这些企业必须设定减排目标,进行碳排放量交易。❷ 2010年通过了《美国能源法》,该法包含了7个主要部分:促进国内清洁能源发展;减少温室气体污染;消费者保护条款;保护和增加就业;应对气候变化的国际行动;适应气候变化项目;预算条款。❸ 该法虽设定了比较保守的减排目标,但充分体现了美国的减排立场,也符合《哥本哈根协定》的要求。2011年《国家海上风电战略:创建美国海上风电产业》将引导能源部凭借其海上风电革新和示范新方案开

---

❶ 王彬. 发达国家低碳经济转型的实践及其对中国的启示 [D]. 长春:吉林大学,2010.
❷ 陈柳钦. 新世纪低碳经济发展的国际动向 [J]. 国际资料信息,2010 (5):10.
❸ 高翔、牛晨. 美国气候变化立法进程及启示 [J]. 美国研究,2010 (3):40.

展行动，促进联邦及州一级的海上风电的商业化进程；主要内容涉及3个方面：一是技术发展，整个技术开发主要分为计算工具和试验数据、创新型风机和海洋系统工程3个方向；二是消除市场壁垒，主要聚焦于选址和准入、补充基础设施、能源规划三方面，这有助于提高目前海上风电项目进展的效率；三是先进技术示范。

美国低碳经济立法还呈现出一个显著的特点，美国地方的一些州和市成为领导美国低碳经济立法的先驱。地方政府机构、工商企业以及非政府组织颁布具体的法案、政策和行动措施，来达成温室气体减排的目的。加利福尼亚州是这方面的领跑者。2006年加州通过了《加利福尼亚州全球变暖行动法》，该法于2007年1月1日生效，这是美国第一个州层面具有法律效力的减排行动方案。2004年9月，加州通过了《清洁汽车标准》，推动车辆减排。2005年，美国东北部地区10个州启动了"区域温室气体计划"，其所建立的强制性的以市场为基础的限量排放与交易体系正式运行。2007年，美国西部的7个州跟加拿大的4个省结成"西部气候行动"伙伴关系，同意采取集体行动，削减温室气体排放水平，并建立区域限量排放与交易制度，将该地区近90%的温室气体排放量纳入管理范围。2007年，美国中西部州长联合会签署了由美国的6个州和加拿大的1个省参与的"中西部温室气体协议"，该项目期望通过一个基于市场和多部门限制与贸易的机制来降低温室气体排放量。❶ 各州的这些做法，不仅为美国联邦政府层级的政策和法律出台奠定了坚实的基础，还为其他没有采取减排计划的州提供了经验。

三、日本的低碳经济法律概况

日本的低碳经济立法富有特色，由于其自20世纪70年代始便十分重视生态环境保护，出台了一系列严苛的环境与资源保护类立法，在其确立起"低碳社会"建设目标以后，主要通过旧法的增补与修订构建本国的低碳经济法律制度体系，其低碳经济法律制度可以概括为修法为主、立法为辅的制度建设模式，节约了立法成本与宝贵的法律资源，成为日本低碳经济法律制度体系建设的一大亮点。

2004年，日本环境省组织相关研究人员出台《面向2050年的日本低碳社会情景》（表11-3）计划，其目的是为日本2050年实现低碳社会建设目标提供对策。2008年5月，又发布《面向低碳社会的12项行动》计划，对能源、交通、住宅、工业行业等提出了具体减排目标，强调相关领域的技术发展与制度创新。2008年6月，以日本首相福田康夫为代表的政府发布了《低碳社会与日本》战略宣言，具体阐述了日本应对全球气候变暖的立场与对策，提出在日本建设低碳社会的战略构想，被称为"福田蓝图"，该计划正式确立起日本的低碳经济发展战略。2008年7月，日本内阁又通过并发布了《建设低碳社会行动计划》，对如何实现"福田蓝图"进行了分解，

---

❶ 张绍鸿，曾凡银，胡庆翠. 美国促进低碳发展的法律演进［J］. 中国律师，2013（2）.

提出日本构建低碳社会的具体目标，包括：在相关领域加大资金投入，大力发展低碳技术，如生物质能应用技术、智能交通系统（Intelligent Transport System，简称ITS）、高能效交通工具、气候变化监测与评价技术等；促进碳捕获与封存技术的商业化应用，降低温室气体回收成本，将目前每吨约4200日元的二氧化碳回收成本降低到2000日元以下；大力推进太阳能发电步伐，提高太阳能光伏发电效能，降低发电成本，到2030年太阳能光伏发电效能提高40%以上，并不断提高太阳能发电比例，2020年达到计划公布时的10倍，2030年则达到40倍；不断提高其他清洁能源利用比例，将风能、水能、生物质能等零排放能源利用比例提高到50%以上，并大力推广核能；大力发展高效能低排放汽车，到2020年，实现日本50%以上的新车为燃料电池汽车、插电式混合动力汽车、清洁燃油汽车等低碳型汽车，并在2020年至2030年间，将燃料电池系统的价格降至目前的十分之一左右，配备汽车快速充电系统等，并加大节能灯的推广使用，逐步淘汰传统白炽灯；大力推广建筑节能，倡导低碳建筑理念，降低建筑能耗，实现建筑物利用的低碳化等。

表 11-3　面向2050年的日本低碳社会情景

序号	行动名称	说明	预期减排目标
1	舒适与绿色的建筑环境	有效利用太阳能与提高能源利用效率的建筑环境设计，智能建筑	民生部门：48~56公吨CO_2
2	无论何时何地，使用合适的电器商品	使用先进与合适的电器商品，通过出租等方式减少电器的初始成本并提高效用
3	提高地方的季节性食品供应	以季节性、安全、低碳的当地食物为烹饪原料，以此来实现农业经营的低碳化	工业部门：30~35公吨CO_2
4	可持续建筑材料	使用当地的可再生建筑材料与产品
5	商业与工业中的环保	通过开发、销售低碳、高附加值的产品与服务进行可持续的企业经营
6	迅捷顺畅的物流保障	网络式的无缝物流系统与供应链管理	交通运输部门：44~45公吨CO_2
7	友好的城市步行设计	在商业设施、工作场所修建徒步、自行车、公共交通工具易通行的街道
8	碳排放最小的电力系统	通过可再生能源、核能电站及CCS的火力发电厂提供低碳电力	能源转换部门：81~95公吨CO_2
9	充分利用当地可再生能源	提高本地太阳能、风能、地热、生物能等可再生能源的利用
10	新能源	促进氢、生物燃料的研发并建立供给体制
11	通过"可视化"鼓励消费者选择低碳产品	为了促进消费者选择低碳产品与服务，应宣传能源利用的相关信息	交叉部门
12	培养低碳社会的中坚分子	培养设计、实施、支撑低碳社会的中坚分子并进行人力资源开发工作

正是有了国家策略对"低碳社会"建设目标的推动，日本才通过立法与修法方式完善了自己的低碳经济法律制度体系。其法律主要表现在两个方面：一是构建完善的法律制度框架体系。如1999年，日本就出台了《节能法》，并不断为之修订。该法对21个特定产品的能源消耗标准作了严格规定。从1991年到2008年，日本先后通过了《关于促进利用再生资源的法律》《合理用能及再生资源利用法》《可再生能源标准法》《新能源法》《地球变暖对策促进法》《能源合理利用法》等法律。为应对全球气候变暖的趋势，2009年12月日本提出了《低碳社会建设推进基本法案》，该法案指出2050年温室气体的排放量要比目前削减60%~80%，为实现目标，政府将为节能减排提供具体而硬性的法律约束。二是以立法加快技术创新。2006年日本首次通过了国家能源战略——《新国家能源战略》，提出从发展节能技术、降低石油依存度，实施能源消耗多样化等方面推行新能源战略，并提出到2030年，将日本的新能源整体使用效率提高30%以上。同年日本内阁还通过了《建设低碳社会行动计划》，将低碳社会作为长期发展目标，提出重点发展太阳能和核能等低碳能源。为实现2050年的减排目标指出2020—2030年要将燃料电池价格降到目前的十分之一；2030年将太阳能发电量提高到目前的40倍。❶ 2008年6月在"福田蓝图"确立之时，日本国会通过了《通过推进研发体系改革强化研发能力及提高研发效率》（简称《研发力强化法》），法律以促进技术创新、提高日本科技发展水平为目的，强调技术创新在日本未来经济及社会发展中的重要性，强化科技人才的培养以及科技创新环境的打造，以此提高日本的科技研发能力。❷

2009年4月公布了《绿色经济与社会变革政策（草案）》，进一步推动环境技术和新能源技术的发展。12月，在低碳经济政策的推动下，日本颁布了由自民党与公明党联合提交的《推进低碳社会建设基本法案》，该法重申到2050年日本实现本国温室气体排放量削减60%~80%的目标，并在2020年以前使可再生能源利用量达到能源利用总量的20%，并规定在法案实施后的10年内，政府应在法制、财政、税收、金融等方面采取相应措施推进低碳社会建设，应对全球气候变暖。❸

四、澳大利亚的低碳经济法律概况

自20世纪80年代始至21世纪初，澳大利亚在国际气候事务中分别扮演了领导者、落后者、麻烦制造者的角色，随着后京都时代的到来，澳大利亚希望再次成为气候变化国际事务的领跑者。澳大利亚的低碳经济法律制度是世界上最富特色的制度之

---

❶ 马翠梅. 世界低碳经济发展态势及对我国的启示 [J]. 团结，2010（1）：36.
❷ 张剑波. 低碳经济法律制度研究 [D]. 重庆大学博士学位论文，2012.
❸ 张剑波. 低碳经济法律制度研究 [D]. 重庆大学博士学位论文，2012.

一,它以碳排放控制作为其发展低碳经济的突破口,确立起富有本国特色的"碳捕获与封存"法律制度体系,通过确认以碳为基础的碳财产权与碳获取权等方式,以此推动相关领域的市场化运行,促进本国低碳经济的发展。

2007 年在陆克文政府推动下,澳大利亚制定了《2007 国家温室气体和能源报告法案》(National Greenhouse and Energy Reporting Act of 2007)。该法确立起澳大利亚全国的温室气体及能源申报制度,建立起国家温室气体和能源申报系统,为国家推进碳排放交易计划提供数据支撑。该法于 2008 年 7 月 1 日生效,自当日起,一旦企业每年的温室气体排放量或能源消耗与生产量超过额定数额(温室气体排放量超过 2 万 5 千吨,或能源生产和消耗 100 兆焦耳以上),企业就必须以符合法令规定的年度申报要求汇整数据进行申报。❶

此外,为辅助气候变化法律的执行澳大利亚政府还积极出台相关气候能源政策,如 1997 年的《保护未来配套措施》、1998 年的《国家温室气体战略》、2000 年的《更佳环境配套措施》、2004 年制定的能源白皮书《澳大利亚未来能源安全》重新确定了气候变化战略、2006 年发起成立《亚太清洁发展和气候伙伴计划》。❷ 2007 年 7 月发布了《澳大利亚的气候变化政策——我们的经济、环境和未来》,将气候变化新政策的目标确定为:承担全球减排义务,防止气候变化进一步恶化;向居民和企业提供及清洁的、排放量低的,既经济又具有市场竞争力的能源以维持其国际市场能源、资源输出国的大国地位;促进经济发展,应对气候变化危机。2008 年出台的《减少碳排放计划》政策绿皮书,指出在 2000 年排放量的水平上实现 2050 年减少 40%的目标;立即采取措施以减少温室气体的排放;积极推进全球联合减排。2008 年 12 月,陆克文政府又出台了名为《削减碳污染计划——澳大利亚的低污染未来白皮书》(Carbon Pollution Reduction Scheme——Australia's Low Pollution Future: Whitepaper),该白皮书确立起澳大利亚的低碳经济发展战略,明确了澳大利亚的中长期温室气体减量目标及实现路径,并确立了温室气体排放交易机制计划,以此进一步推进澳大利亚迈向低碳未来。

澳大利亚一直对"碳捕获与封存"技术非常重视,是世界上较早对"碳捕获与封存"给予法制保障的国家,在其看来,"碳捕获与封存"是一项有利于环境保护和循环经济发展的新技术,推动其尽早的商业化应用将对其实现在 2050 年温室气体排放在 2000 年基础上削减 60%的目标意义重大。因此,早在 2005 年 11 月,其矿产、石油资源内阁会议(Ministerial Councilon Mineraland Petroleum Resources)就签署并发布了《碳捕获与地质封存规章性指导原则》(Regulatory Guiding Principles for Carbon Di-

---

❶ 张剑波. 低碳经济法律制度研究 [D]. 重庆大学博士学位论文, 2012.
❷ 李伟,何建坤. 澳大利亚气候变政策的解读与评价 [J]. 当代亚太, 2008 (1): 110.

oxide Capture and Geological Storage），旨在通过该原则逐步构建起全国性的"碳捕获与封存"法制框架。❶ 该原则主要涉及 6 方面内容：碳核定与批准程序（Assessment and Approvals Processes）、碳获取权与财产权（Access and Property Rights）、运输事宜（Transportation Issues）、监控与核查（Monitoring and Verification）、义务与关闭后责任（Liability and Post-closure Responsibilities）、财政事宜（Financial Issues）。该原则的发布在澳大利亚联邦层面确立起具有指导意义的"碳捕获与封存"规范，为后来的联邦与地方立法提供政策依据。❷

迫于国际社会压力和国内可持续发展的国情，澳大利亚政府正在加快制定《澳大利亚气候变化法》，初步框架设计如下：第一，气候变化国际法。尽管《联合国气候变化框架公约》还不是国内法的组成部分，但却指明了国内法的制定方向，特别是《京都议定书》规定了具体的减排目标，为建设国内法提供了借鉴的依据。第二，澳洲联邦气候变化法。包括缓解气候变化的联邦基金、联邦气候变化法、国家排放交易体系三部分内容。第三，澳大利亚各州和区域减排立法。❸

五、其他国家的低碳经济法律概况

除此之外，其他国家也在积极探寻低碳经济立法体系的建设，以便积极应对气候变化。

（一）韩国的低碳法律概况

韩国政府在 2009 年初提出了"绿色工程"计划，确立了 3 个低碳发展目标：一是创造更多就业岗位；二是扩大未来增长动力；三是基本确立低碳增长战略。❹ 同年 9 月，韩国出台了《低碳绿色增长战略》，明确了韩国经济未来发展的趋势。计划到 2030 年，韩国经济发展所形成的能源强度将比现在低 46%。2010 年 4 月公布了《低碳能源绿色增长基本法》，核心内容是到 2020 年，温室气体排放量减少到预计排放量的 30%。

（二）印度的低碳法律概况

印度政府在坚持应对气候变化的同时不放弃发展的权利，认为任何减排都需得到补偿。印度政府非常重视通过提高生产技术、削减温室气体排放等方式来满足可持续发展的要求。为减少污染物的排放、节约能源、发展新能源，印度政府于 2001 年颁布了《能源法》，该法有助提高资源的利用效率，实现国家能源的长效发展。

---

❶ 张剑波. 低碳经济法律制度研究 [D]. 重庆大学博士学位论文，2012.
❷ 应对全球气候变化，澳大利亚发布降低碳污染计划. http://info.china.alibaba.com/news/detail/v0-d1003730743. 2011-11-10.
❸ Kenneth J Arrow, Global Climate Change: A Challenge to Policy , The Economists' Voice, June 2007: 1.
❹ 王新，李晓萌. 国外低碳社会建设经验及其启示 [J]. 商业时代，2010（34）：97.

2008年6月印度政府推出了《应对气候变化国家行动计划》，主要包括：太阳能、提高能源效率、可持续生活环境、水资源、喜马拉雅生态保护、绿色印度、农业可持续发展和气候变化战略研究。此外，印度政府还在《国家能源政策（草案）》中规定，到2020年各邦发电量中的20%需来自可再生能源。❶ 印度宪法将"保护和发展环境"作为基本原则，同时印度法律基于公共利益的考虑还授予最高法院起诉权。上述法律政策协同宪法规定为减少二氧化碳及污染物的排放提供了法律依据。

（三）巴西的低碳法律概况

作为"金砖四国"的巴西，在2009年其碳排放量居世界第6位，共1014.1百万公吨，占全球总排放量的2.69%。在2004年以后，巴西的碳排放总量在稳定下降，更为难能可贵的是，通过发展低碳经济，巴西率先实现了绿色增长。❷ 巴西尽管拥有非常丰富的矿产资源，但仍然依靠法律和政策在发展低碳经济方面作出了积极的努力。

首先，巴西于2004年颁布了有关使用生物柴油的法令，大力推动生物燃料业的发展。同时，也出台了一些替代能源的立法，来发展更多的能源项目。其次，政府推出一系列金融支持政策。一方面，有关银行通过信贷优惠政策向生物柴油企业提供融资；另一方面，中央银行为了鼓励农民种植甘蔗、大豆等作物来满足生物柴油的原料需要，特别设立了专项信贷资金；再次，巴西非常重视对森林的保护，推出一些有关森林保护的政策和规划，对森林的砍伐进行严厉打击，以此增加碳汇来应对气候变化，发展本国的低碳经济；最后，巴西政府通过提高草场利用率、复垦退化区域、避免侵入新区等措施来提高土地利用率，改善农业对生态系统的不利影响。

（四）德国的低碳法律概况

德国是欧洲法律框架最完善的国家之一，其对低碳经济的法律也比较完善。目前德国已形成了以温室气体排放管制法律为核心，以节能、能效法律和可再生能源法律体系为支撑，以财税法律体系相配套的发展低碳经济的法律制度体系。

在温室气体排放管制方面，德国已有《温室气体排放交易法》（2004年制定，2009年修订)《温室气体排放许可分配法(2007)》《温室气体排放许可分配法(2012)》《项目机制法(2005)》《含氟温室气体规制法》《垃圾装运法》等法令。为转换欧盟温室气体排放交易指令2003/87/EC以及发展本国的温室气体排放许可交易机制，德国制定了《温室气体排放交易法(2004)》《温室气体排放许可分配法》和《（温室气体减排）项目机制法》等多部与温室气体排放交易相关的法律规范。德国的温室气体排放交易规范，将排放主体的适用范围从能源和工业领域扩展到航空运输领域；详细规定了从减

---

❶ 马翠梅. 世界低碳经济发展态势及对我国的启示［J］. 团结，2010（1）：36.
❷ Mckinsey. Company. Pathways to a Low-Carbon Economy for Brazil［R］：12-23.

排总量设定，到各排放主体排放许可分配，再到排放许可交易的整个过程的程序，可以说，德国的温室气体排放交易法律体系，已为其温室气体交易机制构筑起完整的法律框架和具体的运行规则。❶

德国有关节能与提高能效的法律规范发展较早，已经比较完善。2005年7月生效的新修改的《能源经济法》，为德国在节约能源和可再生能源领域的法律发展提供了良好的基础。随着经济的发展和技术的进步，德国已有的节约能源立法不断更新，新的能源立法不断涌现，主要有《能源标识法（2002）》《建筑节能条例》《耗能产品生态设计要求法（2008）》和《新机动车税制规定（2009）》等。

为发展可再生能源，德国还制定了一系列有利于可再生能源发展的法律规范，德国可再生能源法律通过强制入网和比例配额等制度，来确保可再生能源的发展。这方面的法律主要有《强制电力入网法（1990）》《生态税改革法（1999）》《可再生能源法》（2000年制定，2004年、2008年两次修订）《生物燃料配额法（2006）》《可再生能源供暖法（2008）》等。其中，《可再生能源法》是德国可再生能源领域的基本法律。

另外，德国还在财税法律体系里通过税收和收费，将环境外部性内部化促使市场主体节能减排，同时带来的化石燃料价格上涨实际上也促进了可再生能源的发展。在这方面，德国已颁布实施的法律主要有：《生态税法（1999）》《机动车税制法令》与《新机动车税制规定（2008）》《所得税法》《载重车辆收费规定》等。❷

除法律外，德国还采用了低碳战略规划报告的形式，2004年出台了《国家可持续发展战略报告》，针对"燃料战略"提出了低碳燃料概念。2007年又制定了《气候保护技术战略》，确定了4个重点研究领域，即气候预测和气候保护的基础研究、气候变化后果研究、适应气候变化的方法研究、气候保护的政策措施研究。❸

（五）瑞士的低碳法律概况

为加快温室气体减排立法，瑞士于2007年6月出台了《二氧化碳减排（草案）》，该草案通过自愿协议和辅助性的对化石燃料征收二氧化碳税的方式来实现减排，并将《京都议定书》的相关机制作为补充。该草案还强制限制新注册轿车的二氧化碳平均排放量，为企业设定了具体减排目标和法律责任。该草案贯彻了污染者付费原则，有助于加快低碳经济的法制化。此外，瑞士还在《空气污染防治条例》中详细规定了150种污染物和40种污染的具体排放要求。

---

❶ 廖建凯. 我国气候变化立法研究——以减缓、适应及其综合为路径 [M]. 北京：中国检察出版社，2012.

❷ 张绍鸿，曾凡银，胡庆翠. 从战略到行动：德国低碳发展的法律举措 [J]. 中国律师，2012（8）.

❸ 曾珠，周一. 主要发达国家发展低碳经济的经验 [J]. 商业研究，2010（12）：184.

综合考察国外低碳经济法律制度的构建，可将其中的共性归纳为以下几个方面：（1）以基准年为参考，制定明确的阶段性减排目标。多数国家以1990年为参考，也有的国家以2005年为参考，将2020年、2050年作为中长期减排节点，确保全球气温变化能够稳定在2摄氏度以内。（2）以立法促进低碳技术的推广。对于先进的低碳技术，如可再生能源技术、建筑节能技术、交通节能技术等，利用法律的强制性推动其实施。（3）主张加强国际合作。各国普遍认识到无论是气候问题还是能源问题都带有全球性，任何一个国家的能力都是有限的，任何一个国家法律的疆界也都是有限的，唯有开展广泛的国际合作，为实现共同的可持续发展目标而进行整体联动，达成具有如《联合国气候变化框架公约》和《京都议定书》这样具有法律约束力的国际法律文件，减排目标才能早日实现，低碳发展道路才会走得更远。

此外，特别是发达国家，逐渐注重在实现低碳经济发展，应对气候变化的同时实现其他社会、环境效益。以空气污染治理为例，因为温室气体减排和大气污染物控制之间在技术、经济效益等方面存在协同效应，美国环保署在其综合环境战略中提出"协同控制"，也就是"同时控制两种或者以上有害污染物的控制措施，有害气体界定为温室气体和大气常规污染物"。虽然各州做法不尽相同，但联邦政府对于控制大气污染物和温室气体之间相互关联的行动计划在逐步推进。从以解决酸雨为首任，控制二氧化硫排放为主到逐步纳入引发地面臭氧的氮氧化物等其他污染物，再到将二氧化碳作为新的污染物纳入协同控制目标，美国基本表现出从单个污染物分别控制，到多污染物综合控制再到污染物与温室气体协同控制的趋势。

欧洲对污染物的协同控制突出表现在跨界协议上。1979年，欧洲就和北美国家签署了"长距离跨境大气污染物公约"，为控制和减少跨境大气污染创立了国际合作的框架。虽然欧洲在早期也是主要就单一污染物签订协议，但是很早就意识到这无法有效解决欧洲的区域环境问题，认为减排大气污染物的谈判应该基于其源头和影响之间的联系。因此，为了同步减少在欧洲的酸化、富营养化和地水准面的臭氧浓度，1999年欧洲签订了包含4种污染物的协议。2007年，欧盟为了推进能源和气候一体化，在政策制定过程中对各类政策进行系统评估、比较和筛选，原则之一就是对常规大气污染物的协同减排效益。此外，欧盟还推出欧洲清洁空气计划，注重保持污染控制政策与气候政策的一致性，以最经济有效的方式实现温室气体与大气污染物的协同减排。

第四节　对我国低碳经济立法的启示

经济法是有关国家调节社会经济的法律规范，其核心理念"国家调节"具有国家管制性，是一种社会利益本位法，其调节的目的或者说其价值是促进经济结构和运行的协调、稳定和发展。低碳经济的核心是以低能耗、低污染、低排放为基础的经济发展模式，其与经济法的任务和目标殊途同归，因而关于低碳经济发展的一系列法律法规的总和即低碳经济法的性质是经济法性质。根据我国法学界的共识，经济法有3个基本组成部分，即市场规制法、宏观引导调控法和国家投资经营法。在引导促进低碳经济发展的制度层面构建完善上，可以分别依照我国经济法的3个构成作为制度建设的路径。

一、市场规制法方面的法律建构

市场规制法，是调整国家对市场竞争及其他不公平交易行为进行规制中发生的社会关系的法律规范。其主要包括反垄断法、反不正当竞争法、产品质量法、消费者权益保护法。低碳经济的发展需要大量资金的投入，需要科技的不断创新，我国内各城市间的发展水平以及不同企业间的差距，以及政府的投资力度差距等，势必会造成在低碳技术的研发和低碳产业发展上的不均衡，结果必然导致相关低碳技术或低碳产业的市场支配地位，其利用知识产权而获得的支配地位极有滥用的危险。另外，对于低碳经济这块大蛋糕，我国内不规范的市场体系环境和政出多门的法规细则，必将引发各企业在低碳经济的开发与发展过程中以追逐私利而做出有违市场商业道德的不正当竞争行为。这些由于市场的障碍性而导致的市场失灵，需要我国各级政府的合作协调，具体在法制层面上可以统一我国内各城市间的竞争法法规细则来规范低碳经济的发展。不仅可以使执法部门协调执法，避免利益冲突和管辖冲突，还可以给企业以合理的预见性在我国内合法经商。

低碳经济是一个新生事物，其相关制度构建和配套措施需要实践的不断丰富。特别是关于低碳产品的标准、规格、安全问题上应该有具体的配套细则对此进行规定。我国发展低碳经济，仅执行国家的产品质量法、消费者权益保护法是不够的，需要结合我国的切实情况，制定关于低碳产品安全、标准、消费者的权利的相关法规细则，不仅可以衔接国家法律关于质量安全和消费者权益的规定，还可以有针对性地在低碳经济的产品生产、销售、服务等方面保护消费者的利益，增进社会总福利。

二、宏观引导调控法方面的法律建构

我国低碳经济的发展，没有财政税收金融的大力支持，再好的构想也是空中楼阁。可以说，充足的财政支持、合理的税收负担、多样的融资渠道、活跃的金融产业是我国实现低碳经济建设的原动力和新鲜血液。找到我国发展的财税金融法律制度障碍，坚持十六大"一切影响发展的体制弊端都要坚决革除"的要求，制定配套的政策及制度，是首要解决的问题。

在财政方面，可以从财政支出和财政转移支付两个方面加大对低碳经济的支助。由于长期计划经济体制的影响，我国的财政支出也体现出强烈的"吃饭财政"的色彩。财政的收入和支出规模，还不能满足人民群众日益增长的生活物质方面的需要和社会公共需要。大部分财政支出投向了一些本该由市场调节、自我发展的竞争性和经营性领域，而像环保工程这样需要财政资金扶持的公共领域，却总是得不到充足的资金保障。因而在政府层面上需要通过立法的形式以法律的规范性文件规定要加大对相关节能减排项目和环境保护项目的财政支持力度，保证低碳先进技术的引进、消化吸收和自主研发。具有立法权的地方权力机关和政府要切实制定相关低碳经济财政支持的规章性制度，以立法形式来保障低碳经济的延续发展。政补贴作为一种转移性支出，可以发挥财政的分配机制，配合价格的杠杆作用，通过引导生产者和消费者的行为起到合理配置资源的作用。生产阶段的补贴可以吸引更多的企业投资于低碳产业，而消费阶段的补贴可以合理引导消费者加大对低碳产品的消费，进而消费的增长又反过来拉动低碳产业的发展。

在税收方面，首先可以借鉴英国经验，适时开征"气候变化税"，我国可以结合自己的实际情况，放大地方政府税收收入的征收与使用权，灵活运用这一税种来调节能源的供求，降低碳排放，实现我国整体的绿色发展。二要改革现有的资源税，应当尽快开征水资源税，这样不仅可以促进重大用水企业改进其排污设备和节约水资源，也可以利用征收的税收来治理被污染的水域，这种两手抓的处理模式既有利于节约水资源，提高水资源的利用率，也有效地保护了环境，实现可持续发展。对于因矿产开发而兴起的城市，可以充分利用现有的矿产资源税实现对矿产资源环境的保护，引导其调整经济结构，合理布局产业结构，提高矿产的利用率，保护当地的生态环境，实现经济和环境的和谐持续发展。借鉴国际经验，发展低碳经济还应该完善企业所得税。根据《企业所得税法》，企业从事符合条件的环境保护、节能节水项目的所得，将享受"三免三减半"的税收优惠，即自项目取得第一笔生产经营收入所属纳税年度起，第一年至第三年免征企业所得税，第四年至第六年减半征收企业所得税。2009年12月31日财政部、国家税务总局和国家发改委下发的《关于公布环境保护节能节水项目企业所得税优惠目录（试行）的通知》，是对上述优惠范围的详细界定，明确公共污水处理、公共垃圾处理、沼气综合开发利用、节能减排技术改造、海水淡化共5大类、17小类项目可获得企业所得税优惠，并规定了适用条件。我国要颁布并实施相关配套细则，引导企业向节能、高效、环保的产业发展。

在金融信贷方面，我国应协商统一其金融体系，加大金融间的合作力度和共同管理与监控，一要坚持"绿色金融"理念，二要为低碳经济建设提供资金支持，为低碳技术的研发、低碳产业的形成、低碳经济的发展提供金融支撑。

在协同控制方面，首先，在管理上应该建立和完善以国家发改委为主导，相关部门进行配合的协同控制温室气体与大气污染物的体制。中国作为世界上最大的发展中国家，人口众多，区域发展不平衡，仍处于工业化和城镇化进程中。因此我们要在消除贫困和改善民生的大背景下，统筹低碳发展与雾霾治理。而国家发改委在我国是主要负责综合研究拟订经济和社会发展政策，进行总量平衡，并指导总体经济体制改革的宏观调控部门，因此顺理成章承担了低碳发展的顶层设计，牵头对我国低碳发展的战略目标、基本思路、重点领域和主要任务等进行研究。而温室气体和大气污染物的减排关键在于源头的控制，国家发改委作为国家节能减排领导小组的承担者，肩负着组织贯彻落实国务院有关节能减排工作的方针政策，统一部署节能减排工作的职责。因此，国家发改委主导协同控制管理体制在有效减排的客观要求和实际的职权归属两方面都是合理的。其次，统一制定控制大气污染物与温室气体的规划和政策，特别是要充分借鉴和利用现有的大气污染防治经验以及政策基础。但在制定统一的政策目标时要充分考虑到大气污染对于低碳发展的影响，争取在源头上避免大气污染物与温室气体减排之间不协调的现象。在制定相关的具体措施，如法律、法规、规章、条例等时，也要充分考虑大气污染物与温室气体控制之间存在的协同效应，尽量确保在措施的实施过程中不至于出现负面的协同效应，从而协同实现低碳发展与雾霾治理。最后，建立统一的大气污染物与温室气体监测、统计和考核的体系。出于大气污染物和温室气体的同源性，特别要充分利用现有的环境监测、统计核算方面的基础设施能力和人员队伍建设等方面的资源，对现有资源根据统一的目标进行系统的优化和升级，实现对不同物质的监测统计，节约资源，提高效率；对于相同的排放大户（企业、行业、地区）的考核在信息的采集和整理上整合现有的不同系统设置、人员配置和资源供给，建立统一的考核体系。

三、国家投资经营法方面的法律建构

对于处于工业化中期的我国来说，能源的需求非常巨大，如何协调好经济、资源、环境三者间的关系，是一个巨大的挑战。但我们也要看到机遇，只有以低碳化的发展方式才能够协调经济资源环境间的发展，才能为子孙后代留下一点财富。

低碳经济虽说能带来较好的社会效益、经济效益和生态效益，但是低碳产业的投入和低碳技术的研发，需要大量资金的投入，并且周期长，对于大部分的企业来说，这只能望而却步。因市场经济主体的唯利性，市场在此失灵了，政府这只"有形之手"的合理干预才能弥补市场的缺陷，为了保障"国家调节"在此方面发挥有力作用，因而需要国家投资经营法来促使代表国家的政府直接投资某些低碳产业，扶持其

不断壮大,同时支持各科研机构大量开展相关先进低碳技术的研发并使其产业化。因此我国可以制定关于低碳产业发展的政策法律,合理规划国家投资主体、投资程序、投资政策、投资管理体制和投资责任等规定。国家投资相关低碳产业形成规模化效应后,可以推广到更多市场主体,带动更多有实力的企业开展低碳化发展。

参 考 文 献

[1] 张剑波. 低碳经济法律制度研究 [D]. 重庆大学, 2012.

[2] 孙晋, 王龙. 我国发展低碳经济法律问题研究. 第五届无锡法制建设高层论坛. http://www.legaldaily.com.cn/zt/content/2010-09/30/content_2308203.htm?node=25833. 2014-10-13.

[3] 鲁伟. 我国发展低碳经济的立法问题研究 [D]. 江西农业大学, 2013.

[4] 王福波. 我国发展低碳经济的法学思考 [J]. 现代法学, 2011 (1): 90-99.

[5] 李荣华, 张敏敏. 河南省实现低碳经济转型的对策研究 [J]. 商业经济, 2011 (9): 32-33.

[6] 宫金萍. 我国低碳经济法律规制路径探析 [D]. 山东师范大学, 2012.

[7] 宋秀慧. 低碳经济与我国应对气候变化的立法完善 [J]. 齐齐哈尔大学学报, 2011 (3): 79-82.

[8] 廖建凯. 我国气候变化立法研究——以减缓、适应及其综合为路径 [M]. 北京: 中国检察出版社, 2012.

[9] 张绍鸿, 曾凡银, 胡庆翠. 从战略到行动: 德国低碳发展的法律举措 [J]. 中国律师, 2012 (8): 58-61.

[10] 曾珠, 周一. 主要发达国家发展低碳经济的经验 [J]. 商业研究, 2010 (12): 183-186.

[11] 王永胜. 低碳经济立法研究 [D]. 华中师范大学, 2011.

[12] 李响. 论低碳经济的法律规制 [J]. 学习与探索, 2010 (2): 110-112.

第十二章　低碳经济发展的治理体系探析

党的十八届三中全会把"推进国家治理体系和治理能力现代化"作为了全面深化改革的总目标之一。对于低碳经济发展，同样也需要在低碳经济发展的顶层设计下，总结政策执行与试点进展的经验，构建一整套既能使市场在低碳经济发展中起决定性作用，又能更好发挥政府对低碳经济发展作用的管理、激励、监督及惩罚机制的现代化治理体系。

第一节　政府存在的合法性

政府的合法性，一般指政府凭借非暴力手段使被统治者自觉或自愿地接受政府统治的能力。古往今来，任何政府的有效统治都离不开合法性的支持，不同的政府具有不同的合法性。随着全球化的发展以及人们素质的提高，人们越来越要求民主、平等、环境优美，政府必须适时地调整自己的政策以满足社会个体利益的需求，才能获得政治上的合法性。

一、政府与社会的关系

处理好政府与社会关系，就是要做到政府"掌舵"、社会"划桨"。在中国，政府与社会的关系是在长期的计划经济体制下形成发展起来的高度统合的关系模式，"政府为社会、社会国家化"是这种模式的典型特征，政府充当"全能政府"的角色。这种政府全面干预社会生活的结果，不仅导致了政府规模庞大但行政效率较为低下，给国家财政带来了沉重负担，而且由于政府对市场的越位与错位，政府"不该管的事管了，该管的事没管好"，直接造成了公民社会不发达，社会自治能力较差，整个社会公共责任机制薄弱。建设服务型政府、建立政府与社会的合作机制，关键是要发挥非政府组织（NGO）的作用，形成政府与非政府组织的合作伙伴关系。非政府组织可以在教育、扶贫、妇女儿童保护、环保、公共服务提供以及人口控制等领域发挥重要作用。随着现代化进程的进一步发展和社会的进一步成熟，社会的自主管理能力将不断扩大，而国家和政府的管理职能将逐步缩小，政府与社会的关系将进一步调整，其历史趋势将是"小政府、大社会"。

近年来，中国政府开始尝试将其承担的公共服务职能转由社会组织予以承接，通过向社会组织购买公共服务来弥补政府行动能力的不足或者在提供特定公共服务方面的效率不足。同时，也在一定程度上从源头方面消除了政府在直接向公民提供公共服务过程中的可能出现的腐败风险。这项改革，主要着眼于削减或转移职能，实现政府职能向社会领域分权。一是把政府公共政策制定和执行职能分开。通过合同的方式把政策执行职能交由专门机构或政府外公共组织甚至民间机构承担，政府专司政策制定和执行的监督管理职能，政府开始转向一种"政策制定（掌舵）同服务提供（划桨）分开"的机制，实现政府"掌舵"、社会"划桨"的分工与协调。这样做的好处在于，一方面有利于政策制定的科学性、民主性、有效性，避免主观随意性并由此可以建立决策失误责任追究机制；另一方面，通过社会竞争合同契约的方式，可以改变过去政府在政策执行中执行主体偏私走样以及谋取私利损害公共利益的违法腐败行为，增强政策制定与执行的公开性透明性。二是逐步实现公共管理社会化、公共服务市场化。转移政府职能，将部分公共产品公共服务让渡给社会中介组织或私人部门承担，引进竞争机制，打破政府垄断，为公众创造更多更好的自由选择公共产品公共服务的机会。

二、政府存在的合法性的来源

政治学意义上的合法性（Legitimacy）观念指的不是法学意义上的符合法律规范或法律原则，而是政治上的有效统治的必要基础，是治者与被治者之间的一种共认的理念。实际上就是根据社会主导价值体系的判断，由广大民众给以积极的社会支持与认可的政治统治的合理性和正当性，其内涵包括政治统治能否以及怎样以社会大多数人所认可的方式运行，也包括政治统治有效性的范围、基础和来源。

早在古希腊，亚里士多德对合法性就有过初步论述，他在《政治学》指出：一种政体如果要达到长治久安的目的，必须使全邦各部分的人民都能参加而且怀抱着让它存在和延续的意愿。在现代政治分析中重视合法性问题的德国学者马克斯·韦伯认为：一切经验表明，没有任何一种统治自愿地满足于仅仅以物质的动机或仅仅以情绪的动机，或者仅仅以价值合乎理性的动机作为其继续存在的机会，毋宁说，任何统治都企图唤起并维护它合法性的信仰，对于任何既定的统治者来说，都必须为自己的统治寻求合法性基础。判定某一政权是否具有合法性，并不在于统治者自己的宣称，也不在于统治者为自己的执政制定法律依据，而在于占人口绝大多数的民众是否真正认同。[1] 在合法性来源的诸多因素中有两大重要的因素即为精神性的"纯粹内在"和现实性的"利害关系"。韦伯认为民众对一个政权的合法性的认同不仅是信念、信仰上的问题，而且是该政权给民众带来的现实利益问题。

因此，作为精神存在的信仰、信念、意识形态并不是政治合法性的根本根源，某

---

[1] 黄莉. 论中国政府存在合法性的基础 [J]. 宜宾学院学报，2004（9）.

种"利害关系"才是根源。合法性最深厚的基础存在于一定社会的经济关系所决定的利益关系,对社会各阶级或阶层利益的满足是政治合法性的物质基础。治者对被治者利益的满足表现为政治效绩,而在现代世界中,这种效绩意味着经济的不断发展。❶一个政府要想取得合法性,即让民众认可自己,其制定的法律法规以及机制必须是能够促进经济发展。在气候变暖的情况下,该政府制定的法律法规机制等还必须能够应对气候变化,从而保障人们的生存环境。

第二节　政府在低碳经济发展中的作用

低碳经济发展方式是一种集约式、绿色的发展方式,是现代社会发展的必然结果,是人类社会从工业文明向生态文明过渡的必然选择,代表了一种新的发展方式和生存理念。

长期以来,中国采取的是"粗放式的经济发展方式",这种发展方式造成中国经济发展过分依赖于生产要素的投入,进而形成了以高污染、高消耗、低效率的"高碳"为主的经济以及以权力为导向的传统政府管理方式。在早期计划经济背景之下,传统政府管理方式对整个社会和经济的发展起到了巨大的促进作用。但在全球一体化、气候变化问题日趋严重的今天,这种政府管理方式不仅不能促进生产力的极大发展,还会阻碍生产力的发展;不仅不能减缓全球变暖的趋势,还会在不知不觉中增加中国的碳排放总量。如我国传统政府管理方式存在着严重的高碳排放问题,行政效率低下,行政成本过高,同时还存在着腐败问题。传统政府审批项目时考虑的不是该项目的社会成本和社会收益,而是私人成本和私人收益,这样必然会带来生产和消费外部不经济性,滋生了乱排放污水、固体废弃物、废气等现象。因此,我们在转变经济发展方式的同时必须转变政府管理方式,转变政府管理方式并不是只要市场机制不要政府管理,而是要做到两个坚决,即政府把该管的坚决管到位,不该管的坚决不插手。政府在低碳经济发展方面的作用主要在于以下几方面。

(一) 规避低碳经济发展中的负外部性,促进低碳经济发展中的正外部性

外部性(Externality)亦称外部成本、外部效应,其最早可追溯到 1776 年亚当·斯密有关市场经济的"利他性"表述,马歇尔(A. Marshall)则在 1890 年的《经济学原理》一书中首次提出"外部经济"概念,❷ 其学生庇古(A. C. Pigou)等则在前人基础上丰富和发展了这一理论。❸ 根据萨缪尔森和诺德豪斯的观点:"外部性是指

---

❶ 利普塞特. 政治人——政治的社会基础 [M]. 北京:商务印书馆,1993.
❷ 胡元聪. 交换领域外部性问题的经济法解决 [M]. 现代法学,2010 (6):64.
❸ 曹丽萍,王晓燕. 水污染控制与管理的经济手段 [J]. 首都师范大学学报:自然科学版,2003 (3):74-78.

那些生产或消费对其他团体强征了不可补偿的成本或给予了无需补偿的收益的情形。"❶ 而兰德尔则将外部性理解为"当一个行动的某些效益或成本不在决策者的考虑范围内的时候所产生的一些低效率现象；也就是某些效益被给予，或某些成本被强加给没有参加这一决策的人"。❷ 综合学者的观点，所谓外部性是指在经济活动中，各参与者的活动对其他参与者带来的非市场性影响，这种影响可分为正外部性（或称外部经济、正外部效应）和负外部性（或称外部不经济、负外部效应）两类。

所谓"负外部性"是指生产者和消费者的活动会对旁观者产生不利的影响。通过政府规制来抑制"负外部性"的产生，往往会增加其他"旁观者"的福利，同时对社会整体的"旁观者"福利的提高也起到促进的作用。在低碳经济发展过程中，难免会存在部分企业不按照节能减排的要求生产和消费，造成严重的环境污染。

所谓"正外部性"是指生产者和消费者的活动会对旁观者产生有利的影响。如果某个项目的私人成本高于私人收益，但社会成本低于社会收益，从私人的角度来看私人企业或部门不会实施这个项目，但从社会的角度来看，如果政府给予该生产者或消费者一定的补贴，只要补贴额不超过社会收益与社会成本的差，就可以提高社会整体的福利水平。

因此，我国政府可以通过有关的管理制度、监督制度、激励制度，可以最大限度地抑制"负外部性"的发生，并鼓励"正外部性"的产生。

（二）促进公共物品的有效供给

根据公共经济学观点，社会产品可划分为两大类，即私人产品与公共产品。❸ 所谓私人产品是指在消费上兼具竞争性与排他性的物品；而公共产品则是在消费上具有非竞争性与非排他性的物品。❹ 根据亚当·斯密对公共产品的表述，公共产品是"对于一个社会""有很大利益"，但就其性质而言，若由"个人或少数人办理"，其所得利润"不能偿其所费"的产品，因此该产品"不能期望个人或少数人出来创办或维持"。❺ 该表述既给公共品进行了界定，也对其供给主体进行了界定，即公共品一般不由私人提供。萨缪尔森（Samuelson Paul）则在其《公共开支的纯理论》中指出，公共产品即"每个人的消费不会减少任意其他人对这种物品的消费"的物品。❻ 曼瑟尔·奥尔森（Olson Mancur）在其《集体行动的逻辑》中则将公共产品定义为：集团

---

❶ 萨缪尔森，诺德豪斯. 经济学 [M]. 北京：华夏出版社，1999，263.
❷ 兰德尔. 资源经济学 [M]. 北京：商务印书馆，1989，155.
❸ 张剑波. 低碳经济法律制度研究 [D]. 重庆大学博士学位论文，2012.
❹ 李增刚. 全球公共产品：定义、分类及其供给 [J]. 经济评论，2006（1）：131.
❺ 亚当·斯密. 国民财富的性质和原因的研究（中文版，下卷）[M]. 北京：商务印书馆，1974，284.
❻ 张剑波. 低碳经济法律制度研究 [D]. 重庆大学博士学位论文，2012.

中任何个人的消费都不妨碍同时被其他人消费的物品。❶ 丹尼斯·缪勒（Mueller Dennis C.）则认为："能以零的边际成本给所有社会成员提供同等数量的物品"。❷ 以上定义揭示了公共产品的基本特征，即公共产品皆具有非竞争性和非排他性。非竞争性指一个人在消费某产品时，并不妨碍他人消费该产品；非排他性则指任何人都不需支付成本就可以从某物品的消费中获得好处，或阻止不付费者消费该物品不可行或成本高昂。具有以上特征的公共产品被称为纯公共产品，而可由个别消费者占有和享用、具有竞争性与排他性的物品则为私人产品，而介于纯公共产品与私人产品之间、既带有公共产品部分特征又带有私人产品部分特征的产品则被称为准公共产品。公共产品理论的意义在于，它可以解释现实社会中诸如"公有地悲剧"与"搭便车"等经济现象存在的原因以及针对这些现象可采纳的方法。

在公共产品的供给方面，一般认为，产品的供给有两种途径，即市场供给与政府供给。传统观点认为，私人产品主要通过市场途径加以供给；而公共产品因市场机制缺陷、市场供给会导致供给不足等失灵现象，故主要由政府供给。如公共产品在消费上的非竞争性和非排他性性质决定了未付费者也可从他人提供的公共产品中获益，从而导致人人争着搭便车，而不希望别人搭自己便车的心理，导致谁都不愿意提供公共产品，造成公共产品供给不足，给公共产品由政府供给提供了理据。但正如科斯等学者的研究表明，现实生活中私人通过合作也可以提供充足的公共产品，私人产品与公共产品供给未必一定遵循以上原则，政府并非是公共产品的唯一供给者，市场同样可以供给公共产品，而政府也可以供给私人产品。❸

公共物品的根本特点是"非竞争性"与"非排他性"，基于这两个特点，在提供公共物品的过程中便会存在以下问题：首先是由于交易费用的居高不下，导致私人企业和部门不愿意提供公共物品；其次是部分公共物品的提供基本上很难明确出具体的受益者，具有很大的正外部性，如果有私人企业来提供，必然会导致公共物品的市场供给不足。因此只能由政府来提供公共物品，而政府的引导和管制是提供公共物品过程中必不可少的环节和措施。

环境是一种典型的公共产品，同时具有"非竞争性"和"非排他性"。将低碳经济发展列为公共物品的范畴，是从环境角度考虑的，因为碳排放量的持续增加会威胁到全人类的生存。"低碳经济发展"的提出是以温室气体的排放导致气候变化进而影响人类的生存和发展为由，温室气体的主要来源有化石燃料的燃烧过程、建筑物、农田、交通等。低碳经济发展过程中必然离不开政府的引导和管制。如果没有政府的引

---

❶ 奥尔森. 集体行动的逻辑 [M]. 上海：上海人民出版社，1996，13.
❷ 丹尼斯·缪勒. 公共选择 [M]. 北京：中国社会科学出版社，1999；15.
❸ 张剑波. 低碳经济法律制度研究 [D]. 重庆大学博士学位论文，2012.

导和管制,私人企业和部门是没有动力来提供"低碳的环境"这种公共物品的。政府实施的与节能减排相关的法律法规在低碳经济发展的过程中能够有效地弥补市场机制的失灵,为经济的协调发展、市场的有序运行提供必要的制度依据。

(三)通过立法和政策制度创新为低碳经济发展提出目标和可能的措施,通过财政预算和有效手段为低碳城市发展提供条件和支持

政府在低碳经济发展的过程中是制度供给者,能够为城市的低碳发展创造条件,为那些已经出现或有可能出现工业共生❶现象的区域提供促进低碳经济发展的公共政策和财政支持;引进工业共生中所需的核心企业,使共生交换有可能发生。

在引进核心企业后,政府要提供相关的政策,帮助核心企业,使他们之间形成互相依赖的关系。比如英国的可持续发展商业委员会成功规划了世界上最大的副产品交换聚集区——"国家工业共生项目",原因就是该委员会一直在提供公共和财政政策帮助企业创造共生的商业机会。

政府为了实现自己在低碳经济发展中的作用,就必须依靠政策来执行自己的理念,表12-1中列出了中国政府从20世纪90年代到今天采取的一些具有标志性的减少碳排放的政策措施。然而,政策只有成为一个体系才能更好地发挥作用,为此,下面将从管理、激励、监督、惩罚4个方面来设计政府促进低碳经济发展的治理机制。

表12-1 政府促进低碳经济发展的主要政策

时间	主 要 工 作
1994	国务院常务会议通过了《中国21世纪议程——中国21世纪人口、环境与发展白皮书》
1998	中国政府签署《〈联合国气候变化框架公约〉京都议定书》
2002	中国核准《〈联合国气候变化框架公约〉京都议定书》
2005	《京都议定书》生效
2006.3	我国的"十一五"规划纲要提出了两个主要约束性指标,即到2010年单位GDP能耗比2005年降低20%,主要污染物排放总量减少10%
2006.12	由科技部、中国气象局和中国科学院等12个部门、88位专家编写的中国第一部《气候变化国家评估报告》发布
2007.6	中国发布第一部针对全球变暖的国家方案《应对气候变化国家方案》,全面阐述了中国在2010年前应对气候变化的对策
2007.8	国家发改委发布《可再生能源中长期发展规划》
2007.10	国家发改委发布中国《核电中长期规划》
2007.12	中国国务院新闻办公室发表了长达1.6万字的《中国的能源状况与政策》白皮书,详细介绍了中国能源发展现状与能源发展的战略目标

---

❶ 工业共生是一种有效解决生态工业园中企业间的资源和能源浪费、促进可持续发展的工业策略,因为共生可以使物质的用途被优化,废物的排放量减少到最小,并且显著减少生产和消耗对环境的影响。

续表

时间	主 要 工 作
2008.10	我国发表了《中国应对气候变化的政策与行动》白皮书
2009.5	中国政府公布了落实"巴厘路线图"的文件
2009.11	国务院总理温家宝向全世界公布了我国 2020 年降低碳强度的目标,即到 2020 年,单位国内生产总值二氧化碳排放比 2005 年下降 40%~45%
2009.12	国务院总理温家宝在哥本哈根气候变化大会闭幕式上,提出中国应对气候变化问题上的 4 个原则:(1)保持成果的一致性;(2)坚持规则的公平性;(3)注重目标的合理性;(4)确保机制的有效性
2010.3	两会期间,国务院总理温家宝在《政府工作报告》中首次明确强调,大力开发低碳技术,努力建设以低碳为特征的消费模式和产业体系
2010.7	国家发改委发出《关于开展低碳省区和低碳城市试点工作的通知》,包括广东、辽宁、湖北、陕西、云南 5 省,天津、重庆、深圳、厦门、杭州、南昌、贵阳、保定 8 市
2010.10	《联合国气候变化框架公约》和《京都议定书》工作组第十四次会议在天津市梅江会展中心举行,这是中国首次承办联合国框架下的气候变化正式谈判会议
2011.3	"十二五"规划《纲要》颁布,"应对气候变化"独立成章,并从增强适应气候变化能力、控制温室气体排放、广泛开展国际合作 3 个方面提出了工作要求
2011.10	国家发改委批准北京、天津、上海、重庆和湖北、广东、深圳共 7 个省市开展碳交易试点工作
2011.11	温家宝主持的国务院常务会议上讨论通过《"十二五"控制温室气体排放工作方案》,会议要求按照"十二五"规划纲要提出的到 2015 年单位国内生产总值二氧化碳排放比 2010 年下降 17% 的目标,提出了要综合运用多种控制措施,加快调整产业结构,大力推进节能降耗,积极发展低碳能源,努力增加森林碳汇,开展低碳发展的试验试点,探索建立碳排放交易市场的任务
2012.6	《"十二五"节能环保产业发展规划》
2012.6	"中国低碳发展宏观战略项目",做好我国低碳发展顶层设计
2012.6	国务院常务会议:自 2013 年起,将全国节能宣传周的第三天设立为"全国低碳日"
2012.7	启动"中华家庭低碳环保公益活动"
2012.8	《节能减排"十二五"规划》
2012.10	《重点区域大气污染防治"十二五"规划》
2012.11	十八大报告:着力推进绿色发展、循环发展、低碳发展
2012.11	"关于开展国家智慧城市试点工作的通知"
2012.11	《关于开展第二批国家低碳省区和低碳城市试点工作的通知》
2012.12	国家发展改革委发出《关于开展国家第二批低碳省区和低碳城市试点工作的通知》
2012.12	《服务业发展"十二五"规划》
2012.12	中国推动世界气候变化多哈会议取得积极成果,确立京都议定书第二承诺期
2012.12	中央经济工作会议:走集约、智能、绿色、低碳的新型城镇化发展道路
2012.12	《工业领域应对气候变化行动方案(2012—2020)》
2013.1	《能源发展"十二五"规划》
2013.1	《"十二五"国家自主创新能力建设规划》
2013.1	《"十二五"主要污染物总量减排统计、监测办法》

续表

时间	主要工作
2013.1	《全国生态保护"十二五"规划》
2013.2	《"十二五"国家碳捕集利用与封存科技发展专项规划》
2013.2	《国家环境保护标准"十二五"发展规划》
2013.2	《低碳产品认证管理暂行办法》
2013.2	《国家重大科技基础设施建设中长期规划（2012—2030年）》
2013.3	《计量发展规划（2013—2020年）》
2013.3	《空气质量新标准第二阶段监测实施方案》
2013.4	《"十二五"绿色建筑和绿色生态城区发展规划》
2013.4	推进《生态环境保护人才发展中长期规划（2010—2020年）》实施
2013.9	大气污染防治行动计划

第三节 低碳经济发展的治理机制

低碳经济发展的治理机制具体包括以 PDCA（Plan，Do，Check，Action）循环为要求的管理机制，起到激励和预警作用的监督机制，以及起到"胡萝卜加大棒"作用的激励机制和惩罚机制。要促进低碳经济发展的有效治理，必须对这 4 个部分进行更仔细的设计。

一、低碳经济发展的管理机制

完善的促进低碳经济发展的管理机制，应该符合 PDCA 循环的要求，进而运用符合 PDCA 循环要求的管理机制来对生产者和消费进行管理。中央政府等各级政府在低碳经济发展的过程中通过积极的管理机制设计，理顺政府、企业、个人等市场主体间的相互关系，为不同主体提供行动目标，搭建行动框架，制定行动规范，促进低碳经济发展的有序化。其中，组织协调机制推动各级政府以及不同部门之间的有效分工合作；总量分配机制从政府、企业、项目 3 个角度为从总量上对碳排放进行控制提供了可行的实施渠道，也为碳交易机制提供了配额基础；清单管理机制一方面用权力清单来约束政府，另一方面用负面清单来放活企业，激发市场活力；低碳标准和标识制度为各级政府的管理工作、各企事业单位的生产、消费者的生活等提供了明确的低碳准入门槛。

（一）完善的促进低碳经济发展的管理机制，应该符合 PDCA 循环的要求

完善的低碳管理机制是政府的重要行为，是低碳经济发展的战略性手段和制度性保障。只有通过制定合理的促进低碳经济发展的管理体制，才能保障我国实现 2020

年人均国民生产总值碳排放减少 40%~45% 的目标。完善的促进低碳经济发展的管理机制，应该符合 PDCA 循环的要求：

（1）P 阶段——首先制定温室气体减排的计划，计划中包括减排目标、减排工作实施方案。

国务院 2011 年制定了《"十二五"控制温室气体排放工作方案》，该工作方案一方面明确了"十二五"期间各地区单位国内生产总值二氧化碳排放（碳强度）下降指标；另一方面明确了国家层面控制温室气体排放的主要措施。

对于减排工作实施方案，各省（自治区、直辖市）被要求按照该方案，结合本地区的实际情况，配合有关部门制定本地区控制温室气体排放工作实施方案。目前，河南、山东、广东、新疆维吾尔自治区等地已经制定了适合本地的控制温室气体排放工作实施方案。各地在充分消化和领会国家工作方案的基础上，有针对性地提出推进本地区减少温室气体排放工作的具体对策措施，而不能简单地照搬国家方案中的有关要求。

我国现行方案中减少温室气体排放的措施主要包括以下方面：（1）结构减排。大力发展服务业和战略性新兴产业，到 2015 年服务业增加值和战略性新兴产业增加值占国内生产总值比例提高到 47% 和 8% 左右。大力推进节能降耗，到 2015 年，形成 3 亿吨标准煤的节能能力，单位国内生产总值能耗比 2010 年下降 16%。积极发展低碳能源，到 2015 年，非化石能源占一次能源消费比例达到 11.4%。（2）碳汇吸收减排。努力增加碳汇，"十二五"时期，新增森林面积 1250 万公顷，森林覆盖率提高到 21.66%，森林蓄积量增加 6 亿立方米。

不过，就国家最终的减排目标而言，只引入碳强度的目标是远远不够的。国内外的经验证明强度控制政策背景下，即使大多数企业、省市都能达标排放，但由于排放源头的增加等原因最终会导致碳排放总量不断增长，中国各地环境质量仍持续恶化。因此，必须采取温室气体排放总量控制的办法，控制并逐步削减温室气体排放总量，才能达到遏制全球气候变暖的趋势。因此，要尽快出台全国各地区温室气体总量控制目标。

（2）D 阶段——根据计划，有效执行减排工作方案。

一旦党中央、国务院、国家发改委关于温室气体减排的目标明确后，确保实现温室气体减排目标的责任就落到了各级政府、各级环保部门，关键是将计划落实。

虽然我国已经在低碳经济发展方面做了很多的工作，并且取得了良好的效果，但全球气候仍在变暖，极端天气仍在增加；同时如果按照现在的发展方式和政策，我国到 2015 年全国单位国内生产总值二氧化碳排放比 2010 年下降 17% 的目标很难实现。因此中国政府一方面需要继续加强在上述领域的工作；另一方面，需要在以下几个方面设定相关的政策：一是建立控制温室气体排放目标责任制，二是遏制碳排放较高的行业过快增长，三是加快促进低碳经济发展的关键技术开发和推广，四是实施有利于低碳经济发展的财税金融政策。

（3）C阶段——减排计划执行后，根据相应的标准进行检查减排目标是否实现，找出减排计划及工作实施中存在的问题和原因。

标准是经济和社会的一个基本组成部分，正确的衡量标准能够使得各要素有效率的运作，共同有效益的预期成果。

判断一个地区减排工作是否有实效，不仅要看总量减排目标的完成情况，更要看"温室气体减排机制是否建立，产业结构是否得到调整，碳排放监管能力是否得到加强"。

（4）A阶段——根据检查结果，将减排工作中获得的经验和教训，总结成减排工作相应标准、制度，将未解决或新出现的问题转入下一次PDCA循环，通过调整减排计划、实施方案，进行进一步修正完善。

当前，温室气体减排工作中存在认识不到位的问题，这导致企业参与碳配额拍卖以及二级市场碳交易的积极性不够，无法形成十分有效的碳市场；存在体系建设不完善的问题，这直接影响到责任制的落实以及减排工作的有力开展；存在考核制度不严格的问题，最终将导致污染目标和任务只停留在形式上，温室气体的排放量很难得到减少。因此，必须切实加强基础能力建设，确保投入到位、政策到位、执法监督到位、能力建设到位、责任到位、宣传动员到位。

（二）完善组织协调机制

在任何一种经济运行机制中组织协调机制都是至关重要的，它在经济活动中的功能主要是消除隔阂、协调不同行为主体间的利益差异和冲突，在多个组织之间求同存异、形成合力，实现有序和高效的经济运行。随着社会经济发展的推动与政府改革的深入，政府部门间关系的问题逐渐开始成为关注的焦点。在政府职能转变的背景下，如何建构政府部门间协调机制成为行政体制改革深度推进的重要维度。组织协调机制体现了政府改革的核心诉求，在从"碎片化"向"跨部门协作"的转化过程中起主导作用。只有政府各部门之间和各级政府有一个健全的组织协调制度，才能更好地促进低碳经济的发展。

国务院设立低碳经济发展委员会统一领导协调国家层面的低碳经济发展工作。委员会成员由国家发改委、工信部、环保部、财政部、国税总局以及教育、商务、统计、科技、国土资源、交通运输、住房城乡建设、农业、林业、海洋、气象等相关部门负责人组成。委员会主任由国务院总理担任，委员会副主任由分管国家发改委的国务院副总理担任。办公室设在国家发改委，办公室主任由国家发改委负责人担任。低碳经济发展委员会主要负责以下工作：评估高碳发展和促进低碳经济发展应对措施对国民经济和社会发展的影响；向国务院提出促进低碳经济发展的方针和目标、中长期规划和年度行动方案的建议；向国务院提交促进低碳经济发展的年度报告；协调相关部门制定促进低碳经济发展的专项规划和政策措施；建立碳排放形势季度会商机制，督促强化各省（自治区、直辖市）、部门协调联动；向国务院提出低碳经济发展国际合作和国际谈判的对策建议。

各级政府成立低碳经济发展领导小组或在低碳经济发展联席会议框架下建立专职负责小组统一领导协调行政区域内的低碳经济发展工作。小组成员由发展和改革、工业和信息化、环保、财政、税务及教育、商务、统计、科技、交通运输、住房城乡建设、农业、林业、海洋、气象等相关部门负责人组成。组长由省（市）长等行政一把手担任，办公室设在发展改革委，办公室主任由发展改革委主任担任。低碳领导小组主要负责研究、审议、决策有关低碳经济发展的重大问题；同级发改部门作为牵头单位，负责总体设计、组织协调、系统推进和预警调控；各相关主管部门按照职责分工，细化专项方案，抓好分管工作落实。各级、各部门明确主要领导和主要负责人为第一责任人，形成行业主管部门和同级政府"部门联动、条块结合"的管理模式。

各级政府成立在低碳经济发展领导小组或低碳经济发展委员会领导下成立低碳经济发展专家咨询委员会，建立低碳经济发展专家决策咨询机制，为政府加快低碳经济发展提供高层次咨询和智囊服务。委员会由经济、科技、文化、环境、法律、外交等方面的专家组成，对区域低碳战略规划、重要政策以及重大问题提供政策咨询、理论指导和技术支持，分析预测行政区域内低碳经济发展形势和发展趋势；对关系低碳长远发展的前瞻性、战略性、综合性问题进行调研和咨询。

（三）实施碳排放总量分配机制

近几年，随着全球气候不断变暖，极端天气、气候事件不断增加，一方面为了更好地履行减排的义务，另一方面为了促进经济的可持续发展，我国政府的低碳发展政策正逐渐从行政命令转向建立制度和经济措施的长效机制。2011年，国家发改委办公厅下发了《关于开展碳交易试点工作的通知》，批准北京、天津、上海、重庆、深圳、湖北、广东7省市开展碳交易试点工作。截至2014年1月，除了湖北、重庆之外的其他5省市均在2013年相继启动碳交易。

在中央有关部门的指导下，各试点地区出台了相应的碳交易试点工作的"实施方案"或"实施意见"，确定了参加交易的行业和企业，编制了相关行业和企业碳排放核算指南，完成了参与企业碳排放的初期准备工作。在这系列工作中，温室气体总量控制制度与温室气体排放许可制度是开展碳交易重要的前期制度保障，其中难点在于如何确定和分配碳排放权配额。

从当前全球范围内温室气体排放交易市场制度设计来看，碳排放权配额的分配方式主要有：免费发放、拍卖发放，以政府规定的固定价格购买配额，以行业为基准的混合配额法。总体来说，这几种配额分配方式的都要求首先建立温室气体总量控制制度，即在总量逐渐下调的基础上直接交易排放量。可以预见，未来如要建立全球碳排放交易体系的话，也一定会采取这种"碳总量"方式。因此，我国构建的全国统一的碳交易市场的主体应该是基于温室气体总量控制制度的配额交易。

1. 碳排放总量（配额总量）的确定

按照国家发改委制定的时间计划表，作为国家首批碳交易试点的5市2省正在紧密部署，其中步伐较快的有北京、上海、天津、深圳、广东（简称"北上天深广"），这5个省市均出台了配额总量的确定方法。根据目前公开资料，整理得出"北上天深广"试点方案特点，其中包括总量设置原则（表12-2）。

表12-2 "北上天深广"试点方案特点

试点省市	总量设置原则	配额分配原则	是否引入抵消机制	实施配额管理的企事业单位	交易主体的数量
北京	祖父原则	免费发放+拍卖	是	年均直接或间接CO_2总量1万吨及以上的固定设施排放企业（单位）	435家
上海	祖父原则与基准原则	全部免费发放	是（不超过5%）	工业行业年均CO_2总量2万吨及以上、非工业行业年均CO_2总量1万吨及以上的排放企业（单位）	197家
天津	祖父原则与基准原则	全部免费发放	是（不超过10%）	年均CO_2总量2万吨及以上的排放企业（单位）	130家
深圳	祖父原则与基准原则	免费发放+拍卖+固定价格+其他有偿方式	是（不超过10%）	年碳排放总量达到5000吨二氧化碳当量以上的企事业单位；建筑物面积达到20000平方米以上的大型公共建筑物和10000平方米以上的国家机关办公建筑物；自愿加入并经主管部门批准纳入碳排放控制管理的企事业单位或者建筑物；主管部门指定的其他企事业单位或者建筑物	635家
广东	祖父原则与基准原则	免费发放+拍卖	是（不超过10%）	年均CO_2总量1万吨及以上的企业（项目、单位）	242家

一般的碳排放总量设置原则主要有"祖父原则"、"基准原则"。"祖父原则"是基于企业历史排放量设置碳排放总量的方式，即先设定一段时间或某一年为基准期，然后根据受规制的各行业在历史基准期的排放情况来决定它们的配额总量。"基准原则"是先设定一个基准，然后根据受规制的各个企业实际排放量和该基准相乘之积来决定配额总量，该基准可以是行业内的平均排放量、燃料消耗量或者是单位生产产量。

深圳、天津在具体的配额核定中，综合考虑了控排单位历史排放水平和早期减排效果、产业发展政策、行业发展阶段和减排潜力等因素综合确定所有控排单位的配额总量;北京基于历史排放总量和强度确定配额总量;上海、广东针对不同的行业采取历史排放法、基准排放法。

国家在确定各个省市的碳排放总量的过程应该注意以下几点:

第一,鼓励和引导各省市因地制宜地促进低碳发展。总体目标和政策框架给各省市较大的政策及目标空间,如碳排放总量目标不搞"一刀切",可以根据各省的特点,综合考虑经济环境的区域差异性、开发强度、温室气体排放量、排放强度的区域差异性等各种因素,引导各省市将低碳政策的重点放在地方的优势领域。

第二,在确定强制减排的行业时综合考虑各个行业的减排成本、战略地位,首先针对减排成本较小的企业,对经济发展不会造成巨大影响的行业;同时考虑行业间减排成本的差异,减排成本差异比较大的不同行业参与控排有利于形成交易。

第三,在确定具体企业的碳排放,应采取协商机制。碳排放企业在管理部门限定的条件下,就碳排放配额的分配问题进行协商,然后向管理部门申报最终结果。深圳市专门研发了一个碳配额分配的电子系统,让企业参与其中。企业会在电子申报系统上申报6个数,即未来3年(2013—2015年)的碳排放量预测值和预测增加值。这6个数填完后,系统会自动生成一个配额。企业认同这个配额后,签字画押带回去,这样,企业"碳配额"分配就结束了。协商机制能够在一定程度上降低管理部门对于碳排放企业的信息要求,从而降低其管理难度。

第四,在设定碳排放总量目标时,既要保证现有企业碳排放绝对量的下降,又要给新建项目预留一定的排放空间。

综上所述,在确定碳排放总量时,要坚持全国总量控制与行业总量控制相结合的管理模式,对排放量大、污染重的行业和企业,碳排放总量目标单列,采取统一规定的绩效方法将指标直接分配给具体企业,这有利于目标责任制的实现。

2. 配额发放方式的选择

直观地看,有偿发放似乎比免费方法更能激励企业减排,因为有偿分配使得企业支付了成本,而免费分配的过程中企业没有成本支出,但这种观点似乎忽略了企业的机会成本。如果企业的减排成本低于市场交易的配额价格,企业可通过减排达到配额约束后将免费的配额出售并获得利益。因此,在有效交易市场的情况下,免费分配也能达到减排的约束目的。

有偿分配配额的模式主要是指拍卖。拍卖分配法是指根据"谁污染,谁付费"的原则,受规制的各个企业要对配额的取得支付相应的价格,承担减排费用;同时,政府在获取拍卖收入之后,将拍卖所得仍然投入到节能减排中,实现良性的循环发展。另一种有偿分配的方式固定价格出售,即将每单位配额以固定价格出售给需要需求企业。如果政府可以掌握各个企业的减排成本，就可以根据明确的减排目标量确定配额价格。由于实践中存在信息不对称的问题，政府很难准确测算企业的减排成本，而且测算中企业存在对政府隐瞒减排成本的冲动，使得出售价格难以确定。

有偿分配最明显的优势是可以增加政府的收入，但同时也增加了企业的成本，降低该企业在国际和国内市场中的竞争力，因此在实际操作中，免费发放更易推行，而有偿发放会受到利益相关者的抵制。

国际上现行的主要初始分配方式是以免费分配为主，公开拍卖、固定价格出售为辅的混合机制。免费分配占主导地位并不是因为其在各方面要优于其他的分配方式，而是考虑到政策推行之初的一些阻力因素，在初期采用免费分配，并逐步过渡到以拍卖为主的分配方式上。虽然北京、深圳、上海、广东4个省市均在碳排放交易管理方案中提出了将开展配额的有偿发放，但截至目前为止，广东省是唯一正式开展有偿配额发放的试点。因此，广东的配额分配一方面具有鲜明的市场化特色，即实行部分免费发放和部分有偿发放，另一方面也为其他省市实行拍卖配额提供了经验和教训。

2013年12月16日，广州碳交易所成功组织广东省2013年度首次配额有偿发放竞价活动，这也是国内组织的首次碳排放权配额的有偿发放。首次竞价活动异常火爆，有效申报量为507.3921万吨，超过发放总量69.13%。28家控排企业和新建项目单位竞价成功，拍卖成交价为底价60元，竞买总量为300万吨，总成交金额为1.8亿元人民币。2014年1月6日，广州碳交易所再次实施广东省2013年度第二次配额有偿发放竞价活动，发放量为500万吨。46家控排企业和新建项目单位竞价成功，竞买总量为389.2761万吨，总成交金额为2.3357亿元人民币。2月28日，广州碳交易所举行了2013年度第三次配额拍卖，本次发放配额总量为200万吨，最终有效申报量为113.0557万吨，24家控排企业和新建项目单位竞价成功。从这三次配额拍卖过程中可以看出，一级配额拍卖进展并不是很顺利，只有在首次拍卖过程中申报量超过了发放量。为了促进控排企业和新建项目参与拍卖以解冻免费配额，必须采取相关的政策。

第一，采取"企业刷卡排碳总量控制"的政策。浙江省在2013年全面展开刷卡排污的政策值得借鉴。企业每月持卡申领污水排放量，然后在企业安装的专门装置上刷卡排污，一旦当月额度排量用完，排污阀门就会自动关闭，迫使企业停产。如果排污额度达到了限定额度的80%，90%和100%，系统平台都会自动生成短信告知企业的责任人，方便了企业主在生产过程中自我管控，主动调整生产，减少排污量。在环保部门的刷卡排污系统上，企业即时排污流量、当月允许排放量、实际和剩余排放量等数据都能清楚地显示出来，并且在不断实时更新。如果能够实施"企业刷卡排碳"，就能够实现对企业碳排放量的实时监测、报告与核查。

第二，强化有约束力的惩罚措施。惩罚措施是保证交易体系顺利实施的保证。欧盟 2003/87/EC 法案对惩罚措施作了明确的规定，包括经济处罚和通报等。经济处罚条款针对超标排放的量，每吨二氧化碳罚款 100 欧元，2013 年 1 月 1 日后，罚款的数额将随着欧盟的消费者物价指数调整。同时，由于排放超标而被惩罚的企业，在下一年配额发放时，超量部分将从其配额中扣除。根据这项条款，受到罚款的排放企业，在接下来的一年，其碳排放配额数量将会减少，因此，理性的企业不会选择超额排放。

显然，尽管通过拍卖发放配额有较大的难度，但从长远考虑，我国现阶段应该选择的配额发放方式是在控制配额总量的基础上，以免费分配为主、以拍卖分配为辅，同时采取必要的监测、核查措施以及惩罚措施，以此来激励企业更加积极主动参与到低碳发展中。

（四）推行清单管理机制

党的十八届三中全会指出，实行统一的市场准入制度，在制定负面清单基础上，各类市场主体可依法平等进入清单之外领域。同时，李克强总理在 2014 年夏季达沃斯论坛开幕式上强调，中国全面深化改革未有穷期，政府带头自我革命。他开出三张"清单"：一方面，要拿出完整的"权力清单"，政府应该干什么，"法无授权不可为"，这样才能防止公权滥用，减少寻租现象，使政府真正履行为人民、为大众服务的职责。另一方面，要给出"负面清单"，政府要让企业明了不该干什么，可以干什么，"法无禁止皆可为"，以形成公开透明、预期稳定的制度安排，促进企业创新活力充分迸发。还有一方面，就是要理出"责任清单"，政府该怎么管市场，"法定职责必须为"，以建立诚信经营、公平竞争的市场环境，激发企业动力，鼓励创新创造。❶

各级政府及其工作部门推行"权力清单"机制，规范低碳经济发展治理。用权力清单管理政府，也就是各级政府及工作部门要公开列出权力清单，划定政府"权力边界"，明确"权力家底"，政府只有在权力清单的范畴内才能履行职能。低碳经济发展治理推行权力清单机制的范围包括政府工作部门及部门管理机构；具有行政主体资格并依法承担行政职能的事业单位；列入党委工作机构序列但依法承担行政职能的部门或单位参照实施；乡（镇）人民政府、街道办事处要适时开展政府职权清理、推行权力清单机制，具体由各地根据实际情况确定。各级、各部门在梳理权力、履职分析的基础上，按照职权法定、转变政府职能和简政放权的要求，对现有权力研究提出取消、转移、下放、整合、严管、加强等调整意见，按照规范行政权力运行和便民高效的要求，着力减少内部运转环节，优化权力运行流程，明确和强化工作责任，规范自

---

❶ 李克强在 2014 夏季达沃斯论坛开幕式发表致辞 http：//www.chinanews.com/gn/2014/09-10/6578895.shtml.

由裁量空间，研究确定履职程序、办理期限和具体承办机构等，编制并公开权力运行流程图。

以各级发展和改革部门为代表的主管部门转向"负面清单"对行业、企业进行管理，激活市场活力。一方面，发展和改革等主管部门继续编制包含鼓励类、限制类、淘汰类等多个目类的节能低碳产品技术推广、产业发展指导目录等清单，用以指导相关部门制定相应的监督、激励和约束的政策措施，引导相关研究机构和企业的技术研发、项目示范和投资建设方向。另一方面，在市场逐渐放开的情况下，增加清单内限制和淘汰类等负面目录的比例，采用负面清单管理企业，把企业禁止和限制的项目列出来。政府对企业的管理在于审核企业是否进入禁止或限制的领域或产业以及事后管理，由政府主导变为市场主导。发展和改革部门编制高排放行业、工艺和设备等限制淘汰目录，禁止新建目录内的项目；各级投资管理部门不得审批、核准、备案，各级国土资源管理、城市规划和建设、环境保护、质检、消防、海关、工商、金融等部门和单位不得办理有关手续，不得提供土地、电力等要素支持。

各级政府及相关部门建立基于碳排放总量分配机制以及排放统计、监测与考核机制基础上的"责任清单"，通过碳减排压力的逐级传递，将中央政府促进低碳经济发展的意志转化为各级地方政府和排放单位的减排目标。"责任清单"是与"权力清单"相配套，告诉公众哪些责任是哪级政府哪些部门必须要承担的，也就是哪些事"不能不干"。编制责任清单，就是要让各个部门在"三定"（即定内设机构、人员编制和职责）方案的框架内，全面梳理部门主要职责、理清与相关部门职责边界、提出加强事中事后监管措施、明确公共服务事项，制定责任目录清单，能够防止"踢皮球"现象。

（五）设立低碳标准和标识制度

我国作为负责任的发展中大国，积极应对气候变化已经被纳入我国"十二五"规划。2011年12月1日，国务院发布的《"十二五"控制温室气体排放工作方案》，明确提出要"完善体制机制和政策体系"。国家发改委和相关部门也已经着手进行我国低碳立法的准备工作。低碳标准和标识制度是碳监测、碳排放交易等制度的基础，在低碳立法中具有重要作用。

建立碳排放标准管理体制。政府部门需要发挥主导作用，引导产学研各方面共同推进国家重要低碳技术标准的研究、制定或更新。健全完善现有的碳排放管理标准化技术委员体系，赋予其根据国家相关的战略规划要求及国际惯例制定和审定碳排放管理相关标准的权力和责任，为政府实施促进低碳经济发展的政策提供依据。通过制定国际领先或国内领先水平的标准，促进优胜劣汰，激励低碳创新，提高低碳产品的整体水平。除了建立全国统一的基础性低碳标准外，还需要考虑不同地区碳排放容量和碳排放功能区划的要求，由碳排放管理标准化技术委员制定分区（各省市自治区、功能区域、产业园区、社区以及产业、工艺、产品等不同层面不同主体）标准，确保低碳标准的统一准确性和分类指导性，以进入门槛的形式规范低碳经济发展。此外，鼓励全国碳排放管理标准化技术委员会组织专家积极跟踪和参与国际碳排放、能效等领域标准的制定，推动我国低碳技术标准的国际化，争取全球低碳技术及标准话语权。

筹备实行"领跑者"（Top Runner）标准。以产品为例，以同类产品中碳排放最低的产品作为领跑者，然后以此产品为规范树立参考标准，并要求所有同类产品在指定的时期内必须达到该水准，当目标年到达时新的目标碳排放又将被重新设定；可以允许生产企业通过出售不同产品并加权平均的方法达到目标值，使用加权平均所得的值等价于平均标准值系统。这样一方面激励生产企业更多地开发低排放产品，一方面赋予生产企业一定的灵活性，可以暂时保留低于目标值的产品。

为了应对全球气候变化、减少温室气体的排放，我国应对企业和产品实施碳足迹的评价工作，并逐步建立起比较科学的计算方法与体系，推行碳标识认证制度。所谓碳标识，又称碳标签，是把产品生命周期——从原料、制造、储运、废弃到回收全过程的温室气体排放量（碳足迹）在产品标签上用量化的指标标示出来。碳标识的作用主要表现在：一是通过碳标识，消费者可以直观获取产品的碳足迹和碳信息，为消费者提供绿色消费向导，有利于购买者和消费者更快地全面了解产品的环保性能，引导其选择更低的碳排放商品；二是碳标识认证制度使企业更清楚准确地了解自身的碳足迹，激励它们采取减排措施不断降低自身的碳足迹。推动低碳标志立法，将低碳标志和能效标识认证标准及程序以法律的形式固定下来，提升标志制度的法律地位。改进低碳标志认证程序，切实体现获得低碳标志产品和能效标识产品在全生命周期各个阶段碳排放性能的优越性。除了为低碳标志制度提供法律、组织机构保障之外，还需要在财政、金融、工商、税务等方面制订相应的倾斜政策，支持低碳标志制度推行。譬如，给予申领低碳标志的企业优惠的贷款条件、政府采购优先考虑等经济政策扶持；对清洁生产、低碳发展做出突出贡献的低碳标志企业，予以奖励，帮助企业树立良好的环保形象。

二、低碳经济发展的激励机制

激励机制主要是指通过经济激励、精神激励等方式，以市场机制为主，以行政手段为辅，辅助和促进管理机制的实施，提高低碳治理的效率。从发达国家促进低碳经济发展的激励政策、措施可以看出，发达国家主要是从财政补贴、融资优惠、政府采购、税收减免等几方面来激励普通民众和企业参与应对气候变化的行动。因此，我国政府针对生产环节、消费环节分别制定不同的激励机制以此来推动低碳经济发展。

（一）促进低碳经济发展的激励机制的国际经验

国际上主要通过财政补贴、融资优惠、绿色采购、税收减免等激励机制来促进低碳经济的发展，国际上低碳经济的发展也主要得益于各国在政策上的鼓励和在经济上的支持。

1. 财政补贴

促进低碳经济发展的最重要的激励手段就是对低碳生产和低碳消费给予补贴，使低碳产品的供给曲线向右下方移动，需求曲线向右上方移动，增加低碳产品的消费。财政补贴执行简便，涉及范围广，影响力度大，对于积极推进企业和社会公众通过参与节能减排工作能够发挥巨大的作用。发达国家对促进低碳经济发展的新能源、新材料、新技术的推广都有一定力度的财政补贴支持，具体从生产者和消费者两个角度阐述。

对于生产者的补贴，主要集中在可再生能源发电领域，其中以德国和美国比较突出。德国政府通过《可再生能源法》保证可再生能源的地位，并对可再生能源发电进行补贴，平衡了可再生能源生产成本高的劣势，使可再生能源得到了快速发展。1990年的德国电力供应法案，要求风电、太阳能、水电和生物质能按居民电力零售价的90%执行。由于可再生能源发电（除水电外）起步晚、规模小、成本高，没有独立的电力传输网络，难以通过电网输送给用户。为解决这一问题，德国1991年出台了《可再生能源发电并网法》，规定了可再生能源发电的并网办法和足以为发电企业带来利润的收购价格。德国还制定了沼气优先原则，促使天然气管道运营商优先输送沼气，并参考天然气制定沼气的市场价格，从而确定补贴额。此外，德国制定了《可再生能源供暖法》，促进将可再生能源用于供暖，规定了以热电联产技术生产出来的电能获得的补贴额度，政府计划到2020年将热电联产技术供电比例较目前水平翻一番。2009年3月又通过《新取暖法》，德国政府提供5亿欧元补贴采用可再生能源取暖的家庭。

在20世纪80年代，美国开始对风电项目实行投资补贴政策，当时联邦与州政府的投资补贴加起来大约可以达到总投资的50%~55%。但是由于投资补贴政策促使投资者偏重于获得补贴和安装设备，造成一些项目性能很差，因此目前在美国只有少数州还在采用直接投资补贴的政策。1992年，美国通过《能源政策法》取消了联邦政府对风电的投资补贴，转而对风电进行生产补贴。法案规定对风电等可再生能源发电给予1.5美分/千瓦时的价格补贴，从项目投产起补贴10年，并随通货膨胀率调整补贴价格。从风电项目的全经营期核算，相当于降低了25%的风电成本。

对于消费者的补贴，主要集中在汽车、房地产和家电领域，其中以美国和日本比较突出。美国联邦政府、州政府以及电力、天然气公司等公用事业组织每年均会给予用户大量补贴，鼓励其购买节能产品。此外，美国21个州还设有节能公益基金，主要通过提高2%~3%的电价来筹集资金。例如，2001年美国40个州级政府部门和公用事业单位共提供1.33亿美元开展现金补贴项目，鼓励用户购买经"能源之星"认证的节能电器和照明产品，并鼓励推广乙醇汽油，对每吨乙醇补贴1400~1500元；美国联邦政府除了向消费者提供补贴用于推广节能产品外，还特别向低收入家庭发放补贴，用于节能投资和支付能源费用；2009年联邦政府出资30亿美元，用来补贴购买节能型新车的消费者，购买新车的消费者每辆可以得到4500美元的优惠折扣。

日本政府大力支持节能减排活动，用于节能减排的公共财政预算也比较多，尤其是对于研发节能减排技术的科研机构资助更大。例如，在2002年，用于节能减排技术开发的费用支出为45亿日元，到2007年则增加到502亿日元，在短短的5年间，年均增长率高达62.0%，技术创新日益增强。并且日本政府还对国民购买节能产品提供补贴，以降低提高能效的成本。例如，经济产业省从2007年起大幅提高对家庭住宅建设的节能补贴，补贴的总金额将从2006年的每年6亿日元增加到12亿日元，每年大约有1600个家庭可以获得该项节能补贴；同时日本通产省规定，电动汽车的购买者和租赁企业将受到相当于电动汽车与普通汽车价格之差50%的补贴，给当地政府和私人企业的补贴额达到了车辆的50%和25%；为在全国范围内推广节能，日本政府对节能宣传和教育活动也提供了大量补贴，2004年给非盈利组织开展节能和可再生能源宣传、普及活动补贴达到15.3亿日元，地方节能宣传普及活动补贴18.1亿日元。

2. 融资优惠

节能减排的关键在于前期需要大量的资金投入，为此各个国家制定了许多支持企业节能减排的金融扶持政策。

在美国，为有效解决节能服务公司融资难，一些官方和商业贷款机构提供优惠的低息贷款来鼓励节能产品的开发；为推进"能源之星"项目的开展与实施，贷款机构采取诸如返还现金、低利息等措施激励用户购买经"能源之星"认证的住宅，并向购买该建筑的用户提供抵押贷款服务，这不仅有效地促进了节能建筑的建设和开发，降低了建筑物的能耗和维护运行管理费用，更重要的是还带动了墙体、屋面保温隔热技术的发展。

在日本，关于节能方面的投资主要来自于政府指定的政策性银行（大约占50%以上），其他部分则通过节能服务公司和商业银行得以解决。另外这些政策性银行也专门制订了针对节能技术开发和相关设备更新改造的5级特别优惠利率（该利率一般比商业银行贷款利率大约低20%~30%）；政府通过设立的产业基础准备基金对那些向商业银行贷款的项目提供担保；对于相关企业的建筑物节能以及余热利用等项目的开展，政府也会给予低息、贴息贷款和贷款担保等融资方面的优惠扶持。

在欧盟，许多国家制定了支持企业节能减排的金融扶持政策，主要包括绿色信贷、绿色保险以及绿色证券政策。例如，为鼓励温室气体的减排，德国推出了由政府、政策性银行以及商业银行等联合实施的金融优惠政策，如采取政府贴息以及其他绿色金融产品等方式激励企业减少温室气体排放；对于投资清洁能源和可再生能源的企业提供低于市场利率1~2个百分点的优惠贷款。法国设立了节能担保基金，该基金由法国环境与能源控制署和中小企业开发银行共同成立，专门针对中小企业在节能方面的投资提供贷款担保，以保证中小企业提高能源利用效率。

3. 绿色采购

"政府绿色采购"是指在政府采购中专门选购那些无污染、有利于健康及循环经济发展的产品和服务，促进经济社会可持续发展。政府绿色采购得到很多发达国家和发展中国家的重视，主要原因有三：其一，在市场上具有带动作用，政府采购范围广，对涉及的众多行业发展起带动作用；其二，在社会上具有示范效应，政府对绿色产品的采购能够带动全社会对绿色产品的关注和消费；其三，对于生态具有环保效益，政府采购规模大，绿色消费将产生显著的环保效益，减少碳排放。

从20世纪90年代初以来，美国以联邦法令与总统行政命令作为推动政府绿色采购的法律基础，先后制定并实施了采购循环产品计划、能源之星计划、生态农产品法案、环境友好产品采购计划等一系列绿色采购计划。在美国政府绿色采购制度中，非常重视信息公开。例如，列入美国环保署（EPA）指定的产品目录均公布于众，并经常对其更新。再如，美国越来越重视电子产品的环境影响，由EPA资助推出的电子产品环境影响评估工具（EPEAT），已于2006年开始启动。EPEAT包括51个具体环境标准，其中23个必需标准和28个可选标准，符合EPEAT标准的产品，也根据其"绿色"程度分为"金、银、铜"三类产品，这些信息均公布于众，方便政府、公众的购买，并有利于公众对其监督。

日本政府对绿色政府采购也极为重视。为了鼓励在中央政府管理机构推广并采购绿色产品，日本政府在1994年颁布了绿色政府行动计划，提出了绿色采购的指导方针，并具体规定了实施的基本程序和原则。此后，为推动这一行动计划的有效进展，1996年在日本政府支持下，成立了由各产业团体组成的绿色采购网络组织（GPN），凡参与该组织的会员团体，将必须承诺购买环境友善即绿色物品及服务。在绿色政府行动计划实施的基础上，2000年日本又出台了旨在为建立循环型社会所制定的6个核心法案之一的《绿色采购法》，该法将中央级政府所属机构推广和采购绿色产品计划提升到了法律层面；在此影响下，许多地方政府也在陆续制定和实施本级政府的年度绿色采购计划。

在欧盟，许多国家开展主动性绿色采购计划已经有十几年了，同时各成员国在绿色采购方面的合作与联系也日益密切。为促使各成员国在绿色采购工作中采取统一标准和统一行动，2004年8月，欧盟出台了用以指导各成员国采购决策的《政府绿色采购手册》，与此相匹配的还建立了一个包含有100多类产品的采购信息数据库，从某种程度上说，《政府绿色采购手册》是欧盟各成员国在绿色采购方面的统一纲领。

4. 税收减免

自20世纪70年代石油危机后，伴随着节能战略的提出，税收减免就一直是欧美等发达国家应对气候变化的重要经济激励手段。

美国相关的税收减免政策主要体现在直接税收减免、投资税收抵免、加速折旧等方面。节能方面涉及税收减免的项目包括新建节能住宅、高效建筑设备、经过认证的能效家用电器、家庭太阳能发电等，甚至居民在住宅中更新室内温度调控设备、换节能窗户、通过维修制止室内制冷制热设施的泄漏等也可获得全部开支10%的减免税收优惠。而涉及减排的税收减免政策主要体现在以下几个方面：利用太阳能和地热能设备，设备投资额的10%可获得税收减免；利用可再生资源发电和利用生物发电，每千瓦可获1.5美分的税收抵免；车主使用天然气、石油、液化气、电力等清洁燃料，酒精含量超过85%的酒精燃料，燃料费从总收益中扣除；企业综合利用资源所得给予减免所得税优惠；对循环利用的投资给予税收抵免扣除，对购买循环利用设备免征销售税。此外，美国联邦政府对州和地方政府控制环境污染债券的利息不计入应税所得范围，对净化水、空气以及减少污染设施的建设援助款不计入所得税税基；同时规定，对用于防治污染的专项环保设备可在5年内加速折旧完毕，而且对采用国家环保局规定的先进工艺的，在建成5年内不征收财产税。

日本政府通过税收优惠的措施来鼓励在工业、建筑业、交通运输和服务业等采用节能型设备。例如，定期发布节能产品目录，开展节能产品和技术评优活动，对使用列入节能产品目录的111种节能设备实施特别折旧与税收减让优惠，减免税收约占设备购置成本的7%，设备除正常折旧外，给予加速折旧优惠，最高可获得相当于设备总价款的30%；对电动汽车购买者给予减税7%等优惠，同时还调低电动汽车的增值税、购买税和年税。

（二）针对生产环节的激励机制设计

促进企业等主要微观经济主体的积极参与是我国低碳经济发展工作顺利开展的关键因素，但是由于低碳经济发展固有的外部性以及环境这种公共物品的"非竞争性"和"非排他性"特征的天然存在，必然导致企业发展低碳经济的意愿不足。因此，完善促进低碳经济发展的激励机制的设计首先定位于如何有效地鼓励企业等微观经济主体积极参与发展低碳经济的活动，从而进一步取得市场效益、规模效益以及由此带来的社会效益的提高和生态环境的改善。

1. 建立促进低碳经济发展的专项资金

在各级财政部门联合发展和改革部门制定的《低碳经济发展专项资金管理办法》框架下，各级财政部门负责专项资金管理，配合发展和改革部门审核、下达专项资金计划，对专项资金使用情况进行监督管理并开展绩效评价；各级发展和改革部门负责确定年度低碳经济发展专项资金的使用方向，组织项目申报，对低碳经济发展专项资金支持项目实施情况进行监督检查，配合同级财政部门开展绩效评价工作。

低碳经济发展专项资金主要来源于本级财政预算以及碳交易的收入，重点用于支持发展低碳经济的基础性和示范性工作。具体包括：补贴低碳产业、低碳建筑、低碳社区、低碳交通、清洁能源、增加森林碳汇和保护生态等示范项目建设；低碳应用技术研发、推广；政府主导项目、体制机制研究；根据低碳经济发展的需求开展的有关促进低碳经济发展的调研、交流、宣传等；补助增强全民低碳意识和建立低碳工作体系经费；对积极参与温室气体自愿减排交易和落实碳标识等低碳认证制度的单位给予奖励。该资金的支持单位是在本行政区域内注册，具有独立法人资格、健全的财务管理机构和财务管理机制的企事业单位和政府部门。

2. 制定促进低碳经济发展的金融政策

制定支持低碳经济发展工作的金融鼓励政策，以拓宽开展低碳经济发展工作的融资渠道，同时降低企业的生产成本。

目前，我国已经建立了绿色信贷政策。绿色信贷是环保总局、人民银行、银监会三部门为了遏制高耗能高污染产业的盲目扩张，于2007年7月30日联合提出的一项全新的信贷政策，即《关于落实环境保护政策法规防范信贷风险的意见》（环发〔2007〕1108号）。2009年6月，环境保护部联合人民银行印发了《关于全面落实绿色信贷政策进一步完善信息共享工作的通知》（环办〔2009〕77号），进一步规范了绿色信贷政策的信息交流范围和报送方式。

未来，我国促进低碳经济发展的金融政策的方向是：首先，国有商业银行建立对企业低碳投资的优先贷款制度。低碳投资具有很大的外部性，无论是企业的碳排放治理，还是投资者对可再生资源、低碳产业的投资，都将对应对气候变化、转变经济发展方式产生积极的作用，都将有利于人类社会的可持续发展。金融机构必须树立可持续的、低碳的金融观，建立相应的低碳金融制度，加强对低碳投资行为的支持。其次，发挥政策性银行的作用。政策性银行是用来促进我国基础产业和重点发展部门的金融机构。政策性银行一般具有利息率低、政策性强、公共性等特点，应该主要投向符合国家政策和低碳经济发展需要的产业、领域、部门。最后，建立民间金融组织，发挥民间投资者的低碳融资要求。民间金融组织由于管理费用低、决策程序简单，可以向投资者提供利息低、额度灵活、快捷方便的贷款。许多民间投资者在进行低碳投资时，可能从商业银行融资困难，目前主要是通过自筹资金进行碳减排投资的，如果可以通过民间金融获得贷款，将大大方便一些企业进行碳减排投资、综合利用资源的投资等。

3. 推进促进低碳经济发展的碳交易机制

碳交易机制建立在碳排放总量分配管理机制的基础上，是对市场机制的有效利用，有利于总量控制的实现。

发展和改革部门制定碳排放权申报登记机制。碳排放权申报登记机制是指需要取得可转让碳排放许可证的单位或个人，必须首先向所在行政区域的发改部门申报登记自己所拥有的碳排放设施、处理手段以及在正常作业条件下排放碳的数量和浓度，并提供有关技术资料。如果排放碳的种类、数量和浓度有重大改变，也应当及时申报。申报登记可以使发展和改革部门及时全面地了解掌握本地区排放情况，为科学合理地确定碳排放许可证配额提供客观依据。

制定碳交易的业务规则。制定并不断完善碳交易过程涉及的交易撮合、价格形成、配额交割、审查核证、资金清算、信息披露、风险控制、委托代理、争议调解等方面的业务规则，并按此开展交易活动。碳交易活动应遵循公开、公平、公正的原则。纳入配额管理的单位以及符合碳交易规则规定的其他组织和个人，可以参与碳交易活动。

健全严格的监管机制。发展和改革部门主要通过3种方式实现机制的透明度：利益相关人大会、专家评审会和公众评议。各方利益相关人包括减排主体、市场其他参与主体、政府部门、社会组织。专家评审会对碳交易的机制建设、法律法规及实际运行效果做出评价，提供建议。公众评议是指公众可以通过碳交易公共平台网站查看配额市场的相关信息。

（三）针对消费环节的激励机制设计

虽然我国政府对低碳经济发展的投资、技术改造以及相关产品的生产供给等工作给予了越来越高的重视，但普通民众和相关企业对促进低碳经济发展的相关产品的使用意识还很薄弱，低碳消费意愿并不强烈，在市场机制中并没有形成有效的需求。如2011年"3R循环消费社区连锁超市"在湖北亮相不到一个月就面临只有两三个顾客光临的凄惨境况。即使人们知道环保产品的存在，也会由于其高昂的价格望而却步。低碳经济不仅意味着制造业要加快淘汰高能耗、高污染的落后生产能力，而且意味着要引导公众反思那些浪费能源、增排污染的不良习惯，从而充分发掘消费和生活领域节能减排的巨大潜力。低碳经济仅有先进技术的支撑是不够的，还必须依托于低碳消费才能实现减排的目的。为了更好地促进我国的低碳经济发展，政府必须在激励机制的设计中考虑给予消费者一定的宣传、引导、补贴，倡导绿色、低碳消费，以扩大低碳产品的需求市场，并反过来带动生产的扩大，从而达到降低成本的目的，形成良性循环的局面。

1. 倡导低碳消费理念，引领低碳生活

低碳消费是低碳经济发展的必然选择，要实现低碳消费，首先要改变居民传统的消费方式，如面子消费、奢侈消费等，这就需要从政府、居民、社会3个方面着手。

政府要以身作则，采用低碳采购机制，进而起到绿色、低碳消费的表率作用。低碳采购机制不仅是源头减排的重要组成部分，而且是财政发挥宏观调控的重要手段，具有较强的社会引导功能和间接激励功能。要将促进低碳经济发展作为政府采购的特定目标，在低碳产品认证以及政府优先采购标准、目录和指南的引导下，国务院发改部门同其他部门联合制定《低碳采购管理条例》。在政府采购中考虑产品能耗成本和服务能耗成本，优先采购节能减排、废物再生利用和利用可再生新能源生产的产品并对其实行价格优惠；要求各级政府在低碳采购信息网公开其采购情况；在日常办公过程中，改变原有用纸方式，达到无纸办公的标准；对于办公场所的构建，尽量符合"低碳建筑"的标准。随着经济社会的发展，并不断增加符合低碳认证标准的产品的采购数量和范围，逐年提高低碳产品采购的法定强制购买比例，并建立动态管理模式绩效考评和监督机制，确保低碳采购机制的落实。通过政府对低碳产品的购买行为、低碳消费行为影响事业单位、企业和社会公众的消费方式。

不断提高居民的社会责任感，强化居民道德教育。低碳消费的通俗表达应该就是节约，节约能源资源，减少消费过程中的直接或间接碳排放，最终实现减少碳排放、应对气候变化的目的。要增强居民的低碳消费意识，首先要走出节约消费的几个认识误区：其一，节约消费降低了消费水平和消费质量。消费质量的高低不能仅仅用消费金额来衡量，而应该综合考虑物质生活、精神生活、生存环境、公共设施和服务等。其二，消费中的节约与生产发展相对立。自然资源的稀缺与人类欲望的无穷是矛盾的，为了保证经济社会的可持续发展，在消费中必须注重节约，杜绝浪费。其三，消费节约与否纯属个人偏好问题。节约消费与否体现的不仅是个人的道德素养的高低、眼界的长短，更体现了一个人的社会责任感。为了子孙后代的幸福，我们的消费活动必须有所节制，既要兼顾当代人的当前消费和长远消费，又要兼顾当代人的消费和后代人的消费。

社会广泛宣传，不断营造低碳消费的氛围和文化。政府各部门要与民间社会组织、高等院校、企业等积极合作，开展各种各样的宣传活动，形成发展低碳经济的社会氛围，不断增强全社会的节能减排意识。要组织新闻媒体深入持久地开展宣传，及时报道党和国家的有关政策措施。各级低碳经济发展主管部门及有关单位要积极搭建"低碳宣传周"等低碳经济宣传平台，及时为新闻媒体提供低碳经济方面的宣传素材和典型案例，充分发挥舆论的引导和激励作用。教育部门要制订计划、加强引导宣传，在全国中小学中组织开展低碳教育活动。同时，民间社会组织也要积极推进低碳消费理念的宣传工作。目前，我国的环保组织还比较少，政府要重视这些社会组织，多为他们提供政策上的便利和资金上的支持，不断加大对这些环保组织活动的宣传与支持力度。消费者协会应该从维护消费者权益出发深入并积极展开低碳消费主题活动，增强消费者的低碳消费信心。

2. 给予低碳消费补贴，刺激低碳需求

对普通消费者而言，节能意味着省钱、降低成本、减少不必要的开支。但实际上，由于许多节能环保产品都有国家发明专利，甚至申请到了欧美国家的发明专利，在技术方面都具有一定的实力，而这些技术成本都必须计入产品的销售价格，因此节能环保产品的价格会高出非节能环保产品很多，而不少消费者反映不愿意购买节能环保产品的原因就是价格高。为了促进低碳产品的消费，政府应适时推广低碳产品的消费补贴制度，以减少低碳产品与同类普通高碳产品的价差，增强消费者购买低碳产品的动力，有效刺激公众的需求。比如通过财政补贴方式鼓励引导消费者购买小排量汽车、节能灯、高效节能空调；通过财政补贴推广太阳能等新能源项目。

3. 优化居民消费结构，推进低碳消费

有调查研究表明，城市居民生活行为消耗的能源和排放的二氧化碳远远高于农村，分别为农村的 2.96 倍和 2.74 倍；对于城镇居民来说，生活行为对能源消费及二氧化碳排放的间接影响明显高于直接影响，分别是直接影响的 2.44 倍和 2.78 倍；城镇居民生活行为中最大的能源密集型行为是居住，占城镇居民生活行为对能源消费的 45.1%，直接生活用能占 26.43%，食品占 11.66%，教育文化娱乐服务占 8.37%，四者共占 91.56%。同时这些行为也是较大的碳密集行为，分别占城镇居民生活行为二氧化碳排放的 43.82%，24.47%，12.85% 和 9.74%，共占 90.88%。[1] 这说明交通与建筑的低碳化主要依赖于居民消费结构的调整和转变，实现由高碳消费向低碳消费的转变。

交通节能。我国已先后开展了两批低碳交通运输试点以及甩挂运输试点。在试点的经验和基础上，要制定完善的法律法规。在陆地交通方面，建立以公共交通为中心的低碳交通物流体系，继续大力发展地铁、公共汽车等公共交通，在一些具备条件的城市投放公共自行车，鼓励选择步行、使用自行车、使用公共交通出行，可以通过征收交通堵塞费、减少停车场、增加停车费来减少私家车的使用，政府再将这些费用于发展各地的道路、公共汽车和轨道交通等公共交通设施；政府可以制定公共汽车、出

---

[1] 2050 中国能源和碳排放研究课题组. 2050 中国能源和碳排放报告 [M]. 北京：科学出版社，2009，76-80.

租车方面的法律，在几年之内全部公共交通实现低碳排放。在航空领域，征收碳排放费，鼓励大家选择高铁、动车等低碳排放的出行方式。在日本的《节能法》中明确规定了交通运输业在2025年环保和节能方面要达到的目标：开发并推广百公里油耗为2升的汽车；将空气污染度降至2000年的十分之一。在中国的交通领域以及其他领域的法规中，应制定类似明确的目标、具体的落实措施。

建筑节能。要积极推进绿色居住、绿色办公、绿色工业、绿色商场、绿色校园等城镇建筑发展，执行绿色建筑标准。大力推广太阳能热利用、围护结构保温隔热、省柴节煤灶等农房节能技术。鼓励采取合同能源管理模式推动公共建筑节能改造，改造项目按能量予以奖励。但是，建筑节能不仅仅是使用节能灯或者"熄灯一小时"活动，城市应限建高耗能的人工瀑布、喷泉及水上娱乐城等，更应提倡生态景观设计，多营造树林绿草地，绿化都市屋顶，建设空中花园，既可使建筑隔热保温，降低建筑能耗，又可扩大绿地面积，净化城市空气，美化城市，降低热岛效应。

三、低碳经济发展的监督机制

很难保证在没有外界监督的情况仍然能够按照规则做事。对于温室气体的减排工作更是如此，所以为了更加直观地把握管理机制的实际执行过程，需要通过落实责任、明确监督机制的方式维护管理机制的有效执行。其一，实施排放监测、报告与核查机制，从数据上对排放单位进行监督，为政府决策提供基础；其二，推行信息公开机制发挥公众的监督作用；其三，一方面通过目标责任机制对政府完成碳减排目标进行督促，另一方面建立预警协调机制完善对于突发情况的应对。

（一）完善促进低碳经济发展的统计、监测、考核（MRV）制度

1. 完善低碳经济发展的统计体系

低碳经济发展的特殊性以及它涉及社会生活领域的广泛性，导致现有的统计体系，如生产统计、资产负债统计、对外贸易统计、金融统计、能源统计等，已经不能适应低碳时代的需求。虽然国内外已经着手开始研究低碳经济发展的统计体系，但如何建立起来既能满足我国政府统计需要又能进行国际对比的新型统计体系，已经成为未来统计领域需要解决的现实问题。

低碳经济发展的统计体系应该考虑到以下几个方面的问题：

（1）研究确定温室气体排放量的统计体系。该温室气体排放指标体系应该涉及各个行业，包括第一、第二、第三产业，也包括最终的居民消费和政府消费等中间环节。同时，该统计指标体系中应该包括重点领域、低碳技术、循环经济和可再生能源发展的相关统计指标。（2）低碳经济发展的统计体系要与国际接轨。温室气体减排是一项巨大的系统工程，涉及世界各国的切身利益。未来越来越依赖于对于资源的可持

续使用和环境技术来进行竞争，同时也不应该低估低碳经济在创造就业机会和经济发展方面的巨大潜力。与国际接轨，适应低碳时代全球贸易的特点，以便进行国际对比。(3) 明确构建体系的原则。要坚持 4 个基本原则，即科学性和可操作性相结合原则、全面性与主导性原则、整体性与层次性原则、定性分析与定量计算原则。

在低碳经济发展的统计体系的基础上，一方面建立温室气体排放年度报告机制。纳入配额管理的排放单位应当于每年规定日期前，依据温室气体排放量化、报告标准编制本单位上一年度温室气体排放报告，并报省（自治区、直辖市）发展和改革部门。统计指标数据报告应当依据本行政区域统计部门的规范要求进行统计、编制，并于每年规定日期前提交给本行政区域统计部门。统计指标数据的统计口径应当与温室气体排放量化、报告、核查的口径保持一致。另一方面建立温室气体排放监测计划年度报告机制。纳入配额管理的排放单位应当于每年规定日期前，制定下一年度温室气体排放监测计划，明确排放源、监测范围、监测方式、监测频次、相关责任人等内容，并报省（自治区、直辖市）发展和改革部门。温室气体排放实际监测内容发生重大变更的，应及时向本行政区域发展和改革部门报告。通过温室气体排放年度报告、温室气体排放监测计划年度报告来监督企业、政府更有效地参与低碳经济发展。

2. 建立全面的碳监测制度

要有效地实施碳管理，政府和企业应当清楚地了解自身碳排放的情况以及哪些业务流程产生的碳排放最大。只有通过有效的碳监测，才能获得事实与数据，帮助企业计算那些看不见的"高碳排放成本"，制定有针对性的减排策略。我国目前对于温室气体排放的监测还处于比较薄弱的阶段，存在监测手段不到位、监测数据不准确等各种问题。为了解决这些问题，必须建立比较全面的碳监测制度。

首先，碳监测应遵循一系列标准方法。国际上较为通用的方法是温室气体议定书（GHG Protocol）或 ISO 14064 温室气体核证标准。前者由世界资源研究所（WRI）和世界可持续发展工商理事会（WBCSD）共同开发，包括两个相关但相互独立的标准——企业核算与报告准则以及项目量化准则；后者由国际标准化协会（ISO）制定，旨在为温室气体排放的监测、量化和削减提供一套工具。

其次，碳监测还要有软硬件的支持。硬件可用于监测具体的排放源或相关指标，软件可用于信息收集、计算、统计和分析。软硬件的有机结合可以获得更精确、更及时的碳监测效果。南京擎天科技有限公司在 2011 年在借鉴英国碳排放的先进管理经验的基础上，并严格按照 IPCC 制定的能源数据统计方法和碳排放核算标准，自主研发了适合中国国情的城市碳排放监测监管系统软件。该软件主要包括碳排放数据计算和碳排放监管查询两大平台。碳排放数据计算平台的第一期工业碳排和城市碳汇已经建成，即城市工业生产时产生的二氧化碳排放量和水域、绿地等吸收二氧化碳的能力都可以通过软件计算出来。该软件在无锡投入使用。

最后，采取"企业刷卡排碳总量控制"的政策。浙江省在2013年全面展开刷卡排污的政策值得借鉴。企业每月持卡申领污水排放量，然后在企业安装的专门装置上刷卡排污，一旦当月额度排量用完，排污阀门就会自动关闭，迫使企业停产。如果排污额度达到了限定额度的80%、90%和100%，系统平台都会自动生成短信告知企业的责任人，方便了企业主在生产过程中自我管控，主动调整生产，减少排污量。在环保部门的刷卡排污系统上，企业即时排污流量、当月允许排放量、实际和剩余排放量等数据都能清楚地显示出来，并且在不断实时更新。如果能够实施"企业刷卡排碳"，就能够实现对企业碳排放量的实时监测。

3. 设立严格的考核制度

考核是监督也是激励的一种表现方式，是一段时间内工作取得的成绩和价值的体现。通过考核工作的开展，使各部门、各企业总结这段时间的得失，以此改进未来的工作。

建立健全二氧化碳强度降低目标责任评价考核制度，并将二氧化碳排放强度降低指标完成情况纳入考核评价体系，是强化政府责任、确保"十二五"碳强度降低目标实现的重要基础和制度保障。2013年4月和5月，国家发改委已经同国务院有关部门，对各地2012年度及"十二五"以来温室气体排放和节能的目标完成情况、措施落实情况进行评价考核。这是国家首次对各地的碳强度进行考核，但此次考核以地方自考核为主、国家考核为辅，主要目的是摸底，为以后启动正式考核奠定基础。2014年8月6日，国家发改委颁布《单位国内生产总值二氧化碳排放降低目标责任考核评估办法》，要求对各地单位国内生产总值二氧化碳排放降低目标完成情况、各项目标责任落实等进行考核与评估。这是我国首次将二氧化碳排放强度纳入各地区（行业）经济社会发展综合评价体系和干部政绩考核体系。该办法主要分为目标完成、任务与措施、基础工作与能力建设三大部分13项指标，按照考核评估结果划分为优秀、良好、合格、不合格4个等级。"合格"的前提条件是单位地区生产总值二氧化碳排放年度降低目标和累计进度目标均如期完成。未完成以上两项指标的省（自治区、直辖市），无论总分是否超出60分，考核评估结果均为不合格。考核评估采用百分制评分法，满分100分，内容主要为单位地区生产总值二氧化碳排放降低目标完成情况，评估内容为任务与措施落实情况、基础工作与能力建设落实情况等。（1）目标完成（50%）：包括年度降低目标和"十二五"累计进度目标，各占总分的25%；（2）任务与措施（24%）：包括调整产业结构任务完成情况、节能和提高能效任务完成情况、调整能源结构任务完成情况、增加森林碳汇任务完成情况、低碳试点示范建设情况等，其中低碳试点示范建设情况占总分8%，其余项均占4%；（3）基础工作与能力建设（26%）：包括对所辖地市州或行业目标分解落实与评价考核情况、温室气体排放统计核算制度建设及清单编制情况、低碳产品标准、标识和认证制度执行情况、资金支持情况、组织领导和公众参与情况等，其中目标分解与评价考核、低碳产品认证占4%，其余3项均占6%。由评价指标可以看出，碳排放强度下降目标的完成占最大比例，年度目标和累计目标均占总分的25%，而且均是硬性指标，如未能按期完成，无论得分如何，评估结果均为不合格。在考核过程中获得的经验和教训，总结成低碳经济工作的相应标准、制度，将未解决或新出现的问题转入下一次PDCA循环，通过调整减排计划、实施方案，进行进一步修正完善。

建立温室气体排放年度核查机制，由第三方机构对纳入配额管理单位提交的温室气体排放报告进行核查，并于每年规定日期前，向省（自治区、直辖市）发展和改革部门提交核查报告。省（自治区、直辖市）发展和改革部门可以委托第三方机构进行核查；根据本行政区域温室气体排放管理的工作部署，也可以由纳入配额管理的单位委托第三方机构核查。发展和改革部门依据核查报告，结合温室气体排放报告，审定年度温室气体排放量，并将审定结果通知纳入配额管理的单位。温室气体排放报告以及核查、审定情况由本行政区域发展和改革部门抄送相关部门。

（二）实施碳排放信息公开机制

单纯依靠政府力量的监督，经常会出现漏洞或寻租行为。因此，在低碳经济发展的监督机制中应引入信息公开机制，把政府、企业、产品的相关信息公开给公众，赋予公众监督的权力。

碳排放信息是碳排放信息公开制度的客体，具体是表征碳排放问题及其管理过程中各固有要素的数量、质量、分布、联系和规律等的数字、文字和图形等的总称；是经过加工的、能够被碳排放管理部门、公众及各类企业利用的数据，是人类在生态文明实践中认识温室气体和应对气候变化所必需的一种共享资源。由于信息的可扩充、可压缩、可替代、可传输、可扩散和可分享性，故碳排放信息资源具有无限性、多样性、灵活性、共享性和开发性的特征。另外，碳排放信息具有信息量大、离散程度高、信息源广、各种信息处理方式不一致等特征。

碳排放信息公开，又称碳排放信息披露，是指将与碳排放保护有关的各种显性和隐性的信息加以收集整理，并在一定范围内以适当形式公开，用以提供各种刺激与激励机制，从而降低碳排放量及强度，应对全球变暖。通过公布碳排放信息，使碳排放管理部门、公众和各类企业都了解和共享碳排放信息，从而对高碳排放行为产生压力，促使高碳排放者减少排放量，促进低碳经济发展，有利于实现经济社会的可持续发展和我国的生态文明建设。碳排放信息公开主要涉及政府、企业、产品3个方面的信息。

（1）政府实施碳排放信息公开机制。政府碳排放信息公开的主体是各级政府或者具有公共行政职能的自然人或法人、受上述机构或个人控制的与温室气体有关的法人或自然人、立法机关、司法机关等，但由于立法和司法的特性，对于立法机关和司法机关正在行使的司法与立法事务如果涉及保密内容可以作为例外而不予以公开。政府碳排放信息公开的范围主要包括促进低碳经济发展的法律、法规、规章、标准和其他规范性文件；低碳经济发展规划；温室气体排放状况；温室气体统计和调查信息；温室气体排放总量指标分配及落实情况，温室气体排放许可证发放情况，城市温室气体综合整治定量考核结果；法律、法规、规章规定应当公开的其他温室气体排放信息。

（2）企业（项目）实施碳排放信息公开机制。纳入配额管理的企业（项目）应当向社会公开下列信息：企业（项目）名称、地址、法定代表人；主要温室气体的名称、排放方式、排放浓度和总量、超标、超总量情况；信息采集与记录的方法，注明排放与转移的信息是测量、计算还是估算的；低碳经济发展方针、年度碳排放目标及成效；年度资源消耗总量；节能减排投资和低碳技术开发情况；与发展和改革部门签订的降低碳排放的自愿协议；企业履行社会责任的情况；国家鼓励企业自愿公开其他碳排放信息。企业碳排放信息应该通过电子信息的方式，例如互联网，予以公开，并建立相应的数据库。这种数据库应当是能够为公众容易获取的形式，并且数据库应该实现与其他碳排放事务信息的链接。

（3）产品实施碳排放信息公开机制。通过公开产品的碳排放信息，使得消费者能够在消费时购买更多的低碳产品，减少高碳产品的使用，从而达到降低碳排放的目标；使得企业关注产品生命周期，达到有效减排和降低生产成本的目的。产品碳排放信息公开的方式主要是碳标签或碳足迹机制。国家建立统一的碳足迹机制，实行统一的标准、技术规范和规则、标志，计算和标注出一项服务或一个产品从原料、制造、储运、废弃到回收的整个生命周期及其包装的碳排放数值，使消费者更加直观地了解消费行为的碳排放量，鼓励企业和消费者减少制造温室气体。

碳排放信息公开对市场具有导向作用，而这种导向作用又反过来促进碳排放者减少碳排放。随着经济的发展和人们生活水平的提高，人们的低碳意识逐步加强，对低碳产品的需求就会增加。就产品市场分析，碳排放信息公开可以帮助消费者了解哪些产品是低碳的，哪些则是高碳的，从而影响产品市场。就资本市场分析，碳排放信息公开使投资者明确哪些厂商更能适应未来社会发展的需求，投资者为了保值增值，更愿意把资本投向具有潜在竞争力的企业。因此，为了获得投资，企业经营者必须改善他们的生产工艺，采用先进技术，减少碳排放，改善形象。就生产资料市场分析，碳排放信息公开促使企业选择碳排放较少的生产资料，减少碳排放较高的原材料消费。

（三）促进低碳经济发展的补充监督机制

MRV 机制、碳排放信息公开机制为政府、公众参与低碳经济提供了一定的平台，但只靠这两项制度来监督政府实施低碳经济管理权、督促企业降低碳排放是远远不够的，政府可以通过以下两种补充机制来更好地促进低碳经济的发展。

建立总量分配机制以及排放统计、监测与核查机制基础上的排放目标责任机制，通过减排压力的逐级传递，将中央政府促进低碳经济发展的意志转化为各级地方政府和排放单位的减排目标。目标责任机制包括目标的确定和分解，目标责任书的签订，重点在于地区目标考核与行业目标评价相结合，5 年规划目标与完成年度目标相结合，年度目标考核与进度跟踪相结合，目标分解与考核制度相结合。除此之外，签订责任书进行书面确认。通过与地方政府、企业等一把手签订控制碳排放目标责任书，规定控制碳排放的责任主体、责任目标等方面。其中，控制碳排放责任目标是对目标责任的书面确认。同时规定更为详细的目标，如单位 GDP 能耗率、重点企业节能量等。

完善预警协调机制。结合年度目标预警，低碳经济发展委员会依赖技术手段按时监控和发布碳排放预警名单，依据排放强度进行排序，并按预警强度分为一级预警和二级预警，一级预警用红色标记，二级预警用黄色标记。预警强度根据区域的基本信息、区域地理碳排放信息，综合系统实时监测的数据加权得出的结果。在此基础上建立碳排放形势季度会商机制，督促强化各省（自治区、直辖市）、部门协调联动，统筹经济社会发展与合理排放的关系，将排放控制工作纳入经济形势分析，及时开展调控。其中，针对碳交易市场要建立碳交易价格预警机制，即"安全阀机制"。当配额价格在某个连续期间内超过预先设定的初始值时，就触发并应用"安全阀"机制。发展和改革部门设置安全阀机制作为预防机制，防止碳配额价格的不稳定和碳交易市场出现较大的波动。第一，设置保留价格，如果参与拍卖的减排主体提供的价格低于拍卖保留价格，则各省（自治区、直辖市）将继续持有碳配额的所有权，防止碳交易市场中参与主体的协同行为。第二，延长履约期，如果在市场调整期之后连续 12 个月内，碳配额现货平均价格等于或超过安全阀初始值，则触发安全阀机制，履约期将延长一年。第三，当排放配额交易价格出现异常波动时，发展和改革部门可通过拍卖或回购配额等方式稳定碳排放交易价格，维护市场秩序。具体操作办法由发展和改革部门制定并报政府批准后实施。

四、低碳经济发展的惩罚机制

为了更加有效地督促管理机制的推行和管理目标的实现，必须制定相应的惩罚机制；同时惩罚机制与激励机制、监督机制之间存在一定的互补性，形成互相促进的作用。首先，通过"行业限批"和"区域限批"机制来催生出一套全面、系统、常规化的降低碳排放的制度；其次，加快推广保证金制度的实施，不断提高政府和企业的履约率；最后，针对行政机关的违法行为，实施碳排放行政赔偿机制和碳排放公益诉讼机制，以此来维护公众的合法权益。

（一）执行限批机制

限批机制是一项生态文明方面的、中央政府对于地方政府执行总量排放控制不力的行政处罚措施，具体是指对所有超过碳排放总量控制指标的地区，将会暂停审批该地区、行业或大型企业的新增碳排放总量的建设项目，直至该地区或企业完成整改，具有连带性的特点，从而使得限批机制在调整产业结构、转变经济增长方式、实现减排目标和打击环境违法行为方面发挥更大的作用。该机制以科学发展观与可持续发展理论作为指导，坚持以"应对气候变化、促进经济增长"为原则，采取强有力的惩罚措施，制止违法排碳的行为，从而逐步地引导地方经济增长方式向低碳经济转变。

1. 限批机制的案例

河北省赵县是华北地区最大的淀粉生产基地，淀粉产业地位举足轻重。作为优势特色产业，淀粉加工税收占到全县财政收入的12.63%，同时，淀粉加工带动了周边玉米的大量种植，促进了大批农民就业。赵县的淀粉产业虽然有一定规模，但是深加工产品少、产品附加值低。2006年，赵县淀粉生产能力为100万吨，约占全国生产总量的1/10；然而，淀粉行业实现年产值25亿元，却不到全国淀粉行业年产值的1/40。[1] 主要原因在于赵县大部分企业只停留在淀粉的生产和初加工上，不仅利润率低，而且受玉米市场行情波动影响大。同时，耗能、耗材、污水排放严重超标，屡治不见成效，用节能减排、科学发展的要求考量，淀粉产业面临着生死大限。

2007年4月，由于赵县淀粉工业区违法排污问题突出，河北省环保局决定对赵县实行区域限批。此后，该县采取果断措施，取缔淀粉企业6家、关停25家、限期治理18家。对取缔关停的企业，拆除配电设施、查封自备井、封堵排污口、暂扣有关证照。同时，制订出台了规范淀粉产业发展和专项整治等一系列措施。县政府还与各有关单位、乡镇政府签订了环境保护和污染总量削减目标责任书，并在各乡镇成立了环保所。赵县共投资近4000万元进行污水处理设施的建设，新增和扩建30套污水处理设施，安装污染源自动监控设施11套，其中7家企业实现了与环保局的联网，该县淀粉企业实现达标排放，水环境质量得到明显改善。为杜绝水污染，该县投资7445万元建成日处理污水5万吨的县污水处理厂，投资3000多万元建成污水处理厂配套设施城区污水管网，生活污水和雨水实现分流，雨水再利用率达85%以上。

2007年9月30日，省、市环保局组成联合验收组，对赵县整改工作进行验收后认为，赵县在区域限批后对环保工作高度重视，企业整改措施到位，污染物减排效果明显，环境质量明显改善，同意解除对该县的"区域限批"。

---

[1] 余凯. 区域限批搅动股市——四大电力集团二级市场股价受挫. 中国环境报，2007年1月18日，第三版.

2. 限批机制的实施范围

从目前来看，限批政策仅仅作用于局部地区，一般是集中在市、县、开发区这一层面，实施范围较小，政策执行的对象主要包括不履行碳排放评价审批手续、降低碳评等级、越权审批等违法碳评的行政区；不符合国家产业政策，落后产能集中的地区。但随着应对气候变化工作的不断深入，限批的范围将进一步扩大。对未按期完成"十二五"二氧化碳总量削减目标的地区或行业，也将采取限批政策。

3. 限批机制的政策目标

政策目标是政策希望取得的结果或可完成的任务。具体而言，限批机制的目标有4个：第一，限制高污染、高耗能行业的盲目与无序扩张，推进区域、行业经济发展模式的转变；第二，通过对一些违法项目的淘汰与整改来削减温室气体的排放，使限批机制演变为促进低碳经济发展的一种日常、有效的管理手段；第三，通过加大碳排放违法问题的通报与查处力度，强化碳排放执法的威力；第四，通过区域限批、行业限批的限制，催生出一套全面、系统、常规化的降低碳排放的制度。这4个目标不是孤立的，而是相互包含、相互影响、相辅相成的。

（二）推广保证金机制

保证金制度是我国各地为了加强法律法规的实施效果而推出的创新性政策手段。在保证金制度设计上要兼顾公益与私益、行政目的与行政手段之间的平衡，建立包括保证金在内的多元化的行政担保方式。低碳经济领域各种形式的保证金制度作为行政担保的一种类型，即是我国各地对应对气候变化所做的探索和努力。然而，实践走在了理论的前面，我国现行的低碳经济保证金主要有以下两类：

（1）节能减排保证金。2006年全国人大通过的"十一五"规划规定"十一五"期间我国单位GDP能耗削减20%、主要污染物总量削减10%的约束性指标，自此节能减排成为各地方政府的重要任务，节能减排保证金制度也由此而诞生。例如无锡市在全省首开先河从2008年起实行减排保证金制度，向各市（县）、区政府收取COD和SO_2总量削减保证金，收取标准暂定为COD每吨5000元，SO_2每吨1000元。浙江省湖州市为了确保完成"十一五"节能减排目标任务，要求县区主要领导、分管领导以及有关部门、乡镇主要负责人缴纳1万~2万元不等的节能减排保证金，重点企业交纳20万元至50万元不等的风险承诺金。❶

（2）秸秆禁烧保证金。近几年来，每到夏秋农忙之时，秸秆焚烧便成为许多地方大气污染防治工作中非常棘手的问题。为此，江苏、安徽、河南等地开始试行秸秆禁烧保证金制度。2008年河南省漯河市郾城区裴城镇制定了《裴城镇关于加强秋季秸

---

❶ 吴卫星. 论我国环境保证金制度及其合法性问题［J］. 河北大学学报：哲学社会科学版，2014（6）.

秆禁烧工作的紧急通知》，其中规定收取农户每亩500元的秸秆禁烧保证金。江苏省江都市2010年建立了秸秆禁烧保证金制度，要求辖区各镇于每年5月30日前将当年的3万元秸秆禁烧保证金缴纳至江都市非税收入财政专户，镇里要求每个村交1万元的禁烧保证金到镇财政。《安徽省蚌埠市淮上区2012年秸秆禁烧工作方案》规定，各乡（镇）党委书记、乡（镇）长、分管秸秆禁烧工作的副乡（镇）长每人要交纳2000元的秸秆禁烧保证金。❶

未来，为了更好地促进低碳经济发展、应对气候变化、实现经济社会可持续发展，我国还应在以下方面推广保证金制度：

在碳减排管理工作中推行保证金机制。各级政府每年以温室气体总量减排任务书的形式，把减排任务分解落实到下级各相关部门和相关企业。同时，依据政府下达的碳减排任务，对各相关部门和相关企业收取一定数量的碳减排保证金。碳减排保证金每年年底经严格考核后，给予返还或扣留。

在碳交易中实行诚信保证金机制。诚信保证金机制是指非履约机构交易参与人参与交易须按规定交纳给碳交易所一定数额的诚信保证金。非履约机构交易参与人发生违规违约行为，给其他交易方或碳交易所造成损失的，碳交易所在做出处理决定的同时扣除部分或全部诚信保证金。保证金金额不足以弥补因违规违约造成的损失的，碳交易所有权要求交易参与人赔偿全部损失。非履约机构交易参与人申请注销资格的，经碳交易所审核同意并无违规违约情况的，碳交易所将原额无息退还诚信保证金。

（三）实施碳排放行政赔偿机制

碳排放行政赔偿是针对政府机关的违法行为实施的惩罚措施，例如国家机关和国家机关工作人员履行温室气体排放监督管理职责过程中，违法行使职权，侵犯公民、法人和其他组织的合法权益，造成损害的，应当依法承担国家赔偿责任；温室气体排放监督管理机关履行职责过程中，为了公共利益的需要，征收、征用和处置单位、个人的不动产或者动产，或者撤回、变更已经依法授予的行政许可的，应当依法给予补偿。

碳排放行政赔偿责任的构成要件，是指国家承担碳排放行政赔偿责任的前提条件，即国家在符合那些条件的情况下才承担碳排放行政赔偿责任。根据《国家赔偿法》等有关法律法规，碳排放行政赔偿责任的构成要件主要应该包括：侵权行为主体、违法行使国家碳排放管理权的行为、损害事实和因果关系4个方面。

1. 主体要件——国家碳排放行政管理主体

在作为国家赔偿责任组成部分的碳排放行政赔偿中，侵权行为的主体有着严格的限制。只有行政机关及其公务人员、碳排放法律法规授权的组织以及受碳排放行政机

---

❶ 吴卫星. 论我国环境保证金制度及其合法性问题 [J]. 河北大学学报：哲学社会科学版，2014（6）.

关委托的组织或个人，违法行使国家碳排放权益，国家才承担碳排放行政赔偿责任。（1）行政机关。我国的碳排放行政管理机构是由多级多类管理部门组成的复杂体系。我国碳排放管理机构可以划分为三类：综合性碳排放管理机构（如国家发改委）、部门性碳排放管理机构（如交通部等）和专门性碳排放管理机构（如黄河水利委员会等）。除中央一级的碳排放管理行政机关外，地方各级政府及其部门均不同程度地行使国家碳排放管理权：地方各级政府对本辖区碳排放量负责，各行政部门分别行使各种国家碳排放管理权。无论哪一类碳排放行政机关，若违法行使国家碳排放管理权造成合法权益损害均成立碳排放行政赔偿责任。（2）行政机关公务人员。从理论上说，行政机关的工作人员以行政机关的名义代表国家实施行政权，他的行为效果由行政机关承受。行政机关对其工作人员的行为（即使是过错行为）应当承担连带责任，即先由行政机关出面对受害人承担责任，然后行政机关根据工作人员的过错程度，追究其责任并向其行使求偿权。这是当今世界各国行政法普遍设立的行政连带与求偿制度。我国行政诉讼法和国家赔偿法关于行政侵权赔偿责任的规定也充分体现了这一原则。（3）碳排放法律法规授权的组织以及受碳排放行政机关委托的组织或个人也在行使国家碳排放管理权的主体之列。

2. 行为要件——违法行使国家碳排放管理权的行为

这一要件实际上包含着两项内容：一是侵权行为必须是执行国家碳排放管理权的行为；二是该行为违法。

《国家赔偿法》规定国家机关及其工作人员违法行使职权的行为可以引起赔偿，但对行使职权行为的范围没有明确界定。学术界大都倾向于客观标准，并提出许多确定界定职权行为的具体标准。如有学者提出应以时间、职责权限、名义、实质意义为标准[1]，有学者提出以时间、地点、目的、行为方式为标准[2]，有学者提出应当考虑时间、地点、名义以及行为与行政职权的内在联系等因素。[3]

所谓违法主要包括两个方面：首先，违法是指行政机关及工作人员行使职权时所做的行为违反法律法规的规定，这里的法律为全国人大及常委会制定发布的规范性文件，法规包括行政法规和地方法规。至于规章，则可参照行政诉讼法有关规定予以理解，即与法律法规不相抵触的规章也属于行政行为的合法依据，否则即为违法。其次，违法系指超越职权、无权限、滥用职权、适用法律不当、程序违法、证据不足等情形。

3. 损害结果要件——损害事实的存在

确定碳排放行政赔偿机制的首要目的就是对受害者进行赔偿，损害事实是国家承

---

[1] 张树义. 行政诉讼实务详解 [M]. 北京：中国政法大学出版社, 1991, 44-45.
[2] 姜明安. 论国家侵权责任的构成 [M]. 北京：中国政法大学出版社, 1991, 124.
[3] 马怀德. 国家赔偿法的理论与实务 [M]. 北京：中国法制出版社, 1994, 92-93.

担碳排放行政赔偿责任的前提,没有损害事实就无所谓碳排放行政赔偿。

公民(包括法人和其他组织)受到侵害的必须是合法权益,如果不具备"合法权益"的标准,即使有损害也不予赔偿,违法的利益不发生损害赔偿责任问题。损害还需满足现实性、确定性(即损害必须是已经发生的、确实存在的事实,凡虚构的主观臆造的损害都不能引起碳排放行政赔偿责任)和特定性(特定的受损害主体及超出环境质量标准的不合理负担)的要求。

4. 因果关系要件——违法行使国家碳排放管理权的行为与损害行为与损害结果间的因果关系

环境行政赔偿责任的另一个重要的构成要件,是引起赔偿的损害必须是碳排放行政主体的违法职务行为所造成的,即碳排放行政主体的侵权行为与损害事实之间具有因果关系。

国家行政侵权因果关系的内容,一方面是直接侵权行为人的侵害行为与损害后果之间的因果关系;另一方面是赔偿义务机关与直接侵权人间的相互关系。在对这两个方面进行考察时,一是为了确定责任的有无和责任的承担,即归责问题。所谓归责,简单地讲就是责任的确定,实际上归责过程包含了如何恢复权益的原始状态,排除障碍、行使权利、补偿利益所有人的损失,促使义务人履行义务等方面的内容。这些内容的实现均要以侵权责任是否构成作为前提,而责任的是否构成是审判人员依据法律规则对违法行为和损害事实以及因果关系等做出的判断。二是为了确定承担责任的范围,即损害程度的确定问题。从理论上讲,行政机关的行为违法给公民、法人和其他组织的合法权益造成损害的,都应由国家承担赔偿责任。但事实上,各国行政赔偿的范围都有一定限制,只是限制的大小不同而已。因此,在经过第一层次因果关系的考察认定侵权责任成立后需要进一步根据侵权行为的性质、内容、方式对损害中确实与该行为具有因果关系的损害进行判定。通过因果关系的细化,对受害者的损害应当在何种程度上给予赔偿作出判断,从而确定侵权者所应承担的法律责任的范围。

(四)设立碳排放公益诉讼机制

环境公益诉讼(Environmental Public Interest Litigation)又称为环境公民诉讼(Environmental Citizen Suit)是指任何人(包括公民、法人、社会团体或国家机关等),为了保护环境公益,以损害或可能损害国家、团体或者不特定多数人的环境利益的行为为对象,以制止损害环境公益行为并追究公益损害人相应法律责任为目的,向法院提出的诉讼的一种特殊诉讼活动。这是美国在20世纪70年代初继环境影响评价制度后的又一项制度创新,随后英国、德国、法国及日本、印度等国家相继发展了环境公益诉讼制度。

美国环境法上的公民诉讼(Citizen Suit)在性质上是环境公益诉讼,以环境公益的促进为建制的目的与诉讼要件，判决的效力并不局限于诉讼的当事人；印度的环境公益诉讼概念有其自身的特点，任何个人和任何社会团体都有权提起公诉讼，而不必证明其与案件有直接的利害关系；德国和法国等大陆法系国家在维护环境社会公益的诉讼中往往采用团体诉讼制度，通过成文法赋予一定团体以原告资格。❶ 虽然欧洲国家的环境公益诉讼并不如美国普遍和发达，很多国家只在有限的范围内、一定程度上允许环境公益诉讼的存在，但由于欧洲大陆和中国（除香港外）都是大陆法系，其对中国碳排放公益诉讼制度的构建更有参考价值。因此，着重介绍欧洲环境公益诉讼的相关情况。

欧洲国家的环境公益诉讼具有团体性的特点，公益诉讼首先向环境团体打开大门，其制度构建与司法实践以环保团体为核心开展。这主要是由于环境公益诉讼是为了维护公共利益而设计的，其主体应该对公共利益有一定的代表性。一方面，虽然政府部门是法定的公共利益的代表，但政府的有限性导致其行为常会损害公共利益；另一方面，环境问题的高度复杂性、公民与被告（企业和政府）力量的悬殊、环境诉讼的高成本让普通百姓望而却步。在这种背景下，环保团体成为了较为合适的原告。

目前，欧洲国家对环保团体公益诉讼的起诉资格设计有很大差异，其授予可以分为3种模式：其一，一些国家通过立法的方式授权"任何人"在特定的情况下，以个人的名义或者通过非政府组织，为了公共利益对违反环境法的行为提起诉讼。这种诉讼被称为公众诉讼（Popular Action）。葡萄牙和荷兰属于此类国家。其二，弹性地运用"充分利益"资格规则的模式，即要求起诉者必须有"充分利益"（Sufficient Interest）。此处"利益"的要求比"主体权利"（Subjective Right）的要求更为广泛，但仍要求原告与起诉所针对的行为之间有一定的联系。这一模式主要适用于环保团体。对于环保团体而言，它们服务于一个较广泛的公共利益而在特定的案件中没有自己狭窄的利益。在一些国家，"充分利益"可以被认为是环保团体所倡导的环境保护。法国、比利时、英国属于此类国家。其三，欧洲部分国家仍然坚持适用传统的"法律权利和法律利益资格"要求，只将起诉权赋予那些在案件中有经济利益或者类似的具体利益的人。德国和意大利是这种模式的代表。两国都有适用"保护准则理论（Protective Norm Doctrine）"的法律传统，即赋予起诉资格是为了保护受到违法行为不利影响的原告，而不是为了一般的公共利益。

除起诉资格的一般要求外，欧洲许多国家对环保团体参与环境诉讼还有专门立法规定其他要求。（1）注册或认可的要求。很多国家如意大利、瑞典、德国、比利时等，都规定只有那些已经注册或者经过政府有关部门认可的环保团体才有资格向法庭提起公益诉讼。所不同的是，有的国家如法国只在部分诉讼程序上要求这一要件；有

---

❶ 曹明德，王凤远. 美国和印度ENGO环境公益诉讼制度及其借鉴意义[J]. 河北法学. 2009（9）.

的国家如德国规定环保团体只能在认可它的地区提起公益诉讼。有认可要求的国家通常都为获得认可规定了一定的标准，有的还要求环保团体提交一定的证明资料。（2）时间性要求。主要指环保团体存续时间上的要求，德国、比利时、法国等国都要求环保团体至少成立3年以上（瑞典要求10年），才有可能获得起诉资格。（3）活动范围的要求。在欧洲，将环保团体的诉讼能力与其活动范围挂钩也是一个相当普遍的做法。如意大利、德国要求环保团体的活动必须覆盖一个最小的地理范围，意大利还规定某些案件只能由全国性的组织提起；有的国家则规定环保团体只能对影响到其活动范围内的行政行为起诉。（4）组织目标的要求。欧洲大部分国家都要求环保团体提起的案件与其组织目标相关，这也是确定该组织与案件的利益相关性及其是否具有"充分利益"的标准之一。组织目标在组织的内部纲领、章程或者规定中确定，对其描述不论是太窄还是太宽都会影响组织的诉讼资格。（5）以已经参与行政程序为前提的要求。部分国家如荷兰和德国规定环保团体在加入了法律规定的正式行政参与程序后，才有权提起相应的公益诉讼。（6）非营利性要求。为了确保环保团体的公益性，以及防止某些组织利用公益诉讼的形式对抗竞争者，部分国家如葡萄牙、德国、比利时等要求提起诉讼的环保团体必须是非营利性的，不能与营利组织有任何竞争关系。（7）其他要求。有的国家如英国和葡萄牙要求起诉的环保团体必须有法律人格，还有的国家要求环保团体有良好的信用和过往表现等。以上限制性规定的目的是为了保证提起公益诉讼的环保团体有相应的经验和影响力。

环保团体行使起诉权的途径也各有不同，这是由欧洲国家的司法制度和司法传统的差异决定的。在一些国家，环保团体通常只能在行政法庭提起行政公益诉讼；而另一些国家还允许环保团体在民事法庭提起民事公益诉讼，甚至允许环保团体进入刑事诉讼程序。

与环境公益诉讼相对应，为了应对全球气候变暖、促进低碳经济发展，我国应设立碳排放公益诉讼机制，这将是公众参与低碳经济发展的重要途径。允许公众依法就企业违反法定减碳义务、加速全球变暖的行为或主管机关没有履行法定职责的行为提起诉讼，可以有效地保障公民利益，督促政府或受管制者积极采取某些促进低碳经济发展的法定作为，促使政府机构转变职能，缓解公众对政府的不信任和对主管执法机关的执法诚意的疑虑。为了保证碳排放公益诉讼制度能达到一个良好的运作成果，在兼顾中国法律制度与欧洲差异的情况下，在环保团体起诉资格、诉讼途径等方面应适当引进欧洲环境公益诉讼的先进经验，同时改进中国环保团体管理制度，扩大环保团体规模。

为了鼓励公众参与碳排放公众诉讼、监督执法，法院对根据碳排放公众诉讼条款提起的任何诉讼中做出任何最后判决时，可以裁定由任何占优势或主要占优势的当事人承担诉讼费用（包括律师和专家证人的合理费用），只要法院认为该决定是合适的。如果没有在起诉前 60 天将起诉通告通知国务院发改部门、违法行为所在的行政区域和违法者本人或本单位，禁止公众提起碳排放诉讼。

参 考 文 献

[1] 杨志，刘丹萍．低碳经济发展与经济社会发展［M］．北京：中国人事出版社，2011．

[2] 杨志，王岩，马艳．低碳经济：经济发展方式全球性转变中的新增长极［M］．北京：经济科学出版社，2013．

[3] 中国人民大学气候变化与低碳经济研究所．中国低碳经济年度发展报告（2011）［M］．北京：石油工业出版社，2011．

[4] 中国人民大学气候变化与低碳经济研究所．中国低碳经济年度发展报告（2012）［M］．北京：石油工业出版社，2012．

[5] 王伟光，郑国光．应对气候变化报告（2013）聚焦低碳城镇化［M］．北京：社会科学文献出版社，2013．

[6] 黄莉．论中国政府存在合法性的基础［J］．宜宾学院学报，2004（9）：34-37．

[7] 齐晔．中国低碳经济发展报告（2013）政策执行与制度创新［M］．北京：社会科学文献出版社，2013．

[8] 齐晔．中国低碳经济发展报告（2014）［M］．北京：社会科学文献出版社，2014．

[9] 马辉．促进低碳经济发展的激励政策研究［D］．哈尔滨商业大学，2011．

[10] 刘敏．低碳经济背景下构建湖南低碳消费生活方式研究［J］．消费经济，2009（5）：60-63．

[11] 沈满洪，贺震川．低碳经济视角下国外财税政策经验借鉴［J］．生态经济，2011（3）：83-89．

[12] 于小强．低碳消费方式实现路径分析［J］．消费经济．2010（4）：80-82．

[13] 赵敏．低碳消费方式实现途径探讨［J］．经济问题探索，2011（2）：33-37．

[14] 成华．环境保护导向下的中国区域限批政策研究［D］．东北财经大学，2007．

[15] 冯登艳．构建低碳消费方式是发展低碳经济的重要环节［J］．消费经济，2012（2）：89-91．

[16] 刘茂平．国际低碳金融的发展现状及我国的选择［J］．海南金融，2010（11）：18-21．

[17] 朱孝群. 国家行政赔偿的构成要件 [J]. 零陵学院学报, 2004 (6): 18-20.

[18] 高崇升, 宋侠飞. 论环境行政责任构成要件的理论与实践 [J]. 行政与法, 2002 (11): 95-97.

[19] 吴卫星. 论我国环境保证金制度及其合法性问题 [J]. 河海大学学报, 2014 (2): 78-82, 92.

[20] 曹明德, 王凤远. 美国和印度ENGO环境公益诉讼制度及其借鉴意义 [J]. 河北法学, 2009 (9): 138-142.

[21] 李挚萍. 欧洲环保团体公益诉讼及其对中国的启示 [J]. 中州学刊, 2007 (4): 88-92.

[22] 胡涛. 环境信息公开制度研究 [D]. 武汉大学, 2005.

[23] 林永居. 英国、美国、德国低碳转型的财政政策及启示 [J]. 财政研究, 2014 (5): 58-61.

[24] 姜爱华. 政府绿色采购制度的国际比较与借鉴 [J]. 财贸经济, 2007 (4): 37-40.